國人不可不讀的文化寶典

一本書

讀懂 Chinese

讀書人一定要讀！

Culture & Knowledge

中國歷史謎案

元 著

歷史真相不容扭曲

客觀而公正的認識歷史真相

前言

　　五千年的華夏文明，五千年的滄海桑田，奏響了一曲鐘鼓雅樂。那些發生過的故事，那些被前人視為客觀的存在，隨著時光的變遷，在歲月長河的沖刷之下逐漸變得模糊不清，最終成為令人難以解開的謎案。

　　本書是一部解讀歷史謎案的理想讀本，語言通俗流暢、觀點新穎獨到，在知識性、趣味性和啟發性等方面達到了一個全新的高度。

　　全書收錄了歷史上影響巨大、具有研究價值和被人們廣泛關注的歷史謎案，內容涉及消失的古國、幽祕王陵、政治謎團、文化懸案、戰爭疑雲、名人謎案等。本書採用案例解讀的方式，生動剖析了這些尚未破解的謎案，揭示了謎題背後隱藏的玄機。

　　然而，對於每一個懸案，編者在解讀的時候，並未以一家之言取信於讀者，而是在參考了大量文獻資料和考古發現的基礎上，結合最新的研究成果，客觀地將多種經過專家學者分析和論證後的觀點一併提出，使讀者在瞭解這些歷史的同時，能夠多獲得幾條瞭解真相的途徑，從而幫助讀者見微知著、去偽存真，嘗試去揭開謎團。

　　願本書能夠讓您真切地感受歷史情境，體會人們為解開這些懸疑所經歷的曲折探索。

目錄

|第一章|滄桑巨變下消失的古國|

| 第二章 | 乾坤變幻的幽祕王陵 |

|第三章| 王朝更迭的政治謎團|

一本書讀懂中國歷史謎案

| 第四章 | 上下五千年的文化懸案 |

|第五章|風雲莫測的戰爭疑雲|

一本書讀懂中國歷史謎案

|第六章|塵封難解的名人謎案|

9

│第七章│撲朔迷離的紅顏之謎│

一本書讀懂中國歷史謎案

| 第八章 | 盛世華章的神祕寶藏 |

目錄

第一章

滄桑巨變下消失的古國

　　數千年的滄海桑田，鑄就了一個又一個古老輝煌的文明古國，它們的光芒更因為透過了厚重的歷史，顯得格外璀璨奪目。數千年後，探險者們在茫茫沙海中發現了驚世的樓蘭美女，在無邊戈壁上找到了絕跡已久的古老文字，在崇山峻嶺間發現了高大的青銅大立人像，在蒼茫草原上找到了神祕的古人遷徙蹤跡，這些曾經存在卻又曇花一現的古代文明，再度走入人們的視線，漸漸揭開了它們的面紗，塵封已久的歷史，開始傾訴古老的傳奇……

古西陵國到底在哪裡

西陵國是一個傳說中古老的國度，在它神祕的面紗背後，卻掩藏著一段鮮為人知的真相。

《史記·五帝本紀》中記載：「黃帝居軒轅之丘，而娶於西陵之女，是為嫘祖。嫘祖為黃帝正妃，生二子，其後皆有天下。」如果《史記》記載可信，此段記載則可以說明，我們最尊敬的祖先黃帝的妻子嫘祖，原本是西陵國人。炎黃子孫都相信黃帝確有其人，也相信嫘祖確有其人，因此，嫘祖的娘家西陵國確實存在。

但是，長期以來，西陵國銷聲匿跡，不見其任何蹤影，它似乎只在史書記載和被遺忘的歷史記憶中彷徨。神祕的西陵國，它究竟在何方？

四川省綿陽市的鹽亭縣因為與產鹽的鹽井相鄰而得名。近現代以來，學者們在考察鹽亭煮鹽文化的過程中，發現了大量的蠶桑文物、化石、嫘祖文化遺跡，還發現了唐代刻立的《嫘祖聖地》碑，以及許多關於嫘祖發現天蟲、養蠶製絲傳說的信物等。學者們還根據當地地方誌得知：上古各小部落，沿西陵河建起了西陵諸侯國，他們先後發明了養蠶、抽絲、製衣，並選舉發明人嫘祖為酋長。到今天，當地百姓稱縣城南60公里的一座山為嫘祖山，山上還有個嫘祖穴，當地世世代代口頭相傳，洞穴就是當年嫘祖的出生地，老百姓仍保留有每年祭祀嫘祖的民俗。各處祭祀先蠶嫘祖的香火始終不滅，各地殘存的遺址也大量存在。如鹽亭三元籠子寨聯姻地、黃甸鎮嫘軒龍鳳呈祥地、射洪嫘絲池電站的地名、南部的絲公（姑）山、中江的鳳凰山等。原古西陵大量屬地的山、地至今還保留著與嫘、鳳、絲有關的名稱。

這種種跡象引起了考古工作者的極大關注，經過長期考察，20世紀末，他們在當地祖家灣古墓群中發現兩幅石刻，分別是《軒轅酋長禮天

祈年圖》和《蚩尤風后歸墟扶桑值夜圖》。依據這些歷史遺存和考古發掘，專家們相信，鹽亭縣應該就是當年嫘祖的出生地，也是西陵國的所在。當然，鹽亭只是西陵國管轄境內的一個區域，西陵國的勢力範圍到底有多大，由於歷史的久遠和資料的缺失，詳細的資料已經無從考證，專家們只能做一些大體範圍猜測。西陵國是上古巴蜀地域裏的一個非凡的古老王國。人們曾經在西陵國境內發掘出高60公分的青銅跪俑，其年代比三星堆更古遠。還有一座上古界碑，上面刻有50多行類似文字的符號，與西安半坡彩陶刻劃符號相似，是屬於西元前四、五千年前的文化遺存，就時間來計算，比兩河文明、埃及文明時期的文字古遠得多。

知識連結

嫘祖，是傳說中的北方部落首領黃帝軒轅氏的元妃。她生了玄囂、昌意二子。玄囂之子蟜極之孫為五帝之一的帝嚳；昌意娶蜀山氏女為妻，生高陽，繼承天下，這就是五帝之一的「顓頊帝」。《史記》提到黃帝娶西陵氏之女嫘祖為妻，她發明了養蠶治絲的方法。與炎帝、黃帝一樣，被後世尊為人文始祖。

古蜀國神職人員都是盲人

1986年的七、八月間，四川的廣漢從一個默默無聞的小鎮，變成了舉世矚目的地方。當地農民在兩次尋常的取土挖掘中，竟然挖出兩個裝滿了珍貴文物的土坑，人們發現了大量造型怪異、美妙絕倫的青銅人頭像、面具、青銅禮器及玉石器。這一發現轟動了世界，成為20世紀最重要的考古發現之一，廣漢三星堆從此名聲大噪。但由於沒有文字記載，三星堆文化成為一個巨大的謎團，猜想與爭議從此開始。

據學者考證：三星堆文明位於四川古蜀國，早於夏商時代。該文明

具有自己的政治中心，已經開始群居生活並有一定的社會組織形態，有較為完善的宗教禮儀祭祀制度，有高度發達的青銅冶煉技術和黃金冶煉技術，有規模可觀的玉石器加工作坊和高超的玉石器加工技術，有城牆遺址並發現了古代居民對自然水系利用和治理的遺跡。

這些青銅人頭像和面具，充分展現了三星堆文化的特點。在眾多的青銅人頭像裏，有三件著名的「千里眼、順風耳」造型，它們不僅體型龐大，而且眼球明顯凸出眼眶，雙耳更是極盡誇張，大似獸耳，大嘴亦闊至耳根。

這些銅人像中有一些是沒有瞳孔的，這引起了許多學者的注意。但是對於這部分人像為什麼不表現瞳孔，學者們也有著不同的解釋，並將它們分為三種類型。

眼睛的瞳孔如柱形凸出於眼球之外的這一類是神而不是人；眼睛中間有一道橫棱，沒有表現瞳孔的，應該不是普通的人；眼睛中或有眼珠或用黑墨繪出眼珠的才是普通而真實的人的形象。大眼睛的銅人可能有幾種身分，其中一種可能是一種神職人員，這些人叫做「瞽」，是一群掌握著較高的文化，但是雙目失明的特殊人。

根據資料，許多民族的神職人員在通神作法的時候，往往要服用某些令人致幻的藥物，憑藉這些藥物的力量達到一種玄幻的意識感覺，他們身分特殊，掌握著較高的文化，但眼睛卻是失明的。

難道在三星堆王國的神職階層中，果真有一群瞎子嗎？同樣令人震驚的是，這些銅像都有被火燒過的痕跡，當時的社會文化儀式是怎樣的，當時能夠通天地人神的神職人員是否都是盲人，這仍是個未解之謎。

知識連結

中國古代的典籍，如《山海經》、《呂氏春秋》等認為，盲人能夠通靈天地，預言吉凶禍福，所以自古依賴祭祀和算命為生者常常是盲

一本書讀懂中國歷史謎案

人。學者指出，中國古代的巫師通常是生理有缺陷的人，或者是盲人，或者有癲狂病、神經質。病態的人表演虛幻的巫術，人們便用虛幻的心情去接受，巫術的效果便顯得格外逼真。

大立人青銅像是蜀王還是宗教酋領

　　1986年的夏天，四川廣漢三星堆遺址異常熱鬧。兩個月來，巨大的收穫已經使考古工作者亢奮不已。這一天，當考古工作者將坑裏的一個青銅人像抬出來的時候，眼前的景象令圍觀的人們嘆為觀止。這個青銅立人像被發現的時候，從腰部折斷為兩節，修復後的青銅立人像身高1.7公尺左右，連底座通高2.62公尺，重180公斤，被尊稱為「世界銅像之王」。立人像高鼻、粗眉、大眼，眼睛呈斜豎狀，寬闊的嘴，大耳朵，耳垂上有一個穿孔，腦袋後面有髮際線。整個立人像身軀瘦高，手臂和手粗大，造型誇張，兩隻手呈抱握狀。這尊不同尋常的高大青銅雕像代表的可能是誰呢？

　　當年的發掘者陳顯丹先生認為他是一個政教合一的宗教領袖。但有考古學家從立人像的體量推測他是蜀王的象徵。學者們各執一見，難有定論。

　　大立人青銅像頭頂花冠的正中，有一個圓形的代表太陽的標誌。從他所在的位置看，這個大立人像也許就是代表太陽神在行使自己的職能，也許他本身就是太陽神的化身。這是太陽崇拜的直接表現。

　　這種全身青銅雕像在中國是罕見的。這尊雕像的那雙誇張的大手與身體的比例極不協調。這雙巨大的手裏面原本就是空空的嗎？如果不是，他可能握著什麼呢？如果能夠解開這層謎，大立人青銅像的身分之謎或許也就能隨之而解開了。

　　有的學者認為，立人像手中握著的應該是玉琮。玉琮是一種極富

地方特色的玉器，流行於5000年前中國東南地區的良渚文化中，通常是作為一種祭祀天地神明的禮器。澳大利亞學者諾埃爾·巴納德認為，立人像雙手的位置幾乎不可能抓住像琮這樣外方內圓的物體。由於上方的一隻手握成孔的直徑要大一些，雙手的位置清楚地表明所執物體必須有一定的彎度，所以他推測立人像雙手中的物體可能是一支牙尖向下的象牙。而有的學者則認為立人像應該是古蜀人的宗教首領像，銅像雙手所握的是類似彝族巫師的法具神筒。主持挖掘的陳顯丹認為可能是一種手勢，他手裏並沒有拿東西，好像巫師在作法時的一種動作，就是在不停地比畫。這樣看來，大立人青銅像更有可能是當年的一位能夠絕地通天的原始宗教領袖。

時間就像重重迷霧，總是遮擋人類勇於探索求知的目光，這個橫空出世的青銅大立人身分之謎，恐怕還需要很長的時間才能解開。

知識連結

所謂政教合一，是政權和神權合二為一的政治制度，國家元首和宗教領袖同為一人，政權和教權由一人執掌，宗教教義是處理一切民間事務的準則，民眾受狂熱和專一的宗教感情所支配。它最早在原始國家中出現，發展到中世紀，拜占庭帝國、沙俄、阿拉伯帝國、印度、義大利等國家或地區還繼續實行。

蜀王蠶叢有甲狀腺機能亢進嗎

西元前316年，秦國張儀、司馬錯率軍攻滅蜀國。古老的成都平原，先後經歷了蠶叢、柏灌、魚鳧、杜宇、開明這五個王朝。由於它們都是西南少數民族建立的國家，沒有文字，加之離漢晉時已久遠，故古人對這些王朝的記載十分簡略，有的甚至互相矛盾、荒誕不經，更為古蜀國

增添了幾分神祕。

古書《華陽國志》記載：「蜀侯蠶叢，其目縱，始稱王。」蜀王蠶叢長著「縱目」的眼睛，那「縱目」是什麼樣子？歷代學者百思不得其解，縱目之謎也沉睡了數千年，直到1986年四川省廣漢市三星堆兩個商代大型祭祀坑的發現。

上千件蜀國珍貴文物的出土，頓時轟動了中國，震驚了世界。在這上千件青銅器、金器、玉石器中，表現人「眼睛」的文物不僅數量眾多，而且這些文物本身珍貴、奇特。如一件大面具，眼球極度誇張，瞳孔部分呈圓柱狀向前突出，長達16.5公分。又如一件突目銅面具，雙目突出的圓柱長9公分。

古蜀人如此重視刻畫眼睛，這種奇特的現象引起了學者的關注，「縱目之謎」由此也逐步走下神壇，公諸於世。據學者研究，所謂「縱目」，即是指這種銅面具眼睛上凸起的圓柱，三星堆出土的突目銅面具等，正是古代蜀王蠶叢的神像。

據史書記載，蜀王蠶叢原來居住於四川西北岷山上游的汶山郡。而這一地方「有鹼石，煎之得鹽。土地剛鹵，不宜五穀」。直到近代，此地仍是嚴重缺碘、甲狀腺機能抗進流行的地區。我們知道，此種病患者的一個重要特徵就是眼睛凸出。因此，蜀王蠶叢很可能是一個嚴重的甲狀腺機能抗進患者，生前眼睛格外凸出。而他的後人在塑造蠶從神像時，抓住了這一特點並進一步加以藝術化的誇張，由此，「縱目」，這個本是個人生理缺陷的特徵，隨著歲月流逝，在蜀王蠶叢豐功偉績的光環下竟也成了他的標誌。

知識連結

蜀王蠶叢，又稱蠶叢氏，是蜀國首位稱王的人，他是位養蠶專家，據說他的眼睛跟螃蟹一樣是向前突起的，頭髮在腦後梳成「椎髻」，衣襟左掩（又稱「左衽」，即右邊衣襟壓左邊衣襟）。最早他居住在岷山

石室中，後來為了養蠶事業，率領部族從岷山到成都居住。西周時期，蠶叢氏被其他部落打敗後，他的子孫後代分別逃到姚和嶲（今四川西昌一帶），最後由魚鳧結束了這次戰爭。

三星堆文明來自何方

三星堆遺址位於四川成都以北廣漢郊外的三星堆，它是一處距今3000～5000年左右的古蜀文化遺址，是中國20世紀重大的考古發現之一。

三星堆文明來自何方？出土的青銅器上沒有留下任何文字，讓人無法揣測。出土的「三星堆人」高鼻深目、顴面突出、闊嘴大耳，耳朵上還有穿孔，不像中國人倒像是「老外」。這裏數量龐大的青銅人像、動物不歸屬於中原青銅器的任何一類，看到發掘出土的金面罩、金杖，人們很自然地會想到西亞與北非的同類器物。

因此，曾有人認為三星堆文明可能是外星文明、瑪雅文明，甚至古城本身是世界朝聖中心。但猜測畢竟是猜測，沒有科學依據和實證分析。考古學家經過進一步挖掘和實地考察，一一推翻了這些假說。

三星堆文明，作為古代人類物質和精神文化活動的結晶，必然與其他古文明有著相似的產生和發展歷程。目前，考古學界透過古文明的相互影響，推定三星堆文明之源可能與岷江上游新石器文化有關、與川東鄂西史前文化有關、與山東龍山文化有關等。

據瞭解，經由對三星堆出土的象牙作DNA分析，發現當時的大象屬於亞洲象，由此否定了瑪雅文明或外星文明與三星堆文明的關聯。

針對三星堆曾是世界朝聖中心的說法，有關專家指出，「蜀道難，難於上青天」，由於四川地區地形極其險峻，客觀的地理環境決定了要想有數條四通八達的朝聖之路，對於古人來說簡直是不可能的，況且，

沒有任何證據顯示，在當時曾經有外來高等文明傳入的先進技術來改善交通。

據研究分析，很早以前一支蜀先民部族順岷江山地河谷南下，進入成都平原，與當地原住民逐漸融合，形成了蜀族最早的一部。從族屬關係上看，幾代蜀王大多都是蜀氏羌系，除此之外，還有巴人及荊楚民族、西南少數民族和越民族等，正像中華民族大家庭的構成一樣，也是多民族的統一體，而非「雜交文明」和「來自其他大陸的『老外』」。

因此，三星堆文化是原住民文化與外來文化彼此融合的產物，是多種文化交互影響的結果。然而，三星堆的神祕面紗不會就這麼輕易被揭開，許多疑點還是沒有得到合理的解釋。在12平方公里的文化重點保護範圍內，已發掘的僅有7000平方公尺，留待人們去猜想、研究的未解之謎還有很多很多。

知識連結

魚鳧氏是古蜀國五代蜀王中繼蠶叢、柏灌之後的第三個氏族。從文物考古發現來看，人們注意到了廣漢三星堆自第二期文化開始，就出現了與鳥有關的器物，這當與柏灌氏取代蠶叢氏有關。而第三期所出的大批器物上不僅有鳥的圖案，而且還有魚圖紋飾。這一變化則反映出三星堆第三期文化與鳥族和魚族密切相關，或者說，它反映出魚鳧氏取代柏灌氏的歷史事實。

三星堆文明因何消亡

輝煌壯闊的三星堆文明，持續了1500多年，卻又離奇地消失了。當歷史再度呈現在人們面前的時候，一晃2000多年已經過去了。在這個過程中，究竟發生了什麼事，讓一個繁榮昌盛的古蜀國神祕地從人間蒸

發，消失在時間的長河中？

想像力豐富的人類，總是懷著強烈的好奇心，假想了種種原因。

洪水氾濫說。三星堆遺址北臨鴨子河，馬牧河從城中穿過，因此有學者認為是洪水肆虐的結果。古蜀國所在的成都平原，有數條河流經過，受到氣候的影響，極易發生突發性的洪水，而肆虐的洪水可能導致古蜀國的人民四處逃亡。考古學家也曾在遺址中發現一些洪水留下的沉積層。

山崩地裂說。有專家認為，在三星堆附近發現的洪水沉積層，只在局部地區。而其他地方的文化層都還存在，不可能是大規模的洪水。三星堆出土的文物幾乎都有不同程度的灼傷痕跡，說明以前曾經發生過火災。古人生活的木房屋在地震時極易發生火災，由此導致古蜀國千百年的文明成果在一片混亂和大火中離奇消失。

異族征服說。在三星堆遺址中發現的器具大多被事先破壞或燒焦，似乎它們是在一片戰亂中被破壞殆盡。考古學家從器物類型的角度分析發現，具有三星堆文化風格的陶器原本十分流行，但是到了後來，另外一種造型風格的生活生產器物開始盛行，而生產這些器具的乃是川東和鄂西地區的巴人，巴人逐漸侵占古蜀人的勢力範圍，直至用武力將其驅逐出成都平原，最終，古蜀國文明也隨風而逝。

政治中心轉移說。還有部分學者認為，三星堆文明消亡的根本原因是中華文明隨著政治中心北移而變遷，一部分三星堆人也被迫上山獨自發展。三星堆文明比較發達、政治上占據主動的年代應該與商朝同期，而逐漸消失和被遺忘、被同化的時間在西周晚期。這時期被視為文明大遷徙時期，從這個時期開始，中華文明開始以北方為中心發展，而上古的三星堆文明逐漸失去了原有的地位，受到外來文明的吸引力的影響，古蜀國也漸漸失去了往日的優勢地位，政治上的強弱變化導致了戰爭，而且幾百年後的秦國更是一舉滅蜀，古蜀文明更因外人的進入而逐漸被淡忘。

三星堆古蜀國究竟緣何消失，儘管我們暫時無法透過重重迷霧發現真相，但它留給我們的巨大遺產，也足以引發無限遐思。

知識連結

三星堆遺址文化，與長期以來歷史學界對巴蜀文化的認識大相徑庭，有些地方甚至完全不同。例如歷史學界一向認為，與中原地區相比，古代巴蜀地區是一個相對封閉的地方，與中原文明沒有關聯或很少有交往。而三星堆遺址證明，它應是中國夏商時期前後，甚至更早的一個重要的文化中心，並與中原文化有著一定的連結。三星堆的發現證明了長江流域與黃河流域一樣，同是中華民族的發祥地。

古庸國起源何處尋

在中國自有文字記載以來，庸國是最古老的國家之一，庸人也是最古老的氏族之一。由於史書缺少記載，庸國的地位曾長期被人誤解，有的稱其為「楚之附庸」，說庸人就是楚人等。實際上，這些都是對歷史的誤讀。

關於庸的起源，古往今來眾說紛紜，主要有以下幾種說法：

一是「容成氏」之說。對於容成氏的身分，又有兩種不同的看法。《博物志》載：「容成，黃帝之臣。」而《莊子·胠篋》則說：「昔者容成氏、大庭氏、伯皇氏、中央氏、栗陸氏、驪畜氏、軒轅氏、赫胥氏、尊盧氏、祝融氏、伏羲氏、神農氏，當是時也，民結繩而用之。」對於《莊子》的記載，有學者曾表示懷疑，但上海博物館藏的簡牘中，對容成氏有相似的記載。上古時期，「容」與「庸」通用，因此有人說容成氏就是庸成氏，容成氏就是庸國的先君。

二是「祝融」說。對於祝融的身分，也有多種說法。一是說祝融

是上古三皇之一，《白虎通》中說：「伏羲、神農、祝融，三皇也。」又說：「祝者，屬也；融者，續也，言能延續三皇之道而行之，故祝融也。」《莊子》中記載，在神農之前祝融就已經存在。還有一種觀點，祝融就是上古三皇中的燧人氏，因為他發明了鑽木取火的辦法，為人間帶來了溫暖，因此人們尊稱其為祝融。有學者研究認為，「融」與「庸」音近，「庸」即「融」演化而來，因此，庸人就是祝融氏的後代。

上古歷史已經蒼茫不可考了，但是，無可置疑的是，庸文化具有完全獨立的體系。庸國在春秋之前經歷了漫長的歷史歲月，它在夏代，或者最遲在商代時就已經形成了較為統一、相對穩定的國家，並且逐漸發展出了自己的獨特文化，如飲食文化、服裝文化、喪葬文化、婚姻文化、語言文化、巫術文化等，惠及後世。

知識連結

在湖北漢江最大的支流堵河上，正興建一座規模僅次於丹江口水庫的大型水利工程——潘口電站。考古工作者在庫區淹沒區開展搶救性發掘，一個被世人忽視的神祕古國——庸國，遂揭開了面紗。考古學家介紹稱，商代以後已有關於庸國歷史的明確記載，其核心地區在現今的竹山、竹溪縣一帶。庸國雖然處於崇山峻嶺中，但在經濟文化上至少與中原的商、周有關連。

它是3000多年前川東鄂西一批小國家的「領頭羊」。庸國是製陶大國、詩歌大國、樂器大國、築城大國、營建大國、冶鑄大國、造曆大國、農業大國，它完全可能是領先跨入文明門檻的國家。有著名建築學家說，先秦時代許多文化之謎包括四靈、五行、十干、八卦及楚文化等均與庸國息息相關。古庸國文明被史學界低估了。

古庸國有著獨特的喪葬習俗

古庸國的久遠歷史雖已如茫茫丘墟，但今天的考古學家和歷史學家卻能夠從數千年前留下的各種遺跡來復原古庸人的生產和生活場景，他們發現，庸國人有著獨特的喪葬習俗。

庸國喪葬文化的獨特性之一是岩葬，也就是我們一直視為神祕奇觀的「懸棺文化」。懸棺歷來是史學家研究的重要課題，有些迷底長期無人揭開。古庸國人有岩葬的傳統，在竹溪河流域，兩岸懸崖上至今仍保留著一些洞穴，當地人稱之為「老人洞」。最近在水坪鎮洛家河一洞穴中還發現了完整的人骨。這些洞穴即古人喪葬之用。有岩屋的地方直接把棺木放進岩屋內，沒岩屋的地方將懸崖鑿個洞穴放進去。

庸國故地（今湖北、陝西、重慶、湖南交界處）還流傳著一個傳說：古人見人老了便死，而蛇在洞中蛻一層皮就變年輕了，覺得不公平，請求上天變「人死蛇蛻殼」為「蛇死人蛻殼」。上天答應了人的請求。於是人老了睡進洞中蛻一層皮又重返年輕。不料這樣一來卻變得人滿為患，古人只好又請求上天恢復原樣。以上的民間傳說與竹溪岩葬風俗有緊密關連，老人洞事實上就是老人死後的喪葬之地。

古庸人最初風行岩葬，後來變為人造洞穴，再後來逐漸演化為土葬。而岩葬的棺木、屍體大多年長月久風化煙滅。岩葬文化一直延續到明、清時代，甚至到現代其風俗仍未完全消失。瞭解了庸人有岩葬的風俗，就不難理解，庸國立國千年，卻未發現古庸人的王室墓穴。

庸國喪葬文化的另一個獨特之處是「打夜鑼鼓」，又叫「唱孝歌」。打夜鑼鼓一般有兩人或三人，一人繫鼓，一人提鑼，圍著靈柩邁著曼曼的舞步，邊走邊唱，一應一對，或後隨一人跟唱。發現於神農架林區的《黑暗傳》，現被稱之為漢民族第一部敘事史詩，實際上是流行於江漢中西部地區民間的打夜鑼鼓歌詞唱本。《黑暗傳》並非出自某一人某一時某一地，而是古庸國人世代文化延續的結晶，但是，關於《黑

暗傳》的形成過程，卻一直是史學界和文化界的難解之謎。

知識連結

《黑暗傳》於1984年發現，曾受到國內外學術界的重視。它是民間歌謠唱本，被稱為漢族首部創世史詩，從明、清時代開始流傳，生動形象地描述了世界形成、人類起源的歷程，融匯了混沌、浪蕩子、盤古、女媧、伏羲、炎帝神農氏、黃帝軒轅氏等許多歷史神話人物事件，並且與中國現存史書記載的有關內容不盡相同，顯得十分珍貴；它作為遠古文化的「活化石」，對於研究中國古代神話、歷史、考古、文藝、宗教、民俗等都具有重要價值。

庸人的最終歸宿在哪

創造了獨特燦爛文化的古庸國，由於其離奇地消亡，導致史籍無載，後世更是難以探知其文化之曼妙神奇。那麼，古庸人最終到了何方？

西元前611年，楚國遇上嚴重災荒，餓死不少百姓，楚莊王只得韜光養晦，一心修整內政，在對外政策上大大收斂。楚國的四鄰看準這個時機，乘其危難群起攻楚。當時的庸國國君遂起兵東進，並率領南蠻附庸各國的軍隊匯聚到選（今枝江）大舉伐楚。楚國危在旦夕，楚莊王火速派使者聯合巴國、秦國從腹背攻打庸國。楚與秦、巴三國聯軍大舉破庸，庸都方城四面楚歌，遂為三國所滅，楚王實現了「一鳴驚人」的壯志。

庸國占有逐鹿中原而問鼎的最佳位置，但伐楚未成反成楚之附庸，使楚得以窺中原之虛而入之，實在是「庸人自擾」。這才是「庸人自擾」這一成語的真正來歷。

庸國滅亡後，秦楚兩國疆域相連，在兩大強國近四百年的拉鋸戰中，庸國故地陷入水深火熱之中。早在滅國之時，庸人就開始了悲壯的遷徙，去尋找新的家園，在四面強敵的虎視下，他們的遷徙路線沒有更多的選擇，只有沿著武陵山脈，進入到清江、澧水流域，而這些區域，正是現在土家族的主要分布地。

從流傳於今的張家界、湘西的地名中可以看到，從遙遠的庸國遷徙而來的是一個龐大的族群，在與當地族群經過衝突後，他們融入了土家族的先民中，並留下一系列地名：庸州、大庸溪、施溶溪、大庸灘、大庸坪、大庸口、庸水、武陵江……庸人與當地族群和諧共處，並將大庸開發成為避秦遺世的武陵仙境，成為後世諸多隱士的夢境之地。一代又一代的有名、無名隱士，在隱逸中成就完美的隱逸人生，也使得庸人留下的隱逸文化逐漸發揚光大。

知識連結

早在庸人舉族南遷之前，與庸人同宗同族的赤松子就已歸隱於大庸。在庸文化的早期源起中，伏羲畫八卦已經發展出儒道兩宗，赤松子是道家的開山人物。他淡泊人世，隱居大山，修煉長生之道，首創辟穀養生法。採百花為食，極山林之樂，是中國道家一脈的開創者。炎帝女兒對他極是愛慕，隨他四處雲遊修道。後來，赤松子歸隱大庸，開中國隱逸文化的先河，也為後世庸人南遷指明了一條道路。

赤松子之後，鬼谷子也隱遁於大庸，其後，漢留侯張良同樣歸隱於大庸。這三人是中國歷史上大有名氣的人物，他們的歸隱自然是萬眾矚目。與這些文化名人相比，更多的隱者已然湮沒於歷史的清風裏，在無名中成就了真正完美的隱逸。

樓蘭古國因何退出了歷史的舞臺

1900年3月，瑞典探險家斯文・赫定沿塔里木河向東，想尋找行蹤不定的羅布泊，然而卻意外地發現了一座古城，這就是今日令無數探險旅遊者心馳神往的樓蘭古國。

對於樓蘭古國消失的原因，有人認為是因為絲綢之路的變遷。兩晉之後，絲綢之路改走北道，中原在樓蘭的駐兵和屯田事業也從此向北轉移，所以，在這種情況下，樓蘭古城便慢慢被廢棄，最終銷聲匿跡。

但也有人認為這種看法忽視了樓蘭古國自身的原因，並提出是戰爭摧毀了樓蘭。作為軍事重地，歷史上匈奴、吐番、月氏等國都曾統治樓蘭。在樓蘭城周邊的多處墓地可以看出，墓地中葬有不同的人種。有可能是樓蘭被占領後，占領者實行了屠城，然後撤離，樓蘭因此慢慢被風沙淹沒。

從自然氣候方面提出的假說認為，樓蘭古國的消失是源於全球氣候環境的變遷。樓蘭地區自新石器時代就有人類涉足，青銅器時代這裏恰值高溫期，羅布泊湖面廣闊，環境適宜，人口繁盛。但此後就進入了降溫期，水土環境變差，河水減少，湖泊縮減，沙漠擴大。距今約2000年前，樓蘭地區急劇旱化，樓蘭古城的消亡大約在西元前後至四世紀（中原的漢朝到北魏時期），而這一時期正與該地區旱化加劇的時期相重疊。其實，在這一旱化過程中，不僅造成了樓蘭古城的消亡，由於沙漠擴大，先後發生了尼雅、喀拉墩、米蘭城、尼壤城、可汗城、統萬城等古國古城的消亡。因此，樓蘭古城的消亡是在中國北方乃至整個世界的氣候出現旱化的大背景下發生的，它並不是一個孤立事件，只不過由於樓蘭處在乾旱內陸，自然環境的變化對人文環境影響更顯著罷了。

不管是何種原因，輝煌燦爛的樓蘭古城永遠地從歷史舞臺上消失了。滾滾黃沙遮蓋了昔日的繁華，留給今人的只有神祕的海市蜃樓和愈發離奇的傳說。

知識連結

《史記‧大宛列傳》和《漢書‧西域傳》記載，早在西元2世紀以前，樓蘭就是西域一個著名的「城廓之國」，它東通敦煌，西北到焉耆、尉犁，西南到若羌、且末，屬西域36國之一，與敦煌鄰接，西元前後與漢朝關係密切。古代「絲綢之路」的南、北兩道就從樓蘭分道。古代樓蘭的記載以《漢書‧西域傳》、法顯以及玄奘的記錄為基礎。《漢書‧西域傳》記載：「鄯善國，本名樓蘭，王治扜泥城，去陽關千六百里，去長安六千一百里，戶千五百七十，口萬四千一百。」法顯謂：「其地崎嶇薄瘠。俗人衣服粗與漢地同，但以毯褐為異。其國王奉法。可有四千餘僧，悉小乘學。」玄奘在其旅行末尾作了極其簡單的記述：「從此東北行千餘里，至納縛波（Navapa）故國，即樓蘭地也。」

匈奴的起源是怎樣的

匈奴是中國古代北方的民族，戰國時分布於燕、趙、秦以北地區，漢初以後勢力逐漸強盛，統治大漠南北，建立奴隸制軍事政權，屢與中原王朝征戰，曾經大敗漢軍於平城（今山西大同東北），迫使劉邦締結和親之約。

漢武帝即位後，多次派衛青、霍去病、李廣等名將進軍漠北，扭轉了屈辱忍讓的局面。東漢建武二十四年（西元48年），匈奴內部紛爭，分裂為南、北兩支。南匈奴人居內地，南北朝時成為逐鹿中原的「五胡」之一，曾先後建立前趙、北涼、夏等國。

北匈奴屢為東漢和南匈奴所敗，部分西遷，引起歐洲民族大遷徙，間接導致了羅馬帝國的崩潰。

然而，這樣一個對於中國歷史與世界歷史都產生過巨大影響的民族，學術界尚未能確論其起源和來歷。

自漢魏以來，關於匈奴的起源一直存在兩種不同的見解。歧義產生於《史記‧匈奴列傳》的一段記載：「匈奴，其先祖夏后氏之苗裔也，曰淳維。唐虞以上有山戎、獫狁、葷粥，居於北蠻，隨畜牧而轉移。」一部分學者根據這段文字的前半部分認為，匈奴是夏之後代，意即夏的後裔淳維，在商時逃到北邊，子孫繁衍成了匈奴。

還有一說認為，移居北地的夏之後裔，是夏桀的兒子。夏桀流放三年而死，其子獯鬻帶著父親留下的妻妾，避居北野，隨畜移徙，即為匈奴。近代學者呂思勉、金元憲等，也持類似看法。

另一部分學者根據《史記》記載的後半段文字，認為匈奴原是山戎、獫狁、葷粥。《孟子》（趙岐注）、《毛詩》（鄭玄箋）等均持此說，到了近現代，關於此說的論述更為精密。

王國維在《鬼方昆夷獫狁考》中，認為商時的鬼方、混夷、獯鬻，周時的獫狁，春秋時的戎、狄，戰國時的胡，都是後世所謂的匈奴。梁啟超、方壯猷的意見也與王國維一致。

還有一說，把鬼戎、義渠、燕京、余無、樓煩、大荔等史籍中所見之異民族，統稱為匈奴。

上述看法，在近現代學者中並未取得一致。蒙文專家黃文弼認為，鬼方、葷粥、獫狁是古代披髮左衽的羌族，林胡、樓煩、義渠才是胡服椎結的匈奴的前身，這兩者是截然不同的兩種民族。另以岑仲勉為代表，認為匈奴與先秦時期的北方少數民族不可混為一談，匈奴應是西方草原的一個游牧民族，秦始皇之前，還未游牧至中國北部。

由於匈奴的起源問題不能解決，匈奴的族屬（蒙古族、突厥族，還是斯拉夫族）、匈奴的語系（蒙古語系、突厥語系，還是伊朗語系）等問題也都成為懸案。

知識連結

匈奴是一個或兩個古代生活在歐亞大陸的游牧民族，他們以蒙古為

中心建立國家。到漢武帝時，發動了三次大戰：河南之戰（也叫漠南之戰）、河西之戰、漠北之戰。此時正為伊稚斜單于在位時期。

元朔二年（西元前127年），漢武帝派衛青占領河套地區，元朔五年（西元前124年）擊敗入侵的九萬匈奴騎兵，西元前121年，派霍去病奪取富庶的河西走廊。此時，漢降將趙信勸匈奴把王庭遷徙到漠北，以避免受攻擊，以地理的優勢以逸待勞，擊敗漢軍，匈奴王採納了他的建議。西元前119年，衛、霍分東西兩路進攻漠北，霍去病擊匈奴至今蒙古國境內狼居胥山，衛青東路掃平匈奴王庭。匈奴右賢王率領四萬餘人投歸漢朝，漢軍共獲俘七萬多人，伊稚斜單于及左賢王帶少數人逃走。

匈奴人也是華夏子孫嗎

在中國古代史上曾經叱吒風雲、活躍在中亞蒙古大草原上的游牧民族匈奴到底是什麼人種？他們也是華夏的子孫嗎？匈奴人的起源是哪裡？匈奴人與現在的哪個民族有關係？這一系列問題引起了許多人的關注。

據部分史籍記載，匈奴人是夏朝的遺民。《史記・匈奴列傳》云：「匈奴，其先祖夏后氏之苗裔也。」《山海經・大荒北經》稱，犬戎與夏人同祖，皆出於黃帝。這樣看來，匈奴人也曾是華夏的子孫。

著名學者聞一多的《伏羲考》就認為，匈奴是華夏民族的一部分。他們最早是以龍為圖騰的「諸夏」的一部分，起初都住在黃河流域上游，即古代中原的西部，後來也許因受東方一個以鳥為圖騰的商民族的壓迫，一部分向北遷徙的，即後來的匈奴；一部分向南遷徙的，即周初南方荊楚、吳越各蠻族，現在的苗族即其一支的後裔。這段歷史，就是大家都熟悉的故事：商湯戰勝夏桀。由於征戰，原先華夏民族中一部分北遷的部落成為了後來的匈奴，不得不脫離了華夏民族大家庭，以至於

後來兄弟鬩牆，互相攻伐，導致生靈塗炭，民不聊生，確實是歷史的悲劇。

知識連結

秦始皇統一中國後，命蒙恬北擊匈奴，收河套，擊退匈奴700餘里，「胡人不敢南下而牧馬」。真正與匈奴進行大規模的戰鬥是在漢朝，劉邦親率大軍征討匈奴，在白登（今山西大同東北）被匈奴冒頓單于30餘萬騎兵圍困7晝夜，僥倖逃脫。其後的文、景諸帝便沿用和親政策以休養生息。到漢武帝時，漢朝從戰略防禦轉為戰略進攻，派霍去病奪取富庶的河西走廊，衛青則在東路掃平匈奴王庭。

東漢初年，匈奴分裂為兩部，呼韓邪單于之孫日逐王比率4萬多人南下附漢稱臣，是為南匈奴，被漢朝安置在河套地區，留居漠北的稱為北匈奴。後來南匈奴與漢聯合夾擊北匈奴，先後敗之於漠北和阿爾泰山，迫使其西遷，從此北匈奴就從中國古書中消失。

南匈奴南下漢化，一直居住在河套一帶，三國時期曹操把匈奴分成五部。儘管勢力進一步分化了，但依然表現出不俗的民族活力，五胡十六國及南北朝時期就是匈奴在中國歷史舞臺上進行的最後一場演出。之後匈奴和其他民族一起融入華夏族為主體的漢族。

匈奴有沒有自己的文字

長期以來，人們普遍認為匈奴人沒有文字。這種看法最初來自於《史記・匈奴列傳》：「匈奴，其先祖夏后氏之苗裔也，曰淳維。……毋文書，以言語為約束。」這樣看來，似乎匈奴沒有文字，更沒有留下像漢族那樣卷帙浩繁的檔案材料。但是，作為一個發展了千百年的「游牧帝國」，難道真的沒有自己的文字嗎？

在《漢書·西域傳》中又有「自烏孫以西至安息，近匈奴。匈奴嘗困月氏，故匈奴使者持單于一信到國，國傳送食，不敢留苦。」這裏的「信」，可能就是作為公文的「書信」，那麼單于寫給西域諸國的書信，必非漢字，如果不是自己的「胡字」就是西域文字。

另外從西方的文獻中更明確印證了這一點。威爾斯《世界史綱》描述了阿提拉汗庭招待羅馬使臣的宴會上用拉丁語、哥特語、匈奴語表演各種詩歌、喜劇的場景。史學家洪鈞的《元史譯文證補》也提到：「匈奴王阿提拉與西國使命往來，壇坫稱盛，有詩詞歌詠，皆古時匈奴文字。羅馬有通匈奴文者，匈奴亦有通拉丁文者，惜後世無傳焉。」這裏是說阿提拉的宮廷裏朗誦詩歌、表演喜劇講的是匈奴語而不是漢語，阿提拉與西方國家文書往來也用古匈奴文字。

匈奴是一個游牧的多民族國家，在其向東西南北四面征服的過程中，不同人種和語言的民族臣服於匈奴鐵蹄之下，不可避免地對匈奴語言文字產生影響，致使其使用的語言文字複雜多樣。所以，在保存不多的匈奴辭彙中，學者們發現既有蒙古語成分，又有通古斯語和突厥語成分。那麼，匈奴的文字也可能是在吸收了多種文字的基礎上書寫出來的。

現在，考古學家從陰山匈奴時代的岩畫上發現了匈奴文字的相關證據。這些岩畫中已經出現了具備文字形態特徵的符號。

而更確實的證據則令人有驚奇的發現：近幾年來，蒙古考古學家在境內發現多處匈奴墓穴，並從中挖掘出約2000多件文物。考古學者圖爾巴特說，從匈奴墓穴中挖掘出的文物中有屬於中國東漢時期的銅鏡、弓箭、樺樹皮畫、銅鍋、石硯以及鑲有寶石的裝飾品等。他說，從蒙古布爾干省呼特格溫都爾縣出土的一些珍貴文物來考證，匈奴人當時已有自己的文字，類似於鄂爾渾文的字母。

2006年5月，甘肅武威出土了青銅文物和刻字奇石，引起了社會各界的強烈關注。據文物專家分析，由於石頭上的「天書」很不規則，密密麻麻的，有人猜測這是時人在石頭上剁肉留下的痕跡。但這一說法很快被大家推翻了，因為這塊石頭表面比較光滑，留下的「痕跡」又有許多象形圖案和類似「八」字和三角形的符號。但究竟是不是文字，有專家猜測：這可能是匈奴人使用的文字。匈奴人的文字至今在任何史料中都沒有發現過。如果真是匈奴文字，那這塊石頭就是中國出土的第一件記錄匈奴文字的實物，極具史料價值和文物價值。

鮮卑人的起源地在哪裡

在北方地區一直流行一個傳說，顯赫一時的鮮卑族就起源於鮮卑山。但是鮮卑山到底在哪裡，很長一段時間內沒有人知道，有人認為鮮卑山在洮兒河以南，有人認為鮮卑山可能在外興安嶺，他們的觀點相差千里，到底誰對誰錯也無從得知。那麼，鮮卑山到底在哪裡？

直到1980年內蒙古呼倫貝爾盟文管站的米文平在大興安嶺嘎仙洞的牆壁上發現了北魏李敞刻的祝文之後，更多的學者傾向於認為，嘎仙洞的所在就是鮮卑山。

嘎仙洞位於鄂倫春自治旗阿里河鎮北約10公里，大興安嶺北段巔峰東端，甘河北岸嘎珊山半山腰的花崗岩峭壁上。那麼，有什麼證據說明嘎仙洞就是鮮卑族的起源地呢，此洞和鮮卑山又有什麼關係呢？

原來，《魏書》中有這麼一段記載，說鮮卑族的祖先生活在鮮卑山附近的時候，曾經在那裏為祖宗鑿石建過祖廟。等到南遷建國後，他們已經不知道這個祖廟的位置了。後來大興安嶺烏洛侯使者向北魏皇帝稟告發現了祖廟的位置，因此北魏太武帝派遣中書侍郎李敞去考察，李敞

遂在那個石廟中舉行告祭天地的儀式，並在石廟中的壁上刻上祝文。

　　嘎仙洞洞內右側石壁上的「祝文」全文共201個字，首尾完整，內容與《魏書》基本相同。此祝文被發現後，大多數人認為嘎仙洞的所在地就是當年的鮮卑山。

　　但我們應該注意一點，那就是此祝文只僅僅可以證明，嘎仙洞就是當年李敞來過的地方，但卻無法證明，這裏就是鮮卑人的發源地鮮卑山。因為從祝文上我們可以看出，李敞來此洞的目的是告祭天地，而不是祭奠鮮卑人的祖先。從李敞返回後此事就不了了之來看，李敞當年應該就否定了此處就是鮮卑山的說法。如果這裏不是鮮卑山，那真正的鮮卑山到底在哪呢？至今無人知曉。而鮮卑山的大體位置我們也只能是推斷而已。

知識連結

　　鮮卑是發源於中國東北的一個古老民族，在中國的歷史上占有重要地位。鮮卑屬東胡系，居於鮮卑山，因此得名。秦漢之際，烏桓、鮮卑受匈奴役屬。東漢初，北匈奴勢力衰微後，鮮卑大規模南遷與西遷，開始發展。晉與十六國時期，鮮卑中的慕容氏、宇文氏、段氏、乞伏氏、禿髮氏和拓跋氏，都曾與漢人及其他民族中的統治階級結成雄據一方的政治勢力，而慕容氏曾建立前燕、後燕、西燕、南燕，乞伏氏曾建立西秦，禿髮氏曾建立南涼等割據政權。拓跋氏先建立代國，後終於統一北部中國，成為南北朝時強大的北魏王朝。北魏分裂為東、西魏之後，鮮卑化的漢人高氏，與鮮卑宇文氏分別建立北齊、北周。隋唐以來，鮮卑已不再作為政治實體和民族實體存在，但他們的後裔卻在這兩個朝代居於重要地位。隋唐的建國者楊、李二家即是鮮卑化的漢人，而他們的母、妻又是漢化的鮮卑人，至於兩朝的達官顯宦，鮮卑人就更多了，其中位至宰相的就有20餘人。

鮮卑是怎麼南遷入主中原的

鮮卑族是中國古代歷史上第一個在中原建立王朝的北方少數民族，是中國古代歷史上唯一經歷了從森林走向草原進而入主中原的北方民族。他曾歷經千辛萬苦，舉族南遷。那麼是什麼壓力迫使一個游牧民族走出森林，走向草原，最終竟得以入主中原？

眾所周知，歷史上曾先後興起的鮮卑部落有宇文氏、段氏、慕容氏、乞伏氏和拓跋氏，這幾個部在五胡十六國期間，都曾在中原地區活躍一時。其中對後世影響較大的是拓跋鮮卑。它是鮮卑族最東北的一部，居住在今內蒙古呼倫貝爾鄂倫春自治旗阿里河鎮嘎仙洞附近的大鮮卑山。由於拓跋鮮卑部落的不斷發展壯大，大鮮卑山以及嘎仙洞已無法滿足他們發展的需要，所以其首領便率眾離開大鮮卑山，向呼倫貝爾大草原遷徙。

鮮卑南遷的歷程，先是舉眾離開大興安嶺，西遷至呼倫貝爾草原，到達額爾古納河上游的依山盆地。考古學家在這些地方經常發現鮮卑墓地，如陳巴爾虎完工墓群、滿洲里市西的札賚諾爾墓群以及海拉爾市南伊敏河流域各地發現的墓群等，都是拓跋鮮卑從大鮮卑山向西向南遷至呼倫貝爾草原的遺存。由於他們是陸續遷出，所以墓葬的時代並不是同一時期的，反應出鮮卑的不同發展階段。

在墓葬中出土的遺物中，引人注目的是飛馬紋動物形銅鎏金帶飾，它是鮮卑人信奉的古神獸。傳說在鮮卑族南遷時遇到沼澤地，部族面臨滅亡的關鍵時刻，是這個神獸從天而降，帶領他們走出沼澤地，實現了他們南遷的夢想。其實，正是這個傳說中的神獸反映了鮮卑族在漫長的遷徙過程中，可謂歷盡無數劫難。他們面對一望無際的草原，面對大自然環境的考驗，從森林民族轉變為草原民族過程中，付出了六至七代人的努力。

有趣的是，當鮮卑人到達呼倫貝爾草原後，本來此地牛羊繁盛，水

源充足，又有呼倫湖和貝爾湖，按理說應該會長期定居於此，但是又因「有神人言：此地荒僻，未足以建都邑，宜復徙」，於是又繼續向西跋涉千里，來到燕山、陰山這片匈奴故地。拓跋部自身經濟的發展，加之遷徙到距離中原更近的地方，在中原文化的影響下，他們得到了更快的發展。

知識連結

西元48年，鮮卑與漢朝、南匈奴等共同攻打北匈奴。從此鮮卑開始強盛。

西元314年，鮮卑拓拔部拓跋猗盧被晉潛帝進封為代王，建立代國，60餘年後被前秦所滅。

西元329年，鮮卑吐谷渾部葉延繼承汗位，正式建立吐谷渾國。

西元337年，慕容鮮卑首領慕容皝稱燕王，史稱前燕。

西元384年，鮮卑貴族慕容沖稱帝，史稱西燕。

西元384年，慕容垂在榮陽自稱燕王，史稱後燕。

西元385年，乞伏鮮卑首領乞伏國仁在隴西建立西秦。

西元386年，拓跋珪收集舊部，再次稱代王，後遷都盛樂，改稱魏王，建立北魏政權。西元534年，北魏分裂為東魏和西魏。

西元397年，河西鮮卑族禿髮烏孤建立南涼，歷三朝，延續了18年。

西元398年，慕容德在黃河南岸的滑台稱帝，史稱南燕，12年後被東晉消滅。

歷史上有兩個月氏國

月氏國是古代中國西北民族，亦稱「月支」、「大月氏」。大家看到這個「大月氏」，一定會想，有大月氏，該會有小月氏吧。確實，中

國歷史上確實還流傳著另外一個名稱：小月氏。那麼，大月氏和小月氏是兩個不同的國家還是僅僅是一國兩名呢？

司馬遷《史記·大宛傳》載：「始月氏居敦煌、祁連間。」約在當今甘肅省蘭州以西直到敦煌的河西走廊一帶。月氏人早期以游牧為主，住在北亞，並經常與匈奴發生衝突。它曾與蒙古高原東部的東胡從兩個方向脅迫中部的匈奴，匈奴被迫送質子於月氏，不料後來，這個質子逃回國內，殺父自立，就是史上赫赫有名的冒頓單于。他積聚力量，在西元前205～前202年間最終打敗了月氏。

月氏人只得離開河西走廊這塊寶地，從此開始了顛沛流離的西遷生涯，其間歷經數次磨難。西元前177年左右，冒頓單于再次擊敗月氏。這次失敗後，月氏人遷到更西的準噶爾盆地。此地位處絲綢之路的咽喉，控制著東西貿易，大月氏由此慢慢變得強大，大有復國之勢，不料到老上單于時（西元前174～前161），匈奴又破月氏，月氏再次西遷到伊黎河流域。西元前139～前129年間，在天山北麓並附屬匈奴的烏孫率兵驅逐了大月氏，迫使它不得不再次向西南遷徙，它去哪了呢？南下大夏，遠涉北天竺國。自南下大夏後，月氏人大部分逐漸定居和從事農業，並有比較發達的水利灌溉系統。大月氏王國城市和商業也很繁榮，特別是由於絲綢之路在西域的南北兩道越過蔥嶺後均進入大月氏境內，因此，大月氏曾是古代溝通歐亞經濟文化聯繫的咽喉要道和中轉站。

那麼小月氏又是從何而來呢？原來，西元前205～前202年間，月氏被冒頓單于擊敗後，一分為二：西遷至伊犁的，被稱為大月氏；南遷至今甘肅及青海一帶的，被稱為小月氏。歷史上記載：「保南山羌，號小月氏。」小月氏長期與青海羌人雜居，故又稱湟中月氏胡。漢代開發河西、湟中地區，小月氏又向東北遷徙，游牧於湟中、今居（今甘肅永登）一帶。久而久之，小月氏已經融入羌人之中。這也是小月氏不為許多人熟知的原因。

西元前139～前122年，張騫兩次西行，歷經疏勒、大宛、康居，抵達大月氏，開闢了著名的「絲綢之路」。張騫西行回國時，帶回了如胡麻、葡萄、胡蘿蔔、蠶豆這些農產品，它們都是原產於大月氏。如今，這些農產品已成為中國人生活中不可或缺的一部分。西元424～428年，大月氏生產琉璃的技術傳入中國，使中國琉璃的生產成本大大降低。

貴霜帝國是月氏人的驕傲嗎

貴霜帝國是曾存在於中亞的古代盛國，在其鼎盛時期（西元105～250年）疆域從今日的塔吉克綿延至裏海、阿富汗及恒河流域。貴霜帝國在迦膩色伽一世和其承繼者統治之下達至鼎盛，曾擁有人口百萬，士兵二十多萬，被認為是當時歐亞四大強國之一，與漢朝、羅馬、安息並列。

如此一個擁有豐功偉績的王朝，無疑會讓其先人倍感自豪，然而，時至今日，貴霜帝國到底是由哪個民族創立的，卻依然沒有定論。

最早流行的看法是，西元前132～前130年，大月氏遷至阿姆河北岸，不久就征服阿姆河南岸的大夏，並定居在阿姆河以南的農業區。然而好景不長，西元前1世紀初，大月氏國就分裂為五個小王國：休密、雙靡、貴霜、肸頓、高附。首領稱「翕侯」，貴霜即其中之一，並且實力最強。它經過一百多年的征服活動，到西元一世紀上半葉，貴霜翕侯丘就卻即庫久拉・卡德菲斯在位期間最後征服了其他四部翕侯，自立為王，在大夏王國的廢墟上進一步創建了統一的貴霜奴隸制帝國。從目前可見的史料看，《漢書・西域傳》明確地說：「凡五翎侯，皆屬大月氏。」《後漢書・西域傳》也明確地說：「月氏自此之後，最為富盛，諸國稱之，皆曰貴霜王，漢本其故號，言大月氏云。」因此，史家認

為，貴霜王朝是大月氏人建立的。

而西方的漢學家如法國的伯希和及日本的羽田亨等學者認為，貴霜帝國的建立者並不是從中國河西一帶西遷中亞的大月氏族，而是由被大月氏人早已征服了的希臘化國家大夏所建立。他們認為貴霜帝國是希臘血裔民族所建立，最初在中國青海地帶，後來向西占領了中亞、西亞地區與波斯。之所以會有第一種看法的誤會，可能是因為貴霜帝國興起時，漢絕西域多年，複通西域後很可能將貴霜王朝誤為曾臣服大夏的大月氏所創，故仍以大月氏呼之。

究竟哪種看法更接近真實，恐怕還有待考古學證據的發現。但是，貴霜人創造出的優秀文化成果是永遠值得後人珍惜的。

知識連結

貴霜帝國的建立，不僅打開了南亞與中亞之間的屏障，也在無意間為佛教的東傳創造了有利條件。相傳最早來中國的印度高僧是迦葉摩騰和竺法蘭。東漢明帝永平十年（西元67年），他們在大月氏受漢使的邀請，用白馬載著佛像和佛經同來洛陽，明帝為此特地修建白馬寺，從而開始了佛教在中國的流傳。

烏孫人的故鄉在哪裡

烏孫是中國歷史上一個非常重要的民族，它在西元前2～1世紀崛起於中國西北地方，後在伊黎河流域建立了一個舉足輕重的政權——烏孫國。它曾經是西域最強大的國家；它曾在匈奴的庇護下復國，卻不想長期居人籬下，便與西漢結盟，共同對抗強大的匈奴；它在貴族內訌中分裂，最終外患頻仍，被迫西遷，流散各地，還一度被認為是哈薩克人的祖先。那麼，烏孫人的故鄉到底在哪裡呢？

西域很早就流傳著這樣的詩句：「烏孫故國何處尋，牧人遙指伊麗水。」烏孫人最早在敦煌、祁連山之間游牧，與月氏、匈奴為鄰，以游牧的畜牧業為主，兼營狩獵，不務農耕。西漢初，鄰國月氏人開始強大起來，襲擊烏孫，將其首領難兜靡殺死。烏孫部落投奔匈奴，寄人籬下。西元前177～前176年，在匈奴的支持下，烏孫新王昆莫率領部眾，擊敗了大月氏，烏孫人就在伊黎河流域的赤谷城建都，建立了烏孫國，更因為伊黎河流域自古以來就是絲綢之路的重要通道，烏孫國在此發展，得以擁有了強大的商業和軍事力量，國勢日盛。

那麼，烏孫國的疆域有多大呢？烏孫國東以瑪納斯河（在新疆維吾爾自治區準噶爾盆地南部。源出天山北麓，北流注入瑪納斯湖。長約450公里）為界，西到巴爾喀什湖及塔拉斯河中游的遼闊地區，南到今天吉爾吉斯斯坦的伊塞克湖和新疆焉耆西部天山中部草原一帶，北至塔爾巴哈臺山和阿爾泰山。由此可見，當時的烏孫牧地有多麼遼闊。由於受到氣候的影響，烏孫國有兩個政治中心，「冬都」是赤谷城，「夏都」則在今天的昭蘇。

由於烏孫一直保持著四季遷徙的游牧生產方式，它沒能留下更多的歷史文化遺跡和遺物。如今只有那高聳於草原之中的土墩墓能讓人們遙想當年烏孫人在伊黎河谷迎風策馬、牛羊成群的美好圖景了。

知識連結

烏孫古道是貫通南疆與伊犁之間的交通便道，它起始於新疆昭蘇縣夏塔鄉境內，向南沿夏塔河谷、翻越冰達阪、終至南疆阿克蘇地區溫宿縣境內。由於它北鄰準噶爾盆地，南控塔里木綠洲，是貫通天山南北的咽喉，歷史上許多游牧民族都要爭奪這塊寶地。數千年來，這條重要的要道留下了無數的故事。

漢武帝為了對抗匈奴而與烏孫結好、隋唐時期西突厥控制天山統治塔里木盆地、唐代西征突厥及與突騎施的交好等，都是透過烏孫古國來

實現的。民間傳說稱唐玄奘曾穿越此古道。清初，南疆和田、喀什、阿克蘇等地區的很多維吾爾族百姓經過古道舉家遷移至伊犁地區的昭蘇。此古道也是國內外探險愛好者涉足的古道。

烏孫的族屬到底是什麼

自烏孫國內亂外患交加，烏孫人四處流散以後，烏孫似乎自此從歷史舞臺上消失了。這個神祕的烏孫到底屬於哪個民族呢？

由於提到烏孫人種族特徵的資料很少，如唐代顏師古對《漢書·西域傳》作的一個注中提到「烏孫於西域諸戎，其形最異，令之胡人青眼赤鬚狀類彌猴者，本其種也」。按此說法，烏孫人應為赤髮碧眼、淺膚色之歐洲人種。但是關於烏孫的族屬，向來眾說紛紜，難有定論。

一是匈奴族說。烏孫人「不田作種樹，隨畜逐水草」的游牧生活習慣，與匈奴同俗，而且烏孫王室始終與匈奴保持密切的關係。儘管有時也兵戎相見，但有意思的是，向來獨來獨往的匈奴人竟然會庇護烏孫人。

二是突厥族說。主張烏孫是突厥族的學者主要是俄國突厥語學家拉德洛夫、日本學者白鳥庫吉等人。他們的理由是，烏孫與突厥開國始祖的傳說均與狼有關（但反對者認為，作為游牧民族，其開國始祖與狼有關是再常見不過的）。他們的第二個理由是，烏孫稱國王為昆莫或昆彌，王族貴人的名字多以「靡」字收尾，以及今天僅存的一些少數烏孫語的記錄，其特徵均和突厥語族相同。另外，突厥阿史那氏是烏孫的後裔，烏孫分布的區域恰為後來突厥族興起的基地。

三是東伊朗族說。20世紀30年代以來，以考古學家伯恩什坦為代表的一些蘇聯學者認為烏孫很可能屬於東伊朗族，蘇聯考古學界有更多的學者認為烏孫是東伊朗族塞卡人（即中國史籍中的塞種，亦稱塞人）的

一支，塞卡文化與烏孫文化是一種文化的兩個階段。烏孫於西漢初期至南北朝初期游牧於天山以北伊塞克湖南岸至伊黎河流域一帶。考古學、人類學資料還說明，烏孫人與天山地區塞人似為同一種民族集團。

從目前發掘結果來看，河西走廊出土的材料都無例外地顯示出蒙古人種支系類型的特點，那麼，具有歐洲人種特徵的烏孫人或許與新疆東部的古代歐洲人種有關，或許是從新疆進入河西的。時至今日，烏孫已不能簡單地直接與今天任何民族掛鉤，但他們創造的那段輝煌歷史永遠值得後人懷念。

知識連結

烏孫國是一個將氏族血緣組織、國家行政與軍事組織緊密結合的宗法奴隸制社會，烏孫的軍事組織和社會組織是完全一致的。昆彌和各級翕侯，既是軍事首領，又是行政首領，牧民和首領之間，各級首領之間，都有嚴格的隸屬關係。烏孫的軍事、行政組織亦密不可分。在其「十二萬戶」的烏孫居民中，有「勝兵十萬八千八百人」，烏孫國很有可能按戶口徵男丁為兵。

精絕國驚現死亡之海

在被人們稱之為「死亡之海」的塔克拉瑪干沙漠腹地有大片古老王國的遺址，你一定會很奇怪，這樣一片滾滾黃沙之地，古人怎麼會選擇居住在此。但是據史書記載，在西漢時期這裏一共大大小小林立著36個王國，其中在尼雅地區就有一個非常著名的國家——精絕國。

《漢書・西域傳》曾這樣記載：精絕國在距長安8820里的地方，共有480戶人家，擁有精兵500人。這個遙遠的精絕國可謂麻雀雖小，五臟俱全。但是，西元4世紀前後，這個國家突然神祕地消失，成為神祕的歷

史塵埃。它究竟是一個什麼樣的國家，又為什麼會神祕地消失，為什麼西方人會把它稱之為是東方的龐貝呢？

但是，由於史料殘缺，直到20世紀初英籍匈牙利人斯坦因初探遺跡，從此擄走700多件出土的簡牘、羊皮文書和精美木雕後，這座在沙海裏掩埋千年的故城才又重見天日。斯坦因稱這座古城為「尼雅城」。人們驚奇地得知，在荒漠的沙海之中，古代竟然有如此燦爛輝煌的文化。精絕國的發現轟動了歐洲，學者們把它稱為東方「龐貝城」。

居民日常用的文字就是今天被稱為「怯盧文」的文字，這是一種國際學術界公認的極難破譯的文字，是西元前3世紀印度孔雀王朝的阿育王時期的文字，西元1～2世紀時在中亞地區廣泛傳播。根據從遺址中挖掘出來的文書，以及那些寫在木板、羊皮、絲綢、紙、錢幣甚至牆壁上的文字史料記載，當年尼雅居民對水的管理和使用、樹木的保護都有一套嚴格的管理辦法。水的使用是有償的，由專人分管。若因管理不善，導致損失的要受懲罰。如有耕地發生無水乾旱的情況，也要求及時調查並處理。如有人放水淹沒仇家的田園、住屋要受罰。如有小麥地一熟可澆二、三次水。當年的尼雅居民還很注意樹木的生長和保護，形成一套嚴格的管理制度，人與自然和諧相處。

精絕國在歷史的天空中如流星般劃過，沒有留下太多的影子。今天，站在尼雅河出崑崙山的河口放眼望去，也只能看見一條谷地曲折北去，穿越崑崙山地向北方的沙漠延伸出去……山麓坡地之間，訴說著精絕古國的動人傳說。

知識連結

斯坦因（1862～1943年）英國人，原籍匈牙利。在英國和印度政府的支持下，先後三次到中亞探險。雖然斯坦因在事業上取得了巨大的成功，但是，他不分國界隨心所欲的探險考古活動，侵犯了人民的利益。斯坦因在1907年3月來到敦煌莫高窟後，採用各種手段，尤其以「唐僧

之徒」為名，騙取道士王圓籙的信任，以極少的白銀，從王道士手中換取了敦煌文書的大量珍品。當他離開莫高窟時，僅經卷文書就裝滿了24箱，精美的絹畫和刺繡藝術品等文物又裝了5大箱。後經清理，卷文完整的有7000件，殘缺的6000件，還有大批其他文物。斯坦因第二次來敦煌時，又以500兩白銀的捐獻，從王圓籙手中換去570部漢文寫卷。這些卷子是王圓籙刻意收集的，均為完整的長卷，價值極高，但又被斯坦因運到了英國。

精絕國消失純屬偶然

兩千多年來，精絕國掩埋在「死亡之海」中，它的輝煌和廢棄一直是縈繞在人們心頭的未解之謎。

當年的斯坦因闖入尼雅古城遺址時，眼前的一切，令他百思不得其解：在廢棄的遺址中，當年的文書還完好地封存在屋內，儲藏室裏厚積的穀子還有橙黃的顏色，房廳屋宇的門還是關著的⋯⋯時間看似停止，人們彷彿剛剛離開這裏，一些文書藏在陶罐裏面，就埋在自己院子裏的沙子底下。似乎人們離開時還以為能夠重新回來。那麼，是什麼原因導致尼雅城能夠像龐貝那樣，在幾千年後，還能展示出最原始的風貌呢？又究竟發生了什麼事，使得主人倉促離開這裏，還抱著重返的念頭？他們為什麼沒有返回？

遺址出土的小簡中曾反覆提到蘇毗人的侵略，稱蘇毗人性情悍勇，經常攻擊精絕州，威脅著它的安全。可見，這裏的戰爭是經常發生的。那麼，是不是突如其來的戰爭使這片綠洲被廢棄，使精絕人被迫遷徙到其他地方？

這種情況是可能的。但是，既然是有組織的撤退，為什麼撤退時沒有帶走重要的官方文書呢？而且，在尼雅遺跡中，沒有任何戰爭痕跡，

所有出土的古屍，都是平靜而又安詳，並採用大禮安葬，陪葬物豐富。他們的墓葬，盡顯太平盛世的風貌。所有的房屋遺址，都是完整的。如何解釋這不合理的一切呢？

也有人說，精絕可能是毀於自然條件的惡化，此說與樓蘭古國消失於全球氣候變化類似。由於西域的氣候異常乾燥，沙漠化的進程非常迅速，河流也經常改道或者消失。如果養育精絕國的尼雅河改變了流向，或者水量減少，如果風沙干擾了精絕人的生活，那麼，精絕人確實可能放棄曾經世代生活的土地。

但是，現在人們並沒有在尼雅遺址周圍找到關於尼雅河大規模改道的證據，同時也並未在尼雅河上游發現任何人類聚居點的遺跡，沒有多少證據能證明尼雅河突然斷流，導致精絕王國覆滅。有學者反駁，即便是由於環境惡化，精絕舉國遷移，但為什麼沒有開封的各類文書還整齊地放置在屋內牆壁旁？如果是因為環境的改變而搬遷，精絕人就更沒有理由丟棄下官方的檔落荒而逃了。

人們試圖繼續尋找一切蛛絲馬跡，考古學家在尼雅遺址一座廢棄的房址中發現一隻狗的遺骸，牠的脖子上拴著繩子，繩子的另一端拴在柱子上。顯然，主人離去時忘了解開繩子，這隻狗竟這樣活活餓死了。究竟發生了什麼事，讓主人匆匆離開，連愛犬的繩子都忘了解？或許，他以為一會兒就能回來，才沒有考慮愛犬的生存問題？如果說精絕的居民真的集體遷徙了，他們究竟遷到了哪裡？

難道幾千精絕居民都在兩千年前的某一天突然同時消失了？這樣的事情又是如何發生的？來歷是謎，去向是謎，精絕國給人留下太多的疑惑和不解，不得不遺憾地說，也許，我們再也無法知道答案了。

知識連結

近百年來，在塔里木盆地的瀚海大漠之中，人們發現了一個又一個的沙埋古城：

樓蘭古城，位於古孔雀河下游，羅布泊乾湖盆西岸。

伊循遺址（即米蘭古堡），位於古米蘭河下游。

漢且末古城，位於車爾臣河下游。

精絕古城（今尼雅遺址），位於尼雅河尾閭，北距今民豐縣縣城150公里。

瑪利塔格古戎堡，位於和田河中游。

皮山國古城，距今皮山縣城東北170公里處。

上述古城和古堡遺址在地圖上顯示的一條痕跡，就是古絲綢之路南道的大致走向和地理位置。

龜茲昔日輝煌今安在

龜茲（音丘慈）國，為古代西域出產鐵器之地。龜茲國以庫車綠洲為中心，最盛時轄境相當於今新疆輪臺、庫車、沙雅、拜城、阿克蘇、新和6縣市。它是中國古代西域大國之一。

今天，位於庫車縣城西約2公里的皮朗村有一座古城，古城周長近8000公尺，除東、南、北三面城牆尚可辨認外，西牆已蕩然無存。考古學家黃文弼先生在這裏發掘出了石器、骨器、彩陶片、銅件、漢五銖錢、龜茲小錢、開元通寶等，並判斷這座古城就是龜茲古城。

龜茲國昔日的輝煌給後世的人們帶來無限的好奇。在今天看來，龜茲國當年所在的綠洲，如今仍然一片生機，很多新疆人就在這裏定居。它既不是毀於戰爭，也不是毀於自然災害，更不是毀於瘟疫、宗教之爭。龜茲古城是一個讓人費解的歷史之謎。那麼，龜茲古城的消亡到底是什麼原因呢？

今天，我們已經知道，神話傳說並不全是虛假，其中也有星星點點的史實。也許，龜茲古城的消亡傳說就隱藏著歷史的真相。讓我們姑且

聽之。

西元840年前後，回鶻人西遷，占領了龜茲，龜茲國從此在歷史上消失，龜茲人被回鶻統治。歷史上把占據龜茲國的回鶻政權稱為龜茲回鶻。龜茲回鶻最早的可汗叫龐特勒，他打算將戰爭創傷的龜茲都城修復起來。但是，在居民們看來，這裏有太多戰爭留下的悲慘回憶，都城已經受到了詛咒。百姓們開始準備著要遷出都城。

隨著遷走的人越來越多，引起官府的警惕和憤怒，龐特勒試圖殺一儆百，但結果卻適得其反，殺戮使人們更加相信都城是凶城，認定巫師所言必定靈驗，遷居之勢愈演愈烈。

可汗非常驚慌，於是召集大臣們研究對策。結果，就連龜茲的上層貴族和大臣們也厭倦了這座都城，紛紛提出要遷都他城，以開創國家新的局面。於是，遷都的決策終於決定並以極快的速度昭示龜茲百姓。這一舉動得到了民眾的擁護，最終，新都城確定在距龜茲古城僅有20公里的地方，而原來的龜茲都城便漸漸只剩下了廢墟，逐漸消亡了。

在沒有充分的考古證據之前，或許人們也只能用豐富的想像力從傳說中探索龜茲消亡之謎了。

知識連結

古代龜茲地區在樂舞、石窟藝術方面也是西域的傑出代表。龜茲樂舞的發展和傳播不僅對中國古代中原地區，特別是對隋、唐時期的音樂、舞蹈、雜技、戲劇的發展產生過重大的影響，而且也名震日本、印度、阿拉伯等國家。

龜茲的石窟藝術也聞名於世。開鑿於西元3世紀末的克孜爾石窟是中國最早的佛教石窟，也是龜茲石窟藝術的典型代表。克孜爾石窟目前所遺存有約1萬平方公尺的壁畫，壁畫內容有佛像、菩薩像、天龍八部、天象圈、佛經故事、說法圖、動物、山水、樹木、裝飾圖案，以及供養人像等，是僅次於敦煌畫的藝術寶庫，堪稱「中國第二敦煌」。

古格王朝有多少人

　　神奇的青藏高原總給人們留下太多的未解之謎，當我們剛剛流覽過古老的象雄文化，卻猛然間又發現了古格王朝，這是一個最接近天空的遙遠國度。

　　今天的古格王朝遺址位於札達縣境內象泉河南岸札布讓區的一座小山上，總面積72萬平方公尺。建築物沿著逶迤的山勢，層層而上，直抵山頂，布局嚴格，氣勢雄偉，高達300公尺。整個城堡，由房屋、佛塔以及雕堡、地道等組成。單從這些遺跡就可以想像古格王朝當年的磅礴氣勢。那麼，古格王朝究竟是如何形成的呢？

　　古格王朝的前身可以上溯到象雄國，王朝的建立大概從9世紀開始，在統一西藏高原的吐蕃王朝瓦解後建立的。吐蕃王室的後裔在吐蕃西部阿里重新集結力量，建立起了古格王朝。專家認為，古格王朝的統治範圍最盛時遍及阿裏全境。

　　古格王國的疆域，基本是現在札達縣的範圍，它在強盛期也曾經兼併過現在屬普蘭、日土縣的一些土地。那麼，鼎盛時期的古格王朝，究竟擁有多少人呢？學者推出的數量有很大的不同。

　　葛劍雄在其《走近太陽》一書裏，根據古格王朝曾經擊退過印度十幾萬軍隊的入侵這一記載，認為古格王朝擁有數十萬的人口。真的有這麼多嗎？

　　考古學者推測，古格大約有幾萬人。他認為光是古格都城就可能有一萬人左右，否則無法供養奢華的王宮和繁多的廟宇。

　　但有考古學家卻以謹慎的態度認為，在沒有考古上的依據前，無法下定論，但從這裏惡劣的生存環境來看，古格不可能養活數十萬、哪怕是幾萬人。他甚至認為，古格都城只有500人左右，因為現存的800孔窯洞，據他的考察，也並非同時使用。

即使古格只是一個萬把人的、地處偏遠的小王國，但是，它留下的大量宗教遺跡、軍事遺跡、佛教文化及其為各地經濟文化交往作出的貢獻，卻值得細細研究。大量的謎團還有待人們去探索，去發現，去破譯⋯⋯

知識連結

古格王朝的古格王宮是一座世上獨一無二的王宮。王室建築主要集中在山頂，有房屋40餘間，均為土木建築結構，平頂。但除了夏宮、冬宮、國王的議事大廳和寺廟，所能見到的全是坍毀了的場院和房基。夏宮建在地面，規模很小，面積勉強及得上城裏一室一廳的房間，由於年久失修，僅留斷壁殘垣。冬宮修在地下，現保存完好。它是地道式建築，盤旋通往山下，其間有一連串地穴式房屋，有瞭望孔、小窗，室內套室，洞中有洞，頗為複雜。山頂上有一些開式暗道通往冬宮宮區，宮區中間是廊道，兩邊各有數十間居室，大小不一，都是窯洞。

古格文明為何消失

古格王國最神祕的地方在於，擁有成熟、燦爛文化的王國是如何在一夜之間突然、徹底消失的。在其後的幾個世紀，人們幾乎不知其存在，沒有人類活動去破壞它的建築和街道，它完整地保留了遭到毀滅的現場。但是，唯一令人不解的就是這一切是如何發生的。

有資料記載，16世紀後半葉至17世紀初，古格已經日漸衰落。其中最重要的原因是古格王室與僧侶集團之間的衝突日漸尖銳。而此時古格對外的戰事不斷，耗費了大量的國力資財，尤其是古格與鄰國拉達克之間的邊境衝突時斷時續，這更讓古格王朝深受打擊。同時，古格周邊的一些小邦國也經常聯合起來，舉兵反對古格王國，更是雪上加霜。

因此，有人指出，古格王朝消失是緣於戰爭。但從記載和考察的結果上看，戰爭造成的屠殺和掠奪並不足以毀滅古格文明。但事實上，硝煙散盡的古格王國卻迅速淪為一座龐大的廢墟。

也有人提出，古格當地的環境迅速惡化，是其消失的主要原因。古格王朝興起的自然因素乃是因為當年曾經繁榮的綠洲，隨著綠洲環境逐漸惡化，古格一帶沙漠化程度十分嚴重，只剩下了一點點土林和戈壁，要養活大量人口幾乎是不可能的。

但是問題還是那10萬人去哪裡了，如果是遷徙走了，就一定會有後裔知道其歷史。但可惜的是，今天的古格故地，只有十幾戶人家守著一座空蕩蕩的城市廢墟，而且這些人也都不是古格後裔。

還有人指出了一些其他因素，諸如天災、瘟疫等，但都不足以使得繁榮富強的文明突然間徹底消失，而且沒有留下任何有說服力的證據。

看樣子古格的祕密短期內是難以解開了。在荒漠中消失的古國太多太多，這些難解的歷史之謎，是要靠跨學科的學者們通力合作去探尋才能破譯的。

知識連結

古格王朝素以精於冶煉與金銀器製造而聞名，據說他們鑄造的佛像用金、銀、銅等不同的原料合煉而成，工藝精湛。通體全無接縫如自然形成，其價值甚至超過了純金佛像。其中，最為神奇的還有一種名叫「古格銀眼」的銅像，更是被視為佛像中的精品，因為極少流傳於世，所以尤為珍奇。這尊銅像頭生3眼，額上正中眼為縱目。3隻眼的眼球都採用鍍銀的技法做成，在金黃色的銅像襯托之下銀光閃閃，晶瑩透亮。長期以來，無人知曉其究竟為何物。

籠罩在迷霧中的夜郎古國

許多人從小就聽說過「夜郎自大」這個故事，可是，你可知道，就是這個自大的夜郎國讓無數中外考古學家歷盡千辛萬苦，試圖透過層層迷霧，揭開它神祕的面紗。

夜郎古國在中國古代史學家的筆下雖有記載，卻往往語焉不詳。時過境遷，就使後來的學者對「夜郎古國」的各種謎團眾說紛紜。

根據范曄《後漢書‧南蠻西南夷列傳》和《雲南通志‧夜郎考》的記載，夜郎國的範圍大致在今貴州（除去東北部）、廣西西北部、雲南東部及四川南部邊緣一帶。但是，對於其中心統治區域的看法，卻是公說公有理，婆說婆有理。在貴州省內就有赫章、安順、桐梓、六枝、望漠、長順等地，都被認為是古夜郎的中心。而也有人提出雲南、湖南和廣西的某些地方曾是古夜郎的中心，但是，各種觀點始終沒有得到普遍認同。

幾十年來，眾多的考古發現，不僅證實了「夜郎古國」的存在，而且還印證了「夜郎國」中心在貴州西部偏南地區的文獻記載。值得注意的是，在赫章縣可樂遺址，出土了大量極具價值的青銅祭器、兵器、禮器、生活用具等夜郎時期的文物，這在夜郎研究中具有里程碑式的意義。但是迷霧重重的夜郎古國，至今仍有許多謎團尚未解開。

夜郎國的歷史到底有多長？對於夜郎國滅亡的事件史書有明確記載。西元前27年深秋，新任牂柯太守陳立為鎮壓部族，將末代夜郎王苴興斬首，夜郎國從此滅亡。所以，一種較為普遍的看法是，夜郎國存在了300年左右。但是，夜郎國是什麼時候建立的？對此仍然沒有獲得統一認識。夜郎國發生的重大歷史事件，文獻記載都是寥寥數語，而且分歧甚大。

夜郎國處在什麼發展階段？是原始社會，奴隸制社會早期，還是封建社會？這個問題尤其複雜，因為在沒有大量的考古證據前，要判斷一

一本書讀懂中國歷史謎案

個國家的發展階段，是極其困難的。目前，許多人還試圖透過研讀數以百計的古彝文典籍和苗族、侗族等少數民族的古歌、傳說的翻譯和研究文獻，來復原夜郎國的一些原貌。

歷史的探索最大的困難在於，它只能不斷地接近真實，而無法完全真實再現，但這正是它最大的魅力所在。籠罩在夜郎古國身上的重重迷霧，何時才能撥開呢？

知識連結

夜郎，即應龍。應龍氏是上古赤縣赤帝部落的核心，參與涿鹿之戰協助黃帝部落打敗東方蚩尤九黎部落。應龍氏也是鯀、禹時代西南魚互部鱉人的核心，是鯀、禹治水的主力。所以，夜郎氏的祖先赤帝、大禹，也是中華民族的人文始祖；戰國秦漢時代的夜郎氏及夜郎各族都是中華民族的一部分。

誰是夜郎的主人

誰是夜郎的主人？或者說，夜郎主體的族屬是什麼？在對夜郎之謎的探索中，這又是研究者必須回答而又最感棘手的問題之一。圍繞「夜郎主體民族來源」這個難題，許多民族學家、人類學家都從各自的研究提出看法，爭論得十分激烈。

有人認為現在的仡佬族是夜郎的主體民族。仡佬族是「濮人」的後裔，魏晉時稱作「僚」，隋唐後改稱「仡佬」，是本地歷史最久遠的土著。他們自稱是貴州「小地人」，而且至今還保留著一些民俗，例如祭祀先祖時必須在神龕上放置一節竹筒，以表示自己是那個產自竹筒、「以竹為姓」的夜郎侯的後代。

還有人認為，夜郎人發展成了現在的布依族。布依族的先民「濮

人」，其族源可以向上推溯到古越人。布依族的「布」就是「濮」字的對音；夜郎的「夜」就是「越」字的對音，也就是布依的「依」字。「郎」是壯侗語「竹筍」一詞的記音。所以「夜」、「郎」兩個音節合起來，表示的是「以竹為祖先的越人」；「布依」則是指「百越族系中的濮人」。此外，文獻記載中夜郎境內的某些郡縣名可以用布依語得到解釋，這些郡縣的疆域也與布依族在貴州的分布地大致吻合，所以，夜郎的主體民族應當是布依族。

最盛行的說法是夜郎人就是現在彝族人的先民羌人。在不少彝文文獻中，夜郎史被直接等同於古彝族的某一部族史。在可樂漢墓發掘出土的套頭釜和銅戈上有老虎的形象，一些死者頸部也發現有虎形飾物，而據彝族民間傳說，彝人最早的祖先正是老虎。在出土的隨葬品中，還有一個赤腳、圍裙的人物形象，其頭飾與今天彝族仍然流行的「英雄結」十分相似。另外，在彝族生活中，也保存著各式各樣竹崇拜的民俗傳統。

確實，在夜郎這塊土地上生活過的越人、濮人及少數氐羌人等，他們或是今天仍生活在貴州、雲南、四川、廣西一帶的彝、苗、侗、布依、水、仡佬族的先民，或與這些民族的先民有著極其密切的關係，但是，目前沒有確切的證據能證明夜郎國人能與今天哪個民族完全等同。這個謎團恐怕還需要能夠得到古夜郎人的一些DNA證據，才有希望解開。

知識連結

貴州茅口古鎮河塘城村有一支夜郎王室後裔。這裏民風淳樸，好客熱情，尤其是年輕的女性，端莊大方，言談舉止優雅得體。更令人驚奇的是，江一帶屬亞熱帶氣候，海拔低，日照強，這一帶的人們膚色黝黑，而唯有牂牁江旁、老王山下的木城村的女孩五官端正、粉臉桃腮，身段優美，長得十分漂亮。尤其是女孩們柳眉杏眼，水靈動人，白玉般

的牙齒和仙桃般的紅唇再配上淺淺的酒窩，一顰一笑氣度不凡，大顯王室遺風。

夜郎難道真的自大嗎

「夜郎自大」這句成語可謂婦孺皆知，它出自《史記·西南夷列傳》。說的是西元前122年，漢武帝為尋找通往身毒（今印度）的通道，曾遣使者到達今雲南的滇國。期間，滇王問漢使：「漢與中國相比，誰更大呢？」後來其他漢使途經夜郎，夜郎國君也提出同樣問題。因而世人便以此喻指狂妄無知、自負自大的人。

然而，夜郎真的是自大嗎？每個國家都以自己為中心，認為自己領土大也無可厚非，況且，夜郎國確實是一個國富兵強的大國，為什麼這麼說呢？

首先，古夜郎國疆域廣闊。《史記·西南夷列傳》稱：「西南夷君長以什數，夜郎最大。」這表明夜郎確實是當年西南最大的國家。大約在戰國時代，夜郎已是雄踞西南的一個少數民族君長國。古夜郎文化波及範圍甚廣，當時的夜郎甚至包括今東南亞的一些國家。古夜郎的核心雖在今貴州黔西南一帶，但它東至湖廣，西及黔滇，北抵川鄂，南達東南亞各國，地廣數千里，與西漢初期的版圖不相上下，可謂泱泱大國。

第二，夜郎國國富兵強。《史記·西南夷列傳》有載：「竊聞夜郎所有精兵，可得十餘萬。」夜郎能擁有精兵十餘萬，可見其國力之強盛。被世人稱作蠻夷之地的夜郎，擁有黃金、白銀、丹砂、國漆等重要資源，這就像當今擁有石油資源的中東富國一樣。三國時期，諸葛亮興師征伐南蠻夜郎之地，其中一大動因便是夜郎的資源。《史記》上還提到「獨蜀出枸醬，多持竊出，市夜郎」。枸醬是當年蜀地出產的馳名商品，蜀人不顧禁令，偷偷走私到夜郎高價銷售，由此可見夜郎人消費水

準很高。

第三，夜郎國還是外貿大國。《史記·西南夷列傳》有載：「元狩元年，博望侯張騫使大夏來，言居大夏時，見蜀布、邛竹杖，使問所從來？曰：從東南身毒國（今印度），可數千里，得蜀賈人市。」據考古證實，中國古代有兩條「絲綢之路」，其中的海上「絲綢之路」便是從夜郎國轉運到東南亞、印度等地，再轉往地中海沿岸各國。

夜郎的歷史已經湮沒難聞，然而，人們不該忘記的是，夜郎確實不自大。

知識連結

古滇國是中國西南古代民族建立的古王國。它存在於戰國至西漢時期，西漢漢武帝時期才被正式納入漢王朝的版圖。很少有人知道「夜郎自大」最初的典故來源於滇王。《史記·西南夷列傳》記載，西元前122年張騫出使西域回來後，向漢武帝報告情況。由於當時北方的絲綢之路被匈奴阻斷，就建議從西南方開闢另一條到西域的通道。漢武帝於是遣使前來，「漢使入滇時，滇王問，『漢孰與我大？』及夜郎侯亦然。」夜郎侯因為重複了滇王充滿自負的話而「背了黑鍋」，成為千古笑談。

南越「番禺城」今安在

番禺城從何而來？西元前214年，秦始皇派任囂、趙佗率軍南下，統一嶺南。任囂平定嶺南後，出任南海郡尉並在南海郡番禺縣內建城作為郡治，因地處番山和禺山，故起名為「番禺城」。後來，秦朝因暴政而動亂，代替任囂出任南海郡尉的趙佗就借機奪取了南海郡的控制權，又在秦朝滅亡後，起兵兼併了桂林郡和象郡，在嶺南地區建立南越國，自稱「南越武王」。而番禺城也就被稱為南越番禺城。

番禺城作為秦代南海郡尉治所和南越國都，是當時嶺南地區最為重要的政治中心。又由於水道交通便利，有通商海外之利，所以番禺城又成為這一地區最著名的經濟中心。

然而，關於漢番禺城所在之地，歷代文獻記載卻多有歧異，導致了今人持有諸多不同意見，傳統主流觀點認為是在今廣州舊城區，最近又有學者相繼提出番禺沙灣說、順德簡岸說等不同說法。

歷來許多學者普遍認為，番禺在今廣州市舊城區。《中國歷史地名辭典》「番禺縣」條就解釋道：「秦置，治所即今廣東廣州市。」他們還列舉了許多考古學的發現來支持自己的看法。

但是，近來這一看法遭到一些人的質疑，認為它與有關歷史文獻記載有不小的出入。據《史記》記載，漢武帝在元鼎五年（西元前112年）秋發兵攻打南越國。伏波將軍路博多、樓船將軍楊僕等進攻番禺城，並火燒番禺城，此事已得到了考古學證據的支持，越王宮殿遺址正好有火燒過的炭屑和紅燒土層堆積在瓦片層之上，厚達10公分，反映當日火勢很大，也說明王宮是毀於戰火的。王宮既被火焚，整個番禺城大概毀壞殆盡，這就是當年漢武帝在別處另行改置南海郡治和番禺縣治的一個重要原因。因此，兩漢時期史籍所載的番禺城舊址與秦代及南越國的記載的舊址已經不是相同地方了。

有的學者提出，漢武帝平定了南越之後，為了加強中央統治，把原被趙佗割據的地區劃分為九郡，廣東大部仍屬南海郡。南海郡的治所遷到了龍灣與古壩之間（今番禺沙灣附近）。他們的依據則是另外一些史籍記載。

此外還有其他的說法，在此就不一一贅述。可見，由於不同學者依據的史料不同，才導致眾說紛紜、難有定論。所以，只有依靠確實的考古證據方能給出更有說服力的觀點。

近年來番禺區北部至少已有3處漢墓群被先後發現，可知市橋北一帶最晚從兩漢時起就是人口密集之地。1983年在廣州舊城西北的象崗山發

現了南越國文帝墓，為南越國的研究提供了實證。1995年和1997年，又先後在廣州舊城的中心位置發現了秦漢南越國宮署遺址，為南越國都城及宮署的存在、概貌及確切地點提供了重要物證。1998年5～8月，在廣東省番禺市鐘村鎮屏山二村發掘出的東漢墓群中清理出大量銘文磚，其中有銘文為「番禺都亭長陳誦」，這為判斷漢番禺縣城的大致方位提供了相應的證據。

看來，離揭開謎底之日已經不遠了，讓我們拭目以待。

知識連結

南越國（西元前203～前111年），秦朝滅亡後，南海郡尉趙佗於西元前203年起兵兼併桂林郡和象郡後建立，於西元前111年為漢武帝所滅，傳國五世，歷時93載。國都位於番禺，疆域包括今天中國的廣東、廣西兩省區的大部分，福建、湖南、貴州、雲南的部分地區和越南的北部。南越國是嶺南地區的第一個君主制國家，它的建立帶來了中原先進的政治制度和生產技術，使嶺南地區落後的政治、經濟現狀得到了有效的改善。

南越「石頭城」是外國人建造的嗎

1995年廣州南越王宮署遺跡發現以來，歷經數年的不斷發掘，隨著遺跡、文物的不斷增多，帶給人們謎團也日益見長，除了印章頭像之謎外，另外一個重要的謎團就是「石頭城」之謎了。

大家都知道南京的石頭城，它在今南京市西清涼山上，是三國時孫吳為了築城戍守而依靠著石壁建造的，劉禹錫的一首《石頭城》道出了許多人心中「江城濤聲依舊在，繁華世事不復再」的感慨。

南越的石頭城與之有著相同的命運，但是，就建築史的角度而言，

一般認為，中國建築在唐宋以後才大量使用石質材料（南京的石頭城是依靠地勢山形而建，屬於例外），但是在剛剛出土的南越王宮殿和以前出土的南越王御花園，卻發現了大量的石質材料，諸如石柱、石樑、石牆、石門、石磚、石池、石渠等，不一而足。

就整個南越王宮署的石建築普及程度，可以算得上是名副其實的「石頭城」了，它比南京的石頭城更加「石頭」。本來，這個現象不會引起普通人的關注，但是，敏感的考古學家們卻深感疑惑，為什麼呢？

原來，在考古學界有這樣一個共識：中國古代建築以木結構為主，西方古代建築則是以石結構為主，一木一石，形成中國與西方在建築文化史上的分野。

南越石頭城的出現，本來不足為奇，但是一旦連結到建築史和廣州對外交流的歷史，就令人不得不聯想到當時廣州城裏數量眾多的外國人了。石頭城的結構與西方古羅馬式建築有相通之處，這在全國考古界都是罕見的。因此，就有人認為，南越王宮署獨樹一幟的石建築，可能意味著當時的廣州（番禺）已經引進了西方的建築技術和人才。如果他們的歷史得到確證，那麼中外建築文化交流史就需要有新的篇章了。

知識連結

南越國的遺跡多分布在中國廣東和廣西兩省區內，其中以南越國都城的所在地，即現今的廣州市分布最多。目前在廣州市範圍內共有4處南越國遺跡，它們分別為南越國宮署遺址、南越文王墓、南越國木構水閘遺址和蓮花山古採石場。此外，至1995年為止，廣州市共發現南越國的墓葬250多座，是南越國墓葬發掘最多的地區。在廣州市之外的廣東省其他地區，仍有很多的南越國遺跡，它們包括南雄的橫浦關、陽山的陽山關、樂昌的趙佗城、仁化的秦城等南越國的關防遺址，以及零星分布在肇慶、樂昌、曲江、南海等地的南越國墓葬。

滇國是如何被發現的

在司馬遷的《史記》中，關於古滇國的記載只有零零散散的片段，人們對於這樣一個有著悠久歷史和燦爛文化的地域文明，長期以來，一直知之甚少。

這樣的「蒙昧」狀態直到1953年才出現了大轉折。誰能想到，一座岩石嶙峋、荊棘叢生的石寨山，竟會隱藏著兩千多年前滇王國的祕密呢？

1953年7月，昆明的一位古董商發現幾件具有濃郁的少數民族風格特點的青銅器，有短劍、矛、鉞等物。著名考古學家、民俗學家李家瑞先生敏銳地覺察到這不是中原器物，有可能是雲南本地出土的東西，並逐步瞭解到當地人民曾經挖到了大量青銅器的事實。此事引起了考古學界的極大關注，經過兩次發掘，1956年11月，當考古隊在石寨山進行第二次大規模的發掘時，竟然獲得了意想不到的重大發現。

發掘過程中，石寨山上各種奇珍異物不斷出土的消息，已經不再是新聞，因為考古學家們結合歷史典籍進行認真分析後，認為此地應屬於古滇王城的遺址。但是，還缺一個極其關鍵的證據——滇王金印，如果能夠找到它，就真的找到古滇國了。功夫不負有心人，奇蹟果然出現了。在第六號墓底的漆器粉末中，一枚金印被清理了出來，考古隊員們全都歡騰雀躍起來，一位考古隊員捧著金印，小心翼翼地剔除填土，4個典型的漢篆「滇王之印」明白無誤地映入眼底。印背上雕著蟠螭紋鈕，兩眼熠熠放光；印身四邊完整無損，光彩奪目。雖然印的體積不過方寸，但是這方寸之印卻重於千斤，因為它的出現，古滇國在滇池附近的傳說完全被證實，2000多年前滇王國神祕的歷史被揭示出來。

知識連結

西元前298～西元前263年，楚將莊蹻率領一支隊伍到達滇池地區，

試圖征服當地人歸附楚國，結果歸路被秦國所斷，只好留在滇池地區，建立古滇國，都城在今晉寧縣晉城。

西元前109年，漢王朝發兵到滇國，以武力威懾滇國，滇國歸漢。漢王朝在今晉寧縣等地區設益州郡，漢王贈滇王「滇王之印」，從此滇池地區被納入中央王朝版圖。

古滇國的主體民族是誰

時空變幻，讓古滇國給後世留下了太多的謎團。在數十年探索古滇國的艱難歷程中，層層困難總是困擾著好奇的人們。作為春秋戰國時期的古滇國，歷時500餘年，在雲南歷史上的地位頗為重要。但東漢以後，有關古滇國的歷史便逐漸湮沒不聞了。我們只能從被青銅器凝固下的歷史瞬間去猜測他們的輝煌時代。

古滇國的一大謎團就是，它的主體民族是誰？這個問題，從滇文化的發掘之日起就眾說紛紜。

目前最流行的看法是，滇文化是濮人創造的，濮人原先分布在江漢流域及其以南，戰國至漢朝時，許多濮人組成夜郎國（今貴州和雲南的部分地區），從他們的遷移方向看，應該也有一些濮人到了古滇國地區。

也有人認為，滇國主體民族可以追溯到西元前298年～前263年。當時楚國將軍莊蹻率軍試圖征服當地人歸附楚國，結果歸路被秦國所斷，只好留在滇池地區，建立古滇國。這樣，楚人就把內地先進的文化和生產技術帶到滇池區域，由於受到楚文化的影響，才實現了滇國地區的跨越式發展，從原始社會進入了封建社會。

另有學者從滇國地區出土的青銅器物入手，根據器物類型學分析，認為滇國主體民族和滇文化與四川古代的巴蜀文化有密切關係，這裏的

青銅文化，就是古代岷山莊王亡國後南逃到雲南以後創造的。

還有人提出，滇文化就是「白蠻文化」，它由漢、晉時期的焚人演變而來，焚是「羌之別種」，也就是從氐羌中分化出來的一部分。焚人最早分布在四川西部和雲南境內，後來遷至古滇國地區。

總之，如果從古代先民不斷遷徙及其遷徙路線來看，這些觀點都是可能成立的，但是，最終的答案恐怕還需要有人種學上的證據。現在，是否能在仍然沉沒在撫仙湖水下的滇國古城中發現任何的人種學資料，恐怕才是解開謎題的關鍵。

知識連結

一個地區的文化必須有自己的代表性實物作為自己的文化支撐點，古滇國也不例外，銅鼓就是古滇國文化的一種重要證據，而雲南地區就是銅鼓的起源地。銅鼓，由最初的實用器逐步演變成禮樂器等國之重器，最後上升為權力和實力的象徵。銅鼓從雲南一直流向東南亞一帶。根據現在的考古發現，當時銅鼓的影響力已經蔓延到了南亞的巴基斯坦。此外，古滇國文明還直接滲透和影響了越南的東山文化。

「滇王」比「夜郎」更自大嗎

夜郎國因為「夜郎自大」這個成語而聞名世界，也因之成為千百年的笑柄。漢語工具書都把它釋為對妄自尊大者的諷喻，但這成語其實源於一段被誤讀的歷史。

這個故事最早出自司馬遷的《史記》。《史記·西南夷列傳》載：「滇王與漢使者言曰：『漢孰與我大？』及夜郎侯亦然。」自此，這個大致起於戰國終於西漢成帝年間的西南小國，就因「夜郎自大」的比喻而為世人所知。千百年來，大家嘲笑一個人目光短淺，有如井底之蛙，

往往就用「夜郎自大」來譏諷和挖苦。然而，大家仔細看看原文就知道，原來當年的滇國國王也問了同樣的問題，他們兩個人只不過是很有誠意地問漢使：「漢國和我國哪個大啊？」這明顯是抱著探知的態度，試圖瞭解外面的世界而已，卻被誤讀出自大的意思，真是令人匪夷所思。前面已經說過，夜郎本身就是一個國富兵強的大國，即使他真的自大，也自有其原因。那麼滇王呢？他是否比夜郎更自大？

讓我們看看滇國的疆域吧，滇國是中國西南邊疆古代民族建立的古王國，其存在時間相當於戰國秦漢時期。滇國的疆域主要在以滇池地區為中心的雲南中部及東部地區。從其自身的疆域和文化影響看，與夜郎國相比，確實無法相提並論，從這個角度而言，滇國國王如果真的認為自己國家大，是有點「夜郎自大」。但是，關於這一點，司馬遷已經說得很清楚，是因為「道不通，各自以為一州主」，在交通不發達，又沒有精確的地圖繪製技術的情況下，目力所及之下的國土如此廣闊，產生自豪感難道不是正常的嗎？夜郎和滇國如果真的自大，也展示了他們的自強和自尊，否則，何以生存於自然環境險惡的西南地區？

所以，無論是滇國，還是夜郎，他們的「自大」之名乃是外人歧視性的誤解，是千百年來的誤讀才使他們成為了「自大」的代表。

知識連結

從滇人的文化遺存來看，他們代表了雲南青銅文化發展的最高階段。著名的青銅器有石寨山殺人祭祀貯貝器、納貢貯貝器、紡織貯貝器等。殺人祭祀貯貝器上，銅柱上捆綁著一個赤身的奴隸，立於兩側的奴隸腳上戴著枷鎖，主祭的奴隸主梳著髮髻端坐中央，一幅血淋淋的殺人場面展現在人們面前。殺人祭祀貯貝器表現了當時滇人舉行的「祈年」儀式，透過殺人祭祀，以求得農業豐收。貯貝器反映的生產生活內容非常廣泛，有戰爭、獻俘、紡織、納貢、狩獵、放牧、鬥牛、樂舞等場面，是奴隸制社會研究不可多得的實物材料。

滇國古城緣何銷聲匿跡

位於雲南玉溪的撫仙湖是中國最深的淡水湖之一。2006年，撫仙湖底驚現大量的人工建築遺跡，規模之大令人稱奇。

曾經，關於這一水下古城的真實身分，人們爭論不休。現在，從出土的遺跡和文物來看，許多學者傾向於認同這是古滇國留下的遺跡。這就使人聯想到了另外一個困惑已久的問題：歷史上古滇王國曾有一座古城在地球上神祕地消失了，自唐以後史書上竟沒有留下任何記載。那麼，這座古城沉沒的原因究竟是什麼？

有的說撫仙湖可能是沉陷湖，隨著時間的推移而緩慢下沉，但是，從地質資料來看，撫仙湖並不是沉陷湖，因此，這個觀點已經站不住腳了。

現在普遍的看法是突發的自然災害導致了古城沉沒湖底，如地震、山崩等造成古城被掩埋。據雲南的地質資料顯示，撫仙湖屬於地震斷陷湖。與此同時，受板塊運動的影響，在青藏高原的東南邊界形成了一條地震滑坡等地質災害頻發的地震分布帶，這就是著名的小江斷裂帶。撫仙湖就位於小江斷裂帶的南端。同時，翻閱《澄江府志》第八卷發現，16世紀以來，小江斷裂帶上就發生過幾十次破壞性地震，最大的達到8級。另外，在撫仙湖東面的華寧縣有一座叫矣渡的村子。在二百多年前的一個夜晚，一次巨大的地震使矣渡村整體下滑陷入撫仙湖，至今在這座村子後面山上的慈雲寺裏還有一座石碑，記載著那次發生在清乾隆五十四年（1789年）的地震。專家們對撫仙湖東岸的地質情況進行調查時，發現了一個規模龐大的古滑坡體，而撫仙湖水下古城的遺跡正好就在這個古滑坡體的底部。

這樣看來，滇國古城的「遇難」是由於地震、滑坡似乎是確鑿無疑了。在人類歷史上，一場突發的自然巨變經常帶來悲劇性的災難，維蘇威火山的爆發埋沒了古羅馬龐貝古城，而一場地震就淹沒了滇國古城，

使其成為「水下龐貝」。

知識連結

龐貝的歷史可以追溯到西元前10世紀，那時的龐貝還只是海灣畔的一個小集市，人們主要從事農業和漁業的生產，直到西元前3世紀，強大的羅馬帝國將龐貝劃入自己的版圖，這裏開始成為一座繁華的城市，貿易往來繁多，經濟發達，集中了許多宏偉的建築和精美的雕刻，是當時羅馬帝國經濟、政治、宗教的中心之一。

西元79年8月24日的中午，龐貝城附近的活火山維蘇威火山突然爆發，火山灰、碎石和泥漿瞬間湮沒了整個龐貝，它在維蘇威火山爆發後的18個小時內徹底覆滅。直到18世紀中期，這座深埋在地底的古城才被挖掘出土，重見天日。而龐貝也因火山灰的掩埋而保留了大量古羅馬帝國的建築遺跡和藝術品，成為世界上最為著名的古城遺址。

大理國如何走向滅亡

《天龍八部》、《射雕英雄傳》等武俠小說，故事中出現頻率很高的一個西南國家就是大理國，由於歷史資料的匱乏，人們對大理國的瞭解比較少。你可知道在真實的歷史中，大理是一個什麼樣的地方呢？它是如何興起，又是如何滅亡的呢？

在漫長的歷史歲月中，大理曾有著顯赫的地位和作用，它是雲南最早的文化發祥地之一。秦、漢之際，大理是從蜀進入緬甸，再通往印度的必經之地。這條通道，對促進西南地區和中原的聯絡、促進中國和東南亞諸國友好往來和經濟文化交流有著重要的作用，成為另一條重要的絲綢之路。

漢元封年間（西元前110～前105年），漢王朝在大理地區設置了4

個縣，從此大理地區正式納入了中央王朝的版圖。西元8世紀30年代，洱海地區「六詔」中的南詔，在唐朝的支援下統一了洱海地區，建立了南詔國。後來，南詔國因內亂而滅亡，先後出現了大長和國、大天興國和大義寧國。西元937年，通海節度使段思平聯合滇東37部，推翻了大義寧國，建立了以白族為主體的少數民族國家——大理國。

大理國最盛時的疆域，東至普安路之橫山（今貴州普安），西至緬甸之江頭城（今緬甸傑沙），南至臨安路之鹿滄江（今越南萊州北部的黑河），北至羅羅斯之大渡河，相當於今天雲南省面積的2.9倍。

當時的大理國，經濟上已經和四川資中、榮縣相差無幾。畜牧業頗為發達，每年有數千匹馬被販運到廣西；手工業亦很興盛，冶鐵業水準甚高；對外貿易發達，交通四通八達。大家所熟知的段正淳，是中宗義安帝，於1096～1108年在位，其子段譽，是憲宗宣仁帝段正嚴（本名譽，又名和譽），於1108～1147年在位。而「南帝北丐」中的「南帝」段智興則於1172～1199年在位。

1253年，元世祖忽必烈率大軍滅大理國，派大將兀良合台戍守雲南，仍然將雲南政治中心設於大理。元至元十一年（1274年）建立雲南行省，行政中心始由大理遷至昆明，但大理仍為滇西第一大城，一直沿襲至今。

南詔、大理國歷經唐、宋兩朝，達500餘年，使雲南形成了一個穩定的政治統一體，為明、清的西南邊疆版圖的形成奠定了基礎，推動了經濟文化迅速發展。

知識連結

大理國共傳位22世，歷時316年，大理國政權分為兩個階段：

一、大理國（西元936～1094年）共159年，傳14世：

段思平、段思英、段思良、段思聰、段素順、段素英、段素廉、段素隆、段素貞、段素興、段智廉、段廉義、段壽輝、段正明。

其中，由權臣楊貞義和高智升先後奪位建大中國，後因滇東烏蠻37部反對，還段氏王朝。

二、後理國（1096～1253年）共157年，傳8世：

段正淳、段和譽、段正興、段智興、段智廉、段智祥、段祥興、段興智。

1117年，段和譽遣使入貢宋朝，宋王朝冊封他為「金紫光祿大夫」、檢校司空、雲南節度使等。

「契丹」為何曾是中國的代名詞

西元8世紀，正當唐代末年中原戰亂之際，在中國的東北赫然崛起了一個強大的地方政權，它於西元907年建國，經過數代人的艱苦奮鬥，最終統治了中國的北方，成為與趙宋、女真鼎足而立的不可小看的強敵。這個叱吒風雲的民族就是契丹。

契丹建立的遼王朝其疆域比趙宋王朝的多一倍：它東臨日本海、東海、黃海、渤海，西至金山（今阿爾泰山）、流沙（今新疆白龍堆沙漠），北至克魯倫河、鄂爾昆河、色楞格河流域，東北迄外興安嶺南麓，南接山西北部、河北白溝河及今甘肅北界。可以說是東自大海，西至流沙，南越長城，北絕大漠。這樣廣闊的國家，當時威名遠揚，在中亞與歐洲均有廣泛影響，令人意想不到的是，時至今日，國外一些民族的語言中仍把中國稱為「契丹」。為什麼會這樣呢？究竟是什麼原因使得契丹成為中國的代名詞？

翻開《中國歷史地圖集》就會看到，當時的契丹政權不僅處在宋朝和西域聯絡的要道上，也隔絕了宋朝和朝鮮半島的聯繫，可以說它將趙宋王朝從北部給封鎖住了，而自己則成為溝通東西方的中心。當時的西夏、吐蕃實力也遠不如契丹，所以，契丹開始扮演起與東西方各國聯

絡溝通的角色，它和波斯、大食、高麗以及大海之東的日本，都有著政治、經濟、文化的往來。

這樣就無怪乎「契丹」的名稱能夠傳遍五湖四海，以致許多外國人開始將契丹看作是東方國家的代表，13世紀波斯歷史學家傑費尼把金帝國稱為契丹，或女真契丹，13世紀中期訪問過蒙古的加賓尼和魯不魯乞通稱中國為契丹。現在，俄羅斯、希臘、伊朗、土耳其等國家的語言中，仍把「khitiy（契丹）」的變種體作為中國的名稱。

知識連結

契丹人在文化上的一大貢獻是依照漢字創造了契丹文字。契丹人原先沒有文字，建立遼王朝後，參照漢字的形體結構，先後創制了兩種契丹文字，即契丹大字和契丹小字，用以記錄契丹語。契丹大字和契丹小字的區別不是因為字寫得大小，而是因為創制時間的先後和拼音程度的強弱。先創制的拼音制度不太完備的稱大字，後創制的拼音形式比較完備的稱小字。

契丹大字是採用漢字加以簡化或增添筆劃而成的。遼慶陵出土的「哀冊」上所寫的文字，都是大字。後來在慶陵壁畫上和許多遼代陶器上也發現了這種契丹大字。契丹小字，據史載是皇子迭剌創制的。契丹文字使用了好幾百年，但因通讀不易，所以並沒有深入民間，可是，它極大地影響了西夏和女真文字，是契丹族對文化的一大貢獻。

契丹人集體失蹤之謎

契丹，這樣一個勇猛彪悍的民族，在歷史上寫下了波瀾壯闊的一頁，不但創造了強大的軍事王國，而且創造了燦爛的文化，然而，它就像他們的文字一樣，最終神祕而詭異地消失，消失得杳無蹤影。

契丹王朝的滅亡不難從史書中查到，1125年，契丹亡國，一部分倖存的契丹人在耶律大石帶領下到達新疆和中亞地區，建立了西遼，但它也難逃滅亡的命運。之後，頑強生存的契丹人又在今天的伊朗南部建立了起兒漫王朝，但不久即銷聲匿跡了，隨之消失的還有契丹的文化。

難道曾經擁有一百多萬人口的契丹民族就這樣消失了嗎？如果沒有，那麼他們到哪裡去了呢？目前，人們的觀點不一，主要有以下幾種看法：

第一，居住在契丹祖地的契丹人逐漸與其他後起的民族融合在了一起。

第二，西遼滅亡後，大部分漠北契丹人向西遷移到了現在的伊朗。

第三，蒙古與金國的戰爭中，許多契丹人投靠了蒙古，在隨軍東征西討時，散落到了全國各地。

不久前，生活在大興安嶺、嫩江和呼倫貝爾草原交匯處的達斡爾人，引起了專家們的注意。從達斡爾族的生產、生活、習俗、宗教、語言、歷史等方面來看，達斡爾人是繼承契丹人傳統最多的民族。但這些只是間接的證據，並不能給出定論。

與此同時，在雲南施甸縣，發現了一個仍在自己祖先的墳墓上使用契丹文字的特殊族群，統稱「本人」。在一座「本人」宗祠裏，人們發現了一塊牌匾上面篆刻著「耶律」二字，這是為了紀念他們的先祖阿蘇魯，並表明他們的契丹後裔身分。

這兩個事件令大家滿懷期望。專家們決定利用DNA技術揭開這千古之謎。鑒定結果令人欣慰：達斡爾族與契丹有最近的遺傳關係，為契丹人後裔；而雲南「本人」與達斡爾族有相似的父系起源，很可能是蒙古軍隊中契丹官兵的後裔。

契丹族的下落從此大白於天下：蒙古人在南征北戰的過程中，頻繁徵兵，能征善戰的契丹族人被徵召殆盡，分散到各地。有的保持較大的族群，如達斡爾族，作為民族續存保留下來；有的則被當地人同化了，

零星分布在各地。

知識連結

達斡爾族一直供奉本族神祇庫烈佛，而庫烈兒是800多年前契丹北遷首領的名字。

達斡爾族的狩獵、捕鷹、馴鷹、捕魚方式也與史料記載中的契丹人大致相同；達斡爾人愛下圍棋，他們的圍棋和棋盤與我們所見過的圍棋及棋盤有很大區別，但與遼墓中出土的圍棋及棋盤很相似；達斡爾族至今保持著「同姓可為友，異姓可為婚」的婚俗，同姓間不管疏遠了多少代，絕不通婚，這與契丹族同姓不婚的習俗也相同；兩族都信奉薩滿教，仍保持「燒飯」致辭骨卜，崇尚黑色，崇拜太陽，行跪拜禮等契丹舊俗。

從語源學的角度看，遼代把皇帝的官帳稱為「斡爾朵」，守衛斡爾朵和保護皇帝的軍隊叫斡爾朵軍。皇帝死後，斡爾朵軍就歸守這個皇帝的陵寢。守衛阿保機的軍隊稱「迪斡爾朵」。專家推測，很可能「迪斡爾朵」在歷史長河中逐漸演變成現在的「達斡爾」。

第二章

乾坤變幻的幽祕王陵

　　從秦始皇驪山陵墓的幽幽地宮，到賀蘭山腳下高聳的「東方金字塔」，從關中唐朝十二陵及其陪葬墓的恢宏氣勢，到開創明清500年皇家陵園氣派的南京明孝陵，從乾陵的神祕無字碑到至今未見蹤影的成吉思汗王陵，從印山越王陵的奇珍異寶到慈禧陵墓中的驚天大寶藏，歷代帝王總是費盡心血、不顧一切地努力營建自己的地下世界，並設置了重重機關、障礙，保衛著最後一片寧靜，卻也使更多的謎團沉睡地下。這些謎團也許不久就要從黑暗走向光明，也許永遠也不會得到解答，可是執著的人類依舊在不斷探索前行，希冀抓住那最後一根線索，找到打開未知之門的鑰匙……

秦始皇陵為何坐西朝東

「千古一帝」秦始皇的開國氣象可謂壯觀，他橫掃六國七雄，建立了中國歷史上第一個中央集權國家。而一向高傲的秦始皇必定要使自己的陵寢氣勢恢宏，空前絕後。

今天，當人們面對驪山秦始皇陵這座巍峨的帝王之墓時，不禁要對它的奇特走向感到疑惑：為什麼秦始皇陵會坐西朝東呢？這與後世的普遍方位坐北朝南顯然大相逕庭，這其中有什麼奧祕呢？

《史記》有云，秦始皇生前為求長生不老，派方士徐福尋覓蓬萊仙境，還多次親自巡遊，他東至碣石，南達會稽，留下了許多石刻。可惜徐福一去杳無音訊，秦始皇的美好願望破滅。於是，有人認為，秦始皇生前無法求得長生之藥，只好死後面朝東方，以求得到神仙引渡。因此，秦始皇在生前就下令讓秦陵坐西朝東了。

也有人持不同的解釋，這種解釋更具有歷史的客觀真實性。由於秦始皇的大半生都在為征服東方六國、統一天下而奮鬥，所以，當初建陵墓時，就已經彰顯出自己征服東方六國的決心，大有不滅六國不回頭的志向。統一後，更為了讓自己死後仍能注視著東方，以防天下動搖，秦始皇就下令修建坐西朝東的陵墓，顯示出千古一帝的堅定和毅力。

這些解釋似乎都有點道理，但又都讓人覺得有點牽強附會。有些民俗歷史學家認為，秦始皇陵坐西向東的朝向與秦國當時的風俗有關。根據有關文獻記載，當時從皇帝、諸侯到上將軍，乃至普通士大夫家庭，主人之位皆坐西向東。那麼，秦陵的坐西向東也是符合這種「尊位」風俗的。從考古學的資料來看，陝西境內已發掘的917座秦墓中，絕大部分都是東西向。秦公陵園的32座大墓，也全部面向東方，而且，越是早期的陵墓，就表現得越為明顯、徹底。

看來，大量證據顯示，秦人確實存在著與東部地區不同的葬俗。至於這種葬俗是如何形成的，學術界的看法也是眾說紛紜，有的學者認為這是因為秦人起源於西方，墓葬頭朝西方，表現出對西方故土的懷念；而另有學者提出，這是因為秦人祖先曾經生活在東方，所以墓葬向東，表現出葉落歸根的感情，但這些解釋，都又歸結到秦人到底起源何處的問題上。至於真相究竟如何，現在還只能猜測，沒有最終的答案。

知識連結

在常識中，我們都知道房屋等建築坐北朝南是漢民族的習俗。中國地處北半球中緯度和低緯度地區，所以房屋朝南可以冬暖夏涼，並有最好的光線條件。不僅如此，中國的政治文化也有「南面」的特徵。歷代帝王的統治之術被稱為「南面之術」；《易經》說「聖人南面而聽天下，向明而治」；古代天子、諸侯、卿大夫及州府官員等升堂聽政都是坐北向南，因此中國歷代的都城、皇宮、州縣官府衙署都是南向的。

秦始皇陵幽幽地宮深幾許

人們得知秦始皇陵，最早是從司馬遷的《史記・秦始皇本紀》開始的，其描述秦始皇陵的語句令人遐想萬分：「穿三泉，下銅而致槨，宮觀百官奇器珍怪徙臧滿之。令匠作機弩矢，有所穿近者輒射之。以水銀為百川江河大海，機相灌輸，上具天文，下具地理。以人魚膏為燭，度不滅者久之。」

在許多電影、電視劇中，秦始皇驪山陵墓的地宮就被描述成一個有著無數機關、充滿無盡祕密的地方，又因其價值驚人的寶藏而吸引著一批又一批的探險者。那麼，這座萬眾矚目的王陵地宮，其廬山真面目又是怎樣的呢？

據古人筆記記載，西元210年，李斯向秦始皇報告說，驪山陵墓已經挖得很深了，挖土時只聽見空空的聲音，好像到了地底一樣。司馬遷所說的「穿三泉」，莫非當年秦始皇真的挖到了最深處？

由於秦始皇陵發掘難度極大，以目前的考古發掘技術，遠遠不能夠承擔起如此重大的人類文化遺產保護的責任，因此秦陵的考古發掘工作至今仍未進行。現在，一些科學家用聲納探測等高科技手段推測秦始皇陵的地宮深度。其結果為500至1500公尺。但是，另一些學者則馬上指出，這個資料是不可能的，因為如果地宮真的深達1000公尺，那麼，它就超過了陵墓位置與渭河之間的落差，這樣的後果簡直難以想像：在千百年時間裏，渭河之水肯定會倒灌秦陵地宮，乃至摧毀它。而相關檢測尚未發現地宮四周有任何能夠攔住地下水的物質。

地宮的確切深度是多少，考古學家們還是無法探明。可以確定的是，秦始皇陵的地宮結構極其複雜，而且是超過今人想像的，看來，只能等到技術成熟的時候，才能一睹秦陵地宮的廬山真面目了。

知識連結

秦始皇陵位於陝西省西安市以東30公里的驪山北麓，其高大的封土堆與驪山渾然一體，陵上封土原高約115公尺，現仍高達76公尺。其巨大的規模、豐富的陪葬物居歷代帝王陵之首，是最大的皇帝陵。陵園按照秦始皇死後照樣享受榮華富貴的原則，仿照秦國都城咸陽的布局建造，大體呈回字形，陵墓周圍築有內外兩重城垣，分別象徵皇城和宮城。陵園內城垣周長3870公尺，外城垣周長6210公尺，陵園的南部有一個土塚，高43公尺。在內城和外城之間，發現了葬馬坑、陶俑坑、珍禽異獸坑。陵外還有人殉坑、馬廄坑、刑徒坑和修陵人員的墓室，已發現的墓坑有400多座。秦始皇陵的規模之大遠遠超過了埃及金字塔。兵馬俑坑是秦始皇陵的陪葬坑，位於陵園東側1500公尺處，被譽為「世界第八奇蹟」。

秦始皇陵地宮有什麼奧祕

司馬遷所描述的秦始皇陵，墓室裏面放滿了奇珍異寶，還注滿了水銀，來象徵世間的江河湖海，墓頂鑲著夜明珠，象徵日月星辰。這就是所謂的「上具天文，下具地理」。但是，連司馬遷本人都沒有親眼見過這種「上具天文，下具地理」奇特場景，那麼它究竟是怎樣的另一種天地呢？難道秦始皇陵中真的可以創造出這樣的乾坤嗎？

其實，這個問題很早就引起了學者的注意。為了解決各種疑惑和猜測，著名考古學家夏鼐提出，「上具天文，下具地理」應該指的是在墓室的頂部繪出日月星辰的星象圖。當然，這個看法是夏鼐根據考古經驗推斷出的，那麼，這個推斷是否合理呢？近年來，許多新發掘的漢墓中，陸續發現其墓室的牆壁上，上部是象徵天空的日、月、星象的壁畫，下部則是代表山川的壁畫，莫非這與秦始皇陵的「天文地理」有關係？似乎還很難說。

我們再來看司馬遷所說的——墓室中注滿了水銀，來象徵世間的江河湖海。難道說，古人是用液體的水銀來表現流動的江河和山川？北魏地理學家酈道元就有這樣的猜測。但是，古人真的有能力做到這一點嗎？

帶著這樣的疑問，考古學家提取了一些秦陵地宮的土壤樣本，經過檢測，發現了一個驚人的現象：汞含量異常！多次的採樣分析和遙感測量都不約而同地顯示出秦陵土壤樣品中出現「汞異常」。而秦陵附近地區的土壤則幾乎沒有汞。這毫無疑問又使人們堅信，司馬遷的記載看來確實不是出於想像，而這樣的結論更使地宮增添了無限的神祕：究竟秦人用了什麼樣的方法，在地宮中繪刻出生動的天地、山川和河流，使得秦始皇在地宮裏都能夠仰觀宇宙，俯察大地，天地人三者合一呢？真是一幅奇觀啊！

酈道元（西元470～527年），北魏地理學家、散文家。從少年時代起就愛好遊覽天下，留心勘察水流地勢，並且在餘暇時間閱讀了大量地理方面的著作。他一生對中國的自然、地理做了大量的調查、考證和研究工作，並且撰寫了地理巨著——《水經注》，為中國古代的地理科學做出了重大的貢獻。

印山越王陵的主人是勾踐嗎

在浙江紹興市西南12公里的綿延丘陵之間有一座印山，其山頂平面略呈方形，高聳似印，故而得名。在印山之上有一座神祕的王陵，令人不禁懷疑自己是否遇到了海市蜃樓。

在考古學界有這樣一句話：「北有秦宮，南有印山。」那麼，這座王陵究竟有著如何顯赫的身世，竟然有如此高的榮譽？

考古學家在挖掘墓葬的過程中，發現這個墓葬有著極高的規格，結合文獻考證，他們認為，在古代只有君王才有資格擁有如此規模的墓葬。那麼，它的主人究竟是誰？

人類求知的欲望是無窮的，歷史學家和考古學家不懈努力，試圖在浩如煙海的文獻中尋找到蛛絲馬跡。《史記》、《竹書紀年》和《越絕書》記載，越國的世系從無餘開始，但無餘之後一直到夫鐔沒有明確的文字記錄，夫鐔的兒子是允常，允常之子乃是大家熟知的越王勾踐。史書稱，從允常這一代開始，越國就「拓土始大，稱王」。因此，從當時的生產力發展水準看，只有到了允常以後，才可能有國力和技術修建如此豪華的王陵。對印山王陵進行年代測定後發現，這座墓的時間應該是「春秋晚期到戰國初期」，所以，專家們確定，印山王陵的主人是夫鐔、允常和勾踐三人中的一個。

於是有人猜測，這座古越故地王陵的主人是越王勾踐。但學者認為，《越絕書》記載，勾踐生前自己興建的王陵叫「獨山大塚」，後因遷都琅琊而「塚不成」。據方志記載，獨山有兩處：一在紹興柯橋鎮獨山村附近；另一在南池獨山（又叫玉山）一帶，它們都不是今天的印山。

但也有反對者提出，越民族有葉落歸根的習俗，勾踐不可能離開祖先故地而將陵寢放置於異鄉。在夫鐔、允常和勾踐三代越王中，唯一有可能如此「驕奢淫逸」地營建氣勢獨尊、規模恢巨集的皇家陵園的君主也只有越王勾踐一人而已。

更有人推斷，勾踐稱為了確保日後不被外界知曉自己的墓葬所在，就在營建印山大墓的同時對外宣稱其陵寢是在獨山一帶，並大造聲勢，所以史書就留下了其興建的王陵為獨山大塚，而且最後還沒有建成的記載，這完全是掩人耳目，一個君主怎麼可能不把自己的墓建成呢？

關於墓主的真相，大家各執一詞，始終沒有一種說法可以說服眾人。可以說，印山大墓的主人到底是誰至今還是一個謎。

知識連結

關於越國的歷史，《吳越春秋》記載，當年大禹巡行天下，回到大越，登上茅山朝見四方諸侯，封有功，爵有德，死後就葬在這裏。至少康時，擔心大禹後代香火斷絕，便封其庶子於越，號曰「無餘」，建都會稽（今浙江紹興）。春秋末年，越國逐漸強大，越王勾踐經常與吳國對抗，但於西元前494年，敗於夫差，向吳臣服。經過20年的韜光養晦，越國重新崛起，於西元前473年滅掉吳國。勾踐滅吳後北上爭雄，號稱霸王。戰國時，越國勢力衰弱。西元前306年，為楚所滅。

漢茂陵無數珍寶如何被盜

　　從古至今，各種各樣的盜墓活動卻早已經發展了數千年，並形成了一套從盜墓技巧到銷贓管道都十分完備的成熟體系，甚至可以說，早期的正式考古，完全是從盜墓者那裏「照搬」了一整套的方法和技術。當然，這並非美化盜墓，請讀者不要誤會。

　　毫無疑問，在盜墓者的眼中，最值得光顧的地方自然是歷代的帝王陵寢了，裏面的珍奇寶物總是令人目不暇接，只要有一次滿載而歸的經歷，基本就可以「金盆洗手」了。然而，帝王陵寢畢竟是帝王陵寢，它也並非能夠輕易盜取。這裏，我們要介紹的就是西漢漢武大帝的陵寢——茂陵。

　　在西漢的11座帝陵中，最大的當數漢武帝的茂陵，它歷時53年才建成，其規模可想而知。漢武帝在位時，是漢帝國的鼎盛時期，強大的國力造就了茂陵之宏偉，墓內殉葬品極為豪華豐厚。所謂樹大招風，如此奢華的一座陵墓，如今墓中的珍寶似乎所剩無幾，那麼，茂陵遭受了怎樣的厄運呢？

　　翻開史料，我們看到，就在漢武帝安葬之後的第四年，即西元前84年，一位宮中侍從在長安城中看到有人在兜售一個玉箱和一個玉杖，令他吃驚萬分的是，這竟然是漢武帝生前最喜歡的物品——西胡康渠國王的貢品，於是他馬上報案，後來此人說他是用30匹青布和9萬枚銅錢從別人那買來的，至於這個人是誰、從哪裡來，卻沒有消息了。

　　西元25年，赤眉軍攻占長安後，「發掘諸陵，取其寶物」，想必茂陵也未能倖免。據說，赤眉軍兵士搬了幾十天，還搬不了其中的一半寶藏，令人咋舌。

　　到了東漢末年，長安再次被黃巢軍攻破，他們也光顧了茂陵地宮，搬運了3天，大量的金銀器皿還散落在茂陵周圍。

　　查閱關中長安的歷史，我們會感慨這塊王者之地遭受的劫難太多太

多，從漢代到近代，各路諸侯到此，無不覬覦著王陵寶藏。難道說，武帝茂陵現在已經空空如也了嗎？考古學家認為，這不盡然。他們發現，茂陵機關重重，地宮深遂，四周有用石頭砌好的護壁。假設有三五個盜墓者聯手，不分晝夜地挖寶，至少要一年到兩年才可以掏到墓穴的中心部位，所以陪葬品不可能被盜盡，要盜也僅是一部分被盜。其次，考古學家更看重的是有文字記載的文書。這一類隨葬品，這些是盜墓者不屑一顧的，倒是因此而倖免於難。

知識連結

漢武帝劉徹（西元前156～前87年），漢朝第6位皇帝，16歲登基，在位54年，建立了西漢王朝最輝煌的功業。為什麼稱為「武帝」呢？《諡法》說「威強睿德曰武」，就是說威嚴，堅強，明智，仁德叫武。他的雄才大略、文治武功使漢朝成為當時世界上最強大的國家。漢武帝創造了六個「第一」：第一個用儒家學說統一思想；第一個創立太學培養人才；第一個大力拓展中國疆土；第一個開通西域的皇帝；第一個用皇帝年號來紀元；第一個用罪己詔形式進行自我批評。

獅子山楚王陵為何完工倉促

1994年，考古學家王愷幾經波折，終於在江蘇省徐州市的獅子山上發現了隱藏在地窖裏的楚王陵。獅子山楚王陵以其規模之龐大、氣勢之恢巨集、結構之精巧，轟動了考古學界。為了發掘這個地下王陵，將獅子山130多戶居民搬遷，可以想像這個王陵之恢宏了。

楚王陵是從獅子山山頂開天井往下開鑿17公尺，然後鑿出12間總面積850多平方公尺的地下陵墓，一座獅子山幾乎被掏空了。這樣營建方式的陵墓，可以說是空前絕後了。雖然墓早已被盜，但仍出土各類珍貴文

物2000餘件（套），共約萬件。質地有金、銀、銅、鐵、玉、石、陶等多種，其中不乏傾城傾國的藝術珍品，如雕龍玉璜、弦紋玉環、雕花玉卮、螭虎紋玉飾、鑲玉漆棺等。尤其珍貴的是科學家根據王陵中殘留的楚王遺骨，首次成功地復原了2100年前一代楚王的形象。

然而，唯一令考古學家感到疑惑不解的是：墓壁的平整程度參差不齊，有的十分光滑，有的則還很粗糙；在甬道的東側，有一間房間，其進深不到1公尺，根本裝不了任何陪葬品；還有許多應該有的墓葬設施都沒有健全，陪葬的兵馬俑也不是想像中的行列整齊。難道說，這是一間沒有完工的墓室嗎？如果是，那為什麼地位顯赫的楚王卻葬在尚未完工的陵墓中呢？

要揭開這些謎團，先要從墓室主人的身分入手，透過對大量錢幣及印章進行的分析，考古學家確定，在漢代的12位楚王當中，只有劉戊可能是這座古墓的主人。

劉戊何許人也？他是第三代楚王，與漢景帝是堂兄弟，地位非常顯赫，卻也是一個紈絝子弟。當時漢景帝為了防止各諸侯王威脅中央，就下令「削藩」，結果引起以吳王劉濞為首的七國之亂。劉戊就是在此時參加了叛亂。「七國之亂」最終被鎮壓後，劉戊也不得不自殺身亡。史書就寫到這裏，後面的故事卻沒有下文。有人就根據當時的情形認為，劉戊的家族眼看中央政府就要將他們貶為庶民了，就趕緊以最快的速度將劉戊以諸侯王的規格下葬了，眾多的兵馬俑也只能匆匆放置，無法排列整齊。

但這只是推測假想而已，真實的情況是什麼，我們只好暫時存疑，等待未來的進展了。

知識連結

漢高祖劉邦在建國之初，大肆分封同姓諸侯王以鎮撫天下。後來諸王勢力越來越大，與中央經常發生衝突。到了漢景帝時，他採納御史大

夫晁錯削藩的建議，進行削藩，但是諸侯王並不服軟，以吳王劉濞為首的諸侯王就共同起兵造反，卻掛著「清君側」的名義，要將提出建議的晁錯清除。景帝最終於西元前154年平定叛亂。之後，他下令把諸侯王任免官吏的權力收歸中央，打擊了割據勢力，鞏固了中央集權。

漢原陵被挖是誰惹的禍

在滔滔黃河之水流經的河南邙山之地，座落著一座肅穆壯觀、氣勢不凡的陵園，它就是東漢開國皇帝光武帝劉秀的陵園——原陵。原陵又被人們稱為劉秀墳。這座陵寢的引人注目之處不僅僅在於它是皇家陵園，還在於它與其他皇家陵園相比，有著許多令人稱奇又不知其所以然的地方，其中最讓人不解的就是，歷代皇帝選擇陵寢之地，都是背山面水，這樣地形開闊，象徵其胸懷廣博，統馭天下，只有原陵是背水面山，為數千年皇家墓葬之特例，其中包含什麼深意或是謎題，至今難解。

今天的原陵總面積達6.6萬平方公尺，鬱鬱蒼蒼，奢華宏偉，一片皇家氣派。然而，也許你不相信，這並非光武帝劉秀本人的原意，甚至在陵園建成之初，也完全不是今天這個樣子。這是怎麼回事呢？

據《後漢書》記載，西元50年，劉秀在北邙山與黃河之間修建自己的陵墓時，就對負責修建的竇融叮囑，陵園占地不要越過二、三頃，不要起山陵，只要能讓雨水排出就行了。臨終前劉秀又再次下旨強調：我在世時無益於天下平民百姓，喪葬時應像文帝那樣，不需要奢侈的陪葬品，不要用金、銀、銅、錫。各地官吏也不要來京奔喪，耗費大量人力物力，無益於百姓。所以，他的陵園在營造之初，並無任何奢華的建築。照理說，這樣簡樸的陵墓應該沒有盜墓賊光顧才是，但奇怪的很，歷史上仍然留下了不少盜墓賊千方百計盜取墓中陪葬品的記載，而考古

人員在墓葬中也確實發現了很多盜墓的痕跡。這又是怎麼回事呢？

事實上，從漢朝初年開始，皇陵建制已經有了嚴格的制度，即使劉秀不想在自己的墳墓上奢侈浪費，但終究逃不出傳統的束縛，在他死後自然更是如此，對待中興漢室的光武帝，子孫和大臣們自然要格外對待，於是，巨量珍貴的陪葬品被放入了墓中。而到了後世，許多君主對先前的聖明君主崇敬有加，就不斷有人花大力氣整修、擴建陵園，長年累月，劉秀原陵也就不再是之前的原陵，變得愈發奢華壯觀，而使盜墓賊趨之若鶩也就在所難免了。

史書上關於原陵的盜墓故事不勝枚舉，而其中最為嚴重的一次，就要算到臭名昭著的董卓身上了。在東漢末年的董卓之亂中，光武帝原陵就成為他第一個掠奪的目標，不但墓中寶藏被劫掠一空，陵上建築也遭到了嚴重破壞。

知識連結

劉秀（西元前6～57年），是漢景帝的後裔。新朝王莽末年，他起兵反對王莽，最終於西元27年統一天下，重新恢復漢政權，為漢朝中興之主。他在政治上以清靜儉約為原則，興建太學，提倡儒術，尊崇節義，在位33年，注意民生，奠定了東漢前期80年間國家強盛的物質基礎。諡號光武，即光紹前業之意，廟號世祖。

唐昭陵為何因山而建

在十朝首府的關中地區，坐落著唐朝18座帝陵，而其中最引人注目的王陵之一，無疑就是唐太宗李世民和文德皇后的合葬墓地——昭陵，它是關中十八唐陵中規模最大的一座。今天，人們站在昭陵之前，一眼就能看到那廡廊中的「昭陵六駿」。「六駿」是李世民經常乘騎的六匹

戰馬，牠們象徵著唐太宗在唐王朝創建過程中立下的赫赫戰功，撫今追昔，令人不禁感慨世事盛衰，時代變遷。

所謂外行看熱鬧，內行看門道。唐昭陵的建築特徵引起了專家的注意。據中國古建築史記載，秦漢以來，皇家陵墓都是積土為陵，形成驪山秦始皇陵那樣的大封土堆，或是將山挖空，在山體內部建構墓室。而唐昭陵則是依山而建，開創了唐代帝王墓葬新的建築風格。那麼，李世民為什麼要突然改變一直以來的王陵建築樣式呢？

翻閱唐史，我們發現，在《舊唐書》第五卷中寫道，唐太宗深愛的文德皇后在臨終前一再要求：死後不能勞師動眾，驚擾百姓，一定要薄葬，我的墳墓只需要因山為墳就可以了。後來，唐太宗就在文德皇后昭陵的一塊石碑上這樣寫：「王者以天下為家，何必物在陵中，乃為己有。今因九嵕山為陵，不藏金玉、人馬、器皿，用土木形具而已，庶幾好盜息心，存沒無累。」這句話的意思很明白，因山為陵，不藏金玉寶藏，不僅僅為了遵從文德皇后生前的意思，更是為了防止猖獗的盜墓者、尋寶者頻頻打擾安寧的墓室。可以說，一代明君唐太宗在對待死後歸葬這個問題上是相當清醒和明智的，這在歷代帝王中也很少見。

知識連結

唐太宗李世民（西元599～649年），是唐朝第二位皇帝。即位後，積極聽取群臣的意見，虛懷納諫，努力學習文治天下，並形成了一套行之有效的國家行政制度。他在國內厲行節約，使百姓休養生息，終於使得社會出現了國泰民安的局面，開創了著名的盛世——「貞觀之治」。同時，他採取的「四海一統」的民族和外交政策，使唐朝的民族和外交事務取得了輝煌的勝利，四海之內都尊稱唐朝為「天朝」。此外，唐朝出了不少著名的少數民族將領如阿史那·思摩、執思失力、契苾何力、黑齒常之，乃至後世的高仙芝、李光弼等，他們都為唐朝做出了傑出的貢獻。而李世民本人亦成為中國古代最傑出的君主之一。

為何唐昭陵的陪葬墓數量多

從空中俯瞰昭陵會發現，在昭陵的四周，有許多大大小小的墓葬猶如眾星拱月般拱衛著昭陵，向南輻射形成了一個扇形，恰為君臣生前一樣，帝王面南背北，朝臣侍列殿前，在這個扇形中心的昭陵則愈發顯出王者氣概，君臨天下。

據統計，昭陵四周，有諸王的墓葬7座，嬪妃墓葬7座，公主墓22座，三品以上丞郎墓53座，功臣、大將軍墓葬64座，此外還有許多尚未考證出墓主身分的，總計180多座墓葬（其中還有許多少數民族首領的陵墓），這些墓被稱為「陪葬墓」。如此龐大的陪葬墓群，不要說在中國，就是在世界上也是絕無僅有，因而昭陵被譽為「天下名陵」。而在關中唐代十八陵中，其他帝陵的陪葬墓數量並沒有這麼多，最典型的就是開創「開元盛世」的唐玄宗泰陵只有太監高力士一人陪葬，唐肅宗的建陵也只有郭子儀將軍一人陪伴。那麼，陪葬墓的多少是由什麼決定的呢？昭陵龐大的陪葬墓群又是如何形成的呢？

唐陵陪葬制度是沿襲了漢代以來形成的制度，在皇陵周圍，如有大量空閒地帶，可以賜給親屬、功臣等，唐太宗在貞觀十八年時曾下詔：「自今以後，功臣密戚及德業佐時者，如有薨亡，宜賜塋地一所。」後來，他又准許功臣自請陪葬，而且這些大臣的子孫也可以隨祖輩一起葬於昭陵周圍。

在昭陵的陪葬墓中，我們會發現許多熟悉人物的陵寢，如依山而建的魏徵墓和新城公主墓，還有李靖墓、長樂公主墓等。許多墓前都有石人、石虎、石羊、石碑。還有一些造型特別的墓葬，其封土堆的形狀竟是依照一座名山來構建的，據說這是對有特殊功勳的大臣的特殊獎賞。

當然，這麼多的墓葬不是隨意布置的，它們依照著嚴格的陪陵制度，根據死者的身分、政治地位及其與皇帝的親疏關係而排列。由於唐太宗時期政治風氣開明，國力強盛，許多功臣、將相都居功至偉，非後

世能相比，所以，他們中的很多人，包括不少少數民族領袖，都能夠擁有在昭陵周圍安葬的殊榮，到了唐代中後期，情況就大不相同了。

知識連結

唐太宗一代，幫助他創立基業締造「貞觀之治」的功臣，史稱「凌煙閣二十四功臣」，他們是趙公長孫無忌、趙郡王李孝恭、萊公杜如晦、鄭公魏徵、梁公房玄齡、申公高士廉、鄂公尉遲敬德、衛公李靖、宋公蕭禹、褒公段志玄、夔公劉弘基、蔣公屈突通、勳公殷嶠、譙公柴紹、邳公長孫順德、郧公張亮、潞國公侯君集、郯公張公謹、盧公程知節、永興公虞世南、渝公劉政會、莒公唐儉、英公李勣、胡公秦瓊。

武則天為何要與高宗同葬乾陵

一代女皇武則天的一生可謂曲折坎坷，其複雜程度足夠寫成一部小說了。她從小性格剛直，與其他女輩不同，不喜女紅，只愛讀書，更隨做木材生意的父親遊歷天下，其見識和才幹非常人能比。

在歷經艱辛登上王朝權力的巔峰後，她更是雄心萬丈，想要做一番前所未有的大事業。她效法唐太宗李世民，知人善任，破格提拔狄仁傑、宋璟這樣的傑出人才；她廣開仕途，開創「殿試」、「自舉」、「武舉」制度，廣泛吸納人才；為了打擊世家大族顯貴，她任用酷吏，屢興大獄，以維護自己的絕對統治地位。在她統治的近50年間，社會政治、經濟和文化蓬勃發展。這樣的豐功偉績，早已可以進入中國古代十大皇帝的行列了，但是奇怪的是，一向有著強烈權力欲的武則天，在臨終前居然甘心放棄自己的帝號，要和唐高宗合葬。試想，她好不容易將唐的國號改為「周」，要使國家成為她自己的基業，何以到最後卻要作出這樣的決定呢？

讓我們回到當時的歷史時空，看看武則天晚年的境遇吧。可以說，武則天從奪取最高權力的那一天起，就不斷地和李姓皇親貴族鬥爭，在這個過程中，儘管她憑藉頑強的鬥志和高明的智慧不斷取勝，但其間的殺戮和犧牲也著實很大，其手段也十分殘忍。到最後她還是難以抗拒傳統的強大力量，晚年仍將皇位傳給太子李顯。由此可以看出，武則天清醒地體認到，如果日後李姓皇族要反攻倒算，她死後也無法安寧。需知，古人對人死後的世界是十分嚮往的，竭盡所能也要保持自己的最後一片淨土。所以，她選擇了放棄帝號，與唐高宗合葬在乾陵，避免了死後被人復仇的悲劇，還可永享後代的香火祭祀。

知識連結

武則天對歷史的貢獻還是很大的。

首先，她積極勸課農桑，輕徭薄賦，對逃亡的人民採取寬容的政策，使社會安定，農業、手工業和商業繁榮發展，人口保持了很高的增長率。

其次，她大力打擊保守的門閥貴族，將關隴貴族和他們的依附者趕出政壇，保持了社會階層的合理流動，為社會進步和經濟發展創造了良好的條件。同時，她大力發展了科舉制度，開創「殿試」、「自舉」、「武舉」制度，廣泛吸納人才，選賢任能，使王朝人才雲集，更推動了文化的提升和發展，為盛唐的繁榮文化奠定了堅實的基礎。

武則天時期，出兵收復了被突厥攻占的安西四鎮，打退了突厥、契丹的進攻，同時在邊地設立軍鎮，常駐軍隊，並以溫和的民族政策，接納多元文化的發展。可以說，沒有武則天時期的奠基，就沒有唐玄宗的開元盛世。

大唐乾陵真的用外國使者守陵嗎

位於陝西省乾縣梁山上的乾陵，是中國歷代帝王陵墓中唯一的夫婦兩帝合葬墓，而它最獨特之處就是其墓前的一塊無字碑，成為多年來人們猜測、探究卻莫衷一是的謎團。相信讀者已經看過許多種無字碑的解釋，在這裏就不再贅述。但你也許不知道乾陵還有另一個千古之謎。

在乾陵陵園朱雀門外的東西兩側，分布著61尊石人像，大小和真人差不多。奇怪的是，他們從誕生之日起，就被稱為「蕃像」，「蕃」在古漢語中即是外國、外族的意思，這樣問題就來了，怎麼唐代乾陵用外國人來守陵呢？

如果聯想到唐王朝國勢強盛，以及它所實行的開明的對外政策和民族政策，使得眾多外國人和邊疆各少數民族政權紛紛臣服，那麼，在唐高宗駕崩之時，他們來到中土弔唁也不是稀罕事。宋代學者趙楷在為游師雄《乾陵圖》所寫的序言中就談到了唐高宗下葬時，武則天就下令按照61個少數民族首領的面貌來雕塑石人像，置於陵旁。看來，為了彰顯國家之氣魄，武則天命人按照這些參加葬禮的首領的裝束和模樣雕刻成石像，這個說法似乎也有道理。因此，就有人把這些人稱為「使者」。

但是，事情到這裏還沒有結束，我們還忽略了一個細節，就是這些石人像雙手無一例外地都抱著笏板。笏板乃是中國古代大臣上朝時手持的板子，一般用象牙製成，在上面寫著上朝時要說的事。無疑，石像人物都是當時身居要職的官員，並不是單純的少數民族首領。

如果這個細節還不足以推翻前面那個傳說的話，那麼，下面這個非常專業的考證將完全顛覆它。有許多石人像背後寫著「故」字，它的意思是說這個人在當時就已經去世了。僅舉一個例子，阿史那・彌射的石人像後就有「故」字。從他的生平來看，阿史那・彌射是唐王朝的一名地方最高軍政長官，西元662年去世。而唐高宗是在西元683年去世的，那麼，毋庸置疑的是，阿史那・彌射是不可能參加唐高宗葬禮的。所

以，準確地說，乾陵之前的守陵人是唐朝眾多有名有姓的臣屬，而不是「外國使者」。

知識連結

有資深的文物工作者推算：保守一些說，乾陵地宮裏的寶貝最少有500噸！據史料記載，埋葬唐高宗的時候，隨葬品的價值就占了全國財政收入的三分之一。20多年後，武則天駕崩，又將全國三分之一的金銀珠寶隨她帶進了乾陵。另外，史書上還有明確記載，唐高宗臨終前，特意留下遺言，要求將他生前所喜愛的字畫全部陪葬。由此推斷，在乾陵地宮出土500噸文物並非不可能。

〈蘭亭集序〉是否隨葬在乾陵

「永和九年，歲在癸丑，暮春之初，會於會稽山陰之蘭亭，修禊事也。群賢畢至，少長咸集。此地有崇山峻嶺，茂林修竹，又有清流激湍，映帶左右。……是日也，天朗氣清，惠風和暢。仰觀宇宙之大，俯察品類之盛，所以遊目騁懷，足以極視聽之娛，信可樂也。」這篇傳誦千古的〈蘭亭集序〉意境高遠，讀來朗朗上口，而更重要的是，它由書法大聖王羲之親筆書寫，是王羲之作品中的精品，從王羲之開始，就把它當做傳家之寶，絕不外傳。

說來也巧，到了王羲之的七世玄孫這一代，竟然看破紅塵，出家當了和尚，法號智永。當然他也是當時（唐代）著名的書法家。他在臨終前，雖然想起了傳家寶的家訓，但是，沒有辦法，他並無子嗣，只好將〈蘭亭集序〉託付給了他的徒弟辯才和尚。

唐太宗李世民聽聞此事，不禁大喜過望，原來，他也是個書法謎，對王羲之崇拜得五體投地，就派大臣蕭翼去辯才和尚那裏，千方百計將

那〈蘭亭集序〉給騙走了。從此,〈蘭亭集序〉流入皇家,其命運發生了大轉折。

本來外人都認為〈蘭亭集序〉肯定被葬在李世民的昭陵中,但是,到了動盪的五代時期,耀州刺史溫韜把昭陵盜了,可是卻沒有發現〈蘭亭集序〉。它跑到哪去了?

當時,唐高宗答應父親李世民的遺言,把〈蘭亭集序〉陪葬昭陵,可是,唐高宗自己也熱愛書法,熱愛〈蘭亭集序〉,他極有可能把〈蘭亭集序〉留下了。後來,他遇到了武則天這個才女,自然會把〈蘭亭集序〉拿出來一起欣賞,高宗一駕崩,很自然地,〈蘭亭集序〉就到了武則天手上,這樣看來,武則天極有可能將王羲之的真跡放進乾陵之內!

據史料明確記載,唐太宗曾經舉國收藏王羲之的書法真跡,據說收了數千張之多。奇怪的是,今天我們怎麼連一張真跡都沒看到呢?

要揭開這個謎團,人們便把目光投向了乾陵。可是,乾陵的開挖卻是遙遙無期。因為乾陵內部環境極為特殊、複雜,挖掘危險度很高,而且挖出來之後,乾陵的東西太多、太珍貴了,維護和保存都是很大的問題。也許將來的某一天,發現最能將其得以妥善保護的方式,才可能挖掘。

知識連結

王羲之的書法作品很豐富,據說梁武帝曾收集他的書法作品達15000件,唐太宗有3600件,到宋徽宗時尚保存243件。目前傳世墨跡則不多,真跡更是無一留存。除〈蘭亭集序〉外,著名的還有《官奴帖》、《十七帖》、《二謝帖》、《奉桔帖》、《姨母帖》、《快雪時晴帖》、《樂毅論》、《黃庭經》等。他的行書精品《快雪時晴帖》唐填本,目前收藏於臺北故宮博物院。

宋永昌陵為何選在了鞏義這個地方

在河南鞏義市，沿著鄭洛公路向西南方向行進40多公里就會看到，在一馬平川的平原上，寂然聳立著一座氣勢非凡的陵墓。令人無法相信的是，在這個既不是古都也不是重鎮的地方，竟然有一座帝王陵墓，而且還是歷史上赫赫有名的宋太祖趙匡胤的安息之所。要知道，北宋的都城在開封，而此地離開封還有100多公里，這可是有史以來皇家陵地離京城最遠的案例了。

那麼，為什麼宋太祖要特意把皇陵安放在遠離京城的地方呢？

據民間傳說，趙匡胤童年在洛陽度過，當了皇帝後，他又到洛陽視察，回憶起童年的往事，感慨萬分，在他返回東京的途中，行至鞏縣時，就親自到父母的墓地去拜祭。當他登上陵園神牆的西南角樓向四處遙望時，觸景生情，就抽出一支箭，搭上弓向著西北方向射去，接著他長嘆一聲，對隨從大臣說道：「人生如白駒過隙，終須有歸宿之地。你們記住，今日箭落處，就是我百年後長眠之所。」於是，就有了今天鞏義的永昌陵。

傳說歸傳說，實際上，趙匡胤作為一名武將，熟知軍事安危對於國家的重要性，尤其當時北有契丹等強敵，更不容忽視。他生於洛陽，深知洛陽和開封作為首都的優劣，開封四周都是平地，無險防守，為了保證首都安全，朝廷就只能用大量的軍隊防守，從而造成軍隊數量的龐大，而洛陽憑藉天險，易守難攻，顯然是更明智的選擇。當他提出遷都的建議時，大臣們和他的弟弟趙光義都反對，其理由是在開封更方便從南方運糧食，尤其是趙光義所說的：「為政在德不在險，何必一定要耗費民力遷都呢？」讓宋太祖啞口無言，他只好長嘆：「不出百年，中原人民嘆也。」但是，他為了江山永固，一直沒有放棄努力，正是從遷都洛陽的目的來考慮，他才決定將皇陵建在靠近洛陽的鞏義，希冀為遷都洛陽埋下伏筆，只可惜後人沒有理解他的苦心，一直偏安開封，直至金

兵長驅直入。開封城破，北宋也從此消亡。

假如北宋遷都到洛陽，歷史能否改寫？只是，歷史無法重演，人們如今也只能靜靜地憑弔宋太祖的永昌陵。

知識連結

西元960年，後周大將趙匡胤發動陳橋兵變，建立宋朝。定都汴京（今屬河南開封），史稱「北宋」。在宋太祖趙匡胤建立宋朝之初，為了使宋長治久安，制定了一系列的方針政策。首先在軍事方面，太祖「杯酒釋兵權」，解除了功臣對軍隊的控制，並設立中央禁軍，將各地精兵收歸京城禁軍管轄，使宋朝對軍隊有了完全的掌握權。另外，宋沿襲唐制，又在一定程度上削弱了各官的職權，使皇帝掌握的權力超過了歷朝歷代。在科舉方面，宋太祖打破常例，以殿試的方式對考生進行最終的考核。這樣一來，北宋王朝的官僚階級得到了壯大，從中出現一大批優秀的政治家，鞏固了政權。但是，這些政策帶來的後果就是冗官、冗兵、冗費，造成北宋的積貧積弱，最終北宋也沒能從這種狀態中走出，而在北方遼國的強大攻勢下消亡。

大理王陵今何在

由於歷史資料的匱乏，人們對大理國的瞭解比較少。人們至今還沒有發現大理歷代皇帝的王陵，更何況瞭解大理歷代皇帝的真實面貌了。大理國的王陵到底在何方？

許多考古學家和歷史學家尋遍了大理國的故土（當時大理的疆域最盛時東至貴州普安，西至今緬甸傑沙，南至今越南萊州北部的黑河，北至羅羅斯之大渡河），也是無功而返。2001年，王陵考古隊在大理國故土內大範圍搜索考察，雖然陸續發現了一批批珍貴的青銅器、鐵器、陶

瓷、瓦當，但是，歷代大理國王陵遺址的下落仍無蛛絲馬跡……

然而，就在他們近乎放棄的時候，突然有人在古書堆裏找到一本明代文人寫的《淮城夜語》，在該書中發現了對南詔、大理國王陵的300多字的記載。據此書記載，南詔後期，大臣鄭買嗣謀反篡位，接著大開殺戒，殘忍地滅絕皇室家族。不久，又大逆不道挖掘歷代南詔王陵，搶走了大量珍寶。此事是否為真且不論，但到了明代，確實有人在深山之中發現了數十座規模巨大的古墓遺跡，而其墓室早已被盜，破壞嚴重，根據地點和古墓的規模推斷，應該就是當年被盜掘的歷代南詔王陵。

可以想見，當大理段氏繼承南詔疆土重建國家時，有前車之鑒，自然不再興建王陵地宮。據記載，大理國十分尊崇佛教，上至國王下至達官，死後一律仿效佛教僧人進行火葬，遺體火化後，就將骨灰收入佛塔地宮保存。根據這條線索，歷史學家終於發現，在明代初期，段氏後人又將先祖遺骨轉到觀音山佛光寨山洞中安歇供奉了。大理王陵的千古懸案終於有了定論。

知識連結

西元937年，由白族領袖段思平率兵攻破大義寧王朝，建立大理國，定都羊苴咩城，由於歷史資料的匱乏，人們對大理國的瞭解比較少。大理國畜牧業頗為發達，每年有數千匹馬販到廣西。手工業很興盛，冶鐵業水準甚高，對外貿易發達，交通四通八達，與緬甸、越南、馬來西亞、印度、波斯等國家都有貿易往來。佛教在大理國十分盛行，儒家的教條與佛教的道義幾乎融而為一，儒生無不崇奉佛法，佛家的師僧也都誦讀儒書，大理國可以說是以儒治國，以佛治心。1253年，元朝忽必烈率兵滅了大理。

遼太祖陵準確的葬地究竟在哪裡

西元8世紀，正當唐代末年中原戰亂之際，在東北赫然崛起了一個強大的地方政權——契丹，它於907年建國，經過數代人的艱苦奮鬥，最終統治了中國的北方，成為與趙宋、女真鼎足而立的強國。而這個民族的領袖乃是叱吒風雲的遼太祖耶律阿保機。

1125年，遼國都城被金兵攻破，最終滅亡，金兵在遼國境內一片搶掠，一向藏有珍寶的歷代王陵自然不能倖免，遼太祖耶律阿保機的陵墓當時就被放火燒毀了。如今，人們走進位於巴林左旗遼祖州城址西北2公里環形山谷中的陵園時，一眼望去，空空蕩蕩。遼太祖的陵墓到底在陵園的哪個方位呢？當地人只知山谷中有太祖陵，但根本無法確定位置。

在山谷西北面一處山坡上，有一個散布著許多磚瓦和灰塊的圓坑，這個圓坑位於山谷正中，旁邊雙峰合抱，圓坑西面的山脊上有人工築起的高大尖頂石牆。這個位置，無疑是十分符合王陵修造的條件。當然，這只是推斷，真正的結果，只有等待考古工作的實證。

2003年，有了令人驚喜的發現：一個石雕臥犬。這應是當時祖陵神道兩側的石像之一，從而初步確定了遼太祖陵墓神道的位置。考古隊員突然發現，明明是春意盎然的氣候，山谷內的土堆上依然是草木枯黃，沒有一點生氣，這種反常的現象說明，大土堆下面是空的。經過實地挖掘，考古隊員終於找到了遼太祖陵墓地宮所在地。

令人驚奇的是，王陵的地宮竟然保存完好無缺，沒有任何被盜掘的痕跡！在漫長的歲月裏，遼太祖陵墓從來沒有人看守，但竟然安然無恙，這是怎麼回事呢？

透過對王陵的建築結構進一步仔細地勘探和試掘，考古專家發現，王陵有多達30處石牆，這些石牆將地宮密封成一個獨立的單元。再加上整個陵墓的拱形頂部由多層巨大的石條砌成，層層石條巧妙相壓，使得整個陵墓渾然一體。這樣，即使盜墓賊揭開一層或者幾層石條，也無法

繼續打開下面的石條。正因為此，多少年來，儘管盜墓賊都對遼祖陵虎視眈眈，進行了幾次大膽挖掘，可最終都沒能進入遼祖陵內。這真是千古帝王陵中極其少見的特例了。

知識連結

契丹族源於東胡後裔鮮卑的柔然部。契丹，漢譯亦作吉答、乞塔、乞答等，它的原意是鑌鐵，象徵著契丹人頑強的意志和堅不可摧的民族精神。西元389年，柔然部戰敗於鮮卑拓跋氏的北魏，其中北柔然退到外興安嶺一帶，成為蒙古人的祖先室韋；而南柔然避居今內蒙古的西拉木倫河以南、老哈河以北地區，以聚族分部的組織形式過著游牧和漁獵的氏族社會生活。此時八個部落的名稱分別為悉萬丹、何大何、伏弗郁、羽陵、匹絜、黎、叱六于、日連。在戰事動盪的歲月中，各部走向聯合，形成契丹民族，在大賀氏和遙輦氏兩個部落聯盟時代，契丹人臣服於漠北的突厥汗國。唐太宗貞觀二年（西元628年），契丹一部背棄突厥，歸附唐朝。契丹與唐朝之間，既有朝貢、入仕和貿易，也有戰爭和擄掠。西元907年，契丹建立了政權，成為中國北方一個強大的政權。

遼太祖陵奇怪的石房子是什麼

遼太祖耶律阿保機能夠在陵寢中安眠1000多年卻沒有被盜墓賊驚動，不僅保存了大量的歷史遺存，其墓葬留下的諸多謎團更給這位曠世英雄的一生添上了一層神秘的面紗。

而其中最讓人稱奇之處莫過於太祖陵附近不遠處的半山腰上一處用巨石搭建而成的奇怪的石房子，石房子面南背北，高約3公尺，面積30多平方公尺。當年金兵燒毀太祖陵地面建築時，它依然完好無損，靜靜地矗立在山腰上，一直到今天。那麼，這個石房子究竟是什麼？它為何能

經歷戰火和風雨的洗禮後依然不倒？

乍一看，這個石房子的結構十分簡單，它由七塊巨石構成，其中的六塊搭建在一起構成了石房子的主體，另一塊為巨石板，平鋪在房內。這些巨石每塊都有數噸重，難以置信的是，它們是從大約10公里外的石窟寺附近的山上搬運來的。在當時沒有起重設備、沒有運輸機械的年代，契丹人又是如何將如此巨大的石板運送上山，搭建成石房子呢？此外，石房子室內四壁空空，更讓人捉摸不透，它到底是做什麼用的？石房子上還雕刻了不規則的契丹文字和圖案，它們是什麼意思？這些謎團疑雲重重，吸引著許多考古學家和歷史愛好者去努力探索。

有人提出，契丹人是利用古老的滾木運輸的方式將巨石板從遠方搬運而來，還有人提出他們是利用冬天潑水成冰後滑道運輸巨石的方法。至於搭建石房，最普遍的說法就是用石板下墊土升高的土壘建造法進行搭建的。

那麼，石房子究竟為何而建呢？很多人想到只要破譯了石房子文字和圖案的含義，這個問題就迎刃而解，但問題是，這些契丹文字和圖案早已經無人能懂，於是，各種大膽的猜想紛紛出現。如有人提出石房子很堅固，適合做監獄的說法。這自然是無稽之談，契丹人好鬼神、重祭祀，怎麼會把監獄放在祖宗休息之地，這樣實在是褻瀆神靈，又對那裏的安全構成了威脅。

萬事萬物是互相聯繫的，有時候，在當地找不到謎底，卻能在另外一個地方尋到答案。1994年，考古學者在赤峰阿魯科爾沁旗寶山曾發掘過一座遼代大貴族墓，墓室中也有一巨大的石房，大小、形狀與祖州石房酷似。考古學家最終證實這間石房為墓主人的屍房。原來，契丹的大貴族死後，有在外停屍的習俗，多則三載，少則幾月，在此期間才營建墓葬。我們是否可以這樣想像，祖州的這個巨大石室原來可能是停放耶律阿保機未下葬前屍身的地方？石室內溫度較低，以便屍體保存。當耶律阿保機的墓葬建好後，移屍陵地，而在石室內立有遼太祖的塑像，以

便讓人瞻仰祭拜。

知識連結

遼建國於西元907年，國號契丹。它與北宋對峙，是統治中國北部的一個王朝。太祖耶律阿保機創建奴隸制國家，確定皇權世襲，建立軍隊，頒布法律，修建都城，制定文字。西元982年，遼聖宗繼位後，實行一系列改革，確立了封建制的統治。聖宗在位半個世紀，是遼朝的全盛時期。到興宗、道宗時期皇室內部政變頻繁，遼王朝日見衰敗。金政權建立後，接連打敗遼國，很快取代了遼在東北的統治地位。1125年金國滅遼。

金太祖陵為什麼又稱為「斬將台」

在中國古代歷史的長河中，從第一個奴隸制王朝夏到最後一個君主王朝清，先後出現了500多位帝王，其中亦不乏諸多有著卓越才能的少數民族帝王，金太祖完顏阿骨打就是其中傑出的一位。他從青年時代就顯示出卓越的政治和軍事才華，馳騁疆場，完成建國與滅遼兩件大事，為女真的統一與發展建立了不朽的功勳。

中國歷代帝王一般都會在生前便開始大規模營建自己死後的「皇宮」——陵寢，但完顏阿骨打卻與眾不同。他直至去世前的三個月，還在戰場上馳騁，哪有時間顧及自己的後事？當時甚至連金國的皇宮也沒有建起。這位金太祖實在是一位勇猛幹練而又簡樸的皇帝。

但是，金太祖的陵墓卻也離奇地經歷了數次遷移。它最初位於阿城市南郊2公里處，在金上京遺址之西南，並在陵上建有太祖廟。到了天會十三年二月，金太祖靈柩被遷到了今阿城胡凱山，改稱睿陵。後又遷移至北京房山縣，仍號睿陵。這樣的經歷，在歷代帝王陵中也是罕見。今

天，我們看到他的陵寢，也一如生前，十分簡樸，與中原帝王的陵墓相比簡直是天壤之別。

由於阿城市的金太祖陵是最早的遺址，我們從那裏更能看到它的原貌。在墓後面的一間宮殿就是太祖廟，也稱寧神殿，殿內有阿骨打及其6名功臣的蠟像，對於在統一女真部族、伐遼戰爭中立有卓越功勳、作出傑出貢獻的開國功臣，死後都追贈封號，繪影圖形配享太廟。這也是一種最高的榮譽。此處是古代女真人最崇敬的地方，至今仍有其後裔來此祭拜，殿的兩側還有古樸典雅的阿骨打生平壁畫。

據金史專家介紹，太祖廟又被稱為「斬將台」，這在人們看來簡直是不可思議，祖廟之地怎麼能進行刑罰呢？

讓我們回顧歷史，在1153年金國皇帝海陵王遷都之前，律法規定，對於違反軍紀需要嚴懲的高級將領，都要押到太祖陵前，向太祖請罪，輕者杖責，重者殺頭。這就是為什麼太祖廟又被稱為「斬將台」的原因。

對於女真族這樣一個能征善戰、戰鬥不息的民族來說，對於完顏阿骨打這樣一位一生馳騁沙場的戰神來說，戰爭的勝利、戰場上的得勢、將領的英勇善戰對於他們來說，簡直就是生存和發展的重要支持，或許，完顏阿骨打在生前早已定下此「祖訓」，希望後代不要忘記女真族的立國之基，才有了這種在祖廟懲罰將領的制度吧。

知識連結

女真族，源自3000多年前的「肅慎」，漢晉時期稱「挹婁」。南北朝時期稱「勿吉」（讀音「莫吉」），隋唐時稱「黑水靺鞨」。11世紀時，女真還比較弱小，向契丹人稱臣。後來領袖完顏阿骨打在1115年統一了女真族各個部落，稱帝建國，國號大金。金國在很短的時間內攻打下了遼國的北方首都上京，後來，女真入侵並占領了北宋的大部分土地，與南宋對峙。女真族的崛起，改變了廣大東北地區的歷史，同時也影響

了整個中國的歷史。

明天啟皇帝為何要挖金太祖陵

從1986年開始，在北京房山區周口店以北的九龍山主峰雲峰山中，人們發現了一條長約70公尺的護陵堰。還有一大批漢白玉雕花石條、金代龍紋綠琉璃瓦、滴水等古代建築構件。順著這個驚人的線索，考古工作者在山中挖掘出一條陵寢的神道，抬頭一看，神道的方向正對著雲峰山的山巔，令人稱奇。從陵墓中發掘的文物和相關文字來看，這就是北京地區年代最早、規模最大的帝王陵——金代皇陵，其中包括金太祖完顏阿骨打的太祖陵。

也許你會奇怪：金代早期皇帝的陵墓應該在它最早的都城上京（今黑龍江省阿城縣），怎麼會跨越千里，跑到了北京九龍山呢？原來，據文獻記載，金最初建都上京，1153年，金廢帝海陵王完顏亮篡權登位後，考慮到新的政治和軍事形勢，於貞元元年遷都北京，改名中都。此後一直到金宣宗完顏珣遷都汴京，北京作為金中都達60多年之久，這裏共有17座皇陵，自然就包括了太祖的陵墓。

本來，前朝皇帝的陵墓一般會享受後代的祭祀，遼太祖陵墓也是如此，從元至明朝天啟之前，一直享受祭祀。但是，天有不測風雲，到了1622年，明天啟二年，腐朽沒落的明王朝竟然上演了一齣盜毀金代皇陵的鬧劇。從金代到明代，事隔500年之久，會有什麼仇恨讓明朝皇帝要找500年以前的人報復？

15世紀初，東北地區興起了一個強大的、生機勃勃的建州女真，其領袖努爾哈赤於1616年建立後金政權，勵精圖治，實力不斷增強，屢屢舉兵南侵，成為明王朝的巨大威脅。1618年薩爾滸一戰明軍更是一敗塗地，形勢急轉直下。昏庸無能的明熹宗朱由校情急之下。竟然聽信陰

陽家的說辭，說是作為女真人後裔的後金勢力強大，是因為他們的祖墳——金代皇陵正好在北京九龍山這塊風水寶地，只要毀壞其龍脈，後金自然不戰而敗。結果，一大批軍隊不去前線，卻前往金陵陵園，向後金的祖墳開戰。他們把太祖睿陵主陵脈的龍頭砍掉一半，在咽喉部挖一個深洞，裏面填滿鵝卵石，以斷其「王氣」，還把金陵地面上的建築全部砸毀，甚至扒開墓道，掘開地宮，連金陵以外的金代墓葬也幾乎無一不毀。第二年，明朝又有人提出在金陵原址修關公廟，想抬出這位關中的「武聖」來壓住關外女真人的「王氣」。種種手段，不一而足，荒謬至極，令人笑掉大牙。

今天看來，歷史上毀陵掘墓之事並不罕見，但依靠這種做法企求戰勝強敵，而不認真反省自己的內政和軍事措施，真可謂前無古人，後罕來者了。

知識連結

萬曆四十六年（1618年），明朝任命兵部左侍郎楊鎬為遼東經略，準備大力進軍赫圖阿拉，消滅努爾哈赤勢力。萬曆四十七年二月，經過多月籌畫，明軍兵分四路圍剿後金，準備會師赫圖阿拉，共計9萬餘眾，號稱47萬。但明朝軍隊由於政治腐敗，早已腐朽不堪，兵備鬆弛，士氣頹靡。努爾哈赤則掌握了明軍的戰略部署和行動計畫，面對明軍四路圍攻，採取了李永芳的作戰方針，集中優勢兵力，選擇有利的戰場和戰機，連續作戰、速戰速決、各個擊破，取得大勝，成為明朝和後金在東北戰場上對峙的轉捩點。從此，明朝的力量大衰，不得不由進攻轉入防禦；後金的力量大增，由防守轉為進攻。

有「東方金字塔」之稱的西夏王陵

20世紀70年代，當西夏王陵歷經千年風霜卻依然屹立不倒，再次出現在世人面前的時候，它們令世人無法相信自己的眼睛了：難道這是埃及沙漠上的金字塔嗎？怎麼會出現這裏？這是怎麼回事呢？

座落在銀川市西郊賀蘭山東麓的西夏王陵是中國現存規模最大、地面遺跡保存最完整的帝王陵園之一，它一共包括9座王陵和140多座王公大臣的陪葬墓，坐北朝南，呈縱長方形，南北長10公里，東西寬4公里，占地近50平方公里，無論是遠望還是近觀，都顯得莊嚴肅穆，高大雄偉。

最令考古學家們稱奇的是，當陵園的所有地面建築展示出來時，每一座王陵建築形制是以塔為中心進行布局的。這一個個塔型陵墓是實心的夯土台，從下至上，層層內收，形似圓錐體，又像一個「窩窩頭」，也很像「金」字，形成獨特的「金字塔」王陵景觀。陵塔的最底層地基是圓形塔基，直徑長達34公尺左右。專家說，怪不得這麼多年來我們一直沒有發現西夏王陵，在人煙稀少的大漠上，如果不仔細觀察這些「金字塔」，所有人都會被它的表像所迷惑，誤認為是一座座荒山呢。

那麼，西夏王陵這種獨特的建築風格是如何形成的呢？原來，自佛教東傳以來，西夏就受到很深的佛教文化的影響，發展出獨有的佛教藝術文化。再加上西夏地處交通便利的河西走廊，使得它的文化也呈現出漢族文化、佛教文化、党項民族文化的結合體形式。因而，西夏王陵的建築樣式雖像金字塔，實際上是當地典型的佛塔，反映出人們虔敬的佛教信仰。考古人員還在王陵附近發現了銅鈴，這些銅鈴本是佛塔角端懸掛的裝飾物。

知識連結

西夏本是游牧民族，佛教東傳甘肅以後，西夏內部開始形成獨有的

佛教藝術文化。今天內蒙古鄂托克旗的百眼窯石窟寺，是西夏佛教壁畫藝術的寶庫。在額濟納旗黑城、綠城子中還發現了西夏文佛經、釋迦佛塔、彩塑觀音像等。大慶二年（1036年），西夏人開始統轄敦煌地區，就將自己的民族特色融入敦煌莫高窟中，西夏皇帝多次下令修改莫高窟。當時莫高窟塗綠油漆，接受了幾分中原文化，還有一些畏兀兒、吐魯番風格。西夏將自己強悍的民族精神和別具一格的文化融入其中，也讓這座佛教建築顯得更加光輝燦爛。

成吉思汗墓在哪裡

1227年，成吉思汗南征西夏時逝於軍中。《元史》記載：「太祖二十二年圍西夏，閏五避暑於六盤山，六月西夏降，八月崩於薩里川哈刺圖行宮，葬於起輦谷。」成吉思汗死後，陵墓深埋，萬馬踏平，地面未留任何痕跡，掘陵者全部被處死。不少探險家認為，至今未被發現的成吉思汗陵墓裏埋藏的無數寶藏肯定沒人動過。

由於實行「密葬」，成吉思汗墓究竟在哪裡，為後人留下長久謎團。幾百年來人們四處打探，但是一無所獲。

埋葬成吉思汗的地方說法很多，各國考古專家比較認同四個地點：一是位於蒙古國境內的肯特山南，克魯倫河以北的地方；二是位於蒙古國杭愛山；三是位於中國甘肅的六盤山；四是位於內蒙古鄂爾多斯鄂托克旗境內的千里山。

中國內蒙古自治區有一座「成吉思汗陵」。不過內蒙古的「成陵」是「衣冠塚」，類似於敖包（蒙古人祭祀先人的場所），並非埋葬地，只是安奉衣冠，陵墓內沒有屍骨。

真正的成吉思汗墓在哪裡，現在誰也說不清楚。

對於成吉思汗的死因歷來說法很多。據《蒙古祕史》記載，在出征西夏前一年，成吉思汗的身體狀況已經出現問題。一次打獵時從馬背上摔下受傷，並引發高燒。當時進攻西夏的計畫已定，成吉思汗因身體不適，考慮退兵。但是西夏將領出言挑釁，致使成吉思汗大怒，決定抱病出征，最終病死在軍營裏。有學者據此認為，成吉思汗是病重致死。著名的義大利旅行家馬可·波羅留下的記載中稱，成吉思汗是在攻城時中箭而死。

成吉思汗墓中有沒有寶藏

由於古代蒙古人的密葬習俗，使得成吉思汗墓的位置至今仍是謎團，試想，要在廣袤的漠北草原、戈壁找尋傳說中的成吉思汗墓，談何容易？更何況目前根本無法確定它是否在漠北。但是，儘管有這樣多的困難，或者說它根本是個不可能完成的任務，依然不斷有考察團、考古隊不惜重金，花費大量人力、物力在茫茫大地上找尋它的蛛絲馬跡，這是為什麼呢？

一位長期研究蒙古和成吉思汗專家認為，成吉思汗的陵墓裏埋藏著大量奇珍異寶，裏面的工藝品甚至比秦始皇陵出土的兵馬俑還要壯觀。倘若真有一天能夠親眼見到成吉思汗之墓，那麼，毫無疑問，那將是世界上迄今為止最為偉大、壯觀的寶藏。這並非危言聳聽，試想，當時的成吉思汗，已經征戰數十年，縱橫兩個大陸，蒙古的鐵騎不知劫掠了多少來自不同國家的奇珍異寶，當他們的偉大領袖成吉思汗逝去的時候，一向視成吉思汗為天的蒙古人會何等隆重地送走他們的領袖啊。

當然，中國史書中沒有任何有關這一寶藏的記載，但是，許多外國人寫的史書中，竟然出現了大量這樣的記載，如一個西方人記載，看到

忽必烈的弟弟死的時候，陪葬了大量珠寶、黃金等。正是由於巨大寶藏的吸引，近十幾年來，匈牙利、波蘭、美國、日本、義大利、德國、法國、加拿大、俄羅斯、土耳其、韓國等十多個國家都投入了大量人力、物力，競相開展尋找成吉思汗陵的工作。目前，無論是私人收藏家的藏品還是世界各地的博物館裏，都沒有任何一件與成吉思汗有關的物品。倘若真的出土了成吉思汗陵的文物，其價值之大簡直可以買下一個小國家了，這可不是誇張。然而，成吉思汗的陵墓是否存在驚世寶藏，看來只有天知道了。

知識連結

祭成吉思汗陵是蒙古民族最隆重、最莊嚴的祭祀活動，它最早始於窩闊台時代，到忽必烈時代正式頒發聖旨，規定祭奠成吉思汗先祖的各種祭禮，使之日臻完善。現今鄂爾多斯伊金霍洛的成吉思汗祭典，就是沿襲古代傳說的祭禮。成吉思汗祭祀分為平日祭、月祭和季祭，都有固定的日期。專項祭奠一年舉行60多次。每年農曆3月21日為春祭，祭祀規模最大、最隆重。各盟旗都派代表前往伊金霍洛成陵奉祭。

末代王爺揭祕成吉思汗陵墓

這裏的末代王爺是誰？說起來也許你還不相信，他，奇忠義先生，乃是「一代天驕」成吉思汗的第34代嫡孫。

據奇忠義先生的說法。成吉思汗的確是在攻打西夏時在軍中去世，地點是在六盤山，當時正是夏季，氣候炎熱，遺體不可能保存很長時間，所以只能就近祕密下葬。那麼，成吉思汗陵在鄂爾多斯境內的可能性就非常大了。而且，現今鄂爾多斯的伊金霍洛的成吉思汗祭典，沿襲自古代以來的祭禮，就足以說明鄂爾多斯地區的重要性了。

這裏就有一個問題，按照外界的普遍看法，鄂爾多斯的成吉思汗陵只是一座衣冠塚，並沒有特殊之處，其中所謂的遺骨必然不是成吉思汗的，難道這座衣冠塚還另有玄機嗎？

根據蒙古習俗，蒙古人沒有肉身崇拜的傳統，認為人的肉身來自於大自然，去世了也應該回歸大自然。祭奠先人主要是祭靈魂，而不是像人們想像的祭屍骨。在蒙古人的神靈世界中，人在離開人世的那一刻，他的靈魂將離開人體而依附到附近的駝毛上。如果真是如此，那麼成吉思汗陵其實就應該不像人們常見的那些王陵，而是更具蒙古特色的陵墓。假如此說為真，那麼，人們將在成吉思汗陵中發現那至關重要的駝毛。

也許，這會是成吉思汗陵祕密的另一種解答？

知識連結

按照蒙古族的傳統，成吉思汗陵既是密葬，就應該尊重祖先，蒙古族子孫也不希望成吉思汗墓被發掘，打擾死者靈魂是對死者的不敬。大規模的考古工作已經違反了草原的文化和傳統。蒙古國前總統巴嘎班就說：「根據成吉思汗留下的遺囑，他希望他的陵墓永遠不讓世人知道。因此，我們遵循成吉思汗的這一遺囑……成吉思汗的陵墓到底處在哪個方向、處於什麼樣的狀態這一問題，應該使它永遠成為一個謎，讓那些願意猜謎的人繼續猜這個謎底吧！」

明祖陵為何酣睡水底300年

在江蘇洪澤湖一帶，矗立著一座規模宏偉、氣勢不凡的王陵，它就是被稱為「明代第一陵」的明祖陵。說起明代，「乞丐皇帝」朱元璋自然就出現在人們的腦海裏，朱元璋也確實是十足的孝子賢孫，不僅把

自己的高祖朱百六尊為玄皇帝。曾祖朱四九尊為恒皇帝，祖父朱初一尊為裕皇帝，還把為他們而建的王陵修成了明代的第一陵，其孝心真是可鑒。

明祖陵從洪武十九年（1386年）開始修建，一直到永樂十一年（1413年）才完成，前後歷時30年，祖陵神道全長250多公尺，兩側立望柱二對，石像生19對，並有祭田149頃。陵園總平面呈長方形，築有城牆三重：外為土城，周長3公里；中為磚城，周長1.1公里；內為皇城，建有正殿、縣服殿、神廚、齋房、庫房、宰牲亭、玉帶橋等。其工程之大、營建時間之長、體制之宏偉、建造之精良，不愧是「明代第一陵」了。

但是，奇怪的是，這座明代第一陵後來竟被洪澤湖淹沒，直到數百年以後才得以重見天日，這是何故？是天災，還是人禍？

話得從治理黃河、淮河說起。明弘治七年（1494年），由於治水無方，黃淮河河道開始紊亂，洪水肆虐，位於淮河中下游的祖陵不斷有水患的危險。到了萬曆年間，工部尚書潘季馴提出了「蓄淮刷黃」方法，主張「築堤束水，以水攻沙」，其理論依據是「水分則勢緩，勢緩則沙停，沙停則河飽，尺寸之水皆由沙面，止見其高。水合則勢猛，勢猛則沙刷，沙刷則河深，尋丈之水皆由河底，止見其卑。築堤束水，以水攻沙，水不奔溢於兩旁，則必直刷乎河底。一定之理，必然之勢。此合之所以愈以分也」。可以說，這個方略有一定的合理性，得到了明神宗的認可，就讓他著手開始了。

但是，世事難料，淮河治水畢竟難以抵擋水勢洶湧的黃河之水，不僅淮水無力刷黃，還使得黃河水倒灌淮河，導致淮河入海口泥沙淤積，河床抬高，再加上為了束水攻沙而築高的河堤，淮水更加氾濫，水患頻仍，潘季馴卻為了保住自己的烏紗帽，欺上瞞下，撒了彌天大謊。只可嘆民生多艱，平遭水患侵凌，而明代第一陵祖陵也因這個三分天災、七分人禍的事件而不幸沉沒水底了。

直到1963年，洪澤湖遇到了特大乾旱，水位下降到了歷史最低點，

一批大型石像露出水面，考古專家才終於找到明祖陵，此時，距明祖陵酣睡水底已將近300年了。

知識連結

潘季馴（1521～1595年），明代治理黃河的水利專家。他主張綜合治理黃河下游，認為黃河下游善徙的主要原因，在於水漫沙壅。因此治理上應築堤束水，借水刷沙。由於黃河挾帶大量泥沙，有「急則沙隨水流。緩則水漫沙停」的特點，因此要使水流湍急，必須束水歸漕。他主持修築的堤防，包括「束水歸漕」的縷堤，縷堤外的遙堤，以及二堤之間的格堤（橫堤），三堤構成攔阻洪水的三道防線。他治理黃河有一定的成效。

明祖陵是朱元璋父母的葬地嗎

洪武十九年（1386年），朱元璋下旨命人在江蘇泗州一帶修建自己先祖的陵墓。乍一看，這沒什麼異常。但是，一般而言，開國皇帝總會在登基之初就立刻將自己的先祖追加封號，並開始營建祖陵，可為什麼唯獨朱元璋一直等到洪武十九年才開始營建呢？其中的曲折耐人尋味。

原來，朱元璋從小十分貧困，到處漂泊，父母又早亡，他自然不知道自己的祖先到底身葬何處。當上皇帝後，雖然馬上給祖先們一一加了封號，但是，哪裡才是祖先的墳塋，著實難找。據說曾有人告訴他說，他家的祖上墳塋在江蘇句容通德鄉朱家巷，朱元璋連忙下令修築萬歲山，並親自去拜祭一番，不想才只磕了一個頭，萬歲山中間竟然分裂開，形成一條深澗！朱元璋深為惱火，再沒人敢輕易說起這事了。這一拖就是17年，到了洪武十七年，朱元璋的同宗朱貴來到京城，說他的祖父與朱元璋的祖父曾一起從朱家巷遷到了泗州城北的孫家崗，根據這條

線索，朱元璋終於查到了自己祖父母的葬地，在泗州城北的楊家墩。

朱元璋終於找到了自己的祖上，並修建了巨大的明祖陵，按理說，這事情已經圓滿結束了，但是據記載，在祖陵建成後，他竟然一次也沒有來此進行祭祀！莫非朱元璋對這個祖塋也產生了懷疑？或者說他之所以如此大興土木、大肆排場，只不過想早點了結這件事，向大明子民表示，他這個皇帝是如何孝順，如何成為天下表率的。而這樣就可以「以孝治天下」，讓國家長治久安，這是帝王常用的「以德治國」的伎倆。而他的同宗朱貴及其多個族人只不過是合謀串通，編出了一個彌天大謊。這兩方是周瑜打黃蓋，一個願打，一個願挨，兩廂情願。

這樣看來，明祖陵是不是朱元璋祖上的真實葬地，已經無關大局。

知識連結

自漢武帝獨尊儒術以來，中國的所謂以德治國，其實就是以孝治天下。孝不僅僅是事親，它主要還是一種政治學說。「孝」的基本要求是「始於事親，中於事君，終於立身」，包括：天子要「愛敬盡於事親，而德教加於百姓，刑於四海」；諸侯要「在上不驕，高而不危，制節謹度，滿而不溢」；卿大夫要一切按先王之道而行，「非法不言，非道不行，口無擇言，身無擇行」，「夙夜匪懈，以事一人。」；士大夫階層要忠順事上，保祿位，守祭祀；庶人要「用天之道，分地之利，謹身節用，以養父母」。《孝經》對於不同階級的人所要遵守的「孝」的內容都作了規定。

明祖陵是否葬於龍脈之地

乞丐皇帝朱元璋的前半生可謂窮困潦倒，四處流浪，真乃上無片瓦，下無立錐之地。誰又曾想就是這樣一個落魄之人十幾年後會開創出

中國歷史上大明王朝的基業？

朱元璋完成了這奇蹟般的飛躍，但他內心深處知道自己並沒有顯赫的家世，沒有值得炫耀的血統，朱元璋總感到自己比人矮一截。

為了給自己的身世「鍍金」，為了證明自己的輝煌人生乃是上天註定、命運所致，自己是上天所定的真龍天子，草根皇帝朱元璋就搬出了中國古人常用的把戲：以祖上的墓穴位於風水寶地為理由，標榜自己的血統是天之相承，向天下昭告，自己家從祖上開始就已經奠定了今日「家天下」的基礎，因為他們家的祖陵占據著「龍脈之地」。

但是，眾多風水學研究專家指出，從風水學的角度審視今日明祖陵所在的位置，這並不是一塊風水寶地，為何在傳說裏它就成了龍脈之地了呢？其實，當時的朱元璋又何嘗不知道呢？作為皇帝，自然請了最有名的風水先生審視過那塊地方。但是，既然已經確定了這是他祖父的墓地，如果要移墓，勢必會驚擾先人，影響到大明江山社稷。為了解決風水欠佳的問題，在當年築陵時進行了大規模的地理改造，填埋窪地，補修不足，挖地成河，堆土為山，人工整出了砂、水、近案、明堂等風水要素必具的景觀。這才形成了一塊所謂的「標準風水寶地」。

所以，當人們瞻仰明祖陵的時候，自然就看到的是氣勢不凡、盡顯皇家威嚴的皇家陵墓，即使有知情者知道其中奧祕，又有誰敢亂加評論呢？

知識連結

中國古人認為：整個宇宙是由能量（氣）、資訊（數）和態勢（象）三部分組成。基於這種觀念，風水學將天、地、人納入一個大系統中綜合考慮，在對古天文學、地理學和人體學，即天地人的發展變化規律的長期研究過程中，逐漸形成了一套完整的宇宙規律理論，並在這一理論基礎上，將宇宙的特性概括為三大方面：宇宙的全息性；宇宙的螺旋性；宇宙的陰陽性。而風水學遵循的三大原則是：天地人合一原

則；陰陽平衡原則；五行相生相剋原則。

明孝陵緣何「陵」定鍾山

對於注重風水的中國古人而言，先人墓地的選址是極為重要的，尤其是中國歷代帝王，都希求子孫後世永享福澤，江山永固，更是對皇家陵寢的風水慎之又慎，為了尋得一塊絕佳的風水寶地，搜山括海，努力搜尋。

草根皇帝朱元璋則更是如此，他可不希望自己辛辛苦苦打下的朱家江山輕易斷送。所以，對陵寢的選擇可著實費了一番周章。他最終將自己的孝陵定在鍾山之南，還為此強行遷走千年古剎太平興國禪寺。

鍾山有什麼特點，讓朱元璋對它如此嚮往，渴望在那裏營造自己的安息之所呢？這背後究竟隱藏著怎樣的玄機和奇妙之處呢？

此話要從東漢說起了。當時的鍾山被稱為「龍山」，諸葛亮、孫權等將之視為「龍蟠」之地，其重要之處可見一斑。鍾山有東、中、西三座主峰，被風水家稱為「華蓋三峰」，其中，中峰最為尊顯。朱元璋的陵墓就在中峰之南的獨龍阜。

根據風水學的分析，在孝陵之西，有一座小山，人稱「小虎山」，正處於孝陵之右的「虎砂」位上，與孝陵之東的「龍砂」左右對列，西南方向的前湖也具有靈動的「朱雀」特徵。而正對陵園的梅花山與遠處境內的東山構成「近案」、「遠朝」的風水形勢，寶城後所倚玩珠峰為玄武象，明孝陵的「北斗星」布局恰好處於「四象」之間。這樣孝陵就具備了左青龍、右白虎、前朱雀、後玄武的四大布局要素，十分符合天人合一、陰陽調和的原則。再加上孝陵的三道「御河」都呈由左向右流淌的形式，這種水，在風水上稱「冠帶水」，其實除了風水要求外，這也是明代建築大師刻意利用了大自然的地形地勢，將三條河納入陵墓範

圍，保留了洩洪通道，防止因山洪暴發而對陵寢構成威脅。

知識連結

「四象」一詞最先出自《易·繫辭》，曰：「太極生兩儀，兩儀生四象。」四象即太陽、太陰、少陰、少陽。當然，古人在提及「四象」時，有不同的意義。作為方位，先秦的《禮記·曲禮》已有記載：「行前朱鳥而後玄武，左青龍而右白虎。」這裏，朱鳥即朱雀。「左東右西」的概念與我們看到地圖有區別。現在的地圖都是上北下南，左西右東。古人的地圖是倒過來的，下北上南，這樣就成了「左東右西」。風水中將「四象」運用到地形上，以「四象」的形象及動作譬喻地形，又附會吉凶禍福。「四象」對民俗有很深的影響。如果我們到北京中山公園去看社稷壇，就會發現壇中的土色各有不同。東方是青龍，土色為青；西方是白虎，土色為白；南方是朱雀，土色為紅；北方是玄武，土色為黑。中間的土色是黃的，象徵人。五色土的意義就是四方朝貢，天下祥和。

明孝陵為何沒有被盜

歷代皇家王陵往往都是盜墓者最嚮往的地方，所以至今為止發現的墓葬中，沒有被盜的王陵實在是鳳毛麟角。當考古學家確認了明孝陵的確是朱元璋的墓葬之後，竟然驚訝地發現了這樣的一個特例：明孝陵沒有被盜。難道盜墓賊對這個乞丐皇帝區別對待？還是明孝陵另有玄機？

一查史料才知道，數百年來光顧此皇陵的盜墓賊同樣不少。例如，清嘉慶年間，曾有百餘人乘夜色集體盜掘明孝陵，但是無功而返，這就奇怪了，幾百人都無法盜掘一個王陵？難道地宮裏有重重機關？

讓我們仔細看看明孝陵的整體結構。明孝陵所處的獨龍阜是一座堅

固的石頭山。而且明孝陵是橫向鑿入山體，從內部掏空。這種橫穴式的方法雖然工程浩大，但是十分堅固。古代盜墓賊要是沒有炸藥，根本無法打入盜洞。正是拜這樣的設計所賜使得盜墓者只能從墓道才能進入，但是，明孝陵的墓道並不處於南北中軸線上的正中間，而是偏向了東南一邊，這種反常的設計使得盜墓賊盡興而來，掃興而歸。此外，明孝陵寶頂的封土堆下鋪了厚厚的一層鵝卵石。這使得盜墓賊無法迅速挖深，因為一挖開，四周的鵝卵石就會從四面八方滾落下來把洞填滿。

也許你會問，即使古代的盜墓賊因沒有炸藥而無法得逞，但是到了近代呢？比如像清東陵大盜孫殿英那樣，不就輕而易舉地盜掘了嗎？然而，明孝陵卻有很好的歷史際遇，明代以後的每個新政權都對明孝陵加以保護，就連清朝出於收買人心的目的，都要保護明孝陵，洪秀全、孫中山則更是如此，以示推翻清朝、恢復中華的決心。或許，這一切真的是造化。

知識連結

孫殿英（1889～1947年），民國時期軍閥之一。他原是土匪，1926年投靠國民革命軍第六軍團，任第十二軍軍長。1928年7月2日，軍閥孫殿英以軍事演習為名，祕密從清東陵慈禧墓和乾隆墓盜竊了大批金銀財寶。1932年，日軍發動熱河戰役時曾率軍抗日，但也趁機擴張其實力。1937年抗日戰爭全面爆發，孫殿英再度復出領軍與日軍作戰，1943年率軍投降日本，成為華北偽軍和平救國軍的一支，抗戰結束，再度加入國民政府軍隊，參與國共內戰。1947年戰敗被共軍俘虜，病死於戰俘營。

明長陵因何「陵」定北京

明建文元年（1399年），建文帝聽取臣下意見，為了防止諸藩王勢

力變大，威脅中央權威，就進行了削藩。燕王朱棣本就有篡位之心，就以「清君側之惡」的名義聯合各個藩王舉兵反抗朝廷。歷時4年，終於成功登位，改元永樂，並開始了遷都的行動。當然，這首先就要把北京城重新設計修造，以符合明朝首都的地位。這一等就是20年。

朱棣深知遷都會遭到一些大臣的反對，於是在這段時間裏就採取了一系列重要的措施，其中最重要的一項就是將皇家陵寢定在北京。

這就要在從永樂五年（1407年）說起，這年7月，朱棣的徐皇后去世了，朱棣就派了風水術士到北京地區選擇風水寶地，準備修建陵寢。這可不是小事，要知道，這意味著要告訴天下和子孫，老祖宗已經將陵寢安放在北京，倘若北京失守，誰來保衛陵寢？因為古人對祖先是很尊崇的，怎麼能棄祖墳於不顧呢？很顯然，朱棣希望以此舉來為自己遷都北京奠定基礎。

那麼朱棣為什麼決定遷都北京呢？

首先，北京是朱棣經營了多年的根據地，按古人的話說，就是龍興之地，在北京這個自己的勢力範圍內，他更能穩固地維護統治，保持長治久安。一旦有不服者謀反，也容易對付。

其次，當時北方的蒙古勢力不斷擴大，經常侵擾邊境，造成了很大的威脅。古代交通、通訊不發達，為了就近指揮，控制北方局勢，遷都北京是明智之舉。否則，都城在南方，一旦邊境有急，則難免鞭長莫及，到時後悔則晚矣。

事實上，定陵北京這一措施對明朝疆域的鞏固和政局的穩定產生了重要的作用，尤其是在蒙古入侵威脅極大的情況下，也頂住了壓力沒有遷都。如後來的土木之變，儘管有人建議遷都南京，但馬上就有更多人指出先祖的陵寢在北京，一旦棄城而逃，誰來保護祖墳？所以一直沒有遷都，卻也穩定人心，使明朝得以頑強抗擊來犯之敵。

土木之變，又稱土木堡之變。明朝正統十四年（1449年），蒙古瓦刺部落首領也先以明朝減少賞賜為藉口，率領部隊兵分四路大舉進攻明朝。操縱朝政的宦官王振不顧朝臣反對，鼓勵明英宗朱祁鎮御駕親征，英宗就命令皇弟郕王朱祁鈺留守京城，自己率軍50萬親征，出居庸關，同行的還有英國公張輔、兵部尚書鄺野、戶部尚書王佐及內閣大學士曹鼎、張益等100多名文武官員。但是，由於準備倉促，途中軍糧不繼，軍心已經不穩。加上組織不當，戰略失誤，明英宗在土木堡被圍，隨征大軍幾乎全部戰死，英宗被俘。這次大敗影響深遠，成為明王朝由初期進入中期的轉捩點。

明長陵中究竟有沒有人殉葬

魯迅先生曾在《狂人日記》中說：「我翻開歷史一查，這歷史沒有年代，歪歪斜斜地每頁上都寫著『仁義道德』幾個字。我橫豎睡不著，仔細看了半夜，才從字縫裏看出字來，滿本都寫著兩個字是『吃人』！」的確如此。當然，這個「吃人」指的是封建禮教對人類身心的摧殘。

我們看到，在《明史》中明確記載，朱元璋入葬南京明孝陵時，就曾經讓46位嬪妃殉葬，可謂慘無人道。這老皇帝死了以後，便由新登基的皇帝為他選定殉葬的人員，主要對象為妃嬪和宮女。開國皇帝一開先例，後面的皇子皇孫自然要效仿一番，所以在明十三陵中有三個陵墓是有妃嬪殉葬的。朱棣的長陵就是其中一個，殉葬了妃嬪16人。其他幾位帝王如明仁宗朱高熾獻陵殉葬了5人，明宣宗朱瞻基的景陵殉葬了10人。

明代的宮人殉葬制度，作為皇帝的喪葬禮制內容，延續了很長一段時間。直到明英宗臨終前遺詔說：「用人殉葬，吾不忍也，此事宜自

我止，後世勿復為。」他的繼任皇帝憲宗在臨終前也再一次強調不要殉葬，以表達對先帝決定的尊重。兩代皇帝的堅持執行，終於將明初以來殘酷的人殉制度畫上了句號。人殉，這個在野蠻時代才會有的現象，為什麼到了15世紀時的明朝還會實行呢？究竟是歷史在倒退，還是歷史和我們開了一個玩笑？不論怎樣，我們唯一需要記住的就是，在專制的國家之下，只可能有悲劇，國家雖強大，人民卻永遠沒有前途，沒有自身的自由和發展。

知識連結

人殉，用人殉葬和作為祭品的制度。這種制度起源較早，在中國古代社會中也延續了很長時間，考古和文獻資料顯示，其典型存在時期是在商代。人殉制度在早商時期即已盛行，商代的人殉，數量之多，手段之殘忍，範圍之普遍，駭人聽聞。在考古中發現，時代愈晚，用人牲的現象便愈益減少。這反映著商代社會情況正在逐漸發生著深刻的變化。到了西漢初期，這種制度已遭廢除。漢宣帝時，趙繆王因逼迫奴婢16人自殺殉葬，而遭到了撤銷爵號的懲罰。

定陵地宮是怎麼打開的

在座落於北京西北郊昌平區天壽山的明十三陵中，定陵是唯一一座經過科學考古發掘的古代帝王陵。但這也是一個頗費周折的過程。且不說圍繞要不要挖掘定陵這一議題就已經爭論得沸沸揚揚，光是打開這座王陵地宮就遇到了一個大難題。這是怎麼回事？讓我們解開這段塵封的記憶……

1956年，北京市文物局召集了許多考古學界的能手開始了對定陵的發掘。剛開始的時候，發掘一直比較順利，人們都滿懷期待地等待著

神祕的地宮重見天日，大放光彩。但是，世事難料，發掘隊員突然發現挖不動了，等到清理開一看，竟然赫然出現兩扇巨大的堅閉的漢白玉石門。每扇石門高達3.3公尺，寬達1.8公尺，有4噸重，門上還有青銅門梁。更糟的是，石門的背後還有頂門杠，死死地頂在門後，簡直是一道打不開的門，怎麼辦？門後是否還有重重機關？專家們一籌莫展，面面相覷。

車到山前必有路。幾天以後，一個年輕人自告奮勇，說他自己就能打開這道巨大的石門。信不信由你，他只用了一根木條及一些鐵絲，不到5分鐘便打開了大門，真神了！

後來，這個年輕人解釋說，打開地宮石門的關鍵就在於兩扇大門之間有個縫隙，當他看到這道縫隙的時候，就有了辦法。首先，將硬木條插入門縫中，輕輕用力將石門後的自來石從門後的槽內頂起，並保持原位置；第二步，輕推兩扇石門，直到能將手伸入為止；第三步，將綁在小條上的鐵絲做成一個長方形的套，從自來石的上部將其套住，這樣既保證推門時自來石不會從後面翻倒，損壞文物，又不影響進一步推開地宮大門；第四步，一邊緩慢推開大門，一邊用力將被套住的自來石往側面拽動，目的是讓自來石的下端移出凹槽，失去支點，以便打開其中一扇大門。當大門打開的程度可以鑽進一個人時，下面的問題就輕而易舉了。這真是令人意想不到啊。

定陵地宮簡直就是個寶藏。一共出土了3000多件文物，其中除少量祭祀用的禮器，絕大多數都是萬曆皇帝和他的兩個皇后生前的生活用品。在棺槨中發現的金冠，需用150根細如絲髮的金線，經非常複雜的工藝才能製作完成，令人嘆為觀止。定陵中還發現了4頂皇后戴的龍鳳冠，用黃金、翡翠、珍珠和寶石編織而成，其中一頂鑲嵌著3500顆珍珠和各色寶石195塊。出土的袞服採用中國傳統的緙絲工藝織造而成，據說即使是最熟練的織匠也需要10年才能完成。還有皇后穿用的袍衫，採用的是複雜的刺繡工藝，總計使用了4種昂貴的絲線和11種不同的刺繡方法才全

部完成。帝王的驕奢淫逸真是可見一斑。

知識連結

明十三陵中的定陵，位於北京市昌平區境內天壽山南麓，是萬曆皇帝朱翊鈞和他的兩位皇后的陵墓。建於1584～1590年，占地面積18萬平方公尺。定陵地宮是目前十三陵中唯一被開發的地下宮殿，是第一座有計劃發掘的帝王陵墓。地宮共出土各類文物3000多件，其中有四件國寶：金冠、鳳冠、夜明珠和明三彩。

神宗皇帝為何擺成了「Ｓ」型葬姿

1957年初夏的一天，著名考古學家夏鼐正在北京明十三陵定陵的發掘工地上。在意外地打開了定陵地宮的大石門後，接下來的發掘很順利，不久考古隊員便發現了明神宗的巨大棺槨，當人們揭除了包裹在外的11層衣物被服後，神宗皇帝的遺骸出現了，但是，其葬姿卻著實讓人感到不可思議：他既不是仰面直肢，也不是側面屈肢，而是出一種前所未有的姿態：頭部稍向右偏，左臂下垂，手壓在腹部，右臂向上彎曲，手放在頭部右側。脊柱上部也向右彎曲，左腿伸直，右腿微屈，兩腳向外撇開。其整體的形態猶如一個「Ｓ」字母。

這個疑團尚且還在考古學家心中縈繞，不久，在挖掘中又發現了兩個皇妃的埋葬姿勢也是側向右邊。這其中有什麼奧祕呢？據考古專家解釋，在古代夫妻合葬墓小，婦女屈肢側葬並不少見，這反映了父權制統治下，婦女屈從丈夫的不平等待遇。但是像定陵這樣皇帝、皇后無一例外地側向右臥，則顯然不比尋常，其中的原因令人捉摸不透。

半個世紀過去了，這個怪異姿勢的原因一直眾說紛紜。據明朝史料記載明神宗的喪葬過程出現了許多意外，會不會由於這些意外而產生了

一本書讀懂中國歷史謎案

這種令人大惑不解的葬姿呢？譬如，史載由於棺槨沉重，移動困難，杠索又經常損壞，例如抬到鞏華城時，棺槨的主杠突然被壓斷，棺槨斜向墜地。考古學家根據明神宗棺床上的隨葬器物箱上的繩索痕跡，及部分尚未被撤下的木杠等遺跡，猜測帝後入葬地宮時秩序是比較混亂的。因此，綜合多方面的事實考慮，神宗皇帝的姿勢是在這個過程中偶然形成的。而另有學者從風水學的角度認為，古人以星空中的紫微星垣比喻人間帝王的居處，其中的「北斗七星」在古代被認為是極星，處於紫微星垣中央，象徵帝王之中心地位，因而這種「北斗七星」式的S形葬姿是最能「聚氣」的姿勢。這樣，神宗皇帝及皇妃的葬式就得以理解：有了生氣，就預示著子孫萬代繁衍旺盛，江山永固。

但是，這些還僅僅是推測，究竟是如專家推測的那樣，神宗的奇怪葬姿是有意為之，還是混亂情況下無意造成的？由於目前只有定陵進行了發掘，其他的明陵還沒能打開，在很長一段時間內，這恐怕仍然是個謎。

知識連結

明神宗朱翊鈞（1563～1620年），明穆宗第三子。他在位48年，是明朝在位時間最長的皇帝。前10年，由他的老師——大學士張居正輔助神宗處理政事，進行了一系列的改革，社會經濟和軍事力量均得到了很大增強。1582年張居正逝世後，神宗逐漸懈怠，更因為與文官集團產生的激烈衝突而罷朝近30年。在這一時期內，江南一帶的商品經濟高度發達，經濟總量達到了中國古代的巔峰，但是，文官集團的黨爭使得政治日益腐敗黑暗，東北的女真族後裔後金趁虛興起，因而埋下了明朝滅亡的隱患。1620年駕崩，傳位皇太子朱常洛。

景祖、顯祖為何遷出又遷回永陵

　　西元17世紀，在中國東北赫然崛起了一個強大的部族，它的強大，影響了中國以後的歷史進程至少300年。它就是努爾哈赤建立的後金政權，憑藉頑強的戰鬥、高度團結的部族精神，過關斬將，終於得以入主中原。而它在統一中國後，對自己的起源之地關外嚴加保護，不准閒雜人等輕易進入，使得關外保留了眾多歷史遺跡，以及伴隨著這些遺跡的許多歷史之謎……

　　永陵是著名的清初關外三陵之首。在它的歷史上，有一段清朝其他任何陵寢都沒有的特殊經歷，那就是景、顯二祖（太祖努爾哈赤的祖父覺昌安、父親塔克世）及其皇后從永陵遷出34年後，又再度遷回永陵。這樣「折騰」，為的是什麼原因？

　　滿族與漢族一樣，有崇敬祖先的古老傳統。天命七年（1622年）初，努爾哈赤攻取了遼陽以後，另在遼陽城東五里的太子河畔營建新都，定位國都，命名東京。遷都東京後，為了祭祀方便，努爾哈赤就將自己的祖父和父親陵寢從祖陵中請了出來，遷到東京附近，歲時祭拜，長年不輟。

　　但是，當清入主中原後，就開始考慮本朝先祖陵墓的風水問題了。順治十三年（1656年），以議政大臣鰲拜為首的一些大臣多次上書順治帝，說永陵實在是一塊首屈一指的風水寶地，希望能將景、顯二祖重新遷回永陵。順治帝福臨剛開始認為此舉勞民傷財，否決了，但後來又同意了，就將景祖覺昌安、顯祖塔克世遷回永陵。

　　那麼，究竟永陵所在之地是怎樣的福地呢？清順治朝欽天監杜如予這樣評價：永陵位於長白山，其山從東北轉北再轉東南透迤而行，一路綿延上百公里，層層簇擁，有如巨浪蜂擁，氣勢非凡，到頭開肩展開金水連珠帳，左右二纏護龍護送到頭。穴星為巨門星體，左右龍虎均稱，結為巨龍含珠之穴。永陵之龍，形勢俱佳，具萬乘之尊之勢。再加上波

光瀲灩的蘇子河、草他河如同兩條銀色飄帶，鑲嵌於陵區。四周群山朝拱，眾水朝宗。左邊青龍蜿蜒，右邊鳳山翔舞。穴前明堂開闊寬平，天門開而地戶閉，外山包裹密如城垣，四周秀峰羅列。更加神奇的是，青龍、白虎、近案這些山距永陵都是12里。位於後方的坐山有12個山頭，陵宮恰好位於其中。前方的龍鬚水（蘇子河）流經此地長度正好也是12里。12這個數字象徵著清朝12代皇帝，而永陵的風水地勢所有的資料都與12相吻合。玄而又玄的是永陵後山的12星峰中，中間三個星峰最高，此與順治、康熙、乾隆時期之鼎盛正相對應。嘉慶以後，清朝逐漸衰落：最後一個星峰隱約難見，幾乎不能稱其為峰，第12個皇帝溥儀成了末代皇帝、亡國之君。

這一切是純粹的巧合嗎，真有些令人不可思議。

知識連結

永陵位於遼寧省新賓滿族自治縣永陵鎮西北啟運山腳下，是努爾哈赤遠祖，曾祖，祖父父親，伯父，叔父的陵園。他們分別是六世祖猛哥貼木爾、曾祖福滿、祖父覺昌安、父親塔克世及伯父禮敦、叔父塔察篇古。1648年，清世祖福臨追封猛哥貼木爾為「肇祖原皇帝」、福滿為「興祖直皇帝」、覺昌安為「景祖翼皇帝」、塔克世為「顯祖宣皇帝」。

清永陵的「龍」為什麼是坐著的

眾所周知，龍是中華民族的象徵，氣勢非凡，所謂神龍見首不見尾，表現出龍的凜凜威風。

但是，當遊客們來到永陵參觀時，卻不禁疑上心頭：永陵四祖神功聖德碑亭上刻著的雙龍卻是坐著的，遠看就像兩條坐在地上的犬。兩條

龍昂首張口，好似正在長嘯，其爪飛踏瑞雲，瑞雲與後左腿相連。右前腿略向前方直立，爪與地面相接。形象逼真，栩栩如生。

為什麼這裏的龍的造型如此獨特？歷史學家、民俗學家努力從關外滿族人留下來的歷史遺跡中尋找答案。

在清人修建的瀋陽盛京故宮中，他們發現，皇宮中的琉璃龍竟然也擁有極其獨特的造型。這與滿族人的文化有什麼關係嗎？原來，滿族人作為游牧民族，獵犬在其生活中占有重要地位，對獵犬有深厚的感情。據民俗學家調查，在滿族中流行著一個古老的傳說：清太祖努爾哈赤在沒有起兵前，有一次被明軍追殺逃到一個荒涼草原裏，跟隨他的只有一條黃狗，努爾哈赤好不容易躲了起來，卻因流血過多昏了過去。誰知明軍開始放火燒草原，這時候，黃狗為了不讓火燒到太祖身上就跑到附近的水坑把身體弄濕，然後再跑到太祖身邊用身上的水把太祖周圍的草弄濕，這樣大火就燒不到太祖了，等太祖醒來大火已經熄滅了，而大黃狗為了救太祖，活活累死了。太祖為了報答大黃狗的救命之恩，就下令不許他的後代子孫吃狗肉，戴狗皮帽子，還用狗型化作龍身立在永陵的神功聖德碑前表彰牠的功績，就形成了今天獨一無二的坐龍。有人進一步認為，龍是漢民族的象徵，狗是滿族的重要神獸，兩者結合而成的坐龍暗示著滿漢一家，天下一統的美好願望。

不管這些傳說和猜測是不是符合真實的歷史，但毫無疑問，它們都反映出獵犬對遊獵民族滿族的重要性。在民族文化交流和融合的過程中，它逐漸與漢民族的龍的特徵結合，從而形成了奇特的「坐龍」形象。

知識連結

滿族是唯一在中國歷史上曾兩度建立中原王朝的少數民族。滿族歷史悠久，其先民是肅慎人，漢代至三國，又稱挹婁人。南北朝時，稱勿吉人。隋唐時期，滿洲族先民又稱靺鞨，西元669～926年，粟末靺鞨建

立渤海國。渤海國歷經15代國王，後被契丹所滅。至宋遼時期稱女真，12世紀初，完顏部首領完顏阿骨打統一女真，國號大金，定都上京（今黑龍江省阿城）。元亡明興，女真人分為建州女真、海西女真、野人女真三大部。努爾哈赤的祖先就屬於建州女真，他開始了女真的民族統一大業，並吸收大量漢族，蒙古族，組成了滿族共同體，完成了從部落到國家的建設。

雍正為何開闢了「清西陵」

清世宗愛新覺羅・胤禛，即歷史上的雍正皇帝，是一個有著複雜歷史地位的帝王。他在位期間，大力整頓吏治，治理貪污腐敗，官場為之一清；推行攤丁入畝，減輕了人民的負擔；創立軍機處，進一步將權力集中到皇帝手中。他在位短短的13年所做出的改革，比父親康熙所做出的改革還要多，可說是一個改革型的皇帝。儘管他統治嚴酷，猜忌多疑，刻薄寡恩，但若沒有雍正的整飭，清朝恐怕要早幾十年衰亡。然而，他一生中最大的爭議莫過於他繼承皇位的合法性了。有這一點引發的猜測實在太多，清西陵就是其中之一。

眾所周知，清朝皇族很早就在關外有了永陵、福陵和昭陵，入主關內後，順治的孝陵、康熙的景陵都處在今天遵化一帶的清東陵，沒想到第三代皇帝雍正卻另外選擇了清西陵的位置——易州永寧山太平峪，遠離父祖之陵。

有些人就從雍正「篡位」說事，認為雍正當時為奪取皇位，不擇手段，心中自然不安，害怕自己無法安寧，故而有此一舉，但這實在說不通。一是雍正帝是否篡改遺詔，謀奪皇位，在學界尚無定論，無法確證。二是倘若雍正真的相信死後的懲罰，即使逃出五百里，甚至一萬里又能如何呢？

其實，雍正另闢陵區主要的原因還是風水。帝王陵墓最講究風水了，為的是江山穩固和子孫安康。也許你會奇怪，難道清東陵一帶自建了孝陵、景陵以後，就沒有福地了嗎？其實，問題主要出在雍正帝自己身上，他對人對己都很苛刻，做事講求完美。試想，一個每天為了朝政只睡不到4個小時的帝王，如何會草草對待自己的陵寢這樣關係到後世的大事呢？

清史明確記載，自雍正即位之初，便派人在孝陵、景陵附近堪選萬年吉地，但沒有找到「十全十美」的福地，他就再派人馬在附近四處尋找，始終沒有找到最完美的，總是有缺憾。經過長時間的選址和數十次占卜，終於在京西易州境內太寧山下發現了這塊「乾坤聚秀之區，陰陽合會之所，龍、穴、砂、石無美不收，形勢理氣，諸吉成備」的雍正滿意的吉地。

由於雍正皇帝在西陵首建泰陵，從而改變了清王朝皇帝的殯葬制度。後來的乾隆認為如自己也隨其父在西陵建陵，就會使已葬於清東陵的聖祖康熙、世祖順治帝受到冷落；如果在東陵建陵，同樣又會使其父雍正皇帝受到冷落。為了解決這個進退兩難的處境，乾隆皇帝定下了「父東子西，父西子東」的建陵規制，被稱之為「昭穆相間的兆葬之制」，從而形成了清東陵、清西陵現有的獨特格局。

知識連結

昭穆之制：昭、穆，是指宗廟中的排列次序，古人認為自始祖以後，父稱為昭，子稱為穆。即始祖之廟居於正中，始祖以下，第一世居左，朝南，稱昭，第二世居右，朝北，稱穆。以下凡奇數後代皆為昭，而偶數後代則皆為穆。以此類推。使得祖宗與子孫後代親疏長幼關係的排列順序變得井井有條，絲毫不亂。《禮記・王制》載，天子有七所宗廟，其中昭廟三座，穆廟三座，加上太祖之廟共七座；諸侯有五所宗廟，其中昭廟兩所，穆廟兩所，加上太祖之廟共五座；大夫有三所宗

一本書讀懂中國歷史謎案

廟，其中昭廟一所，穆廟一所，加上太祖之廟共三座；士只有一廟；庶人無廟。體現了尊卑上下的等級關係。

泰陵石像生從何而來

　　石像生是帝王陵墓前安設的石人、石獸等石刻石雕像的統稱，又稱「翁仲」。石像生的作用，主要是顯示墓主的身分等級地位，並可以驅邪、鎮墓。

　　清代的實錄中告訴人們，清雍正帝的泰陵在修建完工之時是沒有現在的石像生的，因為當時雍正帝認為「需用石工浩繁，頗勞人力」，就諭令不必建設。其出發點可謂良好，但是，這個良苦用心卻沒能最終展現在世人面前，今日的泰陵，石像生分列神道兩旁，它們是石獅、石象、石馬、石雕文臣與武將各一對。這是怎麼回事呢？

　　雍正十三年九月二十一日，也就是雍正死後剛28天，監察御史瑪起元上了一道奏摺給剛即位的乾隆帝，建議為景陵和泰陵（當時泰陵尚未命名）補建石像生。他的理由是：皇帝陵墓前要建石像生是我朝典章制度所要求的，當初泰陵不建造石像生，是因為我朝康熙皇帝的景陵也沒有設立，所以先皇出於至孝之心，也不願增加。但是，樹立石像生可以讓後世永遠瞻仰，我們作為後代子孫應該竭誠按照典章制度的要求來做，這樣才會覺得心中了無遺憾。所以景陵、泰陵都要添設石像生。

　　當時乾隆皇帝對這個建議表示同意，但是，當他下令修造石像生的時候，當年相度大臣高其倬和精通風水的戶部員外郎洪文瀾才說出了泰陵不建石像生的真正原因。原來，泰陵甬道是依照著山川形勢盤旋修造的，倘若設立石像生，就無法按照整體劃一的尺寸來安置，在甬道盤旋的地方，就會發生偏差。這就對泰陵的風水地形產生了不利的影響，而不是典章制度的原因。

但乾隆皇帝並不想就此作罷，就另想出來一個辦法，希望可以拓展原先甬道的規模，使得石像生能夠整齊排列。大臣們到了現場考察後，發現大紅門正在龍蟠虎踞之間，可以保護北面龍氣，吸納南面環抱之水，前朝後拱，實在是天造地設門戶，不便展拓向外。乾隆皇帝也只好作罷。

但後來景陵和泰陵還是建起了五對石像生。究竟是何時補建的，至今未找到文字記載。但是天津大學建築學院教授、著名風水學專家王其亨先生認為，當年大臣們的考察結論是正確的，泰陵原本的布局已經是天工與人巧的完美結合，實在是風水福地，而石像生的設置，無疑是畫蛇添足。

今天，泰陵依舊矗立在永寧山下，而留給人們的，更多的是對於泰陵的風水形勢與清朝國運的思考。

知識連結

清西陵有帝陵四座：泰陵（雍正皇帝）、昌陵（嘉慶皇帝）、慕陵（道光皇帝）、崇陵（光緒皇帝）；后陵三座：泰東陵、昌西陵、慕東陵；妃陵三座。此外，還有懷王陵、公主陵、阿哥陵、王爺陵等共14座，共葬有4個皇帝、9個皇后、56個妃嬪以及王公、公主等76人，構成了一個規模宏大、富麗堂皇的古建築群。

道光帝為盡孝道改葬西陵

道光皇帝，即清宣宗愛新覺羅·旻寧，可謂生不逢時，他當政的時代，正是自命天朝上國的清王朝走向衰落的時代，中國正開始面臨最嚴重的內憂外患：吏治腐敗，武備鬆弛，國庫空虛，民亂不斷，西方列強更以新生產力的優勢，加緊武力侵略，同時鴉片流毒難以治理。道光帝

雖然朝綱獨斷，事必躬親，想有一番作為，無奈已不可能力挽狂瀾，挽救清朝的命運了。他可謂悲劇時代下的悲劇皇帝。

道光皇帝一向「敬天法祖」，但他在個人的身後事上卻有點叛逆。按照自雍正帝以來形成的「昭穆相間的兆葬之制」，他本應在東陵建陵，但他執意要在京西的王佐村營建陵寢。並派出親信大臣文淵閣大學士戴均元、戶部尚書英和帶領風水官員前往看風水。這一反常舉動令人不禁要探問：為什麼？

原來那裏葬著他深愛著的結髮之妻——孝穆皇后。道光帝多次去那裏祭奠自己的亡妻，也非常欣賞那裏的山川形勢，故而有此反常之想法。

大臣們經過實地勘測、相度，發現將王佐村園寢改建成皇帝陵，不僅要擴大占地面積，遷移許多村莊、廟宇、墳墓，而且還要將原來的園寢建築全部拆掉重建，實際上比重新建一座皇帝陵的工程量還要大。

當大臣們稟報這個結果時，道光帝無言以對，只好默不作聲。事後當然還要找另外一幫大臣幫他掩飾一番，擬了一份奏摺，列舉出放棄王佐村的一大堆理由，希望皇帝可以重新考慮。

知識連結

道光帝是一位勤政的皇帝，卻少有作為。他主政的時代，看似波瀾不驚，卻成為中國歷史的分水嶺。他算不上是昏君，但也絕非明主。基本可以用通俗理解的「中庸」來描述了。但他作為鴉片戰爭的頭號當事人，卻不能逃避這個責任。他曾力圖繼承嘉慶帝的遺志，勵精圖治，曾勘定西部邊疆，以重現盛世的輝煌。但是道光的性格疑慮猶豫、反覆無常，加之社會弊端痛入膏肓，其決策成效甚微。他在禁菸時，嚴禁與馳禁猶豫搖擺；他在戰爭時，主戰與主和反覆無常；他在用人時，任賢與任奸功罪倒衡。戰爭失敗後，他更是心灰意冷，得過且過。

節儉皇帝陵墓「節儉」嗎

清代史書對道光皇帝的評價是「勤政圖治，克勤克儉」，他一生崇儉戒奢，向來為人們所稱道。但是，常言道，細節反映出真實。他是否真的節儉，我們可以從他的身後事略見一斑。

首先，他曾廢棄已經完工的東陵內的陵寢，卻另外在清西陵界內重新修建新的陵寢。這是何故？

原來，在工匠建造陵寢的過程中，負責大臣發現由於此處地下水位較淺，地宮出現滲水問題。此時保險的辦法是重新選址，但是這樣就會浪費大筆民脂民膏，而且會觸怒本來就十分苛刻的道光帝。所以，負責大臣決定硬著頭皮幹到底。但是，後來道光帝驗收工程的時候，發現了這個問題，頓時怒火沖天，下令另外選址重建。結果導致了整個陵寢的重建，浪費極大，實在令人髮指。難道他真的是因為對東陵選址失去了信心，才將自己的陵寢修建在西陵的嗎？恐怕這僅僅是藉口。其實，即使重建地宮，或在東陵界內另卜陵址，也要比搬到數百里之遙的西陵重建要節省得多。但是，道光帝為了自己能夠實現「子隨父葬」的夙願，就給人民帶來了沉重的負擔，但他並不知悔。這不能不令人懷疑道光帝平日反覆表白的「恪遵成憲」、「節儉」、「愛惜民力」是否發自內心。

而我們再來看道光帝的陵寢工程，雖然號稱節儉，但是，當時的史料記載，此陵共耗白銀240多萬兩，比建築宏偉、工藝精美的乾隆皇帝裕陵還多花了37萬兩，比窮侈極奢、耗費無度的慈禧太后的定東陵亦多花了30萬兩。那麼，慕陵為何如此浪費？在它貌似儉樸的外觀下，到底隱藏著什麼樣的奢侈？

例如慕陵雖減裁掉三座門，但是其門卻改變以往的磚瓦木石結構，改用巨石構成一處3間4柱3樓的牌坊。牌坊上的瓦壟、吻獸、斗拱、椽飛、梁枋均以青白石料精心雕琢而成，這項工程要求工藝精湛，花費不

知多了多少倍。

又如墓中的木架構件均為名貴的金絲楠木。歷代帝王對楠木建築青睞有加，不僅因為楠木具有良好的防蛀功能，而且時時發出清香，醉人肺腑。但由於多年採伐，到了明清時楠木已是十分珍貴稀少，故多數殿宇只是在一些重要部位用金絲楠木。例如雍正泰陵的隆恩殿，只有門窗、欂柱用金絲楠木，其他各處多以他木代替。而慕陵就連柱子、梁枋等全是獨根楠木，這不能不令人驚異，節儉皇帝原來還有這樣的「新特色」。

知識連結

一般說來，按清朝的陵寢制度，皇帝陵的陵名都是要在墓主人死後，由嗣皇帝確定。可是道光皇帝的慕陵卻是道光皇帝自己定的，這究竟是怎麼回事呢？

道光皇帝在西陵陵寢竣工後，在親祭奠酒的時候，不覺感慨萬千，揮淚如雨，一揮而就寫下了「其幕與慕也」的諭旨。擲筆於案，道光帝喚過18歲的四皇子奕詝和六皇子奕訢，命他兩人恭讀。讀罷，命人將朱諭珍藏在隆恩殿的東暖閣內。此事過後不到兩年，道光帝撒手西歸。遵詔即位的咸豐皇帝奕詝，重讀道光帝的遺詔，特別是見到其中「其幕與慕也」一句，思想前番情景，遂猛然醒悟，原來皇父是在暗示將來要用慕字命陵名。於是就頒諭，正式命名龍泉峪陵寢為「慕陵」。

西太后為何葬在了東邊

她年方豆蔻就走進後宮，經歷了無數政治風雨的磨練，終於奪取了清朝第一權力，在此後的半個世紀中左右著中國的命運。如此一位歷史人物，留給後人的一定是無數難解的謎團……

同治五年，咸豐帝的定陵完工。按照清制，他的兩位皇后慈安、慈禧的陵墓只可在定陵附近選址，並只能建一座皇后陵。但是，這兩位太后，一為東太后，一為西太后，本來按照中國傳統的是，東為大，西為小，所以，東太后慈安應該葬在東邊，西太后慈禧本應葬在西邊，可是，如今呈現在我們面前的，卻是東太后慈安葬在了西邊，而西太后慈禧卻葬在了東邊，這到底是為什麼呢？

由於慈禧太后生前的飛揚跋扈和權勢之大，人們普遍認為是西太后見東邊的陵園風水又好，陵園建得也豪華，就想占為己有。她巧布棋局，絞盡腦汁，設計害死慈安，在最高權力的位置上硬是將慈安太后葬入了西邊的陵，把東邊的陵園留給了自己。

但事實真的是這樣的嗎？根據專家的說法，這種現象的產生與中國古代兆葬制度密切相關。在清代，同一宗支的墓葬中，葬地位置與主位的遠近，體現了親疏尊卑的差別。凡較親較尊者，其葬位距主位越近，反之則較遠。根據史料記載，慈安是咸豐帝生前名副其實的中宮皇后，而慈禧則僅為一貴妃，比皇后低了兩級。同治皇帝繼位後，尊慈安為皇太后，那是名正言順，天經地義的事。而慈禧同被尊為皇太后，是母以子貴的原因。無論地位、資歷，還是名望，慈禧都要遜慈安一籌。

東太后慈安陵雖處定東陵的西邊，但它緊挨位於西邊的咸豐帝的定陵，而西太后慈禧陵雖然建在東邊，但它與咸豐帝的定陵卻要相對遠一些。由此可見，西太后慈禧的陵址明顯低於東太后慈安。

所以，我們分析事物，不能被表面現象所迷惑，因為，很多表面現象有太多的巧合。

知識連結

1861年10月4日，清廷正式頒定東西兩太后徽號分別為「慈安皇太后」、「慈禧皇太后」。慈禧與慈安的關係，以咸豐帝去世為分界線，大致可以分為兩個階段：第一個階段，從咸豐二年至咸豐十一年。在這

一階段裏由於兩人宮中位階差異太大，似乎無法構成恩怨。第二個階段，從咸豐十一年咸豐帝死至光緒七年慈安去世。在這一階段裏雖然兩宮垂簾，但慈安優於德，慈禧優於才，似乎也不構成對彼此的威脅。然而，其中發生的兩件事情卻令慈禧耿耿於懷，一件是慈安命令山東巡撫丁寶楨殺掉慈禧寵侍安德海，另一件是慈安與同治帝違背慈禧選后懿旨，一致堅持選慈禧並不看好的阿魯特氏為皇后，這兩件事情是兩位皇太后恩怨的源頭。

慈禧陵中隨葬了多少寶貝

　　自清順治皇帝開始，先後有5位皇帝葬在清東陵，此地宛若虎踞龍盤、充滿王者之氣。這個滿清一代的皇家禁地，隨著清王朝的覆滅而不再神祕，偏又遭逢亂世，自然屢受劫難。清朝的慈禧太后垂簾聽政五十年，不僅給中國近代史帶來了深刻的影響，也留下了一串罵名：專橫跋扈、玩弄權術、殘暴、奢靡，尤其是她利用至高無上的權力，營建起了她豪華奢侈的地下王國，其中有多少寶藏，更經過民間傳說越說越玄……所謂樹大招風，慈禧陵自然是廣大盜墓者日思夜想的寶地。

　　那麼，慈禧陵中究竟埋藏了什麼樣的絕版寶藏呢？晚清大太監李蓮英口述的《愛月軒筆記》，詳細記載了慈禧地宮中陪葬的眾多無價之寶，僅是慈禧棺槨內的珍寶，價值就有5000萬兩白銀，堪稱世界之最。此外，清朝極盛時期的乾隆堪稱最富有的皇帝。他的陵寢修建得富麗堂皇，殉葬品也一定極盡奢華。例如，在棺底鋪的一層金絲鑲珠寶的錦褥，上鑲有大小珍珠12604顆，紅光寶石85顆，白玉203塊；錦褥上的絲褥，上鋪圓珠2400顆；在上面還有一條串珠薄褥，上有珠1300顆。此一層共有一尺厚。而慈禧所穿的金絲串珠彩繡袍褂，上有珍珠5920顆，寶石1135塊；頭戴的鳳冠鑲嵌著一顆重達四兩的寶珠，價值白銀1000萬

兩；口含夜明珠，此珠夜間百步之內可照見頭髮……凡此種種，實在令人瞠目結舌！

這還只是她的隨身物品，而陵寢中的其他隨葬品更是不計其數：例如一枝玉製蓮花，三節白玉石藕上，有天然的灰色泥汙，節處生出綠荷葉，開出粉紅色蓮花；一棵玉雕紅珊蝴樹，上繞青根綠葉紅果的蟠桃一支，樹頂停落一隻翠鳥，構思奇巧，匠心獨運。還有玉石駿馬八尊，玉石十八羅漢等寶物共700多件。可見，陵寢中埋藏的不僅僅是天然的寶物，還有當時無數傑出工匠匠心獨運、構思精巧而製作出的珍貴工藝品，這些珍寶不知蘊含了多少人民的血淚和智慧，卻被一個殘暴無道的最高權力者帶進了自己的墳墓，其浪費程度令人髮指！

1928年7月，當時的國民革命軍第六軍團第12軍軍長孫殿英率部駐紮在清東陵附近。這位曾經是土匪的孫殿英，就趁此機會以「剿匪」名義，名正言順地開進陵區，所有殉葬寶物很快被一搶而空，其後果簡直難以想像。當時孫殿英為了避免上級的調查，就將部分東陵寶藏用來行賄，因此得以逍遙法外。

至於這批財寶最後流向了哪裡？恐怕誰也沒法說清了。

知識連結

當年孫殿英在東陵放手大搶，成為臭名昭著的東陵大盜，那麼，他搶奪的東陵珍寶都流向了哪裡呢？據史實記載，孫殿英為了避免自己被上司調查，就先不惜血本向相關人員行賄，用的都是東陵的珍寶，尤其是他的頂頭上司徐源泉。後來，徐源泉在武漢建成徐公館，極盡奢華之能事。於是，後人就懷疑徐源泉是將寶藏埋在了自家公館的地下密室。據徐氏家族當年的親戚和僕人回憶，徐公館富麗堂皇，地道裏盡是值錢的寶貝。但是，許多人試圖找到密室，也沒能成功。還有人懷疑從徐公館建成到1949年徐源泉離開大陸期間，他可能已將寶藏移往它處了。

第三章

王朝更迭的政治謎團

　　越王勾踐臥薪嚐膽是今人的誤解？項羽到底有沒有火燒阿房宮？武則天陵墓前的無字碑是怎麼回事？明朝三寶太監鄭和為什麼要七下西洋？明朝的皇帝為什麼會沉迷於自己的興趣而不顧國事？吳三桂到底有沒有投降清朝統治者？曾國藩是否有機會取代滿清而自己稱帝……

　　每個政治謎團的背後，總是關係著一個王朝的興衰和氣運。古往今來，多少王朝的興盛與衰亡，給今天的人們留下的不僅僅是一個個謎團，其成敗得失，興衰起伏，更留下了極其深刻而沉痛的教訓，發人深省……

勾踐臥薪嚐膽有無其事

越王勾踐臥薪嚐膽的故事，可謂盡人皆知。傳說春秋時期越王勾踐被吳王夫差打敗後，為了不忘恥辱，立志復仇，他在屋頂上面吊了一個苦膽，無論是出是進、是坐是站，就連吃飯睡覺，也要嘗一嘗苦膽之味，他還睡在硬柴堆砌的「床」上，以此鍛煉自己的筋骨。最終，越國打敗了吳國。後來，「臥薪嚐膽」演變成了一句成語。

但勾踐是否真的採用過臥薪嚐膽的方法來激勵自己呢？《左傳》和《國語》成書年代較早，記載的史實也較為可信，但兩本書均沒有記載越王勾踐臥薪嚐膽的行為。

在《史記》中的《越王勾踐世家》裏，司馬遷也只說勾踐嘗膽而未提臥薪。東漢時期，袁康、吳平所作《越絕書》中臥薪、嘗膽都未提及；趙曄作《吳越春秋》則說勾踐嘗膽，並睡「蓼」這種苦菜鋪成的床，也不是說勾踐臥薪。

有人考證，在北宋蘇軾所寫的〈擬孫權答曹操書〉中，「臥薪嚐膽」首次被作為一個成語來使用。信中的內容與勾踐無關，而是設想孫權在三國平分天下時曾「坐薪嘗膽」。南宋呂祖謙在《左氏傳說》中曾經談到「坐薪嘗膽」的事情，但說的卻是吳王。

後來，南宋的真德秀在〈戊辰四月上殿奏札〉、黃震在《古今紀要》和《黃氏日抄》兩書中，才將臥薪嚐膽說成是勾踐的事。直到現在，越王勾踐臥薪嚐膽的故事，才廣為流傳。但其真實性卻需要考證。

知識連結

越王勾踐，春秋末越國國君，西元前49～前465年在位。西元前495年，吳王夫差攻破越都，勾踐被迫屈膝投降。並隨夫差至吳國，臣事吳

王，後被赦歸返國。勾踐自戰敗以後，時刻不忘會稽之恥，日日忍辱負重，不斷等待時機。他重用范蠡、文種等賢人，經過「十年生聚又十年教訓」，使越之國力漸漸恢復起來。可是吳對此卻毫不警惕。西元前482年，吳王夫差為參加黃池之會，盡率精銳而出，僅使太子和老弱守國。越王勾踐遂乘虛而入，大敗吳師，殺吳太子。夫差倉促與晉定盟而返，連戰不利，不得已而與越議和。西元前473年，越王勾踐平吳，北上渡淮，成為春秋時期最後一個霸主。

子嬰是秦始皇的弟弟嗎

雄才大略的秦始皇去世後，宦官趙高發動宮廷政變，除去將軍蒙恬、太子扶蘇，立秦始皇少子胡亥為帝。但是秦二世更加殘暴無道，引發了百姓的不滿，進而爆發了陳勝、吳廣農民起義。三年後，項羽率領起義大軍消滅了秦軍主力，劉邦率領起義大軍直搗秦都咸陽。趙高見情勢危機，又發動宮廷政變，殺死秦二世，立子嬰為秦王。後來，子嬰和自己的兩個兒子也發動了宮廷政變，殺死趙高，向劉邦投降。等到項羽再次進入咸陽時，他將子嬰殺死，秦朝正式宣告滅亡。

根據史料明確記載，扶蘇是秦始皇的太子，而胡亥則是秦始皇的少子，這沒有問題，但是，這個子嬰呢？

有人認為，子嬰是秦始皇的孫子，扶蘇的兒子，胡亥的侄子。還有人猜測子嬰是秦始皇的兒子，扶蘇的弟弟，胡亥的哥哥。也有人提出，子嬰是秦始皇的弟弟，扶蘇、胡亥的叔叔。而這些說法都在《史記》有章可查，看來司馬遷也不知道真相如何，結果引起後人很大的爭議。

秦始皇去世時，年50歲。他23歲「即位」，按照秦國的制度，國王在正式加冕後，才能娶妻生子。如此推算，秦始皇去世時，長子也只有27歲。那麼孫子也只有四、五歲，孫子哪裡還有自己的孩子呢？就算

將秦始皇的婚齡提前到16歲，那麼，他去世時，長子34歲，孫子17歲，而曾孫只有一歲。試問，一歲的嬰兒，怎麼可能和父親子嬰一起謀殺趙高？

那麼，子嬰是不是秦始皇的兒子，扶蘇的弟弟，胡亥的哥哥呢？趙高發動第一次宮廷政變時，除了太子扶蘇被殺、胡亥被立為秦二世之外，秦始皇的十幾位皇子全部被趙高殺害，如果子嬰確實是秦始皇的兒子，他怎麼可能放過子嬰這個威脅皇位的人呢？所以。子嬰不可能是秦始皇的兒子，扶蘇的弟弟，胡亥的哥哥！

那麼，有沒有可能子嬰是秦始皇的弟弟呢？趙高在第一次宮廷政變中，首先要除去的，就是秦始皇的直系血統，他們是合法的皇位繼承人。子嬰是秦始皇的弟弟，即位的可能性不大，暫時還不會對趙高構成威脅。如果子嬰是秦始皇的弟弟，那麼當時有40多歲了。作為40多歲的人，他的兒子至少有十多歲了，能夠和父親謀劃政變，殺死趙高，這似乎比較符合事實。

所以，秦王子嬰不是秦始皇的孫子、兒子，而是秦始皇的弟弟的可能性非常大。

知識連結

秦始皇的帝王之業，是在殘酷剝削壓迫人民的條件下，在短短的十幾年中完成的，這使秦的統治具有急政暴虐的特徵。秦始皇東征西討的霸業需要一支龐大的軍隊來維繼，而他的政權又需要一個龐大的官僚機構來進行統治。多次的大規模戰爭，大大增加了對人民的徵斂，當時全國的人口約為1000多萬，而服兵役的人就超過了200萬，占壯年男子的三分之一以上。這一系列政令使人民負擔沉重苦不堪言，故而民心喪失，大大動搖了秦的統治。在陳勝、吳廣起義，項羽、劉邦以及各路起義軍的打擊下，秦朝很快滅亡。

項羽為何不肯過江東

秦末農民起義軍的領袖項羽，本是一位軍事奇才和絕代猛將，但卻為人剛愎自用，獨斷專行，在與劉邦的楚漢相爭中落敗，被圍垓下，直至全軍覆沒，只帶十餘騎逃至烏江。但是，項羽為何不渡烏江，反而自刎身亡呢？

《史記》載，項王笑曰：「天之亡我，我以何渡為！且籍與江東子弟八千人渡江而西，今天一人還，縱江東父兄憐而王我，我何面目見之？縱彼不言，籍獨不愧於心乎？」既而「子弟散」，於是項羽自刎。

無顏再見江東父老，歷來被大家認為是項羽自刎的原因，但也有人提出了不同的看法。

他們認為，固陵戰敗後，項羽連連敗退，退到垓下，垓下突圍又逃往東南，一路狂奔，渡淮之後從騎僅百餘人，至陰陵又迷了路，問一農夫，結果被騙，身陷天澤，被漢軍追上。在如此糟糕的境地，他都沒有自殺。

渡淮後，他反而在東城將僅剩的二十八騎聚集起來再與漢軍廝殺，又亡兩騎，這時候項羽仍欲「東渡烏江」，至烏江邊上才羞愧自殺，其羞愧之心來得太突然，也不合情理，很可能是司馬遷為使情節完整而下筆渲染的。

也有人認為，項羽不渡烏江是為天下蒼生著想，他認為「楚漢久相持未決」，「丁壯苦軍旅，老弱罷轉漕」，「天下匈匈長歲者，徒以吾兩人耳，願與漢王挑戰決雌雄，毋徒苦天下之民父子為也」。說明他早有結束戰爭的想法，垓下被圍，失敗逃走，項羽只有犧牲自己以結束數年的殘殺。

「生當作人傑，死亦為鬼雄。至今思項羽，不肯過江東。」兩千多年來，文人騷客，均對項羽不渡江給予極大的關注，但事實如何，至今仍未有定論。

項羽不能過江的說法，遭到了部分學者的質疑。根據《太平寰宇記》等資料記載，兩漢時期的東城縣，是江淮之間的一個轄境廣闊的大縣。從現在定遠東南的池河上中游地區，越過江淮分水嶺，包括今滁縣西南境、肥東東境、全椒西南境，直到今和縣烏江的沿江一帶，直到晉太康六年東城縣界才設置單獨的烏江縣。章學誠在《和州志補沿革》就曾指出：「秦為九江郡之歷陽及東城烏江亭地……晉太康元年屬淮郡，其歷陽及東城烏江亭地如故。」這也就是說，在楚漢戰爭時期，東城是一個範圍廣闊的行政區域，烏江是包括在東城縣內的，因此司馬遷所說的「身死東城」與「烏江自刎」並不矛盾。

韓非因何遭到殺害

韓非是戰國時期韓國貴族，法家的創始人。戰國後期韓國弱小不能抵擋強敵，韓非多次上書韓王，意見始終未被採納。他退而纂寫《孤憤》、《五蠹》等著作，後集成《韓非子》一書。韓非的著作流傳到秦國被秦王嬴政所賞識。得秦王召見躋身秦國朝政之列，後被投入監獄，被迫自殺身亡。

韓非為何被殺？不少人認為是李斯出於嫉妒陷害所致。《史記》記載，李斯和韓非同為荀子的學生，韓非雖口吃卻史章出眾，是李斯所不能及的。到秦國後，韓非逐漸得到秦王的重視，李斯心懷不滿，陷害韓非，韓非最終死於獄中。然而，李斯的嫉妒卻不見得是韓非被殺的唯一原因。李斯在秦國雖然得到信任與重用，但真正對韓非掌生殺大權的還是上位者嬴政。就像後世的岳飛，人們唾棄秦檜以「莫須有」的罪名陷害忠良，卻不知道秦檜也只是一個辦事的工具，真正的主謀卻是皇位上的宋高宗趙構。秦王為人「少思而虎狼心」，不輕易信任別人。就算是

他賞識韓非的政見，也不見得就會真正信任並重用這個韓國的公子。史上就有秦王懷疑人將自己說過的話洩露出去而把身邊的人全部殺掉的記載。韓非作為韓王的使者來到秦國，是持著保全韓國的目的的。之前韓國水工鄭國來到秦國修建水渠以謀弱秦卻沒有達到目的，韓非當然知道這是苟延殘喘但也無可奈何。韓非在秦國的地位一直是比較尷尬的，據《戰國策‧秦策》記載，姚賈曾自願出國，制止了楚、燕、趙等國想聯合起來對付秦國的行為，得到重賞。韓非批評姚賈「以王之權，國之宜，外自交於諸侯」，並且認為姚賈是「梁之大盜，趙之逐臣」，認為重賞這種人是不利於「厲群臣」的。韓非的言行逐漸引起秦王的不滿，慢慢被疏遠，最終存殺意，讓韓非下獄。如果秦王不想殺韓非，李斯應該是不大敢動韓非的。然而在韓非死後，《史記》中記載秦王雖然有些後悔，卻沒有為韓非平反，也沒有懲罰李斯。韓非被殺，背後真正的主謀還是秦王。

知識連結

李斯是戰國時期楚國人，年輕時為文書小吏，很不得志。一次看見廁所裏的老鼠每日膽戰心驚，只為偷到一點東西吃；而糧倉裏的老鼠，整日吃得肥頭大耳，看見人來也不躲避，而有感悟，立志發憤後到秦國做官，適逢秦王驅趕六國的食客，李斯便以一篇〈諫逐客書〉讓秦王收回原意。秦始皇後期，勾結宦官趙高在皇位繼承人上做手腳，事成後身居高位，秦二世在位期間與趙高衝突日高，被賜死。死前對兒子感嘆「吾欲與若復牽黃犬俱出上蔡東門逐狡兔，豈可得乎！」後人為其賦詩曰：「上蔡東門狡兔肥，李斯何事忘南歸？功成不解謀身退，直待咸陽血染衣。」

韓信究竟因何被殺

韓信是西漢王朝的開國功臣，著名的軍事家，與張良、蕭何並稱為漢初三傑。但是這位大功臣卻於漢高祖十一年（西元前196年）正月，被殺於長樂宮中，甚至被夷三族。是什麼原因導致韓信人頭落地的呢？

一種觀點認為韓信是因謀反被殺的。韓信由於戰功顯赫，在楚漢戰爭中曾逼劉邦封其為齊王，暴露了野心；楚漢戰爭結束後，韓信被封為楚王，後被封為淮陰侯，於是韓信心生不滿。

西元前197年，邊將陳豨叛亂，韓信乘機派人與陳豨約定在長安裏應外合。正在這時，他的陰謀被人告發。於是，蕭何與呂后設計捕殺了韓信，消除了分裂的危險。

另一種觀點則認為，韓信被殺是因為劉邦為鞏固劉氏天下而枉殺功臣，說韓信企圖謀反完全是藉口，是誣陷。持這種觀點的人指出，韓信無意背叛劉漢王朝，說韓信、陳豨勾結，實是呂后枉殺功臣的一種藉口。

知識連結

有學者分析了漢初全部異姓諸侯王，根據他們最終的命運，把他們分為了三類：一類是與韓信一樣，並沒有謀反，也無他罪，卻遭以「謀反」藉口而被殺貶者，如梁王彭越、趙王張敖；另一類是由於劉邦的懷疑、逼迫最終走上反叛道路的，如淮南王英布、燕王盧綰；再一類是免於殺戮的，如勢力最小的吳芮。

司馬遷為何遭遇宮刑

司馬遷是中國歷史上著名的史學家和文學家。他出身於一個官宦之

家，從小飽讀詩書，滿腹珠璣，撰寫了名揚千古的《史記》。就是如此才華橫溢的人，卻被漢武帝處以了宮刑。漢武帝身為一代明君，他為何如此不愛惜人才？

　　歷史的問題，應當回到歷史中回答。漢武帝麾下有一員愛將，名叫李陵。在一次出兵征伐匈奴時，漢武帝命李陵負責押運糧草。李陵向漢武帝建議說：「不如讓末將率兵五千，深入敵軍腹地，打他一個措手不及，讓敵軍心神大亂之後，再命我主力圍而殲之，定能大捷。」漢武帝大喜，同意了李陵的計策。李陵率5000步卒在浚稽山一帶與匈奴的主力交兵，李陵的奇兵勇猛無畏，把3萬匈奴騎兵殺得四處逃竄。然而，關鍵時候，李陵的一個部下被俘，供出了李陵僅有5000兵馬的實情，單于得知後，調動了8萬兵馬圍住了李陵。李陵在彈盡糧絕之際，被單于俘獲並投降。

　　漢武帝得知李陵已被單于俘降後，龍顏大怒，當即庭議李陵之罪，眾大臣也見風使舵，落井下石，紛紛數落李陵平日的不良行為。時任太史令的司馬遷為人耿介不阿，見大臣們如此落井下石，心中很是不忿，就立刻替李陵辯護，語驚四座。司馬遷的話中肯公允，有理有據，但盛怒中的漢武帝不僅不採納司馬遷的諫言，而且以蠱惑無妄之罪名，將司馬遷押入了大牢，被處以宮刑。

　　司馬遷在經歷了痛不欲生的宮刑之後，繼續以堅忍不拔的意志創作《史記》，立志「究天人之際，通古今之變，成一家之言」，對後世產生了巨大的影響。

知識連結

　　《史記》是中國西漢時期的歷史學家司馬遷撰寫的史學名著，是中國第一部紀傳體通史，與後來的《漢書》、《後漢書》、《三國志》合稱「前四史」。它記載了上自中國上古傳說中的黃帝時代，下至漢武帝元狩元年（西元前122年）的歷史。《史記》全書包括12本紀、30世家、

70列傳、10表、8書，共130篇，526500餘字。《史記》對後世史學和文學的發展都產生了深遠影響，被魯迅譽為「史家之絕唱，無韻之《離騷》」。

「史記」本來是古代史書的通稱，《史記》最初沒有固定書名，或稱「太史公書」，或稱「太史公記」，也省稱「太史公」。從三國時期開始，「史記」由史書的通稱逐漸成為「太史公書」的專稱。

李廣為何一生沒能封侯

「馮唐易老，李廣難封。」滾滾歷史長河，多少英雄豪傑命運沉浮，儘管才能卓著，卻淒慘餘生，令人嘆息。李廣就是其中的典型代表，一生功績無數卻未能封侯。

李廣出身於名將之後，一生從軍。歷經文、景、武三世，長期守衛漢朝北方邊境，與匈奴開展了大小70餘場戰役。終其一生功勳顯著，多次以少敵多，極大地保障了國家邊防安全。李廣之才亦當世卓絕，其神射之術，箭可透石；其治軍之法，亦有獨到之處。故李廣名聲極盛，名聞天下，被敵人稱為「漢之飛將軍」，聞其名不敢近邊塞。但就是這樣一位優秀的將軍，終生努力，卻沒能封侯，這是何故？命耶？時耶？

首先，漢朝的封賞制度是造成李廣未能封侯的根本因素。西漢的封賞依據從表面來看是「論功行賞」，然而，封賞只是皇帝的統治工具，是個人喜好的產物，例如在西漢，外戚多被封侯，難道他們有功勞於國家嗎？同時，封賞也變成一種政治手段，常常成為調整政治利益集團鬥爭的工具。在這種不合理的封賞制度下，李廣的功績也不能扭轉他淒慘的結局。

其次，李廣未能封侯的主要原因，在於他私自接受了梁王的將軍印。可以這樣說，接受梁王的將軍印，是李廣一生中犯的最大錯誤，給

他的一生帶來了深遠的影響。梁孝王劉武與漢景帝在立儲問題上衝突重重，積怨極深。李廣接受梁孝王將軍印，使漢景帝對他防範重重，李廣就這樣被捲入了漢朝的宮廷鬥爭，為他的悲慘遭遇埋下了伏筆。

漢武帝的偏心與絕情更是直接逼死了李廣。在武帝時期，李廣5次出征，數次以少敵多，但只看結果的漢武帝仍然嚴厲處罰他。西元前119年，衛青、霍去病大征匈奴，李廣隨軍出征，卻不幸被調離前鋒，結果李廣與左將軍迷途失期，最後李廣為了尊嚴，自殺而死。衛青為何要將李廣調離前部呢？原來，這是漢武帝的安排，他希望其他人能夠封侯，這樣，李廣終於被逼上絕路，使他不得不用死來捍衛尊嚴。

一句「李廣難封」，引發多少嘆息與深思。李廣未能封侯，是他不容於那個專制的時代，被皇帝所排斥、壓制的直接體現，直至他死亡，也仍未放棄默默奮鬥與無言抗爭。李廣的遭遇，正揭露了專制制度的可怕。

知識連結

漢代實行兩種封爵制度，一種是將宗室封為王、侯兩等，一種是對功臣的封爵，它襲用了秦朝的20等爵制，以後各代基本按秦制，只稍有改變。如曹魏時將封爵分為王、公、侯、伯、子、男、縣侯、鄉侯、亭侯、關內侯等。元代，凡是宗室、駙馬通稱諸王。明代以皇子為親王，親王之子為郡王。文武官員的封爵是公、侯、伯三級，各加地名為封號，但只有歲祿而無實際的封邑。清代宗室封爵為10等，按宗親世系分別授予，宗室凡年滿20歲均可具名題請。另外，封爵制度對皇室女眷如皇帝的妃嬪、女兒、姐妹、姑母，以至功臣的母親、妻子等，也授予封號。

曹操為何至死都不肯稱帝

「治世之能臣，亂世之奸雄」是與曹操同時期的許劭形容他的一句話，客觀地展現出了曹操在當時的複雜地位和複雜性格。西元196年，曹操將漢獻帝變成自己手中的傀儡，開始運用「挾天子以令諸侯」的高超手段把持政權。他將天子作為自己最重要的一張王牌，先後打敗了袁紹、呂布，統一了黃河流域。他一生經歷了刀光劍影，征戰殺戮，不管是在官場還是在戰場上都是一把老手。這樣一位官拜丞相並被封為魏王的梟雄，為何始終奉行著「挾天子」的方針而不取而代之自封稱帝呢？

還記得曹操在〈述志令〉中曾經婉轉地表達過這樣一個觀點，他說：「齊桓、晉文所以垂稱至今日者，以其兵勢廣大，猶能奉事周室也。」意思是，齊桓公、晉文公之所以能夠稱霸一時且名垂千古，是因為他們仍然以周王朝為尊，而不曾僭越。將這個道理用在曹操的身上，他遲遲不肯稱帝的原因也就顯而易見了。「挾天子以令諸侯」的手段使得曹操在各方爭鬥中始終站在正義而有絕對優勢的一方，他可以以朝廷的名義對外征戰、他可以以天子的名義興師問罪，這些好處是董卓他們根本做不到，甚至是夢寐以求的。

東漢末年王室衰微，各方力量紛紛起來拚出自己的一片天地，但所謂的倫理綱常實際上還是深深影響著這些英雄們的。例如何進、董卓等人把持政權後都沒有膽量稱帝，而曹操這樣的人又怎麼可能貿然行動，背上漢賊的惡名呢？不得不說，曹操選擇不稱帝，也是出於保全名聲、遠離罵名的考慮。

從當時的戰爭形勢來看，稱帝也不是一個絕佳的選擇。曹操雖然控制著漢王室，但他的勢力範圍僅僅局限在北方地區，南方還盤踞著孫權、劉備兩股強大的力量。一旦曹操稱帝，南方必然要合起而攻之，各地也會群起而討伐，到了那個時候，曹操不管是在軍事上、政治上還是道德上都要處於被動地位了。

作為漢末的一位霸主，曹操自然看得透徹明白。既然已經擁有了如此眾多的權力、既然已經可以利用這些便利條件展開統一全國的攻勢，既然已經能夠一展抱負。那麼即使沒有這個皇帝的名號，又有何妨呢？

知識連結

曹操不肯稱帝，卻一直在以丞相的身分做皇帝的事，既掌握了權力，又保住了名聲，可謂一箭雙雕。曹操曾有這樣的一句話：「若天命在吾，吾為用文王矣！」看來他沒有稱帝，也是在把稱帝的使命留給自己的兒子來完成。他的一步步策略，都為自己的兒子稱帝奠定了堅實的基礎，做好了充足的準備。終於在西元220年，曹操之子曹丕逼漢獻帝禪讓，自己登上了王位，建立了魏國，拉開了三國鼎立的序幕。

劉備「三顧茅廬」是真是假

「三顧茅廬」的故事可謂家喻戶曉，說的是劉備為請諸葛亮出山，曾經三次去諸葛亮居住的茅廬相請，最終請得諸葛亮誠心輔佐劉備。但是，究竟有沒有「三顧茅廬」這回事呢，學術界說法不一。

《三國演義》中對於「三顧茅廬」的故事有繪聲繪色的描述，但《三國演義》畢竟是根據陳壽《三國志》的記載，加以藝術構思而創作的，其真實性本就不高。不過，在諸葛亮自己所寫的〈出師表〉中有這樣一句話：「臣本布衣，躬耕於南陽。先帝不以臣卑鄙，猥自枉屈，三顧臣於草廬之中，咨臣以當世之事。」「三顧茅廬」，根據諸葛亮的敘述，似乎確有其事。

不過也有人認為沒有「三顧茅廬」這回事，諸葛亮是「自請相見」。他們認為，諸葛亮是位胸有宏圖之士，劉備請他出山，當然正合其意，他豈能大擺架子。

而且，諸葛亮當時27歲，與劉備的身分、地位相差懸殊，劉備不可能屈尊去拜訪他。證據就是三國時期的魚豢在《魏略》中說，劉備屯兵樊城時，曹操已統一黃河以北，荊州劉表性情懦弱，不曉軍事，難以抵抗。軍事危急，諸葛亮於是主動去見劉備，陳述大計。而劉備一開始對諸葛亮很輕慢，後來因見他見識卓越，才改變態度，對他尊重起來。西晉司馬彪《九州春秋》的記載也大同小異。

同時，也有人提出，諸葛亮「自請相見」和「三顧茅廬」都是真實的，只不過時間不一樣而已。建安十二年，諸葛亮初見劉備，劉備並沒特別器重他，至建安十三年，徐庶舉薦時，劉備才親自「三顧茅廬」相請諸葛亮。

知識連結

劉備對諸葛亮非常信賴，從三顧茅廬開始，到白帝城託孤，劉備始終像對待自己的老師一樣尊重諸葛亮。劉備之於諸葛亮的誠意，絕不亞於當年周文王之於姜子牙。劉備在白帝城託孤的時候，儘管已經生命垂危，卻特意提到了一個名叫馬謖的年輕人。他對諸葛亮說：「此人言過其實，不可大用，請你千萬要小心啊。」六年後，正是這個喜歡誇誇其談的馬謖，因為大意失街亭，使得諸葛亮兵出祁山、北伐中原的戰略計畫遭到挫敗。

晉武帝為何傳位於傻太子

晉武帝，即西晉開國皇帝司馬炎，其一生縱橫沙場，果敢英武，不能不稱之為一代梟雄。但就是這樣一個英明神武的皇帝，居然將自己辛苦打下來的江山給一個傻兒子繼承，致使西晉成了歷史上的一個短命王朝。晉武帝為什麼要這麼做？

史載，司馬炎共有26個兒子，其中不乏聰慧之輩，但長子司馬軌不幸夭折，因此次子司馬衷成了事實上的長子。按傳統的繼承人法則，司馬衷要被立為太子，而司馬衷卻是個白癡，不諳世事。

司馬衷最出名的故事是，他的師傅告訴他，天下的百姓都沒有糧食吃，司馬衷聽了這話後覺得非常奇怪，說道：「他們既然沒有糧食吃，為什麼不吃肉粥呢？」

有人認為，司馬衷之所以被立為太子，是因為楊皇后堅決反對更易太子，她認為司馬衷雖不聰明，但卻忠厚純良，好生教導，會有長進的。武帝相信了楊皇后，於是最終沒有更易太子。

還有一種說法是，司馬衷雖然愚魯，但他的兒子，也就是司馬炎的孫子卻非常聰明，深受司馬炎的喜愛，司馬炎傳位於司馬衷，其本意是想讓他聰明的孫子日後能繼承皇位。

不過，司馬衷即位後不久，就發生了「八王之亂」，司馬衷及其子相繼被害。後來，前漢劉淵攻入長安，西晉滅亡，司馬炎的美好願望也隨之落空。

知識連結

晉武帝沒有更換太子除了個人的優柔寡斷以及皇后的奮力阻撓，其實還有一個更為重要的原因。司馬衷雖然是個弱智，但他的兒子司馬遹卻自幼聰明伶俐，討人喜歡，晉武帝十分喜愛他。甚至評價他說：「此兒當興我家。」這樣一來，武帝為了使日後的司馬遹登上皇位，也就只能先讓司馬衷坐穩皇太子之位了。由此看來，司馬衷的皇位，還是拜自己的兒子所賜呢。

劉禪真的是扶不起的「阿斗」嗎

劉禪是三國時期劉備的兒子，小名「阿斗」，西元223年劉備病逝後劉禪繼承事業成為了蜀國的皇帝。劉禪剛登王位的時候，尚有諸葛亮等人的盡心輔佐，但在諸葛亮等人相繼辭世後，蜀國也漸趨衰落。後來，魏軍攻入蜀國，劉禪很快選擇了投降，被俘虜到洛陽，沉迷於聲樂，給後人留下了一個「樂不思蜀」的笑談。

劉禪留給後人的印象，一直是一位既沒有政治能力，又沒心沒肺的昏君，甚至還有人稱他為「扶不起的阿斗」。可是要知道，劉禪在位41年，可以算是三國時期在位時間最長的一個皇帝了。況且諸葛亮死後，劉禪仍堅守寶座長達29年，如果劉禪真的是位庸人，又怎麼可能將蜀國維持這麼久呢？

探尋劉禪年輕時的經歷其實就可以找到一些線索，在劉備給劉禪的遺詔中曾說道：「射君到，說丞相嘆卿智量，甚大增修，過於所望，審能如此，吾復何憂？勉之，勉之。」意思是諸葛亮曾向一位「射君」讚嘆過劉禪的聰穎，要知道諸葛亮絕不是阿諛奉承之人，不會隨意妄評的。在諸葛亮本人的〈與杜徽書〉中也出現過「朝廷年方十八，天資仁敏，愛德下士」的稱讚之語。看來，在丞相諸葛亮看來，劉禪並不是庸輩。

後來劉禪登上王位，雖然先後有諸葛亮、蔣琬、費禕、姜維等人輔佐，但他本人的能力也在《三國志》中有著充分的展現。例如在諸葛亮一意孤行堅持北伐的時候，劉禪適時規勸道：「相父南征，遠涉艱難；方始回都，坐未安席；今又欲北征，恐勞神思。」但在諸葛亮堅持北伐，並且戰事已經議定的情況下。劉禪也沒有過多阻攔，這樣的做法保持住了統治集團內部的團結，應該說是極其難能可貴的。後來諸葛亮病逝，劉禪也迅速廢除了丞相制度，將相權一分為二，這種明智之舉又豈是庸人所能做到的？

至於魏軍攻城，劉禪選擇投降，雖然背上了叛國的罵名，但他卻保住了蜀國人民的性命，使他們免於戰爭的折磨；後來在洛陽「樂不思蜀」，不也使司馬昭打消了殺害劉禪和他的眾多家屬的念頭嗎？可以說我們所看到的只是一些表面現象，隱藏在其中的，才是劉禪真正的愛蜀之心。如此說來，用「扶不起的阿斗」來形容他真的太不妥當了。

知識連結

劉禪繼位初期，按照劉備遺命，將軍國大事先後全權委任於諸葛亮、蔣琬等人，自己沒有什麼表現。自諸葛亮死後，蔣琬和費禕輔政，他們遵行諸葛亮的既定方針，團結內部，又不輕易用兵，曾一度使蜀國維持著比較穩定的局面。蔣琬、費禕之後，姜維執政，多次對魏用兵無功，消耗了國力。但在諸葛亮等賢臣相繼去世後，劉禪無力把持國政，宦官黃皓開始專權，蜀國逐漸衰敗。後來魏國大舉伐蜀，劉禪投降，舉家遷往洛陽，被封為「安樂公」，幾年後去世。

隋煬帝為何要殺父為君

隋煬帝楊廣是歷史上有名的暴君，隋文帝楊堅的第二子。按照中國封建社會的帝王傳位的習慣，繼承皇位的本應是楊堅長子楊勇，但楊廣卻在隋文帝死後，君臨天下了。這是怎麼回事呢？有人說是他殺了自己的親生父親、除掉了兄長楊勇，篡權為君的。

楊廣少時聰明伶俐，相貌英武，加之巧於辭令，故而深得父皇母后的喜愛，在他13歲時，便被委以重任，擔任並州（今山西太原）總管，被封為晉王。然而，楊廣野心極大，他知道若想日後登基，須要先奪得太子的位置，而要坐上太子位置，則需要討父皇母后的歡心。

隋文帝和獨孤皇后一向提倡勤儉持家，不喜歡奢華，而皇后則更恨

用情不專的男人。楊廣最瞭解這些，開始檢點自己的行為舉止了。他以此博得了隋文帝和獨孤皇后的信任。隋文帝與皇后常常暗道：「太子品性頑劣，而廣兒卻仁孝恭儉。」

終於，楊廣的陰謀得逞了，他取得了皇位的繼承權。在一次入宮途中，楊廣看見前面走過相貌俊美、嬌媚無比、父皇最為寵愛的宣華夫人，他竟毫無顧忌地朝著宣華夫人撲過去……

當宣華夫人向隋文帝哭訴自己被太子羞辱之事時，隋文帝大怒，他急召大臣草詔，讓廢太子楊勇前來議事。但是，這時宮裏宮外全是楊廣的人，即使此時的皇上，也奈何不了他了。

隋文帝沒機會廢楊廣。在一個夜深人靜的時候，一方手帕蒙住了他的口鼻，不久，大隋朝的開國皇帝便命赴黃泉了。

隋煬帝登基以後，馬上露出了他荒淫奢華、陰狠毒辣的本來面目，不但殺掉自己所有胞弟，而且大興土木，把大隋糟蹋得千瘡百孔，使大隋朝以一個短命王朝的面目載入史冊。

知識連結

都說隋煬帝是暴君，其實在他在位的期間，對國家的建設是不能被忽略的。最著名的大運河就是隋煬帝下令修建的，大運河將錢塘江、長江、淮河、黃河、海河連接起來，意義十分重大。大運河對於中國來說遠比長城對於中國更重要：大運河連接黃河流域和長江流域，連接了兩個文明，使黃河流域、長江流域逐漸成為一體。修建大運河滿足了將已成為全國經濟中心的長江流域與仍是政治中心的北方連接起來的迫切需要，使中國水運暢通、發達，為後世的繁榮富強打下了牢固堅實的基礎，不能不說是一件功在當代、利在千秋的功績。

唐太宗篡改過國史嗎

　　唐太宗李世民的名字總是與明君、聖主和「貞觀之治」連在一起，是他開創了大唐盛世的局面，將百姓從水深火熱的隋朝拯救出來，迎來一個相對清明的新紀元。在眾人心目中，李世民是正義的化身，是聖明君主的最佳代言人。

　　在正史記載中，李世民在推翻隋朝的戰爭中占有舉足輕重的地位，他是主要的策劃和組織者，並且在推翻隋朝之後水到渠成地坐上了皇位。不過，另外的一些史書中卻對這段風起雲湧的歲月有著不同的描述，那就是李世民的父親李淵才是反隋的主要領導者，李世民僅僅是幫手的作用。更令人訝異的是，在這些史書的記載中，李世民是透過發動玄武門事變，殺死了兄長李建成，逼迫父親李淵退位才得到這個皇帝寶座的。

　　到底哪一種說法才最接近當時的歷史真相呢？有沒有可能是李世民在當上皇帝後篡改了國史，抹去了自己那一段不光彩的過去？

　　溫大雅撰寫的《大唐創業起居注》對李氏父子建立唐朝的那段歷史記載得十分詳細，而且溫大雅此人在當時參加了李氏起兵反隋的活動，他的記載應當是十分可信的。在《大唐創業起居注》中，從受隋煬帝之命南下鎮壓起義軍，到在晉陽等地收兵買馬，直至後來一舉成功的太原起義，李淵始終是主角，是做重要決策的那個人，而李世民扮演的只是一個得力助手和忠實兒子的角色。

　　可是在《舊唐書》、《新唐書》、《資治通鑑》等正史裏，李世民不僅地位有所提升，他的能力似乎也顯得十分突出了。是他看清形勢，聯合劉文靜密謀起兵，而父親李淵只是在最後關頭倉皇地被迫答應了這樣的計畫而已。在正史的描述中，李世民英勇果敢，而父親和兄長則扮演軟弱、沒有主見的配角。

　　之所以正史中的記載與溫大雅的記錄有這麼大的出入，是因為李世

民作為次子，發動了玄武門事變，以不正當的手段奪取了皇位，這種行為在當時是十分大逆不道的。為了確立自己登基的合法性，李世民重新設置了史官，並違反慣例親自察看國史和起居注的記錄情況，使得真相被隱瞞下來，而玄武門政變也在史官們的筆下蛻變成了一次「安社稷、利萬民」的大義行為。

看來，李世民雖為明君，但他得到皇位的過程卻是不值得稱道的，而他刻意隱瞞的這段歲月，終究還是會在若干年後被後人挖掘出來。

知識連結

《大唐創業起居注》，唐溫大雅撰，是一部記錄了隋末李淵自起兵反隋直到攻克長安、廢除隋帝、正式稱唐帝為止共357天歷史事實的史書。作者溫大雅是李淵大將軍府記室參軍。他隨軍撰成該書。該書所記史事與《舊唐書》、《新唐書》、《資治通鑒》有出入。

李建成真是個陰險狡詐之人嗎

李建成是唐太宗李世民的哥哥，在玄武門之變中，李世民成功地殺掉了自己的哥哥李建成和弟弟李元吉，以次子的身分登上了皇位。作為一個勝利者，李世民對歷史的編纂進行了嚴格的控制，於是出現了史書中大力宣揚李世民的功績而儘量忽略他父兄的功勞這樣厚此薄彼的情況。不僅如此，在由李世民的史臣房玄齡等人編纂的《高祖實錄》、《太宗實錄》中，李建成的形象也受到了極大地扭曲。舊史中陰險狡詐、好色貪功的李建成，真的是歷史上真實的李建成嗎？

李淵在太原起兵之前，有兩個基地。一個是太原，由李淵和李世民組織領導；另一個是河東，由李建成獨立領導。李建成在河東地區優待百姓，廣交各路豪傑，建立了極高的威望，而且為起義軍積攢了十分

龐大的力量。等到父親李淵前來視察之時，河東地區起義軍已經力量強大，李淵十分高興，還把帶兵的重任交給了李建成。到了唐朝統一活動的後期，在與劉黑闥部隊的交手中，也是李建成提出了安撫百姓的政策，不僅贏得了民心，同時瓦解了敵人。這些政策都在唐初的社會中造成了深遠的影響。

透過這些史實可以清晰地看出，李建成在唐朝建立過程中所作的貢獻並不比李世民少，而且還頗有領導能力和軍事能力。在人品方面，李建成也是一個平易近人、禮賢下士、從諫如流的領導者，要不然也不會在短時間內聚集了數量如此眾多的追隨者，他的好人緣從這裏就可以窺見一斑。

相比之下，正史中對李建成的描述就顯得不太可信了。例如正史中記載李世民向李淵密奏「建成、元吉淫亂後宮」，這樣的記錄連宋代著名學者司馬光都表示質疑。另外，在玄武門之變的前幾天，歷史上記載李建成、李元吉設宴款待李世民，在酒中下毒，李世民「心中暴痛，吐血數斗」，這更是誇張到難逃捏造之嫌的地步。

可見，歷史上真實的李建成絕對不是正史中刻畫出的那個紈絝子弟，而是一個合格的太子。奈何形勢在玄武門之變後出現了重大的逆轉，於是連歷史也跟著勝利者的意志一起改變了。

知識連結

在正史中，李世民儼然是太原起義以及後來種種統一活動的主角，他的父兄只是配角。其實，李建成雖然沒有李世民參加戰鬥的次數多，但是可以找到合理的解釋。那時李建成貴為太子，要協助皇帝處理一些政務，所以不可能經常率兵出征馳騁沙場，論軍功，自然不及李世民顯赫。

但是，他為唐軍建立了穩固可靠的根據地，有力地支援了前線作戰。在對突厥的戰爭中，雖然領兵打仗的是李世民，然而這些戰役的勝

利與李建成防禦突厥、穩定後方、支援前線等工作是分不開的。從這個意義上說，李建成的政治影響和政治實力遠遠大於李世民。特別是他在長安地區獲得的巨大成功，比起李世民更是有過之而無不及。

魏徵墓碑因何被太宗砸掉

唐太宗和魏徵，一直被看作是中國古代君臣關係的典範和榜樣。魏徵以直言敢諫、不怕觸怒龍顏而聞名，而唐太宗則善於接受臣下意見、深諳「兼聽則明，偏信則暗」之理。魏徵去世後，唐太宗痛哭失聲曰：「以銅為鑒，可以正衣冠；以古為鑒，可以見興替；以人為鑒，可以明得失。吾常保此三鑒，內防己過。今魏徵逝，一鑒亡矣。」君臣二人相得之佳，千古之下，可謂無人可比。

但是，出乎所有人意料的是，魏徵屍骨未寒，唐太宗竟然下旨解除了衡山公主和魏徵長子的婚約，甚至一怒之下親自砸掉了魏徵的墓碑，簡直是判若兩人，這是為何？難道君臣二人之間有什麼不為外人所知的問題？

先來看魏徵。魏徵最希望的是能夠遇到瞭解自己、敢用自己的君主，唐太宗自然就是這樣的人。他竭誠輔佐，知無不言，言無不盡，往往據理抗爭，從不委曲求全，唐太宗經常被魏徵辯駁得下不了臺階。但當時唐太宗表現出的是寬容大度，甚至還鼓勵群臣向他學習。但是，縱觀魏徵的一生，據《舊唐書》、《貞觀政要》等史料的記載，魏徵的諫奏一共達到了二百餘次，內容涉及國家大事諸多方面，魏徵屢次過火地犯顏直諫，甚至連唐太宗的私生活都要說上幾句，換成誰都不可能忍受如此令人頭疼的大臣吧？

再看唐太宗，年齡上，他比魏徵小20歲，當時他起用魏徵，是真正看重魏徵的才能和耿直的性格。但是，畢竟二人在知識上、經歷上以

及政治地位上有著迥然的差異，很多情況下，唐太宗的處境和想法魏徵是很難完全明白的，更何況皇帝也是人，而李世民更是一個有主見、有著開拓盛世的宏圖大志的君主，也有自己的主張、愛好和個人生活。那麼，如果受到魏徵的屢次煩擾和阻止，即使他再「從諫如流」也會無法忍受，遲早有一天會爆發。

終於，發生了導火線事件。魏徵在臨死之前曾經向唐太宗祕密推薦當時的中書侍郎杜正倫和吏部尚書侯君集，說他們有當宰相才能。可是杜正倫、侯君集等人後來竟然紛紛因犯法、造反叛亂等被處以極刑，令唐太宗很是懷疑魏徵當初的動機是否正確。此時，唐太宗終於發洩出心中的怒火，毀掉婚約，推倒墓碑，令人瞠目結舌。

不過後來，不聽勸諫、一意孤行的唐太宗在攻打高麗受挫後，不由得發出了「魏徵若在，不使我有是行也！」的長嘆，才領悟到魏徵的重要，令人將其墓碑重新立起了。

知識連結

魏徵對唐太宗的一些私生活也要干涉一下，這使得唐太宗感到十分無奈，史料所見不少。一次，魏徵從外面回來，看到皇帝車駕齊備，像是要出門，皇帝見到魏徵，突然又下命令將車馬驅回。魏徵不解，就問唐太宗何故，唐太宗苦笑：「我起初是有這個想法，但是被你看見了，怕你又要諫諍一番，只好作罷。」某日，唐太宗得到一隻西域進貢的鷂鷹，非常喜歡，把牠架在胳膊上，逗著牠玩。突然他遠遠望見魏徵走來，急忙把鷂鷹揣在懷裏藏了起來。魏徵看見了，但是假裝不知情，故意上奏了很多事情，等魏徵離開，鷂鷹早給悶死了。

武則天墓碑為何沒有字

武則天，中國歷史上唯一的一位女皇帝。她原是唐高宗的皇后，憑藉其才能登上帝位，建立大周朝，參政和掌握最高權力達50年之久，死後與唐高宗合葬於西安市西北80公里的乾陵。在乾陵前，武則天的墓碑是一塊無字碑，千百年來引得人們紛紛猜測。

武則天的無字碑由一塊巨大的整石雕成，寬2.1公尺，重98.8噸。碑頭雕有8條互相纏繞的螭首，飾以天雲龍紋，碑座則由駿馬飲水、雄獅、雲紋等線刻圖案組成。如此精細的雕刻，在歷代墓碑中都是極為罕見的。

關於武則天的無字碑，歷來有如下幾種說法：

一種認為，這是武則天誇耀自己功高德大，不是文字所能表達的，所以乾脆什麼也不寫，表示無字勝有字，把自己的功勞讓後人去評述、去記載，於是就有了無字碑。

另一種認為，這是武則天知道自己取代唐中宗做了皇帝、殘殺李氏子孫、任用酷吏等行為罪孽深重，立了碑文恐怕更招世人罵，還是不寫為好。

還有一種說法是，武則天此舉是意在將自己的功過是非讓後人評說。

這三種說法似乎每一種都很有道理，至於哪一種說法是她的本意，現已無從考證。

知識連結

宋金以後，人們開始在無字碑上面添補題識，現在上面共有13段文字。其中還有一種早已滅絕、無人能識的少數民族文字，被日本學者山路廣明視為「20世紀之謎」。直到20世紀20年代，考古工作人員在內蒙古巴林右旗附近發現遼代帝后的墓誌，才將這一謎團解開。原來這些文

字是早期的契丹文字。契丹文字始創於西元920年，但隨著國家的滅亡很快消亡，到了明代徹底成為一種無人能識的「死文字」了。這一失傳的文字作為一份極為珍貴的文字史料，被武則天的無字碑保留了下來。

「燭光斧影」與宋太祖之死

趙匡胤於西元960年稱帝，是為宋太祖。西元976年趙匡胤駕崩。但是，對於他的死，正史中卻沒有明確的記載。《宋史‧太祖本紀》載：「帝崩於萬歲殿，年五十。」「授命杜太后，傳位太宗。」如此簡單的兩句話，是根本沒法確認趙匡胤的死因的。因此，他的死，也成了歷史上一個難解之謎。

據《湘山野錄》載，開寶九年十月，天氣嚴寒，宋太祖趙匡胤急喚他的弟弟晉王趙光義進入寢宮，當時宮內只有他們二人自酌自飲。酒過三巡，已是夜深了，他見晉王趙光義總是躲在後邊，極其害怕，自有幾分得意。趙匡胤見殿前雪厚數寸，便用玉斧刺雪。當夜趙光義留宿於寢宮。第二天清晨，寢宮裏便傳出宋太祖趙匡胤駕崩的消息。趙光義按遺詔，於靈柩前即皇帝位。

另據《燼餘錄》載，趙光義很喜愛已歸降的後蜀主孟昶的妃子花蕊夫人費氏。但後蜀亡後，費氏被趙匡胤納為妃子。某日趙光義趁宋太祖熟睡之際，趁機調戲花蕊夫人，宋太祖驚醒，要用玉斧砍他，等到皇后、太子趕到之時，趙匡胤已經只剩一口氣了。趙光義趁機逃回自己的王府，第二天宋太祖趙匡胤就死了。

不過也有人認為宋太祖並非趙光義所殺，司馬光《涑水紀聞》載，趙匡胤臨死時，趙光義並不知情，也不在宮中。

這就是歷史上著名的「燭光斧影」疑案。孰真孰假，不得而知。

在宋太祖趙匡胤建立宋朝之初，為了使宋長治久安，首先在軍事方面，太祖「杯酒釋兵權」，解除了功臣對軍隊的控制，並設立中央禁軍，將各地精兵收歸京城禁軍管轄，使宋朝對軍隊有了完全的掌握權。在科舉方面，宋太祖打破常例，以殿試的方式對考生進行最終的考核。這樣一來，北宋王朝的官僚階級得到了壯大，從中出現了一大批優秀的政治家，鞏固了政權。但是，這些政策帶來的後果就是冗官、冗兵、冗費，造成了北宋的積貧積弱，最終北宋也沒能從這種狀態中掙脫出來。

「金匱之盟」是趙普編造的嗎？

自宋太宗趙光義繼位以來，民間有關「燭影斧聲」的猜測就不斷產生，而後，又出現了所謂「金匱之盟」的故事，道出了趙光義之所以得以繼承皇位的另一個原因，按照這個說法，趙光義的繼位可謂是名正言順，事情真的是這樣的嗎？

讓我們先看看「金匱之盟」的故事，《續資治通鑒長編》中稱：趙匡胤當了皇帝之後，其母親趙氏也被尊為皇太后。她是一個有遠見的人。建隆二年（西元961年）六月，杜太后自知不久於人世，就把趙匡胤和大臣趙普叫來，對趙匡胤說：「你之所以得天下，是因為柴氏讓小孩子當皇帝。為接受這個教訓，你死後應傳位於光義。光義傳光美，光美再傳德昭。代代立成年人為天子，江山才能永保，社稷才能久安。」趙匡胤認為母親說的有理，就允諾了，於是，就吩咐趙普將他說的話記下來，命人把這個記錄盛在金匱中交由一位可靠宮人祕密保管，這就是「金匱之盟」。

但是，這個故事看起來合情合理，其實仔細想想，如果趙匡胤遵從了這個遺囑，就意味著他的子孫永遠不會再享有國君的權力，趙匡胤會

如此犧牲嗎？此前那些兄終弟及的帝王，都是不得已才把帝位拱手交出去的。趙匡胤不但有兒子，而且有兩個，趙匡胤此時才35歲，他兒子已經10歲了，假定趙匡胤能活55，德昭都30了，還能算是孩子嗎？

此外，如果趙普真的知道實情，如果真的有一個保管金匱的宮人，那麼，趙氏子孫中的任何一個人，只要他想奪取皇位，那麼趙普和宮人必然成為趙氏子孫的追殺目標，這樣朝不保夕的所謂「金匱之盟」，能有真正效力嗎？杜太后若真有遠見，怎麼沒考慮到這些？所謂的金匱之盟很值得懷疑！

或許，很多時候，歷史書就是由當權者書寫的，他們可以隨意篡改，使之成為對自己有利的歷史，證明自己掌權的合法性，這也許是人類的悲哀吧。

知識連結

歷史越發展到後來越離奇，趙光義的子孫後代卻相信太宗「殺兄篡位」的說法。北宋滅亡後，南宋建立，偏安東南，形勢不穩。後來宋高宗趙構在召集群臣商定繼承人的時候，大臣們議論紛紛。很多人認為，趙匡胤是開國之君，應該在他的後代中選擇接班人，趙構對這種議論嚴加貶責。忽然有一天，他夢見太祖趙匡胤帶他看了當日的「燭影斧聲」的全部情景，並說：「你只有把王位傳給我的子孫，國勢才可能有一線轉機。」於是趙構終於找到了趙匡胤的7世孫趙慎，並且把皇位傳給了他。

這時離那個血腥的恐怖之夜已經187年了。

為何說宋太宗文武雙全

千百年來，由於「燭影斧聲」、「金匱之盟」等坊間傳說的流行，

宋太宗趙光義在很多人的心目中，是個人品不佳，城府很深，一點也不光明磊落的人。當一個人成為眾矢之的的時候，恐怕連他自身的閃光點也會被掩蓋，甚至全盤否定。成見，正是我們全面認識事物的一大障礙。其實，倘若仔細翻開宋太宗的一生，他還真是一個文武雙全的人物。

據記載，宋太宗業餘的愛好和樂趣首先是讀書。在戰火紛飛的歲月，宋太宗讀書從未間斷過。他曾經對近臣說：「朕沒有別的愛好，只喜歡讀書，想從小知道古今成敗，好的加以採納，不好的引以為戒。」宋代的百科全書《太平御覽》足足有一千卷，他命令史館每天進呈三卷。大臣們勸他時間不要抓得那麼緊，有損身體。宋太宗卻說：「我天性喜歡讀書，開券有益嘛，這不會損傷我的身體，此書千卷，我想一年通讀完畢。舉凡讀書應該是發自內心地喜歡，如果不是這樣，讀也不會真正讀進去，白白浪費時間。」而且，他讀書範圍很廣，各種學派的書籍無不兼讀並覽，並把它們當作治國的方略。宋太宗在政務繁忙之時一直讀到深夜才就寢，並能持之以恆，這在古代帝王中並不多見。

宋太宗的書法造詣也是很高的，被列入宋代著名書法家之列。其書法遺跡也被選入供人臨摹的碑帖中，廣泛流傳。宋太宗的書法作品之所以能夠受後世褒獎，與他本人為此付出的艱苦努力和不恥下問是分不開的。

他還是一個圍棋愛好者，並且具有相當高的水準。他曾自創圍棋三勢，一叫「獨天飛鵝勢」，一叫「對面千里勢」，一叫「大海取明珠勢」。

文武之道，一張一弛。經受戰爭洗禮的宋太宗，在結束五代十國的分裂局面後，改變統治政策，勢在必行。他一改五代十國赳赳武夫稱霸的作風，開創了文治天下的局面。

宋太宗（西元939～997年），本名趙匡義，後因避其兄宋太祖諱改名趙光義，即位後改名炅。22歲時參與陳橋兵變，擁立其兄趙匡胤為帝，曾參與太祖統一四方的大業。太宗即位後，繼續進行統一事業，鼓勵墾荒，發展農業生產，擴大科舉取士規模，編纂大型類書，設考課院、審官院，加強對官員的考察與選拔，進一步限制節度使權力，力圖改變武人當政的局面，確立文官政治。這些措施順應了歷史潮流，為宋朝的穩定做出了重要貢獻。但是因為急功好利，幾次北伐攻遼都受挫，太宗轉而執行守內虛外的政策。晚年政治上循規蹈矩，使宋朝漸漸形成了「積貧積弱」的局面，給宋代社會的發展也帶來了不利的影響。

岳飛之死的謎團

岳飛是南宋抗金英雄，字鵬舉，相州湯陰人，出身貧苦農民之家。紹興十年，他率軍在郾城一戰，大敗金兀術統率的金兵主力。金軍中曾流傳「撼山易，撼岳家軍難」的悲嘆。

可是，在收復中原即將實現的大好形勢下，朝廷卻將他強行召回。第二年十月，岳飛被秦檜等人以「莫須有」的罪名抓捕入獄，十二月二十九日（1142年1月27日），岳飛與其子岳雲及部將高憲被祕密殺害於「風波亭」。

長期以來，人們一直以為是秦檜殺害了岳飛，但若沒有宋高宗趙構的支持，秦檜不敢也沒有權力來殺害岳飛。但宋高宗為什麼要殺害一個立下赫赫戰功、保家衛國的忠良呢？

有人認為，這是因為高宗不滿岳飛一心要「迎二聖」，而徽、欽兩帝一旦回來，自己的皇位就不保了。他害怕中原光復，因而殺了岳飛。

也有人認為這是宋高宗為了取悅於金人。當時趙構正急於與金人議

和，金人將除掉岳飛作為議和的一個條件。

另一部分學者認為趙構是怕岳飛在外久握重兵，日久難制，對自己的統治不利，因而下令殺害了岳飛。

但岳飛究竟是基於哪一條原因而遇害的，卻始終是一個謎。

知識連結

宋徽宗時期，北宋王朝日趨衰落，東北女真族卻日益強大。靖康元年（1126年），金軍僅以4萬人南下攻宋，如入無人之境，連破北宋27州，兵鋒直指宋都汴梁，黃河北岸宋地皆陷沒。北宋朝廷本想藉黃河天險以禦金兵，但虛弱的北宋守軍見金兵至皆不戰而潰。金軍圍困汴梁一月有餘，宋欽宗竟然親自到金營求降，卑躬屈膝地獻上降表，還下令各路勤王兵停止向開封進發，甚至鎮壓自發組織起來準備抵抗的軍民。金軍於是肆無忌憚地大肆搜刮，開封平民遭受了巨大災難。次年，金軍廢宋徽宗、宋欽宗為庶人，另立原宋朝宰相張邦昌為偽楚皇帝。金軍將俘虜的兩位皇帝以及后妃、皇子、宗室、貴戚等3000多人，連同大量寶璽、輿服、法物、禮器、渾天儀等開始北撤。

秦檜何以南歸

秦檜（1090～1155年），字會之，是中國歷史上公認的一代漢奸。南宋時期，他把持朝政，通敵叛國，殘害忠良。尤其可鄙的是他以「莫須有」的罪名殺害了抗金名將岳飛，留下了千古罵名。正因為此，他將永遠被釘在歷史的恥辱柱上，遺臭萬年。

靖康二年（1127年），秦檜與宋徽宗、宋欽宗及一些大臣被俘至金國。然而三年後，他卻突然神祕地回到南宋。秦檜何以南歸，成了歷史上的一個謎。

秦檜在金的所作所為，今已無處可查。他曾自言是建炎四年（1130年），作為金太宗之弟撻懶的隨軍轉運使同行。臨行前，秦檜欲攜其妻王氏南下，又恐撻懶不允，於是假裝爭吵，並故意讓撻懶知曉，終於獲准。

金兵攻破楚州（今江蘇淮安）後，秦檜殺掉金朝的看守，倉促奪舟而逃，途中數次拜訪宋將丁禩均被拒絕，丁禩的副將劉靖還欲謀財害命，幸而被他識破陰謀。後經宰相范宗尹、知樞密院事李回的極力保薦，才被高宗接納，最終令高宗對他深信不疑，並委以重任。

不過秦檜自述的南歸經歷，在當時就有很多人提出了疑點，他們認為：

首先，與秦檜一同被俘至金國的官員很多，為什麼就他一人能逃回，且還帶著妻子？其次，楚州至臨安路途遙遠，途中關卡無數，秦檜又怎能平安脫險？再者，劉靖既欲圖謀秦檜的錢財，說明秦檜必有可觀的隨身財物，怎會是倉促出逃呢？還有，如果丁禩果真數次拒絕接見秦檜，那麼秦檜得勢後必定會加以報復。但是，秦檜當上宰相後，丁禩即得提升，官運亨通，權傾一時。這又作何解釋呢？是不是秦檜真的做了金國的奸細呢？

紹興二十五年（1155年）十月，歷史上臭名昭著的大漢奸秦檜病死於臨安，諡號「謬醜」。但他神祕的南歸，依舊是歷史上的一個謎。

知識連結

秦檜，是南北宋期間的一個傳奇人物，長期以來一直被視為漢奸或賣國賊，但也有不少人為他鳴不平，比如，2006年中國考古界發現了據稱是秦檜親筆寫給家人的「政治遺囑」，秦檜在〈遺表〉中說：「憂國有心，敢忘城頓之策；報君無路，尚懷結草之忠。」可以稱得上忠肝義膽，不比諸葛亮的〈出師表〉差。

韓侂胄到底是忠臣還是奸臣

翻開《宋史》的《奸佞傳》，我們會看到很多熟悉的名字。秦檜、賈似道、史彌遠等熟悉的名字躍然紙上，他們以權謀私，欺上罔下，殘害忠良，魚肉百姓，為了個人私利極力打擊主戰派，不惜犧牲國家利益，簡直遺臭萬年。

然而，矢志抗金、親率大軍北伐收復失地的韓侂胄竟然也列名其中，此人到底是忠是奸？倘若我們翻閱《宋史》上的韓侂胄傳記，看到的是史官記敘的他的種種惡行：

無功受祿。他是皇后的親叔叔，於是有人說他：「汝外戚也，何可以言功？」認為他是依靠關係而登上宰相之位的。

獨斷專行、剛愎自用。他一日得勢，就權慾薰心，常常背著皇上，私自處理政事，作威作福。

不自量力。他為了搶奪功勞，鞏固自己的地位，輕率北伐，結果戰敗，誤國誤民。

那麼，他為什麼會遭到當時眾人的攻擊呢？

韓侂胄本來是皇后的親叔叔，有皇后作靠山，但是他的侄女韓皇后不久便死了。他欲立曹美人為皇后，而寧宗卻將楊妃立為后。楊妃上臺後自然對他心生怨恨，韓侂胄的地位自然不穩，平添了許多政敵。

南宋的政治環境下，君臣大多偏安一隅，沒有進取收復之心，這樣的大環境使得韓侂胄這個主戰派勢單力薄，他力主北伐，收復失地，自然要遭到眾人群起而攻之。他還力主要為岳飛伸冤平反，打擊投降派的囂張氣焰，在當時的形勢下自然不合時宜。再加上他的學術觀點與道學派朱熹等人不和，更使得自己孤立無援。

那麼，宋史中的那些記載是否屬實呢？如果我們仔細一看就會發現，那些所謂的惡行只不過是一些誅心之論，可以與岳飛的「莫須有」相比了。

一本書讀懂中國歷史謎案

我們可以看到，當後來昏庸懦弱的南宋君臣為了求和而將韓侂冑的項上人頭獻給金兵時，清醒的金人卻贈給他「忠繆侯」的諡號，並厚葬之。我們可以想見，在南宋小朝廷之下，所謂的忠臣、奸臣已經不再真實，黑白顛倒。

眾口鑠金，積毀銷骨，韓侂冑究竟是忠是奸，只有清醒的人才知道。

知識連結

韓侂冑（？～1207年），字節夫，北宋名臣韓琦的曾孫。光宗紹熙五年（1194年），他與宗室趙汝愚等人擁立宋寧宗趙擴即皇帝位。寧宗即位不久，韓侂冑就逼趙汝愚退出朝廷，從此，掌握軍政大權達13年之久。他當權的後期，發動了開禧北伐，曾取得一些進展。同年五月寧宗下詔伐金。但正式宣戰後，南宋各路軍隊節節敗退。開禧三年，史彌遠等人謀殺韓侂冑，朝廷大權落入史彌遠手中。嘉定元年（1208年），史彌遠按照金的要求，鑿開韓侂冑的棺木，割下頭顱，送給金朝，訂立了屈辱的《嘉定和議》。

蒙古國王蒙哥究竟是怎麼死的

蒙哥（1208～1259年），是歷史上曾稱霸歐亞大陸的蒙古帝國的第四代大汗，也是蒙古帝國最後一個受到人們普遍承認的大汗，因為他是繼成吉思汗之後最傑出的蒙古大汗。作為成吉思汗的後裔，他繼承了成吉思汗家族能征善戰、英勇無畏的高貴血統，他是一位能幹的領袖和嚴屬公正的君主，一位頭腦冷靜的政治家，把蒙古帝國真正建設成為一個真正的大國。歷史學家說，如果他能夠活得更長一些，那麼，蒙古帝國就不會分裂為中國、突厥斯坦、波斯和俄羅斯這四個汗國，而將繼續是

一個統一的國家。

那麼，這位偉大的蒙古國王究竟為何在正要創造輝煌之時溘然長逝？

蒙古在成吉思汗的帶領下，相繼征服了金、西夏等國，從而與南宋展開面對面的戰爭。為了爭奪中原，創立偉業，1256年，蒙古群王商討伐宋大業。蒙哥決定全面進攻，並且親率元軍主力力攻四川。開始蒙哥攻占廣元很順利，沿嘉陵江而下勢如破竹，可打到重慶合州釣魚城，卻遭到了最頑強的抵抗。釣魚城四周懸崖，東西南三面據江水，組成了一道天然封鎖線，易守難攻，正因為地勢險要，宋軍不惜血本加強了防守，儘管蒙哥命令軍隊多次猛攻，卻死傷慘重，更因為氣候炎熱，軍中疫病流行，士氣低落，軍心渙散。一向所向無敵的蒙哥憤怒了，卻不想自己在這場戰爭中身亡。可是，關於蒙哥身亡的原因，卻眾說紛紜：

有一種說法認為，蒙哥是得了瘧疾而死。蒙軍久戰不下，又值酷暑季節，水土不服，軍中暑熱，瘧疾霍亂流行，《元史》記載，蒙哥大汗6月也患了病。拉施特的《史集》就非常明確地說蒙哥是得了瘧疾，後不治而亡。

而大部分史籍則認為蒙哥是「中矢而亡」。現存釣魚城舊址的石碑碑文，也明確刻有蒙哥「中飛矢而死」的字跡，

還有一種說法是蒙哥被炮石轟擊，不久死去。清代《古今圖書集成》中說蒙哥在架設望樓窺視釣魚城時，遇到城內宋軍的炮石轟擊，傷重不治。《釣魚城史實考察》還說，蒙哥中炮石後，宋軍命人把30斤重的大魚和幾百個麵餅送到蒙哥營中，說蒙哥再有十年也攻不破釣魚城，重傷中的蒙哥又羞又氣，終於不治而亡。類似的說法是蒙哥多次被王堅挫敗於釣魚城下，羞辱至極，以致憤死軍中。

無論是哪種說法，總之，我們所知明確的記載是，蒙哥在1259年7月宣布撤兵，不久死在軍營。他與釣魚城的仇怨，卻大大改變了歷史進程，使世界歷史出現了拐點：不僅南宋多活了20年，還緩解了歐亞戰

禍，消除了蒙古勁旅對非洲的征服，所以歐洲人把釣魚城稱為「七帝折鞭」的地方。

知識連結

蒙古帝國是由成吉思汗建立的，橫跨歐亞大陸的大帝國，最大疆域面積達3300萬平方公里，占世界土地面積的22%。然而，蒙古帝國在1260年由於忽必烈和阿里不哥爭位走向分裂。1264年忽必烈（即元世祖）擊敗阿里不哥後，於1271年在中國中原建立了元朝（大元帝國），與元朝並存的還有統治了中亞、西亞、東歐等地的四大汗國，後四大汗國又陸續分出其他的小汗國。

元順帝竟然還是名能工巧匠

在中國歷代帝王中，有秦皇漢武、唐宗宋祖、康熙雍正這樣擁有雄才大略的君主，也有昏庸無道、誤國誤民的可悲皇帝。一代天驕成吉思汗怎麼也不會想到，他的後裔竟出現了一位不顧朝政卻酷愛製作奇巧器械的元順帝妥懽貼睦爾。

這位順帝自幼便聰穎無比，頗富巧思，曾令父母欣喜萬分，自以為大元後繼有人。不料此人聰明反被聰明誤，將此等聰明才智投入到了製作各種器械上面，並且樂此不疲。

他自己設計製作一個宮漏（古代一種計時儀器），十分新奇精絕。宮漏高約六、七尺，長有高度的一半，各種漏壺都隱藏在一個特製的木櫃中。櫃子上設置西方三聖殿。櫃腰左右立著兩位身披金甲的神人，一位懸掛著鉦，另一位懸掛著鐘，夜間兩位神人能夠按照更點擊鉦鳴鐘，沒有半點差錯。木櫃的東西向有6位日月官飛仙立於官前，每當子午時至，飛仙能夠雙雙前進，飛渡仙橋。這樣精巧的儀器，實在令人稱奇。

他還設計建造龍船，親自設計圖紙，命令工匠照圖營造。這條龍船首尾長120尺，寬20尺。船上有水手24人，這些水手穿著華麗，頭戴黃金琶頭巾，身衣紫衫，腰繫金荔枝帶。龍船行走時，它的龍首、眼、口、爪、尾都能動彈，彷彿是真龍在水上嬉戲，真是奇妙無比。

可嘆元順帝生不逢時，他的聰明才智要在盛世也可大放異彩，但在元末衰世，再加上他整日忙於製作器械，還求仙問道，根本無心打理朝政，人民又日益生活於水深火熱之中，天下大亂，朱元璋等起義軍乘勢而起，元順帝也成為了一個悲劇。

知識連結

元順帝（1320～1370年），元朝的最後一位皇帝，也是北元的第一位皇帝。他即位之初，右丞相伯顏把持著朝政，甚至一度不把元順帝放在眼裏，後來在伯顏之姪脫脫的幫助下，元順帝終於成功地控制了政局，並下令廢除了伯顏以前很多排擠漢人的政策，例如恢復了科舉。1343年，元順帝下令修撰《遼史》、《金史》、《宋史》三史，由右丞相脫脫（後改由阿魯圖）主持，於1345年修成。1350年各地物價飛漲，加上為了治理黃河加重了徭役，導致1351年紅巾軍起義。雖然1362年元軍獲得很大戰果，但由於起義軍的勢力已經很大，朝廷內部又發生皇帝和皇太子（即後來即位的元昭宗）兩派之間的明爭暗鬥，他也無法再控制局勢了。

明初胡監案的真相究竟是什麼

出身貧民的「乞丐皇帝」朱元璋在他戎馬征戰、創立基業的過程中，積極吸收了一大批運籌帷幄的文臣和能征善戰的武將，他們都和朱元璋有同鄉之緣，尤其是以李善長、胡惟庸為首，被稱為皇帝身邊的

「淮西幫」。

古語有云：「鳥盡弓藏，兔死狗烹。」說的是兔子捉光了，捉兔的獵狗沒有用處了，就被殺了煮肉吃，就好像敵國滅掉了，為戰勝敵人出謀獻策的謀臣沒有用處了，就被拋棄或剷除。明太祖朱元璋就實踐了這句古諺，從洪武十三年到洪武二十六年的14年間，他幾乎將開國功臣全部誅殺，受到株連的人多達45000人，真是斬盡殺絕了。

朱元璋如此絕情，究竟為的哪般？

此話當從胡惟庸當宰相說起，他在1375年出任右丞相，後來晉升為左丞相，位極人臣。胡惟庸此人一向積極主動、勇於任事，甚至拆閱呈給皇帝的奏摺，逕自處理，這就與權力欲極大、好猜忌的朱元璋極易產生衝突，所以引發了巨大的衝突。胡惟庸為了提高辦事效率，還在朝廷中不斷培植私人勢力，門下出現了一個文臣武將齊集的小集團。朱元璋就立即採取了行動，以「擅權植黨」的罪名殺了左丞相胡惟庸，大批受牽連的官員也被抄家滅族，而且範圍越來越大，大批「淮西幫」的異姓公侯家族被處以極刑，就連李善長等人也被以與胡惟庸「交通謀反」的罪名處死。

又如，歷史上有名的「胡藍之獄」事件中的「藍」指的是藍玉，他是常遇春的弟弟，因功被封為涼國公，為人驕橫，仗勢欺人，朱元璋就指使錦衣衛嚴刑拷打之，最後不但藍玉全家被殺，受株連的人多達15000人，從此，「淮西幫」的軍事力量被摧毀了。

朱元璋作為皇帝，如此之舉自然是為了鞏固自己的皇權，因為「淮西幫」掌握著過於強大的軍事力量，萬一日後控制不住，自己辛辛苦苦打下的江山就難保了。即使他們不作亂，朱元璋41歲稱帝到天下大定時，已60歲了，一旦駕崩，他的那些子孫如何與這些功臣相處？恐怕到時大明江山早已改名換姓了！

可見，帝王為了一姓之私，真是不擇手段，無所不用其極。他們哪裡是真正為國家、人民利益著想？

越王勾踐臥薪嚐膽，任用大夫文種、范蠡整頓國政，十年生聚，十年教訓，使國家轉弱為強，終於擊敗吳國，洗雪國恥。後來，范蠡深知「勾踐為人，可與共患，難與處安」的道理，為了避免「鳥盡弓藏，兔死狗烹」的命運，便功成身退，棄官經商，到了陶地，改名換姓，叫做陶朱公，得以善終。應該說，文臣武將，被帝王用過之後，就失去了價值，這著實是讓人心寒的。

朱元璋為何不以成績取士

中國古代科舉制度最早起源於隋代，唐王朝承襲了隋朝傳下來的人才選拔制度，並進一步完善它。從此，科舉制成為中國各地讀書人實現「學而優則仕」夢想的最佳途徑。「書中自有黃金屋，書中自有顏如玉」，一旦高中，便可為官，光宗耀祖，榮華富貴。因而狀元及第成為幾乎所有士人日夜苦讀的終極目標。科舉取士由此奠定了中國官本位文化的基礎。

科舉考試有縣試、府試、院試、鄉試、會試、殿試。每次考試結束，按照成績排名，層層考驗，人才由此選拔。然而，到了明初，明太祖朱元璋竟然做出驚人之舉：以「地區」取士，不以成績取士！

本來，為了網羅人才，穩定天下人心，洪武十七年正式頒布的科舉章程與之前的並無兩樣。但到洪武三十年，黃榜一開，一片譁然，上榜之人竟然全都是南方人，北方沒有一人！

這立刻引發了南北對抗的政治運動，朱元璋立即下令對考卷進行複審。誰知道，複審的結果是，南方卷子確實答得比北方卷子好，絕無偏袒。朱元璋大怒，當即指責官員互相包庇，將涉案人等全部處死，換他自己親自複審，結果，他新選的61名貢士全部是北方人，南方人一個都

沒有!

此次「南北榜」事件的背後,到底隱藏著什麼?難道僅僅是因為朱元璋的殘暴專斷?

原來,當時政治、經濟中心都在南方,尤其是經濟,南方大大超過了北方,經濟繁榮,則文化昌盛,這樣就造成南北士人的素質差異很大。如果在科舉考試中,單純以成績來評判,無疑是南方人取勝。但這樣的結果是南北方之間的對立和衝突加劇,不利於國家政局的穩定。

更重要的是,明代北方一直有強敵蒙古虎視眈眈,北方的地位不容忽視,明初政局未穩,如果北方士人遲遲沒有承認明朝的地位,徘徊觀望,肯定對國家不利。

正是出於這樣的考慮,朱元璋最後才不以成績取士,而是大大照顧了北方人。

知識連結

從隋朝開始,各朝科舉考試科目都在不斷變化。隋文帝時僅有策問,隋煬帝時已開考十科。唐朝考試科目很多,常設科目主要有明經(經義)、進士、明法(法律)、明字(文字)、明算(算學)。到明朝只設進士一科,進士科考的內容主要是儒家經典。考試形式在各個朝代也有不同,唐朝主要有墨義、口試、貼經、策問、詩賦等,宋朝主要是經義、策問、詩賦等,到明代只有經義一門了。

明建文帝失蹤之謎

明朝開國皇帝朱元璋死後,皇太孫朱允炆即位,是為建文帝,又稱明惠帝。然而,他剛即位不久,後來的明成祖燕王朱棣就以討伐齊泰、黃子澄為名,起兵北平,發動了歷史上著名的「靖難之役」,1402年,

燕兵攻陷南京，燕王登基。

但是，就在朱棣攻入南京時，皇宮已是一片大火，建文帝生死不明。後來，有關建文帝下落的說法頗多，明成祖也不放心，成為他的一塊心病。綜合各種流傳的說法，對於建文帝的下落主要有兩種觀點。

一是「焚死」說。

《太宗實錄》載，明成祖望見宮中煙起，急忙派人撲救，但是已經來不及了，建文帝最終在奸臣的威逼下自殺。但奇怪的是後來太監在火後餘燼中多次查找，只找到馬皇后與太子朱文奎的遺骸，卻無法找到建文帝的遺骸。同時，明成祖為讓天下知道建文帝已自焚，曾作有祭文，但其墳墓位於何處，無人可知。

二是「逃亡」說。

有人認為在南京城破之時，建文帝曾想自殺，但在其親信說服下，削髮為僧，從地道逃出了皇宮，隱姓埋名，浪跡江湖。明成祖死後，他又回到京城，住進宮內，死後葬於京郊西山。

據說，後來明成祖曾派人四處尋訪建文帝的下落，均沒有結果。另據傳言，鄭和下西洋的舉動，其目的也是尋訪建文帝，因為明成祖怕他逃亡到了海外。

至於真相如何，早已不得而知了。

知識連結

明成祖朱棣（1360～1424年），明朝第三代皇帝，朱元璋第四子，洪武三年（1370年），受封燕王。朱元璋去世後，朱棣於建文元年（1399年）發動靖難之役，奪取了皇位，改元永樂（1403～1424年）。他即位後，五次北征蒙古，追擊蒙古殘部；疏通大運河；遷都並營建北京城，奠定了北京此後500餘年的首都地位；組織學者編撰長達3.7億字的百科全書《永樂大典》；設立奴兒干都司，以招撫為主要手段管轄東北少數民族；派遣鄭和下西洋，最遠到達非洲東海岸，聯絡了中國與東南

亞和印度河沿岸國家。明成祖可算是功勳卓著。

鄭和下西洋的目的是什麼

1405年，身為「欽差總兵正使」的鄭和，根據明成祖朱棣的旨意，率領龐大的遠洋船隊，從江蘇太倉的劉家港駛出，開始了歷時28年的七下西洋的壯舉，從而拉開了人類大航海時代的序幕。

鄭和本姓馬，小字三寶，雲南昆陽人，出生於世代信奉伊斯蘭教的回族家庭。鄭和長相魁梧，博辯機智，「資貌才智，內侍中無與比者」，深得明成祖朱棣的信賴，是成祖的心腹。

鄭和七下西洋，隨行人員多達2.7萬餘人，船隻數目超過200艘，每次航程都達數萬里，遠航亞洲、非洲，最遠到達過非洲東海岸和紅海沿岸。有人甚至認為，鄭和船隊已經繞過好望角，進入大西洋，而且有可能完成了環繞地球的航行。

然而，此後明朝施行海禁政策，「罷西洋取寶船」，有關鄭和下西洋的檔案文獻多數被毀，鄭和七下西洋的目的也就隨之而成了千古謎團。

有人認為，鄭和下西洋是為尋找下落不明的建文帝。《明史·鄭和傳》載：「成祖疑惠帝亡海外，欲蹤跡之，且欲耀兵異域，示中國富強。」從中可知，《明史》的作者將到海外暗中偵察建文帝的蹤跡看做是鄭和下西洋的動機和目的，而沿途宣揚國威，向外示富，只是個輔助的方面。范文瀾的《中國通史簡編》也曾明確指出鄭和下西洋是假，尋惠帝是真。

也有人認為，鄭和下西洋是具有政治和經濟的「雙重目的」。七下西洋除「且欲耀兵異域，示中國富強」外，也帶有擴大明朝官方對外貿易，採購海外奇珍異寶的經濟目的。

還有人認為，鄭和七下西洋，每次出航，明成祖交給他的任務都是不相同的。鄭和首次南下可能帶有擴大貿易、提高威望、聯絡印度等國的三重任務。《鄭和下西洋簡論》一書認為，鄭和前三次下西洋，其目的是與亞非30多個國家結盟，順便打聽朱允炆的下落，後四次則是為宣揚「國威」。

知識連結

鄭和下西洋的船隊是一支規模龐大的船隊，完全是按照海上航行和軍事組織進行編制，在當時世界上堪稱一支實力雄厚的海上機動編隊。國際知名學者、英國的李約瑟博士在全面分析了這一時期的世界歷史之後認為：「明代海軍在歷史上可能比任何亞洲國家都出色，甚至同時代的任何歐洲國家，以致所有歐洲國家聯合起來，可以說都無法與明代海軍匹敵。」

鄭和七次下西洋的時間分別是：永樂四年六月；永樂五年九月；永樂七年九月；永樂十年十一月；永樂十四年十二月；永樂十九年正月三十日；宣德五年六月九日。

明朝的遠洋活動為何廢除

600多年前，當整個歐洲還處於中世紀時，中國的明王朝已經開始了海上探索。從永樂三年至宣德六年（1405～1433年），鄭和率領著一支龐大的遠洋船隊，前後七次，浩浩蕩蕩地開赴西洋，遠達非洲，在中國對外文化交流和世界航海史上留下了輝煌的一頁。那時的中國可謂當之無愧的海上霸主。

可是，令人遺憾的是，在那以後，中國人的遠洋航海事業就像王朝盛極必衰的規律一樣，不可思議地戛然而止了。更可怕的是，中國社會

竟然日漸封閉保守，喪失了與世界文化相互激盪的第一次歷史機遇。17世紀以後，西方列強迅速崛起，並開始衝擊古老的中華帝國。它被迫邁入了風雨飄搖的時代……

歷史總是留下諸多令今人感到無限惋惜的地方。可是，在惋惜與偶然之中，總存在著那麼一點必然因素。

明朝的洪武、永樂、洪熙、宣德之際，是中國君主社會後期又一鼎盛時期。社會經濟的發展達到了極盛，經濟實力增強，商業繁榮，航海技術發展，這一切構成了鄭和下西洋的必備條件，沒有強大的國力，鄭和的船隊怎麼會有那麼多的船舶、人員和先進設備？

盛極必衰似乎是中國王朝歷史的規律，在明成祖朱棣的極盛之後，政治逐漸黑暗，邊防廢弛，明朝內憂外患，風雨飄搖。再加上之前的鄭和下西洋更多的是為了宣揚天朝的國威，哪裡懂得貿易贏利？相反更多的是無限的饋贈，以顯示天朝的富庶。到了朱棣後期，明朝的國力已經無法支持那麼龐大的遠航活動了。

而最緊要的原因是，開放只是暫時的，對於農耕社會的中國而言，自給自足就已經足夠，哪裡需要什麼航海、貿易，最多因為碰到比較開明的皇帝，又遭逢盛世，航海才會得到一時的發展。後來明清時期的海禁就證明了航海事業只是曇花一現。

中華古代文明下產生的這種政治和文化上的封閉保守，造成了一種以自我為中心的妄自尊大的傾向。在近代化的衝擊下它已經無法生存了。

知識連結

中國封建時代的開放，從本質上說是一種國家壟斷的開放。鄭和船隊如此龐大之師，耗費的人力物力可想而知。但鄭和下西洋卻並不是為了經濟上的擴張，宣揚國威的政治目的顯然是首位的，甚至是唯一的。

相比之下，歐洲的開放則擁有強大的推動力——牟利，商人的利益

及其海外冒險事業得到了王室的支持。兩者之間存在著如下交易關係：王室給冒險家們以委任和授權甚至一定的資助去進行冒險活動，而他們必須將所有掠奪來的金銀等貴金屬運至官署加蓋戳記，登記自己的所有權，並按五分之一的比率納稅。正是這種截然不同的政策導致16世紀以後東西方歷史的大逆轉。

明代宮闈中的紅丸謎案

明代末年，京城大內皇宮之中，接連發生三起離奇的謎案，成為明末政壇各種勢力爭權的真實反映，由於多種政治勢力紛紛介入，使得這些看似簡單的案件在紛亂的政局中越攪越亂，當時就已經撲朔迷離，到了後世，就更加引起人們的疑惑，種種虛虛實實的猜測就出現了。「紅丸案」便是其中之一，它究竟是怎麼回事呢？

萬曆四十八年，明光宗朱常洛登位，改年號為泰昌。奇怪的是，他剛剛登基10天，就突然一病不起，起初由宦官崔文升進藥，服用崔文升開的藥後，光宗就開始腹瀉，一晝夜瀉好多次，還好御醫及時緩解了病情。明泰昌元年（1620年）八月二十九日，明光宗朱常洛帶病在乾清宮召見方從哲等13員文武大臣，商討冊立皇太子之事。皇帝叮嚀諸臣要好好輔佐太子，叮嚀不止，語無倫次，最後上氣不接下氣地哭泣著說：「朕已經自知病重，難以康復，或者不久於人世。」說到這裏，已是氣息奄奄，就讓方從哲傳喚鴻臚寺丞李可灼進藥。這本是御醫的職責，怎麼讓鴻臚寺丞來做？原來是他聽說李可灼有仙丹妙藥。李可灼奉命將藥物調好，進到皇上面前。皇上服了李可灼的藥，竟然不再氣喘，氣色也好了許多，這明光宗一見藥效甚佳，就想再服一丸，早日康復，但諸醫官認為不宜吃得太急。光宗卻催促得非常急迫，眾人難違聖命。誰曾想，第二天，明光宗就駕崩了。

對於這突如其來的變故，滿朝輿論譁然，朝野上下議論紛紛：究竟誰是兇手？有人認為是由於光宗長期憂心操勞國事，而東林黨人胡亂議論，干預治療，才耽誤了病情；可東林黨人偏偏說皇上是服紅丸而死；還有人說是鄭貴妃有意指使宦官加害皇帝，導致皇帝病倒。本來，光宗當時已病入膏肓，難以治癒，但因為吃了江湖怪藥，事情就變得不簡單了。此案不但追查到鄭貴妃，而且方從哲也被迫辭職，李可灼被充軍，崔文升被貶流放南京。

但究竟幕後有主使嗎？到底是誰？現在也不得而知。也許，這個案子本來就是明朝混亂朝政中的一筆糊塗帳。

知識連結

「梃擊案」：萬曆四十三年五月初四，有一身分不明的男子手持一根棗木大棍，闖入太子所居的慈慶宮，試圖加害太子。這時被太監韓本用發現，韓大聲呼喊，七、八名宦官一齊擁上，將兇犯捉住。此人為薊州男子張差，進京實由太監龐保、劉成等人保護，而龐保、劉成是鄭貴妃的親信，所以這件事和鄭貴妃與太子爭儲有關。後來萬曆皇帝為了保護鄭貴妃，就殺了張差和兩名宦官了事。

「移宮案」：明光宗朱常洛登基後，把十分得寵的李選侍帶進乾清宮。乾清宮地位非常尊貴，住進乾清宮似乎便取得了皇后般的地位。李選侍又有照顧兩個皇子的權利，皇后的地位似乎馬上就可得到。但是光宗僅當了一個月皇帝就死了，這樣李選侍就必須離開乾清宮。可是她卻賴著不走，先是要封皇后，後來又要封太后。廷臣屢上章奏，要李選侍離開乾清宮。一直拖到九月五日熹宗登基的日子，李選侍仍然不離開乾清宮。朝中一班大臣齊聚乾清宮門前呼喊，李選侍只好匆匆遷出了乾清宮，這就是「移宮案」。

明熹宗——深宮中的木匠

1620年9月，明光宗朱常洛英年早逝，病死在皇位上，其長子朱由校自然成為當之無愧的繼承人，登上了真龍天子的寶座。既然是天子，必然會有至高無上的權威，享不盡的榮華富貴，隨之而來的，便是要對整個大明王朝的臣民負起責任。尤其是明代廢除了宰相制度，於是皇帝對所有的政務都要親自過目，每天有無數的奏摺要處理，可以說是非常勞累。

然而，對於明熹宗朱由校而言，處理政務、當好皇帝卻遠不是他心目中的理想生活。他從小心靈手巧，無意間對木匠活產生了濃厚的興趣，凡是製造木器一類的活，他都要親自操作一番，同時，他更喜愛自己親手製作各種各樣的奇巧木器，他手造的漆器、床等，都是精美絕倫，出人意料。

據史料記載，當時匠人所造的床，極其笨重，用料多，樣式也極普通。熹宗就自己設計圖樣，一年多工夫便造出一張床來，床板可以折疊，攜帶移動都很方便，樣式美觀大方，當時的工匠無不嘆服。他還善做小玩具，他做的小木人在市面上十分搶手，熹宗更加樂在其中，廢寢忘食，令人驚嘆。

明熹宗還醉心於建築，他曾在庭院中仿照乾清宮製作小宮殿，高不過三、四尺，巧奪天工。天啟五年到天啟七年，太和殿、中和殿和保和殿進行了規模巨大的重造工程，明熹宗幾乎每天都會親臨現場，經常親自動手。常常是房屋造成後，高興得手舞足蹈，反覆欣賞，從不厭倦，把治國的事情早就拋到九霄雲外了。奸臣魏忠賢就利用這點長期把持朝政，還利用一切時機讓明熹宗只關心自己的木匠活，把國家大事都交給了自己，魏忠賢自然肆意妄為，專權誤國。

後人感嘆，如果朱由校不做皇帝，肯定會是一個很好的木匠。但感嘆歸感嘆，古代專制體制下，只有君王聖明，國家才能長治久安，否

一本書讀懂中國歷史謎案

則，一切都無法挽救。

知識連結

明熹宗自己在深宮做木匠，而以魏忠賢為首的閹黨就在朝中把持大政，加深了對百姓的盤剝，使得民不聊生，政治極度黑暗，這必然導致了人民的反抗。天啟元年，白蓮教起義、徐鴻儒起義、陝西王二起義等地方起義此起彼伏。山海關外，明熹宗不辨是非，先是罷免遼東經略熊廷弼，致使後金勢力逐漸壯大，攻陷瀋陽、遼陽，進逼寧遠（今遼寧興城）。接著又在閹黨策劃下，盲目殺了堅持正確方略的熊廷弼，遼東戰局陷於重重危機。同時，荷蘭人於1624年登上臺灣島，大明王朝很快又失去了臺灣。

嘉靖皇帝為何自稱「紫極仙翁」

明朝的皇帝真是一個比一個昏庸、愚蠢。前面提到了「宮廷木匠」明熹宗，後來，又有一個「宮廷道士」明世宗朱厚熜。

明世宗朱厚熜，1521～1566年在位，年號嘉靖。此人頗為奇特，在他剛剛登基的前幾年，頗有一番鬥志，要效法太祖朱元璋的宏圖大略，創一番帝王之業。起初果然革除弊政，朝政為之一新。他還重視內閣，注意裁抑宦官權力，加強了集權。當時的大臣也認為此君王英明神武，堪比朱元璋。然而，不知為何，他忽然迷上了道教，迷上了修道成仙，長生不老之事，日漸腐朽，這是何故？

原來，幼年時的朱厚熜在湖北一帶生活，此地道教盛行。他從小耳濡目染，加之他天生體弱多病，當上皇帝後，就把益壽延年的希望寄託在道教上。於是，他按照道教修煉的要求，浪費大量民脂民膏，興建齋戒之所，每年費用數百萬兩白銀，壇廟修成，需要進香，當時最珍貴的

就是龍涎香。他就下令進貢龍涎香者加官進爵，一時間朝野上下都為了尋找龍涎香而上下奔波，其奢侈浪費，簡直令人髮指。

嘉靖皇帝一直渴望修道成仙，在天下四處尋找那些有仙術的人，因此嘉靖一朝，自稱「神仙」、「真人」的人雲集京城。而嘉靖皇帝本人除了修煉道法外，還不斷自封道號。嘉靖三十五年（1556年），他自封為「靈霄上清統雷元陽妙一飛天真君」。不久，又加號為「九天宏教普濟生靈掌陰陽功過大道思仁紫極仙翁一陽真人元虛玄應開化伏魔忠孝帝君」。還自封為「太上大羅天仙紫極長生聖智昭靈統三元證應玉虛總掌五雷大真人玄都境萬壽帝君」。百姓都稱他為「紫極仙翁」。

這位「紫極仙翁」道士皇帝，長時間地服用所謂的仙丹，幻想有一天仙藥讓他成神，但是，他萬萬沒想到會因此而一命嗚呼，嘉靖四十五年冬天，他的成仙夢終於破滅，與世長辭了。

知識連結

早在嘉靖皇帝由湖北進京的時候，未即位的嘉靖皇帝與朝臣們就迎接的禮儀發生了爭執，結果以朝臣的妥協告終，緊接著，嘉靖皇要求稱自己的親生父親為皇考，這一點對於尊崇先師孔子禮教的大臣們來說是無法同意的。他們要嘉靖皇帝遵守規定，以過繼給孝宗皇帝當養子的身分來入繼大統。但朝廷中也有人支持皇帝，是為「議禮派」。由於嘉靖皇帝的支持，議禮派的隊伍不斷擴大，雙方的鬥爭也日趨激烈，致使許多正直的大臣或死或引退，而佞臣卻乘機竊取了朝政大權，使弊政重興。而嘉靖皇帝也開始對朝政的混亂感到厭倦。

謀刺皇上的宮女楊金英

在禁軍保衛森嚴，三步一崗、五步一哨的紫禁城內，竟然發生過宮

女謀刺皇帝的案件，你是否相信？這話得從明朝的嘉靖皇帝說起，這個嘉靖皇帝自小在道教盛行的湖北長大，耳濡目染之下，他自然對修道成仙十分迷信。當上了皇帝之後，他愈發想要長生不老，就苦苦修煉所謂的道家方術，不惜花費大量黃金白銀，構築著自己得道成仙的美夢。

不僅如此，他還召見了當時有名的一些自稱「神仙」、「真人」的道士，與他們交談、學習。有一次，他無意中得知，未經人事的宮女的經血配合入藥煉丹，可保長生不老，因此在民間大量徵集十三、四歲的宮女入宮，並命方士利用她們來煉製丹藥。根據道教規定，為了保持宮女的潔淨，宮女們不得進食，而只能吃桑、飲露水。許多宮女被折磨得苦不堪言，於是，以楊金英為首的宮女們決定起義。她們策劃趁嘉靖帝熟睡之時，用麻繩將之勒死。明朝皇帝的寢宮是紫禁城內的乾清宮，嘉靖年間的乾清宮，暖閣設在後面，共9間。每間設床3張，或在上，或在下，共有27個床位，皇上可以從中任選一張就寢。因此皇上睡在哪裡，誰也不知道。這種設置使皇上的安全大大加強了。然而，誰又能防備那些守在他身邊的宮女呢？

嘉靖二十一年十月二十一日凌晨，嘉靖皇帝正在乾清宮西暖閣熟睡，宮女楊金英領著十幾個年輕柔弱的宮女和兩個妃子，慢慢逼近了皇帝的寢室。「我們下手吧！不能死在他手裏！」她們有的蒙面，有的按腿，有的拉胳臂，另幾個把繩子套在嘉靖皇帝的脖子上使勁勒。由於一時慌亂，她們不小心把繩子結成了死扣，無法勒緊。嘉靖皇帝雖被勒得差點氣絕，但沒有死。其中的兩個妃子一看事態不妙，就扔下了其他宮女，向皇后報告，想藉此得以寬恕。皇后立即帶人救下了氣息奄奄的嘉靖帝。這些宮女被捉住後，全部斬首。

由於此事發生在壬寅年（嘉靖二十一年，1542年），所以被稱為「壬寅宮變」。雖然最終失敗身亡，但這些宮女勇於反抗的精神卻將永遠激勵著後世的人們反抗專制、爭取自由。

張璁：嘉靖初期藉「大禮議」事件成為內閣首輔。張璁在位期間，堅決清理莊田，但政治鬥爭比較頻繁。在與夏言爭權奪勢的過程中失敗辭官。可以說，嘉靖一朝的政治鬥爭就是由張璁開始。

夏言：張璁之後的內閣首輔，為人清正廉潔，對國事操勞尤佳，並為以後在水深火熱之中的明朝提供了一個人才——徐階。

嚴嵩：著名奸臣，和其子嚴世蕃獨斷專行，貪污受賄，促使大明王朝在嘉靖時期開始衰落。

徐階：夏言提拔的人才，正是這個人所提拔的張居正讓明朝在萬曆年間有所回升。

袁崇煥因何被殺

萬曆四十五年，曾經擁有強大國力、能夠派遣船隊七下西洋的明朝走到了它的暮年，逐漸失去了往日的朝氣，變得腐化不堪。而東北新興的後金政權在其領袖努爾哈赤的領導下，實力漸漸增強。後金於是看準良好時機，大舉起兵，向明朝進攻。他們英勇善戰，軍紀嚴明，士氣高昂，一路過關斬將，迅速逼近了明朝的東北門戶——山海關。而此時的明朝君臣，方寸大亂，不知如何是好。

就在此危難時刻，袁崇煥挺身而出，投筆從戎，出鎮山海關。努爾哈赤率兵13萬，攻打早就孤立無援的寧遠城，卻被袁崇煥的一萬守軍打得大敗而歸，努爾哈赤本人也受了傷。努爾哈赤馳騁沙場數十年，哪裡嘗到過這樣被明朝的「老弱殘兵」打敗的滋味？心中自然鬱悶不已，不久就憂憤而死。一年後，繼位的皇太極為了替父親努爾哈赤報仇，親率兩黃旗兩白旗精兵，圍攻寧遠、錦州，誰知依然損兵折將，他本人則連夜潰逃。袁崇煥從此威震遼東，令清兵聞風喪膽。

崇禎二年十月，皇太極又率領大軍，繞過袁崇煥駐防的遼東，直抵北京城下。袁崇煥急馳300餘里，回援北京。崇禎皇帝把全部的勤王軍交給他指揮，以9000士兵與皇太極10多萬大軍對陣於廣渠門外，戰士無不以一當十，終於擊退清兵，保住了京師。

但是，就是這樣一位國之長城，竟然被崇禎皇帝殺了，實在令人費解！

一種說法是，史籍記載，在袁崇煥與後金軍在廣渠門外廝殺之時，引起北京城外的戚畹中貴的極度不滿，他們紛紛向皇帝告狀：袁崇煥名為入援，卻聽任敵人的鐵騎劫掠焚燒民舍，致使這些中官的莊園和田舍被敵人踐踏殆盡。這是一個多麼可笑的理由！但更可悲的是，崇禎皇帝竟然聽信了這些人的無稽之談，將袁崇煥逮捕入獄了！

也有一種說法認為，是皇太極使用了反間計，讓崇禎皇帝相信袁崇煥與滿人有密約，崇禎皇帝中計，以為袁崇煥謀反。

崇禎三年（1630年），經過半年多的審判，袁崇煥以「通虜謀叛」、「擅主和議」、「專戮大帥」的罪名被處死在北京甘石橋。行刑前，袁崇煥留下遺言：「一生事業總成空，半世功名在夢中。死後不愁無將勇，忠魂依舊保遼東。」

可嘆歷史為何總是有這麼多謬誤，為什麼在關鍵時刻總是發生類似的悲劇，實在令人無法想像。

知識連結

明思宗朱由檢（1611～1644年），是中國歷史上最為勤勉，同時也是最具悲劇色彩的皇帝，他實在是「有心殺賊，無力回天」。天啟七年八月丁巳，崇禎即位。他採取一系列舉措，雷厲風行地清除了魏忠賢和客氏的勢力，鞏固了自己的政權地位，閹黨之禍逐漸澄清，使得朝野上下精神為之一振。然而初登皇位的崇禎，在誅滅魏忠賢勢力的同時，也促使明末龐大的文官勢力更加膨脹。當時的明朝，內亂、外患、地方勢

力割據、龐大的文官集團把持朝政等各種弊病叢生，整個明帝國可謂內憂外患，風雨飄搖。崇禎勤儉勤勉，兢兢業業，付出全部的精力與明末龐大的文官集團對抗，17年來用盡心力意圖復興明室，卻無力回天，最終北京城破，自縊於煤山上。

戚繼光是否曾真的斬子

在中國東南沿海一帶的民間，人們十分尊崇的一位英雄就是明代抗倭名將戚繼光。戚繼光（1528～1588年），字元敬，號南塘，晚號孟諸，山東蓬萊人。戚繼光出身將門，自幼便立志馳騁疆場，保家衛國，曾揮筆寫下「封侯非我意，但願海波平」的著名詩句。戚繼光17歲時承襲了父祖歷任的登州衛指揮僉事之職，25歲時被提升為署都指揮僉事，擔負起山東沿海防守海疆、抵抗倭寇的重任。

明代正統年間，由於朝政腐敗，軍備廢弛，中國東南沿海的倭寇日益猖獗，這些劫掠中國沿海的日本武士和浪人殺人放火，劫掠財物，無惡不作。嘉靖年間，倭寇之患發展到了極點。他們與海盜汪直、徐海等人相勾結，使人民的生命財產遭受極大的威脅。

為了剿除倭寇之患，嘉靖三十四年（1555年），戚繼光被調任到倭患最為嚴重的浙江主持抗倭。戚繼光改變防備鬆弛的現狀，從當地的漁民、散戶中招募新軍，並加以嚴格的訓練，形成了紀律極其嚴明、能征善戰的隊伍「戚家軍」。正因為如此，才有了戚繼光斬子故事的發生。在福建莆田，這一故事還被改編為閩劇《戚繼光斬子》，以藝術的形式在民間廣為流傳。這個故事到底是不是歷史事實？如果是，發生在哪裡？

有一說認為，一次，戚繼光率軍隊在台州府圍剿一股逃竄的倭寇，為了徹底消滅這股倭寇，戚繼光立即命自己的兒子戚印為先鋒，率領軍

隊抄近路在白水洋常風嶺一帶伏擊。戚繼光一再交代戚印，不要急於求勝，要佯裝失敗，將敵人誘至仙居城外再予以反擊，以迫使城中的倭寇出援，一舉殲滅，違反軍令者要按軍法處置。但是，戚印見到倭寇在這一帶胡作非為後，氣憤萬分，再也沉不住氣，將父親的囑咐拋到腦後。後來戚印率軍回營，戚繼光勃然大怒，要以軍法處置，任憑將士們如何求情，還是斬了兒子。後來當地的百姓懷念戚公子，便在常風嶺上為他建造了一座太尉殿，據說這座大殿的殘跡至今猶存。

還有人根據《仙遊縣誌》中：「繼光至莆田，將出師，煙霧四塞，其子印為前鋒，勒馬同，求駐師。繼光怒其犯令，殺之」的記載，指出戚繼光斬子的故事應該就是發生在福建莆田，斬殺兒子為戚印。

那麼，史學家如何看待這些傳說呢？戚繼光斬子的故事，在《明史》、《罪惟錄》、《明書》和汪道昆的《孟諸戚公墓誌銘》、董承詔《戚大將軍孟諸公小傳》、《閩書》中的《戚繼光傳》等較為可信的史料中均無記載，戚繼光後人所編著的《戚少保年譜耆編》中也沒有關於此事的記載。而且根據《戚繼光墓誌銘》的記載，戚繼光的子女中，並無傳說故事中的長子戚印這個人。因此，許多歷史研究者認為，戚繼光斬子之事並不存在。民間之所以會有這樣的故事流傳，也許是人們根據戚繼光將軍治軍嚴明，軍紀如山的特點演繹出來。

知識連結

「倭寇」是13世紀至16世紀期間，以日本為基地，活躍於朝鮮半島及中國大陸沿岸的海上入侵者。曾經被歸於海盜之類，但實際上其搶掠對象並不是船隻，而是陸上城市。他們的活動範圍曾遠至東亞各地、甚至是內陸地區。倭寇的組成並非僅限於日本海盜，由於這批海盜最初都來自日本（當時稱為倭國），所以被統稱為「倭寇」。

李自成真出家當了和尚嗎

「迎闖王，不納糧」，這句流傳千百年的歌謠，深刻反映出廣大民眾對李自成的支持和擁護，亦成為李闖王傳奇生平的最大亮點。入京後的李自成集團志得意滿，在勝利的果實面前迷失，最終兵敗如山倒，李闖王本人亦下落不明。

一代英豪竟落得如此下場，令後人扼腕痛惜，更令人猜測：李自成究竟去了哪裡？

剛開始的記載是，李自成在湖北九宮山一帶遇難身亡。但是，這個「遇難」說卻難以令人相信。因為李自成雄才大略，驍勇非常，他退居湖湘時，手下還有40餘萬兵馬，駐九宮山一帶至少也有數萬人。如果李自成真的被殺，他的幾十萬大軍豈能善罷甘休？九宮山能平靜嗎？而事實上，當時九宮山很平靜，那幾十萬大軍也很平靜，因而，從反面證明，李自成未死！

於是很多人猜測，李自成跑到了夾山寺當和尚，隱居起來。據說，清朝初年，即將上任的雲南同知張涼伯在赴任途中，遊訪石門夾山寺，與寺中方丈談古論今，頗為投緣。幾年後，他又重訪夾山寺，不料方丈已死。悼念之中，方丈的徒弟告訴他：方丈就是當年的闖王李自成，當時在九宮山死去的，乃是他的部將孫某。又有人說，乾隆初年，澧州知州何某在夾山寺中親眼見過一幅李自成的畫像，稱作「奉天玉大和尚」。

1981年，考古學家為證實此傳聞，在夾山寺一帶進行了考古發掘，結果發現了奉天玉大和尚墓。墓中的一個瓷壇中盛的遺骨，與李自成身材相近，而更令人驚奇的是，墓中陪葬物與李自成家鄉陝西米脂縣的習俗相同！

但很多人對此說法並不認同。奉天玉大和尚墓等的發現，只能說明石門夾山寺確實有奉天玉大和尚這個人，並不能證明奉天玉和尚就是李

一本書讀懂中國歷史謎案

自成。他們提出的反駁證據之一，就是李自成生前左眼曾受箭傷失明，但李自成畫像卻雙目炯炯有神，以此證明，奉天玉大和尚並不是李自成。

　　但是，關於李自成下落何處，仍然是眾說紛紜，究竟何者為是，實在令人無所適從。

知識連結

　　李自成（1606～1645年），明末起義軍領袖。崇禎二年（1629年）起義，後為闖王高迎祥部下的闖將，勇猛有膽略。高迎祥犧牲後，他繼稱「闖王」。當時中原災荒嚴重，社會問題極度嚴重。李自成提出「均田免賦」等口號，獲得廣大人民的歡迎，散布「迎闖王，不納糧」的歌謠，部隊發展到百萬之眾，成為反抗軍中的主力。崇禎十七年（1644年），他建立大順政權，並攻克北京，推翻了明王朝。由於犯了勝則必驕的錯誤，逼反了吳三桂，滿人貴族入關，聯合進攻起義軍。他迎戰失利，退出北京。永昌二年（1645年）在湖北通山九宮山考察地形，李自成神祕消失，也有人認為他被殺害。

天地會是怎麼起源的

　　天地會又名「洪幫」、「洪門」。是清初興起的一個以「反清復明」為宗旨的重要的祕密組織。當年雖經清廷捕殺，仍屢屢崛起，頑強抗爭。然而，關於它的起源，卻有多種不同說法。天地會起源之謎被稱為洪門學術史上的「哥德巴赫猜想」。

　　有說法認為天地會起源於清朝康熙年間，地點在廣東。根據是天地會的祕密檔上稱，康熙年間，福建少林寺眾僧幫朝廷平定了西魯番，但朝廷隨後卻焚毀了少林寺，倖存的5位僧人逃至廣東惠州長林寺，與萬雲

龍等人結成了天地會，立志反清復明。

還有人認為天地會是在明末清初的1644年，由居住於南城縣的明益藩羅川王、永寧王等宗社黨核心人物創建。根據是南城縣有龐大的明益王墓群，和天地會最古老的內部文件——姚大羔所藏的《會簿》。

另有說法認為，天地會起源於清朝雍正年間，由鄭成功以前的部下所組建。根據是藏在英國倫敦的原抄本《西魯敘事》和《西魯事》兩書。

還有說法認為，天地會起源於清朝乾隆年間，由福建漳浦縣的洪二和尚所創建。根據是清政府當時追查、鎮壓天地會的檔案。

以上觀點各有根據，所以天地會起源之謎至今仍無定論。

知識連結

清前期除了天地會本名外，還有添弟、小刀、雙刀、父母、三點、三合等十餘種名目。鴉片戰爭後又出現了哥老會等大量分支（哥老會後發展為獨立的祕密結社），以致各地山堂林立，成為天地會一大特點。鴉片戰爭後，天地會發動的武裝起義影響更大。重要的有廈門小刀會起義、上海小刀會起義。但進入民國時期以後，國內的天地會組織大多成為少數人爭權奪利的工具或淪為統治階級的幫兇。海外的洪門組織，則大多數仍繼續作為團結華僑的重要聚會而存在，只有少數成了黑社會組織。

吳三桂有沒有降清

「慟哭三軍皆縞素，衝冠一怒為紅顏」，這兩句詩來自吳偉業著名的〈圓圓曲〉。千百年來，口耳相傳，幾乎成為晚明降清將領吳三桂的標誌性符號。但是，歷史總是會被許多迷霧和困惑籠罩，吳三桂降清事

件也不例外，在似乎已經鐵案如山的證據背後，還隱藏著什麼罕為人知的細節呢？

　　認為吳三桂降清的一方提出兩點理由：第一，清朝最高統治者視吳三桂為降將，如清攝政王多爾袞為了獎勵吳三桂在戰爭中的功勞，「授三桂平西王勒印」。後來清帝要除去吳三桂爵位時，也把他稱為降將。《清聖祖仁皇帝實錄》就說：「逆賊吳三桂窮蹙來歸，我世祖章皇帝念其輸未投降，授之軍旅。」第二，吳三桂入關後的所作所為也表明他已真心降清，吳三桂打著為明王朝復仇的旗號引清入關，但是在南明政權的福王多次派人拉攏吳三桂時，吳三桂卻斷然拒絕。可以看出，不管當初引清兵入關時吳三桂是怎麼想的，但在清兵入關後，他就投降了清朝，為了向清王朝表示他的忠心，他立下赫赫戰功，十分賣力，儼然成為清廷平定天下的一把利刃。

　　而認為吳三桂並未「降清」的人則認為，北京失守後，形成了三股政治勢力鼎立的局面，即吳三桂、大順軍、清王朝。而吳三桂勢力最弱，同時考慮到其父親吳襄被大順軍扣押、愛妾陳圓圓受辱，吳三桂選擇了聯合清朝的道路，但這並不能說明他投降清朝。主要理由是：首先，吳三桂一貫抗清，不會輕易就「衝冠一怒為紅顏」。在任遼東寧遠總兵期間，吳三桂曾多次參加抗清，甚至在明清松錦戰役後，明軍明顯處於下風的情況下，吳三桂對勸降函都「答書不從」。其次，多爾袞在山海關之戰勝利的當天，封吳三桂為平西王，又將一萬步兵交給吳三桂。可見，多爾袞依然要靠政治手段來拉攏吳三桂，他沒有降清。同時，在這次戰鬥之後，吳三桂在發表的檄文稱「周命未改，漢德可恩」、「試看赤縣之歸心，仍是朱家之正統」，倘若吳三桂已降，也不會發布這樣的檄文。第三，後來在攻陷北京時，吳三桂欲立朱明太子，又「傳帖至今，言義兵不日入城，凡我臣民為先帝服喪，整備迎候東宮」，但是多爾袞阻止了他，他勢單力薄，無法行動。

　　隨著歷史進程的發展，吳三桂最終還是以藩王的身分舉兵叛亂，其

意圖究竟是反清復明還是個人權利欲擴張，我們今天已經無法得知。而他的降清謎團也依舊無法定案。

知識連結

吳三桂（1612～1678年），字長白，明末清初遼東人，祖籍高郵。以父蔭襲軍官。崇禎時為遼東總兵，封平西伯，鎮守山海關。清順治十六年（1659年），鎮守雲南，清康熙元年（1662年），吳三桂被封為平西親王，永鎮雲貴。清康熙十二年（1673年）下令撤藩，吳三桂叛清，聯合平南王世子尚之信、靖南王耿精忠及廣西將軍孫延齡、陝西提督王輔臣等以「反清復明」為口號起兵反清，史稱三藩之亂。康熙十七年（1678年），吳三桂在湖南衡州稱帝，國號大用，建元昭武，同年秋在長沙病死。清軍平定雲南後，被掘墳折骨。

孝莊太后是否下嫁多爾袞

孝莊太后博爾濟吉特·布木布泰，是清太宗皇太極的妃子，她13歲出嫁，一生經歷過努爾哈赤、皇太極、順治皇帝福臨、康熙皇帝玄燁四代帝王。而她與睿親王多爾袞的關係，數百年來一直是人們津津樂道的話題。歷來的宮闈之事就是如此，其中的糾葛錯綜複雜，令人難見其全貌，更無法得知事實的真偽。

史書記載，她與多爾袞差不多年紀，是多爾袞的嫂子；後來，多爾袞迎娶了她的姑姑為妻，多爾袞又成了她的姑父。在盛行多種婚姻制度的蒙古與女真人中，這種情形十分常見。

康熙二十六年十二月，康熙遵照太皇太后的懿旨，將孝莊生前居住的慈寧宮拆遷移建到孝陵附近的昌瑞山下，直到雍正三年（1725年）才正式建陵安葬。但奇怪的是，孝莊陵並沒有像其他葬於清東陵的皇族一

樣葬在風水牆的內側，而是被葬在風水牆的外邊。孝莊為什麼不肯葬回皇太極的身邊，孝莊的陵墓又為什麼被葬在風水牆的外邊呢？這種奇怪的葬制要從問題的源頭——孝莊曾經下嫁多爾袞的傳聞開始說起。

贊成者認為，孝莊太后之所以不願意回關外與皇太極合葬就是因為曾經下嫁多爾袞，無顏相見於地下。從當時的形勢來看，多爾袞在入關之後權勢極大，總攬朝綱，掌握軍權，可謂真正的攝政王。所以孝莊和順治為了穩住這位攝政王，先後加封其為「叔父攝政王」、「皇叔父攝政王」，進而又不惜下嫁給多爾袞，稱其為「皇父攝政王」。其實，根據滿族的風俗，兄終弟娶其嫂的禮俗一直存在，因此孝莊下嫁多爾袞並沒有什麼值得質疑的。同時代的南明遺民張煌言〈建夷宮詞〉一詩中說道：「上壽殤為合卺尊，慈寧宮裏爛盈門，春官昨進新儀注，大禮恭逢太后婚。」這裏面就明確說出太后下嫁之事，看來，此事已成定案。

但持反對意見的一派也有證據。孝莊與多爾袞從早年就相互傾慕的說法並沒有真實的證據。孝莊是兩朝皇太后，曾經擔負過輔佐兩任君主的重任，如果孝莊曾下嫁多爾袞，她就變成了王妃，怎麼會有皇太后和太皇太后的身分呢？順治稱多爾袞為「皇父攝政王」並不稀奇，古代中國皇上稱有功的大臣為父並不奇怪，古代就已經有過稱大臣為尚父、仲父的先例。張煌言是前明遺臣，他從漢人的角度來詆毀清朝君王不合禮俗也是可能的，更何況他本人在江南，如何得知其中細節？倘若真有太后下嫁之事，那麼在當時朝鮮的《李朝實錄》中應該有所記載。因為當時清朝的詔書都會將之發給藩屬國朝鮮一份。但其實沒有，這就難以支持了。因此，孝莊下嫁多爾袞之事純屬野史小說中的傳言，不是史實。

可見，孝莊下嫁多爾袞之事仍然是一大疑點，沒有最終定論。或許，這件事只是在特殊歷史環境（清初的民族衝突）下產生的傳說。

知識連結

清太宗皇太極妃，諡號孝莊，蒙古科爾沁部貝勒寨桑之女。她是清

朝歷史上一位舉足輕重、頗受關注的人物。在後金的一步步成功中，她逐漸捲入一場又一場政治鬥爭的漩渦，並展示出了她卓越的政治才華，逐步確立了穩固的地位並成為清初政壇上一個舉足輕重的人物。

順治皇帝真的出家了嗎

清世祖愛新覺羅・福臨——順治帝，是清朝入關以後第一位皇帝，他短暫的一生只有24年，卻給這段歷史留下了諸多疑雲。順治出家一事，就是清史的一大疑案。在民間傳說看來，在自己心愛的董鄂妃去世後，順治帝終於萬念俱灰，遁入空門了。當時他寫下了一首詩：

我本西方一衲裟，為何生於帝王家？

天下萬事紛紛擾，不如空門補破衲。

詩中表達出的從絕望到看破紅塵的心路歷程，令人不得不相信，他從此真的選擇了空門。傳說、確鑿的詩句，再加上順治帝一生信奉佛教，凡此種種使得這個說法很難辯駁，幾乎成了定案。支持者還提出了幾大證據：

第一，康熙曾四次上五臺山，據說是看望父親。順治死後，康熙觸景生情，賦詩一首：「又到清涼境，巉巖卷復垂。勞心忪自省，疲骨久鳴悲。膏雨隨芳節，寒霜惜火時。文殊色相在，惟願鬼神知。」

第二，順治生前酷愛佛法，他結識了著名高僧憨璞性聰，還有玉林、木陳、溪森等當世高僧，並經常請他們到宮中宣講佛法，董鄂妃死後，他強令溪森和尚為他落髮為僧。皇太后著急了，火速叫人把溪森的師父玉林召回京城，玉林要燒死溪森。順治帝無奈，只好作罷。

但是，並不是沒有反證。反對者根據許多官方的記載，認為順治沒有出家，而是死於天花。據順治最寵信的漢族大臣王熙在年譜中記載，順治十八年初六日夜，他被順治召入養心殿，順治說：「朕患痘，勢將

不起，爾可詳聽朕言，速撰詔書。」不久順治就去世了。

反對者還指出，當日順治帝要出家被阻止後，為了彌補自己的罪過，就讓太監吳良輔替自己出家，這就說明他並沒有成功出家。而且，史料明確記載，正月初二，皇帝到憫忠寺觀看太監吳良輔削髮為僧儀式，而過了幾天，大臣們才知道順治帝染上了天花，整個皇宮籠罩在嚴肅的氣氛中，據官員張宸記載：「上傳諭民間勿炒豆，勿燃燈，勿潑水，始知上疾為出痘……十四日，焚大行御冠袍、器用、珍玩於宮門外。時百官哭臨未散，遙聞宮中哭聲，沸天而出，仰見皇太后黑素袍，御乾清門台基上，南面，扶石而立，哭極哀。」在西洋人湯若望的記載中，也是這樣。

如此看來，順治帝雖然極力要出家，卻被及時阻止了，即使他心有餘，但是後來患了天花之後，已經無法實現自己的夙願了，最終溘然長逝，給今人留下了一個大謎題。

知識連結

順治名愛新覺羅・福臨（1638～1661年），是清太宗愛新覺羅・皇太極的第九子。崇德八年（1643年）即位，時年6歲，由叔父睿親王多爾袞及鄭親王濟爾哈朗輔政。1644年改元順治，9月自盛京遷都北京。他是清朝入關後的第一位皇帝。隨著年齡增長，他開始擺脫傀儡地位，為加強皇權，他廢除了諸王貝勒管理各部事務的舊例，又採取了停止圈地，放寬逃人法等一系列緩和民族衝突的措施。儘管順治很想有番作為，但終因他周圍尚未形成一支以他為主導的強有力的政治勢力，致使他在與朝中反對漢化的勳舊大臣的較量中敗下陣來。

康熙皇帝如何智擒鰲拜

在金庸小說《鹿鼎記》中，陰差陽錯地進入皇宮、又在機緣巧合之下與康熙成為摯友的韋小寶，協助康熙訓練了一批善於摔跤的少年，最終智擒了鰲拜。但這畢竟是小說，那麼，在真實的歷史記載中，康熙真的為了剷除權臣鰲拜而專門訓練摔跤手嗎？

故事得先從鰲拜說起，歷史上確實有鰲拜這個人，此人來頭不小，是清朝的三代元勳，他追隨皇太極立下了赫赫戰功，號稱「滿洲第一勇士」，被順治皇帝超升為二等公，同時還是議政大臣。按照順治帝的遺詔，由索尼、遏必隆、蘇克薩哈、鰲拜四大臣輔政。但鰲拜有此地位後，結黨營私，日益驕橫，竟發展到不顧康熙的意旨隨意剷除異己的地步，引起朝野驚恐。更有甚者，他甚至和自己的私黨在家辦公，將決策結果告訴康熙後，就強迫康熙下旨實行。

當時年少的康熙可謂初生牛犢不怕虎，他開始了一系列的行動，準備剷除鰲拜，當然，由於先王遺詔，他不能對鰲拜公開動手，幾經考慮，心生一計。他佯裝不理朝政，一切交由鰲拜辦理。而自己則開始進行真正的行動：挑選並訓練幾十個摔跤手，每天做「布庫之戲」。「布庫」在滿語中的意思就是摔跤。鰲拜見此，以為只是小孩子把戲，沒放在心上，繼續自己的權力迷夢。

不到兩年，這批少年已經練得身強力壯，技藝精湛，於是，康熙準備收網行動了。一天，他召見鰲拜。鰲拜剛進入御書房，這幾十個少年摔跤手就一起衝上，任憑鰲拜是第一勇士，也抵不過這麼多經過精心訓練的強壯少年，終於被就地擒拿。被逮捕的鰲拜自然是再也無法施展往日的威風，大臣們自然紛紛上奏，歷數鰲拜惡行。最終，鰲拜儘管沒有被處死，但在監獄中度過了餘生。

許多野史都記載了康熙訓練這些少年的獨特方法，讀來十分有趣，據說，康熙這一招，滿朝文武都沒有看出其用心，只有他的祖母孝莊文

皇后有所察覺，並給予了支持。而年方少年的康熙也正是經過此次鬥爭，顯露出他不凡的才智和一代帝王的潛能。

知識連結

驚拜作為議政王大臣，為什麼有這麼大的權力？原來，在皇太極之後，逐漸形成了宗室貴族中的王與八旗固山額真、議政大臣共同議政的形式，最初議政王大臣權力極大，皇位繼承這樣的重大決策都由議政王大臣會議決定，議政王對之加以不斷改進，從而真正形成了比較完美的祕密建儲制度。

沒想到，拜該制度所賜，中國歷代王朝屢有發生的諸王子為爭奪儲位頭破血流甚至朝政大亂的現象，在清代竟然消失了。對康熙而言，祕密立儲制度的形成，實在是無心插柳柳成蔭。

雍正是如何取得皇位的

康熙死後，其第四子胤禛在激烈的皇位爭奪中登上了皇帝的寶座，是為雍正帝。但雍正帝究竟如何取得皇位的，卻是一個千古之謎，他是按遺詔之言繼位還是篡位，眾說紛紜。

在民間傳說中，雍正是非法的，是篡位奪權。

傳言說康熙本意是要將皇位傳於其十四子，在其死後胤禛死黨隆科多將康熙遺詔中的「傳位十四子」中的「十」改成了「于」，於是遺詔成了「傳位于四子」；還有人認為是隆科多假傳聖旨，擁立胤禛為皇帝。於是出現了「矯詔篡立說」和「盜改遺詔說」兩種說法。

而又有說法認為，雍正即位是合法的，可信的。

官書中記載，康熙曾說：「皇四子胤禛人品極好，令人敬重，與朕很相似，因此他肯定能夠繼承大統，承襲皇位。」康熙死後，隆科多即

向胤禛宣布「遺詔」。胤禛聽後昏撲於地，痛不欲生，而胤祉等其他兄弟則向胤禛叩頭，並勸他節哀順變，因此雍正就履行新皇帝的職權，主持康熙的喪葬之事。

但是，雍正稱帝後，大肆誅戮、貶斥功臣、兄弟、文人等，使得雍正嗣位之謎更加撲朔迷離。

知識連結

雍正皇帝治國崇尚務實，一再提倡「為治之道在於務實，不尚虛名」，在制度的改革與重建中成績卓著，攤丁入地、開豁賤籍、改土歸流尤其值得稱道。此外，雍正還有許多值得稱道的政績，如懲治貪污、解放賤民、平定羅卜藏丹津、始派駐藏大臣等，為中國的發展作出了貢獻。

嘉慶為何要殺掉和珅

乾隆六十一年，自封為「十全老人」的乾隆皇帝終於讓出坐了60年的皇帝寶座，以禪讓的名義傳給了嘉慶。然而，乾隆留給他兒子的並非康乾盛世，而是一個問題叢生的社會，吏治腐敗，民生艱難，軍隊渙散。

嘉慶上臺後的第一項重大舉措，就是迅速設計將和珅及其同黨捉拿，並殺之而後快。嘉慶為什麼非要殺和珅不可？這個問題看似很簡單，「和珅跌倒，嘉慶吃飽」，這句話可以說是婦孺皆知。和珅富可敵國，將和珅打倒，沒收家產，其收益無疑是驚人的。更何況，大清的國庫已經被奢侈腐化的乾隆花到成了虧空，此舉不是一舉兩得？

但問題恐怕沒有這麼簡單。單單一個大貪官，也許在嘉慶帝看來並不算什麼，只要他還忠心為自己服務，並帶領著手下那些數量驚人的投

靠官員為朝廷做事，豈不是更好？試想，和珅的同黨遍布天下，遍布朝廷各個要害部門，如果真的觸動了他們，誰來為朝廷服務？如果嘉慶真的痛恨貪官汙吏，那他就不會對和珅的那些重要同黨網開一面，甚至後來還允許他們繼續擔任要職了，畢竟，沒有官員做事的皇帝只是個「光桿司令」，對嘉慶這樣既不強勢、又無多少能力的君主來說，沒人幫著做事是很要命的。

有人從一些史料記載中發現，可能是嘉慶發現和珅在乾隆死後，有不軌的動作，為了防止自己的地位被顛覆，就要立即除去和珅，而其他的一些依附者，一旦失去了和珅這個主子，自然不成氣候。

還有人根據嘉慶時期日益尖銳的階級問題、官民衝突指出，嘉慶此舉是為了讓天下平民知道新皇帝對他們的愛護。嘉慶元年（1796年），白蓮教起義爆發，腐朽的清軍連連失利，各地也發生了大大小小的起義。嘉慶不得不承認，這些都是官逼民反。以和珅為首的官僚集團，為了掠奪大量的財富，更為了鞏固其集團的權勢，大肆搜刮，使得民不聊生，怨聲載道，正是因為地方官吏皆如和珅似的貪暴，所以屢屢激起民變。嘉慶帝總結說：「層層腋削，皆為和珅一人。」為了緩解民怨，嘉慶要立刻殺和珅。

但是，當時清朝的問題又豈是殺掉和珅一人、沒收大量財富能夠解決的呢？南方的白蓮教，北方的天理教，東南海上的騷動，財政的枯竭，鴉片的流入，漕運的難題等，都已是病入膏肓，難以解決了。嘉慶既不是一個傑出的政治家，更不是一個改革家，他已經無力回天。

知識連結

據清人薛福成《庸庵全集》中〈查抄和珅家產清單〉記載：

房屋3000間，田地8000頃，銀鋪42處，當鋪75處，赤金60000兩，純金，大金元寶100個，價值10萬兩；小銀元寶56600個，價值566萬兩。銀錠900萬個，900萬兩；洋錢58000元，製錢150萬文，銅錢150萬文。吉林

人參600餘斤，玉如意1200餘柄，珍珠手串230串，大紅寶石10塊，大藍寶石40塊，銀碗40桌，珊瑚樹11支。綾羅綢緞14300匹，狐皮550張，貂皮850張，其他獸皮56000張，銅器和錫器361000件，名貴瓷器10萬件。還有鏤金八寶炕床24座，西洋鐘460座。

查抄時，估價11億兩，約清政府15年的收入啊！

第四章

上下五千年的文化懸案

　　中華上下五千年的歷史長河靜靜地流淌著，在其中，人們總能發現許多閃耀著奪目光芒的寶石、珍珠，也總會發現一些難以辨認、尚不知為何物的結晶。作為人類精神文明和物質文明的創造成果，人們總是試圖揭開這些結晶的真實面目，破解這些疑雲重重的文化懸案，透過它們來探索人類先祖為了生存和發展而留下的艱難足跡，來找尋歷史人物一生的悲歡離合。

　　古語有云：「讀史可以明志。」在不斷的探索中，這些懸案的背後所反映出的歷史智慧也令今人受益匪淺。

石鼓文是何國文字

唐代在天興縣（今陝西鳳翔）出土了十塊鼓形石，每塊石上均刻有四言詩一首，由於詩歌內容多記錄和歌頌漁獵之事，又由於石形如柱礎，故又稱「獵碣」。石鼓文在文學、歷史學、書法諸方面均有很高的價值。宋人為使石鼓文字免受損害，曾填嵌金泥加以保護。

金人獲得後剔去金泥進行拓印，輾轉流傳至今，現藏北京故宮博物院。然而，石鼓文係何國文字？作於什麼時代？長期以來成了難以解答之謎。

唐代李吉甫〈元和郡縣誌〉和張懷瓘《書斷》等，都認為石鼓文係周宣王時史籀所作。可是，遍考史書，未見有周宣王在岐陽田獵之事，似與刻詩內容不符。

武億《金石跋》認為，石鼓文作於漢代，唯一的理由是石鼓文提到天子駕六馬，而漢代天子有駕六馬之制。可是，他忘記了秦代亦尚數六，亦有皇帝駕六馬之制。

清人俞正燮〈答成君瓈書〉指出，石鼓文作於北魏。還有人認為石鼓文來源於北周。

另有一種意見認為，石鼓文是秦國的器物。此說又有秦襄公、文公、穆公、靈公、惠文王甚至秦始皇等數種主張。

總之，學術界對這一問題爭論不休。探索石鼓文製作年代與創於何地的問題，看來還大有研究發展的餘地，隨著時間的推移，肯定還有種種「新說」問世。

知識連結

中國遺存至今的石刻文字，要屬石鼓文時間最早和最具代表性。石

作鼓形，共十鼓，分別刻有四言詩一首，徑約三尺餘。內容記述秦國君游獵，故又稱「獵碣」。因被棄於陳倉雲野，也稱「陳倉十碣」。所刻為秦始皇統一文字前的大篆，即籀文。石鼓文的書法字體多取長方形、體勢整肅，端莊凝重，筆力穩健，石與形、詩與字渾然一體，充滿古樸雄渾之美。

銅奔馬的原型是什麼

1969年10月，在甘肅武威的一座東漢時期的張姓將軍墓中出土了一件漢代青銅奔馬俑，這是一件藝術感染力極強的古代藝術佳作。

整件銅奔馬雕像造型輕盈，各部位比例適中，奔馬昂首揚尾，四蹄騰空，身形雄駿，一副風馳電掣般奔馳的形狀。而且馬身上沒有彎頭、鞍鐙、韁繩，體現的完全是一種自由奔放的境界。觀賞者們無論從雕像的正面、側面，還是從整體上都會感覺到那種雄健、自在、超然的浪漫情調。

更妙的是，馬的後足恰巧踏在一隻正在收縮著翅膀在空中疾飛的鳥背上，既表現了創作者的浪漫主義意識，又將銅馬俑的重心牢牢穩住，顯得極為精巧。

正是根據奔馬俑的這種造型，人們把它稱之為「馬踏飛燕」，表達了這種浪漫主義情調。

可是，史學家卻從此面對著一個難解之謎，這具藝術珍品的原型到底是一匹什麼馬呢？

最初，專家學者們僅僅把牠看做是一種造型生動的良駿。據傳，周穆王有8匹駿馬，號稱「周室八駿」，其中一匹名為「翻羽」，用現在的話來說，就是一匹飛馳速度比鳥還快的馬。

然而，研究人員不久發現，奔馬俑的右後蹄下踏的不是燕子，而是

一種神鳥「龍雀」，它絕不應是一匹奔馬所踏之物。這樣一來，這匹馬就應該是一匹非凡之物才對。

於是，一些學者提出，這形神俱妙的古代藝術品刻畫的是一匹遨遊太空的「天馬」。據史書記載，漢代產自大宛的良種汗血馬就被稱作「天馬」。

奔馬俑和汗血馬似乎有關，可是，這種說法也難解釋某些史料中的記載。東漢張衡〈東京賦〉中稱，龍雀和天馬當時在王宮內是地位對等的銅製陳列品，而這具奔馬俑卻是馬在龍雀之上，這是怎麼一回事呢？

於是，又有人提出了一種新見解，認為銅奔馬是一具馬神的塑像。

只可惜，目前這些解釋都僅是推測，沒有找到足夠的史料佐證。

知識連結

雖然「銅奔馬」的稱謂比較直觀明瞭，但是這具銅馬俑的精妙之處是其後蹄下踏一飛鳥，僅以「奔馬」名之，顯然不足以表現其浪漫主義意境，因此有人將其稱為「馬踏飛燕」，以表明奔馬正在作凌空掠過燕背的飛馳。

象棋、圍棋起源於哪個國家

象棋和圍棋，目前已成為全世界人民所喜愛的一項高智慧遊戲，西方某些國家的弈棋大師們為求棋藝精湛，甚至不惜成本煞費苦心地把多種高難棋譜輸入電腦，讓機器人與真人對陣，以決高低勝負。但關於象棋和圍棋的起源，目前仍眾說紛紜。

一是起源於中亞說。

據日本松井明夫《圍棋三百年史‧發端》所說：「圍棋和象棋有它共同的祖先，就是中亞細亞的一種盤戲。它流傳於西方成為國際象棋，

流傳於東方的就受到中國天文及其他科學影響，大致改良而成為十七道的圍棋。」

日本雜誌也曾報導，古代夏威夷有一種棋戲，棋盤縱橫各十一道，著法頗與中國圍棋相類似。以資說明象棋、圍棋的娘家不是中國。

二是起源於中國原始社會末期說。

有關圍棋起源於堯、舜、禹時代的傳說，在中國古籍中多有記載。

戰國以後的史籍明確地記述了圍棋的起源，但記載語焉不詳。中國的辭典如《辭海》、《辭源》中也未談及「象棋」的起源，只說「春秋戰國時代即有關於象棋（或圍棋）的記載」等籠統含糊之語。這樣一來，象棋、圍棋起源於中國的說法在國內外頗有爭議。

象棋、圍棋到底起源於何時何地至今仍是一個謎，還有待專家學者做進一步的探討。

知識連結

圍棋棋盤縱橫各十九路，棋子分黑白兩色，沒有高低貴賤之分；象棋棋盤縱九橫十，每方棋子十六枚，身分、活動範圍、活動方式和威力各不相同。這兩種智力較量遊戲都需要精深周密的邏輯思維和算度，胸懷全局，然而運思過程卻有不同的特點。圍棋講究戰略謀劃，在戰略指導下運用戰術，從無到有，棋子是越下越多，最終以攻城掠地的面積大小計算勝敗；而象棋則側重於戰術考慮，透過戰術積累來表現戰略，從有到無，棋子是越下越少，雙方擺開架勢，你來我往，在殲滅對方有生力量的同時，以「將死」對方主帥獲勝。

老子出關究竟去向何方

老子是中國古代哲學家、思想家和道家學派的創始人，一生最大

的成就是開創了道家學派，留下了一部5000餘言的《道德經》。老子出關，在中國思想界是一件大事，據《史記》記載，老子在關令尹喜得相伴之下，騎青牛西出函谷關，之後「莫知其所終」。那麼，老子出關以後去了哪裡呢？

西出函谷關後，老子要嘛一路繼續往西，要嘛折向西北或者西南，函谷關西北盡是草木不生、了無生命的荒野戈壁，老子斷不會往此處去。如果折向西南，那最有可能到達的就是四川了。《蜀中廣記》是四川地區地方誌，當中有老子出關時對關令尹喜說「千日後於成都青羊肆尋吾」，等到尹喜按日期前往，果然找到了老子的記載。而清乾隆年間的《雅州府志》也有多處記載老子在四川的生活，描述老子坐化在四川瓦屋山的鴛鴦地上，沒有再騎牛出山。

如若老子出關後繼續往西，限於當時的交通路況，極有可能落腳在甘肅，停留隱居在臨洮，養生修道，得道後在臨洮超然「飛升」。至今臨洮縣嶽麓山還有「超然臺」、「說經臺」、「飛升崖」、「文鋒塔」等與老子有關的遺跡。有學者經過大量史料的梳理研究和實地走訪，竟然探尋出老子在甘肅的大體行程線路：即老子出函谷關（今河南靈寶縣東北），過散關（今陝西寶雞市西南），入甘肅，經遊天水、隴西、臨洮、蘭州、酒泉等地後，又回到隴西邑，落戶臨洮，最終在臨洮東山「飛升」（去世）。當然，老子一路向西，到了帕米爾高原，甚或是地中海地區，也都是不無可能的。

老子騎牛出關尋求自身的解脫之道，卻留給後人這樣一個歷史謎團苦苦追尋。

知識連結

老子出關除了留下去向何方這個謎團外，他出關的原因也備受爭議，學術界將其主要分為四種。一是周室衰微，老子明白周朝的衰微是歷史規律，要做到挽狂瀾於既倒，只有向西尋求更高的理論。二是政治

一本書讀懂中國歷史謎案

牽連，相傳老子在周敬王時期的王室內亂中蒙受失職之責，因受牽連而辭職，於是離宮隱退。三是追尋道法，老子畢生「唯道是從」，他將出關尋道看做畢生的任務。四是避讓孔子儒學，不與其爭高下，魯迅和章太炎等人都是這一觀點的支持者。

孔子是否刪改過《詩經》

《詩經》是中國古代的第一部詩歌總集，在中國的文學發展史上具有十分重要的地位。司馬遷在《史記》中提到孔子曾刪改《詩經》，保留了其中的300多篇編訂在一起，最終形成了歷史上所說的「詩三百」。由於司馬遷以及他的《史記》在史學界具有的重要地位，「孔子刪詩說」曾一度被人們相信。

《史記》中是這樣記載的：「古者詩三千餘篇，及至孔子，去其重，取可施於禮義……三百五篇。」也就是說，孔子將原本的3000多篇詩句去掉重複和不合禮義的，擇取了其中的305篇編成我們現在看到的《詩經》。

但這是真的嗎？要從3000多篇中擇取305篇，這是何其浩大繁複的工程，為何從來沒有被孔子的弟子提起過？那些被刪掉的數千篇詩句又在哪裡呢？按理說，被孔子刪去的那些周代詩歌應當有大量散佚在民間。但事實是，現有文獻中引用的周朝詩歌大部分都可以在《詩經》中找到。難道這兩千多篇詩歌無故失蹤了嗎？唯一可能的解釋就是：孔子沒有刪詩，或者僅僅刪去了一小部分。

其實早在唐代，就有學者（孔穎達）對「孔子刪詩說」提出了懷疑：「書傳所引之詩，見在者多，亡逸者少，則孔子所錄不容十分去幾，馬遷言古詩三千餘篇，未可信也。」

那孔子究竟有沒有刪改過《詩經》呢？或許，《史記》記載並沒

有錯誤，而是後人因為離司馬遷那個年代太久遠了，在理解《史記》中產生了誤解。「三千餘篇」是指最初也就是周朝時期的古詩數量，到了孔子的時代，過去已有數百年，社會上留存的詩歌已遠沒有原來那麼多了。孔子能夠看到的也不可能是最初的「三千餘篇」了，他再按照一定的原則刪改了其中的一部分，最終形成了《詩經》。

知識連結

《詩經》原稱「詩」或「詩三百」，漢代儒生始稱《詩經》。現存的《詩經》是漢朝毛亨所傳下來的，所以又叫「毛詩」。據說《詩經》中的詩，當時都是能演唱的歌詞。按所配樂曲的性質，《詩經》共分風（160篇）、雅（105篇）、頌（40篇）三大部分。它們都得名於音樂。

「風」的意義就是聲調。古人所謂《秦風》、《魏風》、《鄭風》，就如現在我們說陝西調、山西調、河南調，大部分是黃河流域的民歌，小部分是貴族加工的作品。

「雅」是正的意思。周代人把正聲叫做雅樂，猶如清代人把昆腔叫做雅部，帶有尊崇的意味。大雅、小雅可能是根據年代先後而分的，基本上是貴族的作品，只有小雅的一部分來自民間。

「頌」是用於宗廟祭的樂歌。

《莊子》是不是莊周一人所寫

《莊子》一書是中國古代典籍中的瑰寶，它的出現標誌著在戰國時代，中國的哲學思想和史學語言就已經發展到非常玄遠和高深的水準。《莊子》在唐代正式成為道家的經典之一，和《周易》、《老子》一起並稱「三玄」，在中國文學史上也有重要的地位。

《孟子》是孟子的作品，《韓非子》為韓非所寫，如此比照，能否

認定《莊子》這部著作就是莊子寫的呢？

　　如今看到的《莊子》一書，是經由晉朝人郭象重新整理編訂過的，分為內篇、外篇和雜篇三部分。在唐代以前，關於《莊子》的作者到底是誰的疑問並沒有人提出，人們都相信它是由莊子著成。到了唐代有人發現，〈盜跖〉、〈說劍〉這兩篇與莊子的風格有很大出入，從而開始懷疑此書非莊子所作。到了宋代更多的篇目受到質疑，多集中在外篇和雜篇。

　　這是怎麼一回事呢？或許可以認為《莊子》的內篇是由莊子寫成，尤其是內篇中的〈逍遙遊〉、〈齊物論〉最能表現莊子哲學；外篇和雜篇則是由他人所作，可能是他的弟子或者是該學派的後來學者著成的，像〈盜跖〉、〈說劍〉這兩篇則肯定不是莊子學派的思想。

　　當然，沒有其他新證據的情況下，也很難斷定《莊子》的作者不是莊周。完全有可能《莊子》全篇都是莊子本人所作，只不過外篇、雜篇是其早期作品，而內篇是其晚期作品。畢竟，風格的不同其實並不能說明這些作品不是出自一人之手，在不同的發展階段，思想家們往往有著不同的觀點，這再正常不過了。

　　其實《莊子》一書年代久遠，史料殘缺，要明確地辨別出哪篇是莊子本人所作真的十分困難，考證出《莊子》的作者固然十分重要，倒不如將《莊子》作為莊子學派思想的系統著作來研究，這樣或許更有意義。

知識連結

　　《莊子》一書之所以如此重要，就是因為莊周在其中闡述了自己的多個核心思想。他的思想主要包括「天道無為」，認為一切事物都在變化；他還認為「道」是「先天生地」，並且是沒有界限差別的。

　　莊子認為一切事物都是相對的，因此他否定知識，否定一切事物的本質區別，極力否定現實，幻想一種「天地與我並生，萬物與我為一」

的主觀精神境界，隨遇而安，逍遙自得，這樣的理論帶有相對主義和宿命論的色彩。在政治上他主張「無為而治」，反對一切社會制度，擯棄一切文化知識。

《樂記》的作者是誰

《樂記》是中國古代一部系統的音樂理論著作，它總結了儒家的音樂觀點，對中國音樂的發展具有重要的影響，是中國音樂歷史上的一部經典之作，是一份珍貴的歷史遺產。

現存的《樂記》有〈樂本篇〉、〈樂論篇〉、〈樂禮篇〉等十一篇，所涉及的內容十分廣泛，如關於音樂的本質和特徵、音樂的形成、音樂和生活的關係、音樂的作用、音樂和政治的關係等諸多重要的問題。有些論點展現了傳統社會對音樂的嚴重束縛。

《樂記》的作者究竟是誰？專家學者歷來對此有所爭議。

一種說法認為，《樂記》是戰國初期的公孫尼子（孔子的再傳弟子）所作，南朝沈約和當代的郭沫若、楊蔭瀏持此說法。

另一種說法認為，《樂記》是漢武帝時代的「河間獻王」劉德和他手下的一幫儒生採擷先秦諸子有關音樂的言論編纂而成的，東漢的班固和當代的蔡仲德等人均持此說法。

分歧尚待進一步研究、探討，但是對這部集秦代以前的音樂思想之大成的著作的重要價值，各方的評價都是充分肯定的。

關於《樂記》的作者，高亨先生說：「《樂記》乃公孫尼子所作。《公孫尼子》一書唐以前猶存，沈約、徐堅、馬總皆親見其書。則《樂記》為公孫尼子所作，被錄入《禮記》，無疑也。」

《漢書‧藝文志‧諸子》儒家有「《公孫尼子》二十八篇」，班固自注：「七十子之弟子是公孫尼子，乃孔丘之再傳弟子。」《荀子‧強

國》篇載公孫子評論楚將子發之言一段，公孫子即公孫尼子。

知識連結

《樂記》是《禮記》49篇中的一篇。《禮記》中題作《樂記第十九》，約5000餘字，包括11子篇。關於音樂的本質，《樂記》中有著精闢的論述，肯定音樂是表達情感的藝術，它認為：「凡音而起，由人心生也，人心之動，物使之然也。」「凡音者，生人心者也，情動於中，故形於聲，聲成文，謂之音。」精闢地論述了音樂的本質所在。

楊朱和莊周是同一個人嗎

戰國時代百家爭鳴，各個學派紛紛湧起。在眾多的思想家中，楊朱是比較神祕又頗具爭議的一個人物，同時他也是當時思想界極其重要的人物，孟子所說的「楊朱、墨翟之言盈天下，天下之言不歸楊，則歸墨」正說明了楊朱及其所屬的學派在當時的思想界可謂占據了半壁江山。可就是這樣一位核心人物，在《史記》中記載戰國諸家的篇目中，卻未被提及半個字，難道司馬遷把他忘了？再如《莊子・太史公自序》中，也沒有對楊朱學派進行任何評價，怎麼會出現這麼奇怪的現象呢？

20世紀初，蔡元培和日本久保天隨等學者提供了他們對這個問題的解答，研究結果令人震驚：楊朱其實就是莊周。

分析楊朱與莊周是同一人，不外乎從名字的音韻、存在的年代、主要的學說三個方面來看。在中國古代，讀音相近的字是可以通用的，而楊和莊、朱和周的讀音都很相近，是不是也通用了呢？《列子・楊朱》篇說：「楊朱見梁王，言治天下如運諸掌。」這裏的梁王是指梁惠王，可見楊朱與梁惠王是同一時期的人。《莊子》書中屢稱莊子與惠施友善，而惠施曾為梁惠王相。楊朱與孟子都與梁惠王有所交集，必然地，

他們也是相同時期的人了。

最重要的是，兩人的學說是否一樣呢？《孟子》裏曾提到，楊朱提倡「為我」，即使是「拔一毛而利天下」的事他也不會做，其他的記載中也提及了他所創立的「輕物重生」、「全性保真」等理論。再看莊子，《莊子·養生主》篇大談「保身」、「全生」、「盡年」，提倡人們「養其身，終其天年」，不要去做勞形疲神的事。他們的理論這樣看又是多麼相像啊！

如果沒有下面的疑問，那幾乎就可以百分百肯定楊朱與莊周就是同一人了。《莊子》書中屢次批評楊朱，〈徐無鬼〉這一篇記載莊子對惠施曰：「儒、墨、楊、秉（公孫龍字）四，與夫子為五，果孰是耶？」如果這裏的「楊」就是莊周，那麼他怎麼懷疑自己呢？另有《胠篋》一篇更主張要「削曾、史之行，鉗楊、墨之口」，莊子可能鉗自己的口嗎？這其中的真真假假，真的把我們弄糊塗了。

說楊朱與莊周是同一人，學術界有充足的證據和堅定的支持者；說他們不是一個人，又似乎有合理的憑藉。他們到底是不是一個人呢？看來這個謎團要繼續保留下去了。

知識連結

楊朱是何許人也？他是楊學的創始人，但籍貫與生卒年份已經無從求解，經考證大概與莊子同時，比孟子略早。有關楊朱的著述，後世沒有流傳下來，僅在《孟子》、《莊子》、《呂氏春秋》、《列子》、《淮南子》及漢代劉向《說苑》等書中保留一些記載。因此魯迅曾經評價楊朱時說道：「楊朱無書。」雖然如此，楊朱仍不失為戰國時代著名的思想家，而其思想影響所及，歷兩千餘載，至今仍傳。

為何會有兩個神醫扁鵲

扁鵲，是中國古代一位偉大的醫生，是中國傳統醫學的鼻祖，對中醫藥學的發展有著特殊的貢獻。他醫術高明，為民排傷解痛，素有「神醫」之美名。

然而這裏說的扁鵲，並非史料記載中的那個「扁鵲」，此人名叫秦越人，是戰國時期的醫學家。真正的扁鵲則是指黃帝時代的一個傳說人物，相傳他是那個時代的名醫。那麼，歷史上為何會出現兩個扁鵲？人們為什麼要把戰國時期的秦越人叫做扁鵲呢？這點還要從秦越人的個人貢獻說起。

秦越人是戰國時期齊國渤海莫州（今河北任丘）人。相傳秦越人年輕時虛心好學，刻苦鑽研醫術。他把積累的醫療經驗用於平民百姓，周遊列國，到各地行醫，為民解除痛苦。他看病行醫還有個「六不治」原則：一是依仗權勢、驕橫跋扈的人不治；二是貪圖錢財、不顧性命的人不治；三是暴飲暴食、飲食無常的人不治；四是病深不早求醫的不治；五是身體虛弱不能服藥的不治；六是相信巫術不相信醫道的不治。尤其是第六條原則，反對巫術，這在當時應該算是十分先進的思想了。此外，秦越人創立「望聞問切」的「四診法」，還寫成《內經》、《外經》兩本著作。

秦越人為中國醫學發展做出了巨大的貢獻，而且他親民愛民，品德高尚，受到了各地人民的愛戴。於是，趙國的人民送給他「扁鵲」的稱號。

說到這裏，應該明白了吧？其實，後人熟悉的扁鵲並不是那個真的「扁鵲」，他的真名是秦越人，因為人們覺得他醫術高超，才送給他上古那位扁鵲的稱呼，讓他帶著這個「光榮稱號」，造福人民，並載入史冊。

知識連結

「四診法」是中國古代戰國時期的名醫扁鵲根據民間流傳的經驗和他自己多年的醫療實踐，總結出來的診斷疾病的四種基本方法，即望診、聞診、問診和切診，總稱「四診」，現在仍然是中醫診病的基本方法。

望診，是用肉眼觀察病人外部的神、色、形、態，以及各種排泄物。

聞診，是透過醫生的聽覺和嗅覺，收集病人說話的聲音和呼吸咳嗽散發出來的氣味等資訊作為參考。

問診，是醫生藉由跟病人或知情人交談，瞭解病人的主觀症狀、疾病發生及演變過程、治療經歷等情況。

切診，主要是切脈，也包括對病人體表一定部位的觸診。

千年以前的「四診法」完全符合現代科學中的整體方法、系統方法、辯證方法等理論，這點不能不令人敬佩。

孟姜女真的哭倒了長城嗎

孟姜女哭長城的故事婦孺皆知，千古流傳。傳說孟姜女的丈夫范喜良被秦始皇徵去築長城，孟姜女萬里迢迢前去送寒衣，得知丈夫已經死去的消息後，哭倒了長城，終於見到了范喜良的屍體。

為了紀念那位萬里尋夫的孟姜女，山海關被後人認為是孟姜女哭長城之地，並在那裏蓋了姜女廟，登臨廟宇的遊人，無不動容。

一個普通的女人能把長城哭倒，這無疑是想像和誇大之詞，但是，歷史上究竟有沒有孟姜女這個人呢？

史書上有過哭倒城牆的記載，但故事發生在春秋時期。唐末有一首《杞梁妻》詩，詩中說杞梁妻為秦國人，杞梁在攻莒時陣亡，他的妻

子痛哭七天七夜，城牆也被哭塌了。「一號城崩塞色苦，再號杞梁骨出土。」到了宋代，杞梁開始有了姓，有說姓范，有說姓萬，還有稱其為杞郎或喜良的。看來孟姜女哭長城是由杞梁妻的故事演變而來的，而故事最終形成於北宋年間。

但也有人對此加以否定，認為在君主社會，民不聊生，哭夫的題材並不少見，《左傳》中也有記載，因此不能說杞梁妻就是孟姜女的原型。

「秦皇安在哉，萬里長城築怨；姜女未亡也，千秋片石銘貞。」儘管孟姜女的原型無從可考，但人們欣賞的是孟姜女身上那種忠貞不渝的愛情和對統治者的堅定的反抗精神，至於孟姜女的真實性反而不那麼重要了。

知識連結

長城是中國古代人民創造的奇蹟，修築長城一直是歷代統治者都要考慮的一項大工程。春秋戰國時期，諸侯各國為了防禦別國入侵，修築了烽火臺，並用城牆連接起來，便形成最早的長城。秦始皇時修築了西起臨洮，東止遼東的萬里長城；漢朝修築起西起今新疆，東止遼東的內外長城和烽燧亭障，全長1萬多公里；到了明朝，修築的長度更甚，最終形成了西起嘉峪關，東到鴨綠江畔的宏偉景象，全長達到8851.8公里。而我們現在所說的長城，多指西起嘉峪關，東至山海關的這一段。

《山海經》是外國人寫的嗎

《山海經》是中國第一部彙集山川、物產、風俗、民情的大型地理著作，同時也是中國古代第一部神話傳說的完整總括。其風格獨特，包羅萬象，是研究中國上古時期文化的重要史料。同時，由於年代久遠，

《山海經》也籠罩著一層神祕的色彩，魯迅先生稱之為「古之巫書」。

就是這麼人盡皆知的著作，關於它的作者是誰這個問題，卻成了學術界中千年未解的懸案之一。

早在西漢，著名史學家劉歆就提出了《山海經》的作者是大禹和伯益。到了東漢，著名學者王充在《論衡》裏提到：「禹主治水，益主記異物。海外山表，無遠不至。以所見聞作《山海經》。」連司馬遷也認為《山海經》的作者是大禹和伯益。從此以後相當長一段時間，這種說法都被認為是正確無疑的。

這就奇怪了，大禹和伯益，這兩位是距今4000餘年前，即西元前21世紀的人物。但《山海經》中記載的內容卻有發生在春秋、戰國時期的，也就是說書中記錄有發生在大禹和伯益以後的史實，這又怎麼可能呢？

宋代著名大儒朱熹看到了矛盾之處，因此他提出了一個令人驚奇的看法。他認為《山海經》是根據屈原的〈天問〉而作，因為中國古代的神話主要集中於《楚辭》的〈天問〉一篇。這個觀點得到了不少學者的佐證並不斷發展，最終學界認定《山海經》作於戰國，成於西漢，經過幾代人的創作和修改，是一部集體合作的著作。

但近年來，隨著研究在世界範圍內的深入，印度人、古巴比倫人，甚至是美洲人和希臘人都成為《山海經》作者的可能人選。如此「百家爭鳴」的情景不禁讓人啞然失笑，同時另一方面毫不誇張地說明了《山海經》這本神奇的讀物對整個世界的影響和它的重要地位。

知識連結

《山海經》最重要的價值在於它保存了大量神話傳說，這些神話傳說除了我們大家都很熟悉的如夸父追日、精衛填海、羿射九日、鯀禹治水、共工怒觸不周山等之外，還有許多是人們不大熟悉的。《山海經》中的這些神話傳說，是今天我們研究原始宗教的難得材料。在《山

海經》的神話中，不僅可以看到巫師的活動，也可以看到古代民族的信仰、崇拜等。在《山海經》中，存在著大量神奇動物的記載，這些動物主要是鳥、獸、龍、蛇之類，牠們往往具有神奇的力量。這些動物很可能就是古人的圖騰崇拜。

《神農本草經》的由來

《神農本草經》是現存最早的藥物學專著，為中國早期臨床用藥經驗的第一次系統總結，歷代被譽為中藥學經典著作。這本書文字簡練古樸，成為中藥理論的精髓。

如果顧名思義，那麼《神農本草經》的作者就是神農了，真的是這樣嗎？要解決這個疑問，就讓我們先來看看神農是誰吧。神農是傳說中農業和醫藥的發明者，他遍嘗百草，發現藥材，教會人們用草藥醫治疾病，是一位對中華民族貢獻頗豐的傳奇人物。但最重要的是，他生活的年代是遠古時期，那時還沒有文字，哪來的《神農本草經》呢？如此說來，神農氏編著《神農本草經》的可能性應當是零了。

那麼，一定是寫書的人為了提高該書的地位，增強人們的信任感，便借用神農遍嘗百草、發現藥物這一婦孺皆知的傳說，將神農冠於書名之首，定名為《神農本草經》。儼然《內經》冠以黃帝一樣，都是出於託名古代聖賢的意圖。陶弘景認為書中記載的藥物產地，多為東漢時所設，據此推斷此書成於東漢，並進一步推斷作者可能是當時名醫張仲景或華佗。他還依據採藥時月以建寅為歲首的特點，認為此書不早於西漢武帝太初元年。

隨著人們對這個問題不懈地探索，逐漸得出這樣一個結論：《神農本草經》一書，並非出於一時一人之手，大約是秦漢以來許多醫藥學家不斷加以搜集，直到東漢時期才最後加工整理成書的。甚至有人指出，

是梁朝陶弘景使之最後成書，因為此書的書名是由陶弘景確立，而且此書內容也是由他選定了別有含義的「三百六十五」這個數位安排藥物記錄，才得以固定下此書的內容。

看來，不管這本書完成於漢代還是漢代之後，有一點是肯定的，那就是《神農本草經》的作者不是神農，而是那些充滿智慧的醫學家託古之名，將造福百姓的醫藥知識記錄並流傳下來。

知識連結

《神農本草經》不得不說是中國古今醫生的一本「聖經」。在很長的一段時期內，《神農本草經》都是醫生和藥師學習中藥學的教科書，或者是作為必讀書，被放在非常重要的位置上。書中對於藥物性質的定位和對其主治功能的描述十分準確，其中規定的大部分藥物學理論和配伍規則，直到今天也仍是中醫藥學的重要理論支柱。對於現代的臨床中醫學，《神農本草經》的論述仍舊具有十分穩固的權威性，因此，它也成為現代醫學工作者案頭必備的工具書之一，繼續造福後人。

盜墓者為何遠離金縷玉衣

在漢代墓穴的出土文物中，最有名氣的要數金縷玉衣了。金縷玉衣是漢代規格最高的喪葬殮服，大致出現在西漢文景時期。當時人們十分迷信玉能夠保持屍骨不朽，更把玉作為一種高貴的禮器和身分的象徵。

但是，用金縷玉衣作葬服不僅沒有實現王侯貴族們保持屍骨不壞的心願，反而招來盜墓毀屍的厄運，許多漢代帝陵往往因此多次被盜。後來到三國時期，魏文帝曹丕下令禁止使用玉衣，從此玉衣在中國歷史上消失了。不過有意思的是，盜墓者們受金縷玉衣的吸引而來，卻沒有盜走金縷玉衣，僅僅抽走了連接玉片的金線，這又是為何呢？且讓我們從

古代的玉文化談起。

中國玉器至今已有7000年輝煌的歷史，形成了一種專屬於中華民族的奇妙文化。玉自古便是美德、吉祥的象徵，並且隨著時代的進步，玉的內涵也在不斷豐富，慢慢成為君子氣質和富貴、權力的象徵，玉的擁有者也逐漸集中於統治階級，被達官貴人們欣賞和把玩。各朝君主更是樂意將玉佩戴在身上，標榜自己的君子德行。相傳中國古代最大的玉器占有者是商紂王，他一生收集的玉器數不勝數，到武王伐紂時就有焚玉4000件的記載。

既然玉已經成為古代上層社會的專屬器物，那麼統治階級又怎麼可能允許下層百姓再擁有玉器呢？於是，一種說法開始在社會上流傳起來：玉器只有皇室的人才有資格佩戴使用，百姓如果擁有了玉器，定會招來殺身之禍。

就因為這樣，在盜墓者接近金縷玉衣的時候，才會只取金縷而保留玉衣。金縷玉衣被盜時的奇怪現象，從一個側面也反映了中國古代不公平的階級制度對人們思想的鉗制。身著金縷玉衣下葬的先人一定不會想到，標榜著君子之風的玉衣，也會洩露他們統治的不公。

知識連結

中國目前已經出土玉衣的西漢墓葬共有18座，而金縷玉衣墓只有8座。其中最具代表性的是河北滿城一號墓出土的中山靖王劉勝的金縷玉衣。它用1000多克金絲連綴起2498塊大小不等的玉片，由上百個工匠花了兩年多的時間完成。整件玉衣設計精巧，做工細緻，是曠世難得的藝術瑰寶。1968年，這件金縷玉衣出土時，轟動了國內外考古界。

司馬遷死因之謎

司馬遷是中國西漢武帝時偉大的史學家、文學家和思想家。他所著的《史記》是中國第一部紀傳體通史，被魯迅先生評價為「史家之絕唱，無韻之離騷」。後世學者們對司馬遷其人以及《史記》的研究歷代以來從未間斷。但令人遺憾的是，關於司馬遷的死因至今也沒有一種令人信服的說法。

難道司馬遷真是死得不明不白？

漢武帝晚年時候曾發生了一樁巫蠱案，該案案發於征和元年，身為治巫蠱使者的江充與太子之間鬥爭激烈，後來太子殺江充後自殺。武帝窮治巫蠱之獄，轉而窮治太子死之獄，一直到征和四年，前後死者達十幾萬。司馬遷的好友任安，就是「巫蠱之獄」的殉難者之一。這場災難，牽涉到當時許多文武官員，司馬遷恐怕也難以倖免。又根據《史記》記事內容分析，太初四年至征和二年還有記事，征和三年後便沒有記事了，司馬遷很可能是《漢書》所云「巫蠱之禍，流及士大夫」的犧牲者。

如果是這樣，那麼司馬遷當是死在了漢武帝之前，下面的這條記載又該怎麼解釋呢？

《史記》多篇涉及漢武帝的諡號「孝武」。要知道，「孝武」可是漢世宗劉徹死後，後人所追封的，如果司馬遷死在武帝之前，又怎麼會知道這諡號呢？有人考證司馬遷《報任安書》作於征和二年十一月，距武帝駕崩僅四年。從《報任安書》的內容來看，當時《史記》尚未全部完成，此後必有修改整理，這時涉及到武帝的地方必稱諡號，那麼也就不足為奇了。照這個說法，司馬遷應當是一直活到漢武帝辭世，在編定完《史記》後壽終正寢的。

那麼，司馬遷是被「巫蠱案」所累及而死呢，還是平安地活到武帝之後，這個問題還要學者們透過充足的史料和嚴謹的求證來獲得合理的

解釋。

知識連結

司馬遷祠墓坐落在陝西韓城市南10公里芝川鎮的韓奕坡懸崖上，始建於西晉永嘉四年。司馬遷祠墓的建築自坡下至頂端，依崖就勢，順階而上。登上頂端，東面的滔滔黃河，西處的巍巍梁山，南向的古魏長城，北側的芝水長流皆可一覽無遺。壯觀的自然景色和秀麗風光，充分地映襯出司馬遷的高尚人格和偉大業績。祠墓建築群中設有多處牌坊，都是元明清等朝代重建的。其中一個牌坊上書「高山仰止」四字，來比喻司馬遷德高如山，備受世人景仰。

匈牙利人是匈奴的後裔嗎

要講到中國歷史我們不得不關注這樣一個英勇彪悍的民族——匈奴。而這個神祕的民族在歷史上不僅族屬讓人無從得知，最終的去向歸屬也成為歷史懸案。

西元前1世紀時漢武帝使匈奴遭受重創，匈奴後來分裂為南北匈奴。西元89～91年時，北匈奴在南匈奴與漢朝軍隊的共同打擊下接連大敗，西逃，後不知去向。從此，北匈奴在中國的歷史上消失了。而在西元374年，一支號稱匈人的強大騎兵隊伍突然出現在歐洲東部，他們勇猛善戰、所向披靡，在此後的幾十年裏，他們席捲了歐洲大部，並在匈牙利平原建立了一個強大的國家。

根據上述這些已然十分確定的歷史資料，自然而然地就將匈奴這股沒落的神祕力量與這支席捲歐洲的騎兵隊伍連結在一起。匈牙利（Hungary）這歐洲唯一不屬於印歐民族的群體的溯源也與匈人（Hun）有了密不可分的關係。中國近代著名學者章太炎曾指出：「今天的匈牙

利就是中國古時的匈奴。已經考證出匈奴在東漢後期西遷後有一支到了大秦，到大秦的就是現在的匈牙利。」

匈牙利人果真是匈奴人的後裔嗎？

著名匈牙利裔歷史學家Denis Simor教授在他的《劍橋早期亞洲內陸史》中對這一點反覆強調，歐洲匈人即是中國歷史上的匈奴是一個始終沒有確證的假設。而且「匈人就是匈奴」這一假設完全建立在語音的近似上，並無其他任何歷史和考古證據。其中的主要困難是從北匈奴在中國歷史上消失到匈人在歐洲的出現之間有幾個世紀的空白，再加上巨大的地理間隔，如果沒有直接或間接的歷史記載或考古實物佐證，哪怕是挖掘出一個古時「匈人」的頭骨也好，而光憑語音上相近很難使人信服！

目前所能見到的資料確實不能證明匈牙利人與匈奴人有直接關係。匈牙利人自稱馬札爾（Magyar）人。當他們在西元9世紀下半出現於歐洲時，真正可考的匈人已經在歷史舞臺上消失了差不多400年之久了。這中間數個世紀的時間空檔，若沒有新的考古資料的發現，光憑語音相似斷定匈牙利人是古匈奴人的後裔則有些過於牽強了。

知識連結

中國近代著名學者何震亞從語言、歷史、風俗習慣等多方面對匈牙利人和匈奴人進行了比較研究，認為二者確實存在某種關係。第一，在語言方面，他認為匈牙利的「匈」是種族名，而「牙利」是地名，「匈牙利」的意思實際上是「匈人居住的地方」。第二，在風俗方面，據歷史記載，「匈奴首領單于」每天白天朝拜太陽、夜祭月亮；而匈牙利皇帝也有祭拜日月的習俗。此外，匈牙利人是歐洲唯一一個姓在前，名在後的國家，他們趕車也喊「駕」，他們的一些歌曲的曲調與中國少數民族的民歌極其相似。這些相近之處都彷彿洩露出匈牙利與匈奴的某種關聯。

算盤起源之謎

算盤是中國人發明的，人們還常常會把算盤的發明與中國古代四大發明相提並論，認為算盤也是中華民族對人類的一大貢獻。然而，算盤是在什麼時候開始出現的呢？

從清代起，就有許多算學家對這一問題進行了研究，然而，算盤的起源問題直至今天仍是眾說紛紜，莫衷一是。歸納起來，主要有三種說法。

一是清代數學家梅啟照等人主張的東漢、南北朝說。其依據是，東漢數學家徐岳寫過一部《數術記遺》，其中著錄了14種演算法，第十三種即稱「珠算」，裏面的文字，被認為是最早的關於珠算的記載。但是一些學者認為，此書描寫的珠算，充其量不過是一種記數工具或者只能做加減法的簡單算板，與後來出現的珠算，不能同日而語。

二是清代學者錢大昕等人主張的元明說，即算盤出現在元朝中葉，到元末明初已普遍使用。宋末元初人劉因的《靜穆先生文集》中有一首以〈算盤〉為題的五言絕句：「不作翁商舞，休停餅氏歌。執籌仍蔽簏，辛苦欲如何。」這可算是算盤在元代出現的明證。

到了明朝，永樂年間編的《魯班木經》中，已有製造算盤的規格、尺寸，還出現了徐心魯《算珠算法》、程大位《直指算法統宗》等介紹珠算用法的著作，因此算盤在明代已被廣泛使用，這是毫無疑問的了。

隨著新史料的發現，又形成了算盤起源於唐朝、流行於宋朝的第三說。其依據有三點：

一、宋代名畫《清明上河圖》中畫有一家藥鋪，其正面櫃檯上赫然放有一架算盤，經中日兩國珠算專家將畫面攝影放大，確認畫中之物是與現代使用的算盤形制類似的串檔算盤。

二、1921年在河北鉅鹿縣曾挖掘到一顆出於宋人故宅的木製算盤珠，已被水土淹沒800年，但仍可見其為鼓形，中間有孔，與現代算珠毫

無兩樣。

三、劉因是宋末元初人，他的〈算盤〉詩，與其說是描寫元代的事物，還不如說是宋代事物更為確切。

此外，宋代的算盤從型態看已較成熟，沒有新生事物常有的那種笨拙或粗糙。因此，較多的算學家認為，算盤的誕生還可上推到唐代。因為宋以前的五代十國時期戰亂不斷，科技文化的發展較為滯緩，算盤誕生於此時的可能性較小。

而唐代是中國歷史上的盛世，經濟文化都較發達，需要有新的計算工具，使用了2000年的籌算在此時演變為珠算，算盤在這時被發明，是極有可能的。

算盤是中華民族寶貴的文化遺產，有關它的起源卻爭論了上百年，仍然沒有一個統一的結論。

知識連結

古今中外的各式算盤大致可以分為三類：沙盤類，算板類，穿珠算盤類。沙盤是在桌面、石板等平板上，鋪上細沙，人們用木棍等在細沙上寫字、畫圖和計算。後來逐漸不鋪沙子，而是在板上刻上若干平行的線紋，上面放置小石子（稱為「運算元」）來記數和計算，這就是算板。穿珠算盤指中國算盤、日本算盤和俄羅斯算盤。在世界各種古算盤中，中國的算盤是最先進的珠算工具。

真有神醫華佗此人嗎

神醫華佗在民間傳誦已逾千年，他高超的醫術始終為人們津津樂道，最為神奇的醫術莫過於採用麻醉術進行腹腔手術。相傳東漢末年三國期間（西元2～3世紀），連年的戰禍給人們帶來了嚴重的災難，除瘟

疫流行外，還帶來了外傷疾，由於缺乏麻醉藥，外傷手術很難進行。華佗根據《神農本草經》的記載，結合自己的臨床經驗，發明了「麻沸散」，極大地減輕了外傷病人在手術過程中的痛苦。而直到19世紀40年代，西方醫學家才開始使用乙醚或笑氣進行全身麻醉，比中國遲了1600多年。為此，華佗也一直被後人尊稱為「外科鼻祖」。

中華醫學博大精深，固然是我們後人值得驕傲的，但若說近2000年前，華佗已經能夠藉助麻醉術進行腫瘤切除，腸胃縫合等大手術，你相信嗎？

「麻沸散」是華佗用以麻醉病人的一種藥品，在史書記載中僅有其名而無具體成分，後人推斷可能是曼陀羅花，但此物麻醉程度低，完全不能用作開腹這樣的外科手術。當然，「麻沸散」的成分或許另有他物，但是根據現代醫學觀點，全身麻醉手術都必須採用吸入或靜脈注射麻醉藥的方式，是萬萬不能吞服的。再者，麻醉只是進行外科手術的一個前提條件，要想手術成功，同時還要求進行手術的醫生有系統的解剖學知識，對疾病有準確的診斷，還要知道如何消毒防止傷口感染，如何在手術中止血等。就是在今天，這一系列複雜的問題也令醫生感到頭疼，那個時代的華佗真的能夠輕鬆解決？

華佗是當時的名醫，技術超群，妙手回春，這都是毋庸置疑的，他能夠進行一些小的外科手術，這應該也沒有問題，但若說他能藉助麻醉術進行腫瘤切除等大手術，或許就真的有些誇張了。

知識連結

著名的國學大師陳寅恪曾經在研究中指出，華佗的故事實際上就是一個神話故事，故事原型取自於印度的佛教傳說，破腹斷腸的記載也為抄襲印度神話之作。華佗（字元化，真名為敷）這個人的原型，可能曾在中國存在，也可能真是沛國譙縣一帶人（即陳寅恪云「蓋元化固華氏子，其本名為敷而非佗」），甚至也有可能「通曉」一些養生之術。但

此人後來變成了「華佗」則完全是將印度之「佗」（藥王神）強加給了這位中國人。這位中國人從此走上了幸運大道，成為神醫的典型，受萬世之敬仰。

面具產生於何時

頭戴模樣多姿的面具，裝扮成各種形象，進行一定的表演，曾一度是中國傳統喜慶典禮活動中普遍流行的習俗現象。今天，逢年過節，我們還可看到戴面具活動的遺風，面具遊戲，仍是民間喜聞樂見的一種民俗娛樂活動。然而，趣味盎然的面具是何時產生的？它又是從何而來的呢？

一種意見認為，面具出自於南北朝時期的軍人之手，為威懾敵人而製作。據說北齊蘭陵王雖為武將，卻長了個小白臉，打仗時，擔心容貌缺少勇猛的武將風度，氣勢上不足以威懾敵人，不得不做面具戴上。這段歷史被搬上舞臺時，面具也就進入了戲劇。

上述見解遭到了近代一些學者的挑戰。他們認為，戴面具的習俗，至少在周代已經出現，不過，當時不是娛樂，而是一種驅鬼逐疫的民俗活動。

王國維認為：「面具之興古矣，周官方相氏掌蒙熊皮，黃金四目，玄衣朱裳執戈揚盾，似已為面具之始。」

相傳古時候有一種叫方良的精怪，專門食人腦，特別是死人腦。這在祈求死人靈魂復歸的古人眼中，確是十惡不赦的魔鬼，如何驅除它們呢？

人貌不足威，古人就設法把自己打扮成兇狠可怕的形象，掌上套了猛獸熊的皮，頭上戴了四個眼的金屬面具，身披花花綠綠的衣服，手拿武器盾牌，儼然也是一個兇神惡煞，以嚇唬方良這些魔鬼，使其恐懼逃

匿。

可見，遠在古時，面具已出現在人們生活中，至漢代已大量用於娛樂。我們知道1936年國立中央研究院在安陽殷墟發掘古物，即掘到一些銅面具、銅兜鍪等考古實物，也證明了面具起源甚早。

但是，面具源頭究竟在那裏？這還是一個有趣的有待進一步研究的問題。

知識連結

面具與藏族文化密切相連。面具，藏語中稱「巴」，主要用於各種民間表演活動，它與人們日常生活、工作、娛樂有著直接的關係，遍及西藏各地。到了清代，藏戲廣泛普及到民間，其劇碼、流派更加豐富多彩。人類的真、善、美和假、惡、醜，都在面具中得了具體的表現。面具多設色，不同的色彩象徵不同的角色特徵，如深紅色象徵國王，淺紅色代表大臣，黃色象徵活佛，藍色代表反面人物，而半黑半白象徵兩面派等。

奇特的懸棺是如何放置的

在中國南方許多地區，分布著一種奇特的懸棺。比如四川琪縣的僰人懸棺、重慶大寧河小三峽內的大寧河懸棺。在重慶大寧河共發現7處懸棺群，總計300多具，其中棺木保存完整的有70多具。懸棺距河面最低的有30公尺，最高的有500公尺；從岩頂到懸棺也有300多公尺，每具懸棺差不多重達千斤。

懸棺葬是一種古老的喪葬形式。葬址一般選擇在臨江的高崖絕壁上。這些棺材是怎樣安置到如此「上不著天，下不著地」的地方的呢？

對此，人們有三種推測：一為棧道說，即利用平行的椿孔，聯椿鋪

道而放置；二為下索說，即先將棺木運上山，然後用繩索捆著棺材從山頂向下放置；三為上攀說，即距地面較近的棺材，可能由人工攀登懸置而成。

真相究竟如何？看來還得等專家繼續研究。此外，古人為什麼要將棺材安放在懸崖之上，是保護先人屍體，不讓人獸侵犯，還是另有用意？

知識連結

其實除了中國南方一些地區有奇怪的懸棺葬俗，西藏地區也有著該地區獨有的天葬。天葬，又稱鳥葬，是用於一般的農牧民和普通人的葬俗。所謂天葬就是將死者的屍體餵食鷲鷹。鷲鷹食後飛上天空，這時藏民就認為死者順利升天。藏族佛教信徒們認為，天葬寄託著一種升上「天堂」的願望。在西藏地區的每個地方都有執行天葬的場地，即天葬場，還有專人（天葬師）從事此業。

黃鶴樓從何而來

巍峨聳立於武昌蛇山的黃鶴樓，享有「天下絕景」之稱，與湖南岳陽樓、江西滕王閣並稱為「江南三大名樓」。黃鶴樓始建於三國時期，傳說是孫權為實現「以武治國而昌」的目的，築城為守，建樓以瞭望。到了唐朝，其軍事性質減弱，該樓逐漸演變為名勝景點，歷代文人墨客紛紛到此遊覽做詩。唐代詩人崔顥一首「昔人已乘黃鶴去，此地空餘黃鶴樓」以及李白的一句「眼前有景道不得，崔顥題詩在上頭」使崔顥的這首詩成為千古絕唱，更使黃鶴樓名聲大噪。

那麼，這些名人口中稱呼的「黃鶴」二字又是從何得來呢？

有一本叫做《極恩錄》的書中曾經記載過這樣的一個故事：黃鶴樓

原為辛氏開設的酒店，一位道士常來店裏喝酒，但經常拖欠酒錢，辛氏倒不因為他不付錢就有任何怠慢，依然每天提供給他酒喝。為了感謝她的千杯之恩，道士有一次臨行前在壁上畫了一隻鶴，並且說牠能夠下來為來客起舞助興。從此這家酒店賓客盈門，生意興隆，辛氏也因此攢下了一大筆財富。過了10年，道士復來，取笛吹奏，跨上黃鶴直上雲天。辛氏後來在這塊地上蓋起樓宇，起初叫「辛氏樓」，後來為了紀念這位道士以及他的仙鶴，將其改名為「黃鶴樓」。另外一本《報應錄》中也有類似的記載。

看完這個故事，我們當然知道這只是個美麗的神話傳說，雖然「黃鶴」二字的真實來由仍沒有考證結果，但這樣一個故事也給了我們很好的啟示：辛氏為人正直，沒有嫌貧愛富，最終得到仙人幫助，收穫了一筆財富。

簡短的三個字和簡單的一個神話故事，卻映照出中華古代文化中濃厚的因果報應思想。如今黃鶴樓迎接著一批批前來參觀的遊客，輕輕訴說著好人有好報的佳話。

知識連結

黃鶴樓的原址在武昌蛇山黃鶴樓磯頭，相傳始建於西元223年。歷史上黃鶴樓屢建屢毀，最後一次被毀是在1884年。1957年建長江大橋武昌引橋時，占用了黃鶴樓舊址，1981年重建黃鶴樓時，選址在距舊址約1000公尺的蛇山峰嶺上。武漢是「百湖之市」，在壯闊的水面上，有一條中脊顯得格外突出，從西向東依次分布著梅子山、龜山、蛇山、洪山、珞珈山、磨山、喻家山等，這一連串的山脊宛如巨龍臥波，是武漢的地理龍脈，黃鶴樓恰好位於巨龍的腰上。騎龍在天，乘勢而為，選址在此，暗露玄機。

〈洛神賦〉中的洛神是誰

「翩若驚鴻，婉若游龍，榮曜秋菊，華茂春松。」如此優美的句子出自三國時期才子曹植的名篇〈洛神賦〉當中，曹植用極富浪漫主義色彩的語句，勾勒出一幅夢幻的畫面，描寫了男主人公與洛神宓妃之間的真摯愛情，以及終因「人神殊道」無從結合而惆悵分離的傷感。

〈洛神賦〉原名《感鄄賦》，是曹植在被封為鄄城王的第二年所作。這本沒有什麼令人遐想的。但是在古代「甄」與「鄄」兩字互通，這就不能不讓我們將這篇賦與曹植本人的經歷聯繫起來，而這些經歷，都與魏文帝曹丕的妃子甄氏有關。

相傳甄氏乃中山無極人，自幼貌美聰慧，建安年間嫁給袁紹的兒子袁熙，後來曹軍出兵攻打袁軍，甄氏成為曹軍的俘虜，被曹丕納為妃子。此時，十多歲的曹植不像父親、兄長那樣喜好征戰，於是得以與甄后朝夕相處，並生出一段情誼。時光流逝，甄后由於色衰失寵，加上郭妃的挑撥，最終慘死。據說死時以糠塞口，以髮遮面，十分淒慘。甄后死的那年，曹植進洛陽朝見哥哥，並與甄后的兒子太子曹叡一起吃飯，心中無比酸楚。飯後，曹丕將甄后的遺物玉鏤金帶枕送給了曹植，曹植睹物思人，彷彿遙見甄妃凌波御風而來。雖然這只是南柯一夢，曹植依然心潮翻湧，遂創作出這一篇曠世奇文。

看到這，沒有人不被曹植對其嫂的真摯感情所打動。不過轉念一想，曹植與曹丕的兄弟關係原本就因為政治鬥爭而劍拔弩張，在這麼敏感的時期寫作〈感鄄賦〉，曹植豈不是色膽包天，不要腦袋了嗎？何況，在當時社會，圖謀兄妻被認為是「禽獸之惡行」，向來「遵紀守法」的曹植又怎麼可能逾越這道鴻溝呢？

或許，曹植作〈洛神賦〉本無它意，但人們感動於他和甄氏的愛情悲劇，於是口口相傳，將洛神賦中的女神宓妃套用在了甄氏的身上。

賦是中國古典文學的一種重要文體，漢唐時期賦與詩常常並舉連稱，在一些時期，人們對賦的推崇甚於詩。賦萌生於戰國，興盛於漢唐，衰於宋元。賦這種文體具有其自身的獨特之處，一是語句上以四、六字句為主，並追求駢偶；二是語音上要求聲律諧協；三是文辭上講究藻飾和用典。其中，駢偶和藻飾更是漢賦的重要特徵。漢代的司馬相如寫著的《子虛賦》、《上林賦》更是賦中的代表佳作。

十二生肖是如何產生的

凡是華人，都知道十二生肖，且每人都有一個自己的屬相。所謂十二生肖，即是指子鼠、丑牛、寅虎、卯兔、辰龍、巳蛇、午馬、未羊、申猴、酉雞、戌狗、亥豬。那麼，十二生肖是如何產生的呢？

在中國民間流傳著這樣一個傳說：黃帝要選12個動物擔任宮廷侍衛，動物紛紛報名，貓讓老鼠幫自己報名，老鼠第一個把自己報上去了，卻沒報貓，所以十二生肖中沒排上貓。民間故事只能當作參考，但如果說這12種動物是古代部族崇拜的圖騰，還是有一定可信度的。

另有人認為，這是古代華夏民族紀年法與少數民族紀年法相互融合的結果。在堯舜時代，就開始使用甲乙丙丁等10個天干符號和子丑寅卯等12個地支符號，本來沒有以動物配地支的紀年法，而中國西部和北部的少數民族長期過著游牧生活，很多事物都以動物來表示或指代，因此創造了以動物來紀年的方法，在漢代，兩者相互結合產生了十二生肖。

也有人認為，中國古代有十二時辰的概念，把黃道附近的天空分成十二等份，由東向西配以十二支，用於紀年。由於古時候圖騰崇拜的影響，人們往往習慣把各種自然現象和動物形狀和別的神奇的東西結合起來，從而形成了十二生肖。

還有人認為，十二生肖產生於印度，是由印度傳入的，比較印度的十二生肖，只是獅子在中國改成了老虎，金翅鳥在中國改成了雞，確實有很大相似之處。

知識連結

著名學者郭沫若曾撰寫考古學論著《釋支干》，首先提出了中國與印度在十二生肖制度上的關係以及互相影響的可能性。關於十二生肖，郭沫若總結自己的見解，認為「此有獸之制不限於東方，印度、巴比倫、希臘、埃及均有之，而其制均不甚古，無出於西紀後百年以上者。意者此殆漢時西域諸國，仿巴比倫之十二宮而制定之，再向四周傳播者也」。即干支紀年雖為中華創制，但十二生肖卻有可能是後來輸入的。不過，郭沫若在論證時用了「殆」、「疑」等不確定的詞語，說明他自己對這一論斷也是沒有十足把握的。

〈蘭亭集序〉的作者是誰

相傳東晉「書聖」王羲之在一次朋友聚會上，揮毫潑墨寫成〈蘭亭集序〉，成為中國書法藝術的登峰造極之作，也是不少書法家爭相臨摹效仿的物件。〈蘭亭集序〉中使用的行書更是被贊「天下第一行書」。唐太宗李世民酷愛該帖，生前命人拓印數份，死時也叮囑要攜帖而去。現今流傳下來的便是〈蘭亭集序〉的多個拓本。

在〈蘭亭集序〉傳世的1000多年中，雖然有人針對該帖提出過問題，但卻很少有人質疑王羲之是這篇傑作的作者。不過，以郭沫若先生的《以王謝墓誌的出土論到蘭亭序的三大真偽》為導火線，學術界對〈蘭亭集序〉的真偽之爭又再一次熱鬧起來，〈蘭亭集序〉乃後人偽作的說法也浮出水面。

從出土的〈王興之夫婦墓誌〉、〈謝琨墓誌〉中可以發現，這些墓誌上使用的字體還是隸書。王羲之與王興之、謝琨都是同時期的人，而這篇帖作於王興之夫婦去世5年以後，為何字體突然變成了唐代常用的楷書了呢？不光字體上有巨大的疑問，在文章內容上，前半段表達了王羲之與侄同遊的興高采烈，開朗豁達的氣氛躍然紙上，但同時間寫作的後半段卻突現悲觀情緒。「臨文嗟悼」、「悲夫」等辭彙也與前文和王羲之本人的性格有太大的出入。

看到這，也許你也一樣充滿許多疑問，要證實王羲之的作者身分，我們要考慮的還有更多。首先，〈蘭亭集序〉歷經千年，受到了虞世南、褚遂良、歐陽詢、柳公權等眾多名家的推崇，他們難道看不出其中的疑點嗎？看來〈蘭亭集序〉還是經受住了名家犀利目光的考驗的。再者，〈蘭亭集序〉是明顯的東晉之風的體現，那時的讀書人許多無法進入官僚階級，只好三五成群找個風景秀麗之處，縱酒寫作罷了。如此具有時代特徵背景的作品又怎可能是後世偽作呢？

看來，想要攻擊王羲之的〈蘭亭集序〉作者的身分，還需要有更多有力的證據。

知識連結

最早懷疑〈蘭亭集序〉真偽的是晚清光緒年間廣東順德的李文田。他在為汪中舊藏的《定武蘭亭》所寫跋文中提出了三大可疑：一疑，所傳〈蘭亭集序〉之書法與晉碑「筆意」有異。唐以後所見之〈蘭亭集序〉並非梁以前之〈蘭亭集序〉；二疑，據《世說新語》記載，王羲之是仿照石季倫《金谷序》創作〈蘭亭集序〉的，與《世說新語》所載的王羲之《臨河序》篇幅相應，而唐以後相傳的〈蘭亭集序〉則多了自「夫人之相與俯仰一世」以下一百多字；三疑，如果說《世說新語》所引或經刪節，因此比王羲之原文要簡略些，但今看到的〈蘭亭集序〉卻比原文多許多字，注釋者有刪節前人文章之權，卻絕無增添原文之理，

其文不可信，其字則更難信。

觀音菩薩是男的還是女的

在大眾的眼裏，觀音菩薩始終是一位美麗端莊、大慈大悲，以無邊法力普救一切眾生的佛教女神。在《西遊記》當中，觀音腳踏仰蓮花座，左手執淨瓶，右手持柳枝，面露微笑的形象更是深入人心。

我們原來都以為觀音是位女性，殊不知，在佛教的發源地印度，觀音的形象卻是位有些威猛的男神，他往往上身裸露，手執蓮花，半透明的袈裟自腰間下垂，覆蓋臀部和大腿，頭戴冠冕，頸掛項圈，手套臂環、鐲子等飾物。

到底是什麼原因，讓觀音在「移民」中國的過程中變性了呢？

其實，佛教最初從印度傳入中國的時候，在一段時間內依然是男相，在河北平泉出土的北魏太和年間的銅鑄觀世音菩薩立像，形象粗獷威武，衣飾樸素，顯然是一位男性。然而隨著時代的發展，到了唐朝，觀世音的形象竟越發陰柔了，最初的「威猛丈夫」形象早已漸漸淡去，取而代之的是一位慈悲祥和、面帶母性般微笑的女菩薩。

要追究其中的原因，不外乎這樣幾種：一是相傳唐太宗即位後，認為真龍天子只能有一個，於是暗示創作者將菩薩的男相改為女相；為避唐太宗名字中的「世」字，觀世音也被更名為觀音了。二是唐代女性地位明顯提升（尤其是在武則天掌權時期），藝術家把對女性的崇慕之情移植到觀音雕像上也不足為奇。於是，觀音像從此固定為體態婀娜、神態嫵媚、服飾華麗、富有風韻的女相形象了。

如此說來，一位印度來的威猛菩薩變成了一位中國化的女性菩薩，既由於觀音信仰的普遍流行，又由於觀音自身內在的特點，更不乏中國民眾的現實需要心理、中土的文化傳統以及唐時政治影響等諸多因素的

共同作用。

知識連結

實際上，《法華經》的描述已表現出觀音這一形象身上許多潛在的女性因素。經中記載，觀音擁有三十三種化身：自在天身、大自在天身、天大將軍身、毗沙門身、小王身、長者身、居士身、宰官身、婆羅門身、比丘身、比丘尼身、優婆塞身、長者婦女身、居士婦女身、宰官婦女身、婆羅門婦女身、童男身、童女身、天身、龍身、夜叉身、乾闥婆身、阿修羅身、迎接羅身、緊那羅身、摩睺羅迦身、執金剛身。在這三十三種化身中，至少有比丘尼、優婆夷、長者婦女、居士婦女、宰官婦女、婆羅門婦女、童女這7種化身包含有明顯的女性形象。

舍利的由來

舍利是指佛祖釋迦牟尼圓寂火化後留下的遺骨和珠狀寶石樣生成物。舍利二字是由印度語翻譯而來，原意是遺留物或遺骨。佛教認為，舍利是一個人經過戒、定、慧的修持，再加上自身極大的願力所得來的，十分難得和寶貴，許多修行有果的高僧在火化後都會出現舍利。

看到這裏，想必大家都十分迫切地想知道舍利到底為何物，難道舍利真的是修行修出來的結晶嗎？這些各異的珠狀遺骨要怎麼科學地解釋呢？

有些舍利從外形上看與人體內的結石很類似，那麼有沒有可能這些舍利就是結石呢？結石主要成分是鈣質或金屬鹽沉積，形態和水垢相似，也很易碎，這些東西在高溫下都會變成粉末狀的氯化物；但神奇的舍利硬度卻極高，有一些用鐵錘敲打都巋然不動。況且，結石病人數以千萬，但真正得到舍利的卻是那些少數的修行者。再者，結石在人體內

的數量應是很少的，否則生命就會有所威脅；但是修行的人有時得到舍利的數量卻多得驚人，且顏色形狀各異。起碼這三點就證明，把舍利歸為人體的結石太過輕率了。

從科學的角度看，舍利的形成和做善事應該沒有直接的關係，主要是和生活習慣有關。如果長期食用某一種食物，比如長期素食和飲用山泉水，其中的某些元素在體內出現沉積，火化的時候受熱就會形成各種各樣的結晶，這個是完全有可能的。因為遺體火化，不僅是個燃燒的過程，其實也是個熔煉的過程。

可是各樣的舍利是身體中的哪些成分熔鑄而成的？我們普通人，死後火化時有些人是否也能生成舍利子呢？這些問題，還需要我們繼續探究下去。

知識連結

據傳，2500年前釋迦牟尼涅槃，弟子們在火化他的遺體時從灰燼中得到了一塊頭項骨、兩塊肩胛骨、四顆牙齒、一節中指指骨舍利和84000顆珠狀真身舍利子。佛祖的這些遺留物被信眾視為聖物，爭相供奉。在歷史煙雲的變幻中，絕大多數舍利被散失、湮沒、毀壞。不幸中的萬幸，1987年在法門寺的地宮中發現的許多唐代古物裏，世界上唯一的這節佛指舍利即在其中。

駱賓王是被害致死的嗎

駱賓王是初唐著名詩人，位列「初唐四傑」之一。武則天光宅元年（西元684年），鬱鬱不得志的駱賓王跟隨揚州刺史徐敬業起兵討伐武則天，起草了著名的《討武曌檄》。據說，武則天看了檄文後，赫然變色，忙問是誰寫的，當聽說是駱賓王所為，十分惋惜地稱駱賓王有宰相

之材，卻不為自己所用。

但揚州兵變僅三個月就失敗了，《新唐書・駱賓王傳》稱兵變失敗後，駱賓王亡命逃遁，下落不明，他的下落竟成了難解的謎案。

有說法認為駱賓王是被殺害的。《舊唐書・駱賓傳》、《資治通鑒》、《新唐書》均認同這種說法，稱兵變失敗後，駱賓王等準備入海逃往高麗，抵海陵（今江蘇泰州），遇風浪受阻於遺山江中，被部將王那相所殺，傳首東都，並牽連全家和族人。駱賓王的世交宋之問在〈祭杜審言學士文〉中，也言駱賓王是被殺害的。

還有說法認為駱賓王逃匿於今江蘇南通一帶。據明人朱國禎《湧幢小品》記載，明正德年間在南通城東發現駱賓王的墓，墓主衣冠如新。此墓後來遷往狼山，遺跡至今猶存。

到了清代，陳熙晉在《駱臨海集箋注・附錄》中又說，雍正年間有自稱李于濤（即徐績，徐敬業祖父）三十七世孫的李于詩，曾言家譜中所傳，揚州兵變失敗後，駱賓王與徐敬業之子一起藏在邗之白水蕩，以後駱賓王客死崇川。駱賓王墓就是徐敬業之子修的。

此外，還有說駱賓王後來削髮當了和尚的，認為兵變失敗後，官軍沒有捕獲徐敬業和駱賓王，因害怕武則天治罪，便以假充真，函首以獻，駱、徐兩人後都落髮為和尚。唐朝《本事詩》記載，宋之問曾打聽到駱賓王出家於杭州靈隱寺。

還有人說，駱賓王是投水而死的。

現世對駱賓王下落的爭論，主要集中於兵敗後駱賓王究竟是死還是生。有的說駱賓王在兵變中被殺害，有的說他未死，而是逃了出來。有關駱賓王的下落，由於史籍記載相互矛盾，形成了種種猜測，至今難以定論。

知識連結

初唐四傑指的是王勃、駱賓王、楊炯、盧照鄰四人，他們都是初唐

中後期很有才華的詩文作家，四人才名早享，在青少年時代就獲得「四傑」的美譽。他們對詩歌發展的主要貢獻是，把詩歌的吟誦範圍從狹隘的宮廷轉到了廣大的市井，從狹窄的台閣移向了廣闊的江山和邊塞，開拓了詩歌的題材，豐富了詩歌的內容，賦予了詩歌新的生命力，提高了當時詩歌的思想意義，展現出帶有新氣息詩風，推動初唐詩歌向著健康的道路發展。他們在文學史上有承前啟後、繼往開來的重要作用，連偉大的現實主義詩人杜甫都對「四傑」十分敬佩。

李白是怎麼死的

唐代詩壇巨匠李白於唐寶應元年（西元762年）離開人間，卒於今安徽當塗，享年62歲。關於他的死因，一直有不同的說法。

中國歷史學家、考古學家郭沫若從醫學角度進行研究推測，認為李白61歲時曾遊金陵，往來於宣城、曆陽二郡間。李光弼東鎮臨淮，李白決計從軍，可惜行至金陵發病，此為「腐脅疾」之初期，即膿胸症，後回到當塗，最終死於當塗。晚唐詩人皮日休〈李翰林詩〉云：「竟遭腐脅疾，醉魄歸八極。」也認為李白是因醉酒致疾致命的。

另外，有人卻認為李白是溺死的，因為李白愛酒，也愛月、愛狂，他在安徽採石磯夜遊，因喝醉了酒而下江捉月亮，不幸溺水身亡。五代王定保《唐摭言》稱：「李白著宮錦袍，遊採石江中，傲然自得，旁若無人，因醉入水中捉月而死。」

看來，李白的死因與醉酒有關，那麼究竟是病死的還是溺死的呢？看來只能是一個謎了。

知識連結

李白（西元701～762年），字太白，號青蓮居士，又號「謫仙

一本書讀懂中國歷史謎案

人」。生於安西都護府碎葉城。中國唐代偉大的浪漫主義詩人，被後人稱為「詩仙」，與杜甫並稱為「李杜」。其詩風格豪放，文逸灑脫，想像豐富，語言流轉自然，音律和諧多變。他善於從民歌、神話中汲取營養素材，構成其特有的瑰麗絢爛的色彩，是屈原以來積極浪漫主義詩歌的新高峰。韓愈曰：「李杜文章在，光焰萬丈長。」在唐文宗時，他禦封李白的詩歌、裴旻的劍舞、張旭的草書為「三絕」。

《霓裳羽衣曲》真由唐明皇所作嗎

　　白居易的作品《長恨歌》講述了唐明皇與楊貴妃一段淒美的愛情故事，其中有一句最為令人心動：「驪宮高處入青雲，仙樂風飄處處聞。緩歌慢舞凝絲竹，盡日君王看不足。漁陽鼙鼓動地來，驚破霓裳羽衣曲。」相傳楊貴妃擅長歌舞，唐明皇便作《霓裳羽衣曲》，由楊貴妃來演繹。

　　唐明皇多才多情，且深諳樂舞之道，不過，如此一部具有西域風情的樂曲真的是由唐明皇自己創作的嗎？

　　玄宗時期，西涼節度使楊敬述向朝廷進獻具有西涼特色的《婆羅門》音樂作品，後世的記載中卻多說楊敬述進獻的是《霓裳羽衣曲》，那麼，《婆羅門》會不會就是《霓裳羽衣曲》呢？

　　仍舊是白居易的作品《霓裳羽衣歌》中道出了些許奧祕。「由來能事皆有主，楊氏創聲君造譜」，說明這部樂曲來自於楊敬述，而唐明皇也參與了其中的一部分創作，對原來的樂曲進行了潤色，正如張德瀛的《詞徵》一書中所說的「曲則西涼節度使楊敬述所造，玄宗從而潤色之」。

　　如此說來，《霓裳羽衣曲》應是開元年間由西涼節度使楊敬述所獻的《婆羅門》曲更名而來，雖然不是由玄宗創作，但玄宗參與了其中的

一些修改，連「霓裳羽衣」這旖旎動人的曲名也很可能是這位多才多藝的風流皇帝所賦予的。

作為唐代樂舞曲的代表作，無論是在宮廷還是民間，無論是在唐代還是後世，《霓裳羽衣曲》都產生了極大的影響，尤其是它在民間傳誦中所承載的那一段愛情故事，更是讓所有人為之動容。

知識連結

說到《霓裳羽衣曲》，我們還要談到一個專用名詞即燕樂。燕樂在形式結構上的最高發展是唐代燕樂大麴。所謂「大麴」，往往是歌、樂、舞三位一體，是歌唱、器樂、舞蹈連綴融合的綜合藝術。《霓裳羽衣曲》便是一部大麴，是梨園法部最具代表性的曲目，也是唐代宮廷樂舞的代表作，其系列包含有霓裳羽衣歌、霓羽衣曲、霓裳羽衣舞。

鑒真和尚何時雙目失明

唐代天寶十二年，唐王朝派遣的鑒真和尚在經歷五次渡海失敗的艱辛後終於踏上了日本國的土地，開始了他赴日傳法的事業。鑒真在日本停留了10年，他不僅把佛教戒律和唐人文化的精華帶到日本，也為發展中日人民的友誼關係做出重大貢獻，鑒真和尚至今仍受到中日兩國人民的懷念和尊崇。

相傳鑒真第五次東渡失敗以後，在從廣州到韶州的途中「頻經炎熱，眼光暗昧，爰有胡人言能治目，請加療治，眼遂失明」。如此說來，鑒真在中國時雖然就已經雙目失明，但仍然堅持計畫並最終成功地到達了日本宣揚佛法，這是多麼感人的一件事啊。不過，日本正倉院中現在保存著一張〈鑒真書狀〉，相當於現在的借書條。借書條上的書法不僅為唐人風格，而且書法字跡端正整齊，甚至塗改重寫之處都完全與

原字相合，這真的是一個盲人所能做得到的嗎？如果這張「借書條」真的屬於鑒真，那麼鑒真又怎麼會是一位盲人？

日本曾有人撰寫《唐大和上東征傳》，對鑒真在日本10年的傳法和生活進行了詳細的記載，其中鑒真在日本的部分卻未提到他雙目失明或由於某種原因而感到不便的事情。在鑒真從韶州來到江寧時，他的弟子靈祐曾提及「盲龜開目」一詞，如果鑒真真的是位盲人，靈祐又怎可能說出這等有損於鑒真形象的不敬之語呢？

也許，所謂的「眼光暗昧」是指鑒真患有老年性白內障，而不是失明。鑒真由於眼部有疾，便請到了西域的醫生施行針撥法治療，沒想到手術後雙眼受到了感染，病情惡化，即所謂「眼遂失明」，但應該還能分辨出字跡。所以，鑒真到日本時可能尚未完全失明，這樣人們才會在〈鑒真書狀〉中看到他工整的字跡。

鑒真作為唐代著名高僧，不僅在僧道學習上技高一籌，他歷盡艱辛東渡日本的偉大行為和百折不撓的精神也給後人留下了極其深刻的印象。不管他在去日本前是不是一位盲人，我們對他的尊敬都不會有所改變。

知識連結

唐代中日交流密切，不僅中國學者東渡日本傳播中華文化，日本的許多有識之士也前來學習。當時最著名的日本「留學生」是阿倍仲麻呂，他在開元年間進入長安太學學習，後來考中進士，在唐擔任過許多官職。阿倍仲麻呂與大詩人王維、儲光羲、李白等關係甚好。他滯留在唐朝54年，73歲客死長安，他的詩作有許多收錄在《全唐詩》中。

畢昇僅僅是一位工匠嗎

指南針、火藥、造紙術、印刷術是中國古代的四大發明，為中華文明的發展做出了巨大的貢獻。我們要說的畢昇，便是其中一個發明——印刷術改進過程中的大功臣，他發明了最具突破性的活字印刷術。

關於畢昇以及他所取得的成就，只有在宋代沈括的《夢溪筆談》中可以尋見相關的記載。可是，沈括的記載中只交代了畢昇的布衣身分，那麼，何謂布衣？畢昇的職業又應當怎樣定位呢？

在古代的身分概念裏，布衣即是沒有做過官的普通老百姓，以至於許多人猜測，畢昇只是一個從事雕版印刷的工匠，因為只有熟悉或精通雕版技術的人，才有可能成為活字版的發明者。說他是「工匠」便意味著畢昇只是一位技術人員，不懂多少科學知識。面對如此浩繁的印刷排版工作，畢昇創造性地提出了製作一套字塊，在以後的編排中一一對應放置的便捷方法，我們若只把畢昇定義為一名工人，這樣可信嗎？

活字印刷術是一項頗具創造性的發明。它的具體操作方法是這樣的：用膠泥做成一個個規格一致的毛坯，在一端刻上單字的反體，字劃凸起的高度相當於銅錢邊緣的厚度，然後用火燒硬，便成為單個的膠泥活字。為便於揀字，膠泥活字按韻被分類放在木格子裏，並貼上紙條標明。排字的時候，用一塊帶框的鐵板作底托，上面敷一層用松脂、蠟和紙灰混合製成的藥劑，然後把需要的膠泥活字揀出來一個個捧進框內。

瞭解了畢昇的活字印刷術之後，沒有人不對這一創造性的想法感到驚奇，同時也深深地敬佩著這一位古代的布衣。看到這，我們還能說畢昇只是一位工匠嗎？如果沒有前期的知識積累，他是不可能構思出這樣專業的方法的。因此，畢昇首先應是一位精通印刷原理的知識份子，此外他還事必躬親地加入實際操作，與工人們一起實踐新的印刷法。

畢昇是一位傑出的工匠，但他更是一位傑出的知識份子。

四大發明在人類文明史上的重要地位，是中國成為文明古國的標誌之一，這些發明的重要性最早可能是由英國哲學家法蘭西斯・培根提出的，他曾寫道：「印刷術、火藥和指南針……使世界產生了不計其數的變革，以至於沒有任何帝國、教派、個人對人類事務產生如此重大的影響力。」而現在所指的四大發明最早是由19世紀的傳教士和漢學家約瑟夫・愛德肯提出的。當愛德肯比較中國和日本時，提出學者們應當清楚日本沒有像中國的造紙術、印刷術、指南針和火藥那麼重要的發明。

禹王碑碑文能夠破解嗎

「岣嶁山前神禹碑，字青石赤形模奇。蝌蚪拳身蓬葉披，鸞飄鳳泊拿蛟螭。」韓愈的這首詩為我們生動地展現了禹王碑碑文的優美形制。大名鼎鼎的禹王碑發現於衡山的岣嶁峰，因此又被稱為岣嶁碑，碑文雖僅有77字，字體卻蒼古難辨，常被稱為蝌蚪文或鳥篆。據說郭沫若先生花了3年時間也不過辨識出其中的3字。

禹王碑的神祕不光來自奇怪的字體，還來自民間有關這座碑的一個傳說。相傳大禹治水時，禹得到仙人相助，獲得了一幅地圖，禹按照這幅地圖的指引找到金簡玉書，他抱著寶書日夜細心研讀，求得開渠排水、疏通河道的辦法，並按照書上指點，率領眾百姓鑿山開石，疏通壅塞，把危害百姓的洪水引進江河，歸順大海。大功告成後，大禹把金簡玉書送回原來的地方，仍用磐石壓蓋起來，並在岣嶁峰上刻了一塊碑，即禹王碑。故事雖傳奇，不過碑石右側所刻「大宋嘉定神禹碑刻成」說明該碑是宋代文物，打破了這座碑來自上古的傳說。

自從禹王碑被後人發現，專家學者們便沒有停止對碑文的破解工作，多種譯文版本也不斷誕生。專家們發現，禹王碑所用文字為夏代官

方文字，早於商周金文。這種文字到戰國末期逐漸消亡。秦漢文字改革後，絕大多數文人無法識讀了。加上內容多為南楚方言，還有許多通假字，字體採用了對稱型裝飾手法，甚難辨認。加上譯者的思路受到神話傳說的限制，這些譯文仍然多與大禹治水有關。劉志一先生將譯文解釋為楚莊王時期歌頌楚莊王滅庸國的歷史過程與功勳的一篇文章，他將碑文破解出來發現與《春秋左傳》中的記載十分相像，更加堅定了這份譯文的合理性，也得到了學界的眾多認同。

　　古今稱頌的禹王碑，做為一塊撲朔迷離的歷史瑰寶，在得到眾人關注和猜測的同時，也給後人留下了許多疑問，等待他們去繼續探尋。

　　知識連結

　　碑的稱謂最早始於漢代，據清代《說文》學家王筠的考證，最早的碑有3種用途，即宮中之碑，豎立於宮前以測日影；祠廟之碑，立於宗廟中以拴牲畜；墓塚之碑，天子、諸侯和大夫下葬時用於牽引棺木入墓穴。由於這些實用的目的，最早的3種碑上都是沒有文字圖案的，後來才慢慢出現碑文這種文體。碑文，是指刻在豎石上的文字，這種文字是專為刻碑而作。碑文的體裁有文，有銘，又有序。選定標題時，看包括哪些形式而定，或直題為某某碑，或題為某某碑銘，或題為碑並序、銘並序之類，沒有固定的格式，有的就不題碑銘等字，直書文章題目了。

泰山無字碑何時所立

　　泰山玉皇頂玉皇廟門前有一座高6公尺、寬1.2公尺、厚0.9公尺的石碑。石色黃白，形制古樸渾厚。但奇怪的是碑上沒有一個字，因而被人稱為「泰山無字碑」。正因為如此，此碑究竟是何時、何人所立，便成為一個疑問。

不少人認為它是秦始皇所立，立碑之意在於焚書。清乾隆帝就曾說：「本意欲焚書，立碑故無字，雖云以身先，大是不經事。」不過，對照史實，這種看法頗難成立。據《史記‧秦始皇本紀》記載，秦始皇在西元前219年第二次出巡時曾登泰山，立碑記事。可見，秦始皇在泰山上所立之碑並不是無字的。再說，焚書之舉是在西元前213年，不可能在6年之前就有焚書的計畫，並為此立「無字碑」。

　　於是，又有人提出另一種推測，認為此碑原本是有字的，後經過長期的風雨侵蝕，原有的文字風化剝落，以致成了無字碑。但這一看法也有問題。從現存的無字碑看，風化的情況並不嚴重。況且它在宋代已被稱為無字碑，而當時看秦代所立的有字泰山碑，尚能辨認出146個字，此碑怎能剝蝕得一字無存呢？所以，這個說法不可靠。

　　又有人推測，此碑很可能是漢武帝所立。據《史記‧封禪書》記載，元封元年（西元前110年），漢武帝前往泰山封禪，立碑於泰山之巔，《史記》上沒有說他曾「刻石」。因此說「無字碑」為漢武帝所立不無道理。但也有人對此說存在疑問：好大喜功的漢武帝怎麼會只立一座無字碑，而不利用這一機會在碑上刻寫文辭，為自己歌功頌德呢？這畢竟與漢武帝的性格不太符合。

　　看來，在沒有找到確鑿的證據以前，無字碑之謎還無法真正解開。

知識連結

　　無字碑，位於泰山極頂玉皇廟山門前八公尺處。通石由石柱、頂蓋石和頂柱石三部分組成。石柱高499.5公分，左右二側面上寬約69.3公分，下寬約83.2公分。石柱之下無榫，直接下寢於自然石穴內。頂覆頂蓋石，呈覆斗形，類似廡殿頂。頂蓋石無任何紋飾，其石質與石柱同，皆為花崗岩質。頂蓋之上為頂柱石，最頂部略呈圓形，亦無紋飾，其石質為石灰岩，疑為後人更換。因此石無一字痕可考，故對立石人及立石時間等眾說不一。

《清明上河圖》真跡在哪

北宋著名畫家張擇端繪製的《清明上河圖》，是中國繪畫史上的無價之寶。它是一幅用現實主義手法創作的長卷風俗畫，藉由對市俗生活的細緻描繪，生動地再現了北宋汴京的繁榮景象。這幅傳世奇作也是為歷代皇室貴族所爭相收藏，那麼，《清明上河圖》的真跡經歷了怎樣的流傳，現在又保存在哪裡呢？

相傳，宋徽宗趙佶看中了張擇端的繪畫才能，便命人將其召進翰林圖畫院，親自命題讓張擇端繪畫北宋東京的繁華盛景。這幅歌頌太平盛世的歷史長卷完成後，宋徽宗即成為此畫的第一位收藏者。具有書畫家身分的宋徽宗酷愛此畫，並用他著名的「瘦金體」書法親筆在圖上題寫了「清明上河圖」五個字，並蓋上了雙龍小印。後來宋被金滅，連這幅珍貴的畫作也被擄走，直到元朝滅金，它才重新回歸中原故土。

總的來說，《清明上河圖》歷經了宋、元，明、清四個朝代，四次被收進皇宮，又一次次神祕失蹤。到了中國最後一位皇帝愛新覺羅·溥儀走下皇帝寶座離宮之前，他帶走了宮中一部分珍玩字畫，《清明上河圖》即在其中。它和末代皇帝開始了一段顛沛流離、輾轉憂患的流亡生活。在流亡的路途中，有些珍玩字畫被遺棄，有的被瓜分，有的被燒毀，還有的被解放軍收繳。溥儀收藏的《清明上河圖》共有四個不同的版本，其中包括真跡和一些仿作。那麼《清明上河圖》的哪個版本由溥儀帶在身邊，是不是真跡？這些問題的答案起初人們不得而知。

直到1950年冬天，文物學家楊仁愷先生發現了這幅氣勢恢弘的長卷，畫中筆法細膩，人物、景物栩栩如生。這幅畫上雖然沒有作者的簽名和畫的題目，但歷代名人的題跋豐富、翔實、收藏印章也紛繁複雜，僅末代皇帝溥儀的印章就有三枚之多。尤其是畫卷之後金代題跋中明確地記載有「翰林張擇端」的字樣讓人們最終確信這幅畫就是人們苦苦尋找的《清明上河圖》真跡。

這幅承載了無數君王盛世太平夢想的《清明上河圖》，卻經歷了數不清的艱難坎坷。好在這幅圖如今重又被人們發現，安詳地停留在北京故宮博物院當中，供後人瞻仰。

知識連結

《清明上河圖》標題中「清明」二字的真實寓意歷來爭議眾多。透過畫面的內容以及張擇端的作畫歷史背景，專家們總結出了「清明」的幾種可能的含義。比較普遍認同的主要是清明節之意和清明盛世的意思，後者更符合當時的情形。因為，北宋當時在長期實施「偃武修文」的國策之後，國家經濟趨於繁榮，出現了繼唐朝之後的又一個太平盛世。這一時期的文人官宦，為了仕途騰達，大肆歌頌當朝皇帝的政治清明；宋徽宗時期宰相蔡京為取悅宋徽宗趙佶，曾宣導「豐享豫大」，形容天下富足，太平安樂的景象。《清明上河圖》中展現出的磅礴氣勢和繁盛景象，也最能代表宋徽宗趙佶「偃武修文」的治國思想。

〈滿江紅〉是岳飛所作嗎

岳飛的一首〈滿江紅〉壯懷激烈，曾激起古往今來多少仁人志士的英雄豪情，又多少次地讓人緬懷它的作者岳飛的赫赫功績與悲壯歸宿。但正是這首傳唱已久的詞多年來始終引起人們的爭論，爭論的焦點卻是該詞的作者問題。

這首詞最早出現在明代徐階所編的《岳武穆遺文》，而岳飛寫作這首詞應該是南宋時候的事了，中間歷經宋、元兩朝，都沒有任何記載，也沒有名人的評價，為什麼這首詞偏偏突然出現在明中葉以後呢？另外，詞中提到了「踏破賀蘭山闕」的豪言壯語，要知道，賀蘭山在內蒙古河套以西，當時是西夏的土地而非金國屬地，況且，岳飛奉命征戰之

地在黃龍府，是今天的吉林地區。如果這首詞真的是岳飛寫的，那描述的地點怎麼會有如此大的差別呢？

倒是在明朝，北方少數民族韃靼常取道賀蘭山入侵甘、涼一帶，「踏破賀蘭山闕」據說在明代中葉是一句抗戰的口號，而且當時的明將還在此處打了勝仗，與「踏破」二字剛好吻合，這句話在南宋自然是不會有的。難道這首詞真的是明人激動於戰勝了入侵民族，於是托古人英雄所作嗎？

〈滿江紅〉中字字鏗鏘有力，充滿了濃厚的愛國情感和戰鬥的勇氣，其實是非常符合南宋時期岳飛的心境的，而他的作者地位當然也不是那麼容易就會被撼動。岳飛寫作〈滿江紅〉之後的歲月中，秦檜及其餘黨始終把持著朝政，之後經歷了元朝異族統治，因而岳飛的聲名始終受到壓抑，直到明朝情況逐漸改觀。岳飛的事蹟才又逐漸進入人們的視線。這一歷史事實，造成了〈滿江紅〉不見於宋、元人的著錄。而到明代中葉才出現和流傳的情況。而地理方位的差異，則是因為岳飛只是用「賀蘭山」來泛指被侵犯的地區，作為一種文學上常用的代指手法，這種差別的運用本來就無可厚非。

不管對這首詞的作者疑問有怎樣的爭論，如今人們仍然在吟誦著〈滿江紅〉中的錚錚豪言，回想那一段保家衛國的征戰歲月，感嘆於岳飛的英雄氣概。

知識連結

中國古代時期，中原政權的統治從來少不了外族入侵這個難題。秦漢時期，政府主要對付的是匈奴的入侵，秦始皇派大將蒙恬率30萬大軍北擊匈奴，收復失地；漢武帝派張騫出使西域，並派遣霍去病、衛青等大將連續發動對匈奴的戰爭；宣帝時設立西域都護府；明帝派班超出使西域，班超經營西域20餘年。到了宋朝，則先後受到遼、西夏、金的侵擾。從中央對外族的政策也能看到該朝代的整體面貌，秦漢時期國力雄

厚，對外族態度強硬，戰多取勝；宋朝時政策內向軟弱，妥協條約數見不鮮。

「天聖銅人」今何在

「天聖銅人」是在宋代天聖年間，由名醫王唯一主持設計、鑄造的兩座同常人一樣高的精製銅像，它們是用於研究針灸的銅人。

根據有關史料記載，這兩座銅像的造型是裸體的男人，製作它們用的是精銅，設計精巧無比，製作出神入化。銅人的表面精準地標明了人體的經絡，沒有絲毫差錯；而且銅人不是中空，內部也是照真人的五臟六腑設計的。

「天聖銅人」集中國古代醫學文明和銅雕鑄文明於一身，是醫學文物中的上乘之作，堪稱「國寶」。

然而，它們也和許多國寶一樣，命運坎坷，現在早已去向不明了。

它們於1027年問世，1228年銅人之一被金人掠走。後蒙古滅金，這座銅人又成了蒙古人的戰利品，其後另一銅人也被蒙古人獲得。1279年，兩座銅人被放在元大都三皇廟中的神機堂內供人參觀。但隨著以後朝代的更替，戰亂頻繁，兩座銅人又幾經易手，最終下落不明。

史學界一直不甘心失卻了這兩座中國最早的精製針灸銅人，所以一直在探究它們的下落。

有人認為，兩座天聖銅人之一已經毀於戰火，僥倖保存的那一座，幾經輾轉流入日本，就是今天存放在日本東京博物館的那座古代中國針灸銅人。日本方面有關史料中，都一致承認，這具古代針灸銅人來自中國，而且年代久遠，還具有古代文獻中描述的天聖銅人的基本特徵。

可是，有為數不少的學者反對這種看法。他們認為，日本的那座銅人是由12個斷片綴合而成，而《齊東野語》中卻記載銅人為「背面二器

相合」。

其次，史料中的天聖銅人的腧穴是「竊而達中」，意思是如果扎準了就能刺進銅人的體內，而且「針入而汞出」則說明銅人內可貯水或其他液體。可是，日本的那具銅人，中間是不能貯水的。而且，日本的銅人有365個穴位，比宋代和元代的醫典多出11個穴位，這簡直是不可思議的。這些爭論實際上已經排除了天聖銅人在日本的說法。

可是，天聖銅人到底在哪兒呢？現在仍然是待解之謎。

知識連結

天聖銅人的身高與真人差不多，它身上的每個穴位名稱都是用「錯金法」鐫刻的。在銅人身上除了標注有幾百個穴位外，還在每個穴位的準確位置處鑽有僅僅能容下一根銀針的小孔。在銅人的胸腔和腹腔內，還懸掛、配置著五臟六腑的模型。更為絕妙的是，銅人的表面塗有一層蠟，體腔內灌注有水或水銀，用針刺入穴位時，就會流出水或水銀來。銅人的出現，使當時幾乎失傳的古針灸術得到了繼承和發揚，對推動針灸醫術的普及和發展有劃時代的作用。

張三丰因何如此神祕

看過武俠小說的人們對張三丰這個人一定不陌生，在武俠世界裏，他是武當派的開山祖師，武功登峰造極，天下無敵。在歷史上，張三丰也真實存在，並且是道教中的著名人物。但就是這樣一位在現實世界和武俠世界都大名鼎鼎的英雄人物，人們對他的身分卻有不少疑問，比如他的籍貫、他的壽命等等，都曾引起人們的激烈爭論。

據說，張三丰其人神祕非凡，神龍見首不見尾，行蹤不定，明朝三代皇帝想召見他都沒有成功。張三丰名氣極大，故事眾多；他高似神

明，武當山有他的廟，人們對他頂禮膜拜。然而，張三丰卻不顯其形，沒有人見過張三丰的真實面目。正因為這個原因，很多人懷疑張三丰這個人的存在，也正為此他所創建的武當武術長期得不到人們的承認。這種情況更加深了張三丰身上的神祕色彩。

倒是《明史‧張三丰傳》中對張三丰的籍貫和外貌做了詳細的記載：「張三丰，遼東懿州人，名全一，一名君寶，三丰其號也。以其不飾邊幅，又號張邋遢。頎而偉，龜形鶴背，大耳圓目，鬚髯如戟。」看來，張三丰的外貌是很獨特的，而不是武俠作品中的英俊瀟灑，不過這也同時彰顯著他的與眾不同。

不光是外表，他的高超武功在史書中也是有確鑿記載的，相傳在他悟成太極拳以後，曾經「以單拳殺賊百餘，遂以絕技名於世」，如果史書記載的屬實，那麼張三丰的武功比起武俠小說中的描述，有過之而無不及。畢竟一拳打死上百個賊人也算是一門超越常人的功夫了。

對於張三丰的壽命，歷史上更是沒有定論，張三丰長壽的事實眾人皆知，但是他到底活到多久，誰也不能給出確切的答案。甚至有人相信，張三丰是長生不老的，他始終逗留在人間。顯然這是不可能的，但從一個側面也反映了張三丰神祕與否也許並不重要，人們只希望在他的傳奇故事中獲得力量，而對他的蓋世武功始終保有一份可貴的想像空間則已。

知識連結

張三丰武功超群，他在道教理論的發展過程中也有不可磨滅的作用，最為重要的便是提倡三教合一說。張三丰認為，儒、佛、道都講道，它們的社會功用都是「修身利人」，「儒離此道不成儒，佛離此道不成佛，仙離此道不成仙」，儒家「行道濟時」，佛家「悟道覺世」，道家「藏道度人」。他提出，儒家修養人道，仙家修煉仙道。張三丰把二者結合起來，以修人道為煉仙道的基礎，強調無論貴賤賢愚，老衰少

壯，只要素行陰德，仁慈悲憫，忠孝信誠，全於人道，離仙道也就自然不遠了。他巧妙地把道家的思想與儒家的道德學說牽合在一起，相比前代的說法更具獨創性。

太極拳的創始人是誰

太極拳是中國一種獨特而又行之有效的鍛煉身體的方法，流傳頗廣，習此者不計其數，目前世界上許多國家也不乏太極拳愛好者。然而，關於太極拳的起源，卻有著種種說法，有些甚至帶著一層神祕的色彩。

近代太極拳興起以來，傳統的說法都是由武當道士張三丰創太極拳。清人陳鑫所輯《陳氏太極拳圖說》「自序」曰，明朝洪武七年（1374年），「始祖諱卜。耕讀之餘，而以陰陽開合，運轉周身者，散子孫以消化飲食之法，理根太極。故名曰太極拳」。有人據此認為太極拳是陳卜創始的。

陳卜是由山西洪洞縣遷居河南溫縣陳家溝的陳氏家族第一代人，其後代陳王庭造太極拳之說傳聞頗廣。陳王庭是明末清初人，他曾率領溫縣軍民英勇抗清。入清後，他隱居鄉里，晚年「閑來時造拳，忙來時耕田。教下些弟子兒孫，成龍成虎任方便」（見《陳王庭遺詞》）。

近人唐豪先生曾於1932年專赴陳家溝調查，發現陳家溝的太極拳動作，有很大一部分取自明朝著名的武將戚繼光所撰的《紀效新書・拳經》中的動作。

據說在清朝初年，陳王庭參照了戚繼光的《紀效新書・拳經》，研究道家黃庭關於呼吸的方法，融會貫通，創長拳十三勢，編出了一套太極拳，拳勢螺旋纏繞，快慢相間，意、氣、形密切配合，把養生、健身和技擊合而為一。

另據《清史稿‧王來咸傳》載：清朝中葉，河北出現了太極拳，其拳法出於山西人王宗嶽，「其法式論解，與百家之言相出入」。直至清末，傳習者愈來愈多。王宗岳是清朝乾隆年間山西人，當過塾師，精通拳法、劍法、槍法，研究數十年，頗具心得。他所著《太極拳譜》中之《太極拳論》，被視為太極拳經典理論。因此，王宗岳又被人認為是太極拳的創始人。

今人曠文楠則認為，太極拳形成和發展的過程，即太極拳的一些招式、動作、要領、方法，早已分別在古代的拳術和導引中引用了。到了明代，武術家們出於增進健康的目的，才將這些拳法和導引術加以糅合而編制成太極拳，以陳王庭、王宗岳貢獻最大。所以太極拳並非一時、一地、一人所獨創，而是經過武術家們長時期的繼承、發展與創新而成的。

知識連結

太極始於無極，分兩儀。由兩儀分三才，由三才顯四象，演變八卦。依據「易經」陰陽之理、中醫經絡學、道家導引、吐納綜合創造的一套有陰陽性質、符合人體結構和大自然運轉規律的一種拳術，古人稱為「太極」。太極拳是中華民族辯證的理論思維與武術、藝術、引導術的完美結合，是高層次的人體文化，被稱為「國粹」。

《金瓶梅》與「蘭陵笑笑生」

《金瓶梅》是明代著名長篇小說，也是中國文學史上第一部由文人獨立創作的長篇小說，之前的小說大多是取材於歷史故事或神話傳說而整理改編成的，而這部作品則是文人直接取材於生活而創作，可謂開了文人創作模式的先河。這部書中不僅描繪了社會生活，更是一部揭露當

時官場黑暗的佳作。

不過少見的是，《金瓶梅》這一文壇奇葩的作者卻使用了化名，即「蘭陵笑笑生」。那麼，這位神祕的「蘭陵笑笑生」的真實名字是什麼呢？

正如數學中的「哥德巴赫猜想」一般，《金瓶梅》的作者問題也始終是研究這部作品最大的難題。而明朝作家王世貞曾被看作是《金瓶梅》作者的不二人選。首先，在明朝書籍《山林經濟籍》、《萬曆野獲編》當中便最早透露出了王世貞創作《金瓶梅》的資訊，到了清朝，更多的研究也將作者身分指向王世貞。王世貞是個大官僚，對於官場情形的描寫可謂駕輕就熟，試想如果不是官場內遊走多年的人物，又怎麼可能寫出如此真實的黑暗景象呢？另外，王世貞祖籍山東，後來在山東做官，符合《金瓶梅》中處處呈現山東方言的特點。不僅如此，小說中的許多地名以及涉及到的佛道思想，也與王世貞的成長經歷一一吻合。憑藉眾多的根據，王世貞的作者身分看來是很難撼動了。

偏偏在王世貞的身邊，有一位似乎更加符合作者情況的候選者，他就是王世貞的友人蔡榮名。小說中的方言是山東方言，但仍可以縮小範圍到黃巖方言。而蔡榮名剛好是黃巖人，在運用方言的時候應該比王世貞更具優勢。更具有說服力的證據是，王世貞作詩「袖攜天臺石，吐作金山雲」、「兩年兩扣先生門，沾沾所見愜所聞」與蔡榮名本人的《金山行》相互印證，更加證實《金瓶梅》的初稿來自蔡榮名，並且是蔡榮名在金山園最後定稿的。

經過反覆比對，似乎在作者之爭中，蔡榮名比王世貞更具競爭力。不過，不管如今我們考證出誰是真正的作者，在那個時代，真正的作者出於某種原因，肯定是不願意讓大家知道自己的身分的，要不然也不會化名「蘭陵笑笑生」了。

《金瓶梅》是一部以描寫家庭生活為題材的現實主義巨著,它假託宋朝舊事,實際上展現的是晚明政治和社會的各種面相,是一部對社會斷層深入剖解的著作。全書描寫了西門慶的一生及其家庭從發跡到敗落的興衰史,一方面輻射市井社會,一方面反映官場社會,展開了一個時代的廣闊圖景,徹底暴露出人間的骯髒與醜惡。作品還藉由西門慶的社會活動,反映了上自朝廷下至市井,官府權貴與豪紳富商狼狽為奸、魚肉百姓、無惡不作的現實,從客觀上表現了這個社會的無可救藥。這樣的作品是不能被當時的統治階級所容忍的,也許這也是作者選擇使用化名的一個重要原因。

《永樂大典》正本何在

明成祖朱棣為了以講修文治來籠絡人心,於明永樂元年(1403年)命人編纂《永樂大典》,1404年編完,初命名為《文獻大成》。

不久明成祖認為該書內容不夠詳備,因此又派人重新編修,於明永樂六年(1408年12月14日)編成。該書正文22877卷,凡例和目錄60卷,總計近22900卷以上,裝成11095冊,總字數約3億7千萬字,賜名《永樂大典》。

《永樂大典》堪稱中國古代歷史上前所未有的百科全書,但是《永樂大典》只有抄本而無刻本。明世宗命人於嘉靖四十一年至隆慶元年間(1562~1567年)抄錄了正副兩本,明朝末年,原本、副本俱毀,僅存正本一部抄本。

就是這一部抄本,至乾隆年間,也已殘缺不全,後英法聯軍、八國聯軍兩次入侵北京,兩次對此書搶劫、焚毀,光緒年間僅剩64冊。後經多方搜求、各方捐贈、歸還,中華書局共影印了790餘卷。

《永樂大典》的正本是如何消失的？歷來有四種說法：其一是副本抄成後，正本運回南京，後來不幸毀於火災；其二是正本藏於北京故宮皇史宬的夾牆內；其三是藏於乾清宮，後來乾清宮失火時被燒毀；其四是藏在文淵閣，明末文淵閣被焚，正本毀於火災。這四種說法現在都無法加以證實了。

後來又有學者提出，《永樂大典》正本很可能成了嘉靖皇帝的陪葬品，被帶進了明永陵。事實是不是這樣，同樣難以證明。

知識連結

《永樂大典》是一部類書，它編纂於明朝永樂年間，歷時六年（1403～1408年）編修完成。它是一部保存了14世紀以前中國歷史地理、文學藝術、哲學宗教和其他學科的百科文獻，與法國狄德羅編纂的百科全書和英國的《大英百科全書》相比，都要早300多年，堪稱世界文化遺產的珍品，也是中國最著名的一部大型古代典籍。

黃宗羲為何東渡去日本

黃宗羲是明末清初著名的思想家，我們今天運用的許多思想都來自於這位偉大的「中國思想啟蒙之父」。作為一位明末清初的學者，具有民主和民本的思想是十分難能可貴的，他提出「天下為主君為客」的說法，並且獨創性地提出黃宗羲定律，指出歷代的每一次稅制改革最後的結果都是賦稅一步步加重。

自然地，這位思想大師東渡日本的經歷是極其深刻且重要的，不過，在黃宗羲本人的傳世著作中，卻對前往日本的來由交代甚少，不禁引起人們的陣陣猜測。

明朝滅亡後，黃宗羲效忠於南明政權，而南明魯監國政權在臨近覆

亡時，曾多次遣使東渡日本，尋求救援。作為當時的重臣，想必黃宗羲也在此行列。黃宗羲在自己的著作《避地賦》和《日本乞師記》中便詳細記錄了沿途見聞和感想，在《日本乞師記》中一句「日本承平久矣，多忘武備，豈肯渡海為人復仇」明顯暴露了此行的目的。再者，黃宗羲在當時朝廷中屬於主張「乞師」求援的一派，他反清復明的態度堅決，甚至為此發布《南都防亂公揭》，錐擊仇人，得罪了阮大鋮勢力。

不過，當時有這樣的一段歷史：魯監國政權全由武將把持，黃宗羲感到抗清之志難伸，遂於順治六年秋以清廷要「錄其家口」為由，憤然出走，潛歸故里。偏偏記載中的黃宗羲出使日本也在這一年，只是時間稍晚。黃宗羲既然已經作出了這樣全身而退的抉擇，為何事隔不足兩月，卻又返回舟山奉使日本？這樣的矛盾於情於理都很難得到解釋。只有一種情況，那就是：黃宗羲東渡日本不為「乞師」，而為「避仇」。當時南明政權易主，阮大鋮重新得勢，便重修舊怨，大肆報復發布《南都防亂公揭》之事，黃宗羲定然榜上有名，所以一定會遭到阮大鋮迫害，這就出現了「避仇」亡命日本之舉。

所以說，不管是從時間還是從歷史發展過程看，都是黃宗羲為「避仇」而去往日本的說法更具合理性一些。當然要得到確鑿的判斷，還需要等待更多有力的證據出現。

知識連結

在明末清初這一段時間，湧現出一些獨具民主思想的大儒，其中要數黃宗羲、顧炎武、王夫之最有代表性，他們也是成就較顯著的幾位。黃宗羲提出「法治」反對「人治」，激烈地抨擊君主專制制度；顧炎武則主要強調「經世致用」的實際學問，主張把學術研究與解決社會問題結合起來，力圖扭轉明末不切實際的學風；王夫之主張唯物主義，提出要用發展觀點來看待歷史，認為歷史發展是有規律的，他提出在政治上要「趨時更新」。他們的思想在當時是十分先進的，但是隨著清朝政權

的鞏固，這種思潮有如曇花一現，很快消殞了。

《牡丹亭》何時創作

湯顯祖的《玉茗堂四種》，成就最傑出的當推《牡丹亭》。這部名傳千古的戲曲名著，創作於何時何地，歷來眾說紛紜，莫衷一是。由於說法各異，給後人的研究帶來了不少困難。

據毛效同所編《湯顯祖研究資料彙編》中，收錄的發表於《文學遺產》第一輯上的《湯顯祖與牡丹亭》一文，作者李漢英認為：「湯顯祖少負才華，《牡丹亭》為他少年時代作品。」繼而又說：「《牡丹亭》是顯祖少年之作。其後復作《紫釵》、《南柯》、《邯鄲》，總稱『四夢』。」這「少年時代」的概念，當理解為二、三十歲年齡。

可是，姚燮所著《今樂考證》中則說：「愚谷老人曰：『湯若士先生作《四夢》，最後作《牡丹亭》，稱古今絕唱。』」按此說，應認為《牡丹亭》是湯顯祖的晚期作品。

再有，侯外廬的《湯顯祖牡丹亭還魂記外傳》一文，開頭首語就說：「湯顯祖在萬曆二十六年（1589年）寫成了《牡丹亭還魂記》。」湯顯祖是年39歲，應稱《牡丹亭》是他的中年之作。泛見不少著作傳載：湯於萬曆二十六年（1589年）進京上見後，就摜掉七品烏紗帽，所謂「引咎辭職」回鄉。除侯外廬外，有許多學者普遍研究認為《牡丹亭》創作於這個階段。

按照《昆、新兩縣續修合志》的記錄，結合江熙的《掃軌閒談》所載，《牡丹亭》成書的時間應在萬曆二十六年（1589年）間。即如侯外廬等學者所說為正確。

知識連結

《牡丹亭》是湯顯祖的代表作，明代話本小說《杜麗娘慕色還魂》為《牡丹亭》提供了基本情節。《牡丹亭》是一部愛情劇。少女杜麗娘長期深居閨閣中，接受倫理道德的薰陶，但仍免不了思春之情，夢中與書生柳夢梅幽會，後因情而死，死後與柳夢梅結婚，並最終還魂復生，與柳在人間結成夫婦。劇本透過杜麗娘和柳夢梅生死不渝的愛情，歌頌了男女青年在追求自由幸福的愛情生活上所作的不屈不撓的努力，及追求個性解放、嚮往理想生活的朦朧願望。

和珅拯救了《紅樓夢》嗎

在世人眼中，和珅是一個可惡的大貪官。不過，少為人知的是，和珅是《紅樓夢》的挽救者，所以從這個角度看還算是一個功臣。這到底是怎麼回事？高官和珅為什麼會和一部禁書《紅樓夢》有關聯？

其實在乾隆年間，文字獄和毀書的活動達到巔峰，而《紅樓夢》因為「紅」字與「朱」同義，而「朱」又為明朝皇帝的姓氏，這個字沾上了反清復明的嫌疑，所以被列為禁書。此時的和珅正是四庫全書館的主纂官，奉皇帝之命搜羅民間的書籍。

在這時候，《石頭記》的抄本正在到處流傳。和珅早有耳聞，便想辦法借來一閱。讀罷《石頭記》，和珅感到此書的重要價值，認為這部書簡直是一部奇書，假如就這樣被當做禁書不再流傳，就太可惜了。於是，和珅想出了一個兩全其美的辦法：可以先請人續作《石頭記》使其完整，再加以刪改，去掉書中不合體制的話。這樣把書呈獻於乾隆，然後刊行，這樣不僅自己發了一筆大財，同時天下的士子們也都會認為他幹了好事，讓此書流傳下去。

不久，和珅請來寫書高手高鶚令他對《石頭記》進行續寫，其實

高鶚早已熟讀該書的前八十回，並續寫了後四十回，幾近完成。和珅聽後，自然大為欣喜，在對《石頭記》進行嚴格的刪改後，將其上呈給乾隆皇帝。乾隆閱覽之後對這本書大加讚揚，並說：「此書寫的是康熙朝大學士明珠的家事。」同時默許和珅把它以「武英殿聚珍版」印刷出版。從此，「全本」或稱「全璧」《紅樓夢》開始流行全國，並風靡一時。在和珅的努力之下，以前被乾隆認為是「淫詞濫曲，必欲禁之」的《紅樓夢》得到了印刷出版，流傳至今。看來是和珅救了《紅樓夢》。

其實，和珅讓這本書得以傳世也有一些個人原因，書中描寫的貴族奢華生活和賈寶玉的多情，在和珅身上也能夠找到相類似的影子。和珅的一個舉動，無形中為中國文學史保留了一份無價之寶。

知識連結

文字獄，是統治者為了防止和鎮壓知識份子的反抗，故意從作品中尋摘字句，羅織罪名而構成的冤獄。這樣的文字獄從漢朝即有，一直到明清，具有越來越嚴重的趨勢。到了清朝時期，文字獄最為嚴重殘酷。清朝是滿族貴族掌權，對占全國人口絕大多數的漢人防範、控制極嚴。尤其是清朝前中期，只要是文人學士在文字中稍露不滿，或是統治者疑神疑鬼，認為文字中有觸犯當時政權和妨礙自己的內容，必興文字獄，動輒株連數百人乃至數千人。清朝最早的文字獄要算是莊延鑨明史案，當時直接和間接牽連數百人，影響惡劣。

紀曉嵐真的是鐵齒銅牙嗎

紀曉嵐是清朝乾隆年間的著名學者，他學識淵博，擔任過《四庫全書》的總纂官，本人著有《閱微草堂筆記》。在電視劇《鐵齒銅牙紀曉嵐》當中，他的形象更是被塑造成一位反應靈敏、正義機智的學者，在

朝廷之上與和珅針鋒相對，無所畏懼。

其實，真實的紀曉嵐可完全不像電視劇中的那麼鋒芒畢露，也沒有那麼十足的正義感，甚至曾經做過一些並不符合法制的事。在他45歲的時候，他的親家兩淮鹽政盧見因有營私貪污行為即將被抄家，紀曉嵐得知後急忙暗中命人通風報信，民間還流傳著紀曉嵐為傳遞「嚴查」之意，便將一把鹽和幾根茶葉裝在信封裏，命人送給親家的故事。由於他給犯人通風報信，被查出後，發配到新疆待了兩年多。看來，真實的紀曉嵐遠遠沒有電視劇中的形象那麼完美。

從新疆回來的紀曉嵐，對人生似乎有了更深刻的感悟，將自己的全部精力放在《四庫全書》的編纂工作上。這時的紀曉嵐，哪裡來的工夫與和珅等人進行周旋呢？這是一方面原因，更為重要的是，史書中沒有任何記載，即還沒有任何可靠證據可以證明紀曉嵐與和珅之間有直接的正面衝突。倒是史書中記述的與和珅有直接衝突的首席大學士阿貴卻從來沒有出現在戲說的電視劇中，據說他們當時衝突很深，從不講話，就連辦公場所也不在一起。

事實上，紀曉嵐不僅不是仗義執言的官員，反而在為人處事上十分圓滑謹慎。紀曉嵐在朝廷之上沒有主持公正的勇氣，而且也沒有那種政治地位。正如乾隆皇帝對他的評價那樣，他更像是個伶人，是「無用的腐儒」。他的官職雖然一直在緩慢提升，但死前才當上協辦大學士。

真實的紀曉嵐在仕途上是謹小慎微的，他始終戰戰兢兢地對待周圍的人和事，尤其是在新疆發配歸來以後。這似乎與電視劇中的角色相差甚遠。而且他的學識也不像電視劇中描述的那樣高到可以在知識界呼風喚雨的地步，其實還有許多地位高於他的大學者。這麼看來，電視劇中的「鐵齒銅牙」四字也許真的有些誇張了。

知識連結

紀曉嵐曾著有《閱微草堂筆記》，傳世至今。《閱微草堂筆記》是

五種筆記小說的合集，包含有《灤陽消夏錄》6卷、《如是我聞》4卷、《槐西雜誌》4卷、《姑妄聽之》4卷、《灤陽續錄》6卷。《閱微草堂筆記》的題材以妖怪鬼狐為主，但是對於人事異聞、邊地景物、詩詞文章、名物典故等也有涉獵，內容相當廣泛。該書是紀曉嵐十年心血的結晶，又是紀曉嵐晚年心靈世界的反映，也從某一個側面顯現出清代中期紛繁複雜的時代文化風貌。書中有不少故事章節揭露了封建社會官場的腐朽和黑暗，道學家的虛偽和卑鄙，也有不少篇章揭示了處於社會下層普通百姓的生活狀況及悲慘境遇。也許，相比《四庫全書》的官方風格，《閱微草堂筆記》才更能體現紀曉嵐個人的創見。

《四庫全書》收錄了多少書目

清代最浩大的文化工程是編纂《四庫全書》。

乾隆中期，物阜國強，清政府有財力完成這一文化使命。乾隆三十七年（1772年）二月，清廷下令各省搜集歷代及當代著述，並批准設立四庫全書館，參加編纂工作的共有500多人。

《四庫全書》書成後，共有繕寫正本七部，分別藏於北京文淵閣、圓明園文源閣、熱河避暑山莊文津閣、奉天陪都文溯閣、杭州西湖文瀾閣、鎮江金山文宗閣、揚州大觀堂文匯閣。

在這七閣全書中，文源、文宗、文匯三閣曾先後毀於戰火，它的底本也在英法聯軍等兩次戰禍中焚毀散失。文淵閣本現在臺灣。目前大陸珍藏三部：文津閣本（藏北京）、文溯閣本（藏甘肅）、文瀾閣本（藏浙江）。

今天，關於《四庫全書》收書的數目，史籍記載不一，留下了種種不同說法：

清代著名書目專家平步青在《霞外捃屑》中記載著「四庫共存書

3460種，計75854卷」，這是目錄數。據其經、史、子、集四部按目統計，其存書應為3470種，75896卷，共36000冊，這是實收數。令人奇怪的是，實收數與目錄不符。

最近胡宜柔撰文對七部《四庫全書》的實收數作了考證：七閣收書，除文匯閣不詳，文源閣無確數外，其餘五閣收書數均不止36000冊。

於是疑問又一次出現了：《四庫全書》依底本抄成七部，分藏七處，那麼，為什麼七地的收書數會不一致呢？

原來，清政府為了維護他們的異族統治，從清初開始便大興文字獄，凡是內容對朝廷不利的書籍，輕則銷毀，重則興師問罪、株連九族。乾隆年間，銷毀圖書「將近三千餘種，六、七萬部以上，種數幾與四庫現收書相埒」。

從歷史記載中，《四庫全書》於乾隆四十六年（1781年）總纂而成，抄書花費了6年時間。在抄寫過程中以及抄成書後，又屢屢發生抽書、補書等情況，加之各地在收書時由於疏忽，七閣收書當時就不一致。200多年來，由於戰亂、保管等原因，各地收書就更不一致了，這就不足為怪了。

仔細觀察還會發現，除了各地實收數不一致外，它的收目數與實收數也有差異，而不同版本的書目所載書的數目彼此也各不相同。

《四庫全書》當年成書時，其底本收書多少？七閣初藏時，各收書多少？《四庫全書總目提要》收書目多少？這些問題在經過多年探討後，留給世人的仍是一個謎。

知識連結

編纂《四庫全書》的功過評論：《四庫全書》的編纂，無論在古籍整理方法，還是在輯佚、校勘、目錄學等方面，都給後來的學術界以巨大的影響。但是，《四庫全書》畢竟是乾隆皇帝以「稽古右文」為名，推行文化專制政策的產物，乾隆藉纂修《四庫全書》之機向全國徵集圖

書，貫徹「寓禁於徵」的政策，對不利於清朝統治的書籍，分別採取全毀、抽毀和刪改的辦法，銷毀和篡改了大批文獻。除了農家、醫家和天文演算法類收錄少數科技著作之外，一般科技著作是不收錄的；排斥了有民主色彩或敢於批評儒家思想的文獻及戲曲和通俗小說如宋元雜劇、話本小說、明代傳奇等。這無疑是一種文化的損失。

《水滸傳》與108位好漢

說到中國古代四大名著之一的《水滸傳》，大家都不陌生，對書中那108位英雄好漢的事蹟更是如數家珍。書中有一處情節提到，宋江降服了張清、皇甫端之後清點自己的大小幹將，發現恰好108人，心中不禁暗喜。這時天書從天而降，上面將108位好漢分別與36顆天罡星和72顆地煞星相對應，並為他們排定座次。從此，108位好漢彙集一堂，共創偉業。

雖然這段描述帶有濃厚的神話色彩，但作者為什麼在眾多數字中選擇108這個數字，還是值得深入探討的。

36是六六相乘之和，在古代人們十分崇尚六這個數字，認為它是吉利的象徵。《周易》每卦有六爻，家庭中有六親都是常用的說法，而六六的乘積也成為吉利的代表，在古代的各種說法中。孫子兵法有三十六計、避暑山莊有三十六景、武術套路有三十六招式。

72則與中國古代的曆法有關，是與農業生活息息相關的數字。72起源於五行思想，一年的360天被分為72候，一候為5天。於是，72演化成五行曆法中的一個重要數字。例如孔子有賢人72位、孫悟空的72變，都來源於這種五行思想。

108剛好是36與72相加之和，這種演算法則帶有明顯的傳統道教色彩。在道教的說法中，北斗叢星中有36顆天罡星。每顆天罡星各有一個神，合稱「三十六天罡」；北斗叢星中還有72顆地煞星，每顆地煞星上

也有一個神，合稱「七十二地煞」。《水滸傳》書中將各位好漢與各個星煞一一對應，想必也是出於稱讚他們神通廣大的原因。

作為中國古代一部重要的由歷史改編的小說，其中反映的社會思想和語言風格都帶有濃厚的時代和民間色彩，從中能夠發現傳統文化深深的烙印。書中提到的水泊梁山108位英雄好漢，正是展現了中國古代的核心數字觀念。

知識連結

說到數字，中國人的確有一種不可忽略的數字情結。除了我們提到的古代的36、72、108等吉利的數字，人們對8、10等數字也情有獨鍾，並且影響到如今的社會生活。例如評獎時我們多選擇「十大」、「十佳」等方式，雖然如今大家已經不再迷信於數字，但透過選取吉祥數字以求平安的願望仍然存在。

王國維為何自沉昆明湖

作為一代國學大師，王國維不僅是近代中國最早運用西方哲學觀點和方法剖析評論中國古典文學的開風氣者，還是中國史學史上將歷史學與考古學相結合的第一人。可惜的是，王國維先生卻在自己50歲正是學術鼎盛的時候，選擇在頤和園的昆明湖投湖自盡。一代學人充滿智慧的一生便只能在污泥濁水中逝去。人們在扼腕嘆息之時，也不禁揣測起先生投湖的原因。

王國維死後，溥儀曾發布了一道「詔書」，正是這道詔書令人們將王國維之死與清朝的覆亡連結起來。溥儀在位之時，王國維曾欣喜地奉詔出任「南書房行走」一職；民國建立以後，在外表上王國維也依舊堅持保留著那一根長辮；王國維臨死前更是向溥儀上呈過一份「遺章」，

如此多的證據，令王國維「為清朝殉國」之說鐵證如山。

戲劇性的一幕在溥儀的《我的前半生》一書面世後出現了，溥儀在他的書中明確表示：「王國維死後，社會上曾有一種關於國學大師殉清的傳說，這其實是羅振玉做出的文章，而我在不知不覺中，成了這篇文章的合作者。」當時王國維的親家羅振玉為了自己的政治目的，在王國維死後唆使他人編造了王國維的這份「遺章」。如此看來，「殉清」不是王國維的本意，也就不是他的真正死因。再有，王國維的好友陳寅恪等人也多次表示，王國維腦後的那根辮子，只是傳統文化人的個性使然，絕對不是外人流傳的不忘滿清小朝廷的象徵。

在當時的形勢之下，大多數文人的抱負得不到真正的施展，獨立自由的意志受到抑制，而傳統文化也在逐漸淪喪。也許正是出於這些令人痛心的原因，王國維先生才會採用這樣激烈而絕望的方式，表達對國家命運和學術希望的一聲吶喊。

知識連結

王國維先生的成就中最為人們熟知的，想必就是那一本《人間詞話》了。《人間詞話》是王國維先生運用西洋美學思想，重新詮釋中國舊文學所作的評論，同時也是王國維關於文學批評的著述中最為人所重視的一部作品。從表面上看，《人間詞話》與中國相襲已久的詩話、詞話一類作品的體例、格式並無顯著的差別，但實際上，它已初具理論體系，在舊日詩詞論著中，稱得上一部屈指可數的佳品。甚至在以往詞論界裏，許多人把它奉為圭臬，把它的論點作為詞學、美學的根據，影響十分深遠。可以說，王國堆的《人間詞話》是晚清以來最有影響的著作之一。

一本書讀懂中國歷史謎案

生、旦、淨、末、丑的由來

京劇角色主要可分為生、旦、淨、末、丑五大行當。戲曲角色名稱的由來，歷來眾說紛紜。「生、旦、淨、末、丑」的名稱到底是怎麼來的呢？說法很多。

「生」是生、旦、淨、末、丑中絕大部分的男角色。生行分為鬚生（老生）、紅生、小生、武生、娃娃生等。其中「生」的本來含義不都是對男性的稱謂嗎？從年齡上劃分，一般是中年以上為老生，20歲左右為小生，10歲以下的兒童為娃娃生。但也有因塑造形象的需要，破格的例子。

再說「旦」。旦，舊時內行稱「占」，是劇中的女角色的代名詞。旦分青衣、花旦、武旦和刀馬旦。青衣，一般為16～40歲的性格賢淑文靜的婦女；花旦，是性格活潑、天真的少女、少婦；武旦，是短打的女英雄；刀馬旦，一般指「紮靠、穿鎧」的女將。

人們常想弄明白為什麼舞臺上的女性要稱「旦」。戲劇史家周怡白有個說法較為合理。他認為，「旦」字係由「姐」字演變而來。順序是先有「姐」，自「姐」訛為「妲」（宋雜劇中有《老孤遣妲》、《雙賣妲》、《襤哮店休妲》，「妲」皆「姐」之訛），再由「妲」簡筆為「旦」，「姐」歷來是對女性的稱謂。既然「旦」即「姐」之訛，那麼「旦角」專演女性也就很好理解了。

再說「淨」，就是花臉。即在面孔上畫著臉譜的男角色。花臉分「銅錘」（重唱）和「架子」（重做功和念白）；武淨，以開打、跌撲、翻摔見長。柯丹丘認為「淨」即「靚」之訛。他解釋說：「傅粉墨獻笑供謅者，粉白黛綠，古謂之靚裝，今俗訛為淨。」「淨」用臉譜，確是粉白黛綠，符合「靚」的含義，看來柯丹丘的說法是可靠的。

「末」指該行當多為中年以上的男性。實際末行專司引戲職能，如打頭出場者，反其意而稱為「末」的。

所謂「丑」，無非是相對於「俊」來說的。人們不是常說「丑扮」、「俊扮」嗎？劇中丑行勾臉，而勾畫「三花臉」，面譜與花臉有很大區別。丑行又分文丑、武丑。「丑角」扮演的人物雖不完全是壞人，但大都在鼻樑上抹一塊白粉，其形象畢竟是丑的。

知識連結

京劇角色中的「生、旦、淨、丑」名稱由來，傳說是用「反喻」的意思取名的。

「生」：生是生疏的意思，要求生角演出老練成熟，故反其意為「生」。

「旦」：旦指旭日東昇，而旦角表演是女性，女屬陰，故反名為「旦」。

「淨」：淨，清潔乾淨，而淨角都是滿臉塗彩的大花臉，看起來很不乾淨，不乾淨的反面就是淨，因而名「淨」。

「丑」：指屬相，丑屬牛，牛性笨。因此，丑就是笨的代名詞。而演丑角的人，則要求伶俐，活潑，聰明，所以反取其名為「丑」。

一本書讀懂中國歷史謎案

第五章

風雲莫測的戰爭疑雲

　　戰爭是政治的延續。從有歷史記載的時代開始，我們總會看到，為了爭奪有限的生存空間和資源，不同部落、不同種族、不同宗教、不同國家的人們早早地就開始了頻繁的戰爭。中華民族歷史悠久，文化源遠流長，在這漫長的歲月裏，曾經發生過無數形形色色的戰爭。

　　戰爭毀滅著人類自己創造的文明，但是，它也帶來了朝代興替、社會進步、時代發展的契機。在戰爭中古人發展出無限的智慧，在你死我活、血火交織的戰場上，人們為著求生圖存、戰勝對手，必定會最大限度地發揮自己的聰明才智，克服難以想像的困難。以少勝多、聲東擊西、誘敵深入、調虎離山……在戰爭中，我們可以悟出很多，真假、虛實、剛柔、正奇、進退、攻守。而戰爭的慘烈與殘忍更使我們懂得，只有和平才是最寶貴的。

古代軍隊何時有了參謀人員

作為一個歷史悠久的文明古國，中國在軍隊建設方面自然也起步較早，並且取得了顯著的成就，促進著中國古代軍事力量的不斷增強。雖然軍隊從很早以前便出現了，但中國真正的軍事參謀人員是何時出現的呢？對於這個問題，我們依然存在諸多疑問。

在商朝最初建立的那段歲月，商湯身邊有一位得力助手，他就是伊尹。他們之間最著名的故事發生在滅夏的時候，伊尹為商湯出了一計來試探夏的軍事實力。伊尹指導湯「阻乏貢職」，夏桀見商湯不來進貢不禁大怒，發動大規模軍隊前來討伐，此時伊尹看出夏的實力依然很強大，滅夏時機欠佳，便讓湯前去請罪。過了一年，湯再次「阻乏貢職」，這次夏桀卻沒有號召力再調動如此重兵，成了孤家寡人。伊尹此時提出，這才是攻打夏的正確時機，於是商湯一舉滅桀，完成朝代的更替。在這個過程中，伊尹顯然發揮了非常重要的作用，堪稱參謀，於是便出現了參謀人員最先出自商代的觀點。

伊尹再料事如神，畢竟也只是單獨的一個臣子，他在行使臣子的職能時，出了一些有助於軍事勝利的計謀，如果就這樣把他算作最早的參謀人員，會不會太過寬泛與草率呢？

《三國志‧魏書》中倒是明確記錄了漢末出現的參謀這個職位，那時叫「參軍」，有參謀軍務之意。例如東漢靈帝時的幽州刺史陶謙便擔任過車騎將軍張溫的參軍，為其參謀軍事。不過，從商代到漢末，這個時間差太過懸殊，其間有沒有出現過參謀這種性質的職務呢？

在周代姜太公撰寫的《六韜》裏，竟然詳細地描述了軍事參謀的分工和職責。記載中，這種參謀人員共有72人，分管謀略、兵法、偵察、通信、工程、氣象、地理、宣傳、糧祿、醫藥、財務等工作，真是讓人

驚嘆。不過,這麼具有創造性的理論為何沒有出現在重要典籍《周禮》當中,也算是個讓人蹙眉的難解之題。

那麼,這三種答案到底哪個才是出現參謀人員的真實時間,還需要人們等待更多更充分的證據了。

知識連結

《六韜》又稱《太公六韜》、《太公兵法》,姜子牙所著。但從南宋開始,《六韜》一直被懷疑為偽書,1972年4月,在山東臨沂銀雀山西漢古墓中發現了大批竹簡,其中就有《六韜》的五十多枚,這就證明《六韜》至少在西漢時已廣泛流傳了。它是一部集先秦軍事思想之大成的著作,對後代的軍事思想有很大的影響,被譽為是兵家權謀類的始祖。司馬遷《史記‧齊太公世家》稱:「後世之言兵及周之陰權。皆宗太公為本謀。」《六韜》在16世紀傳入日本,18世紀傳入歐洲,現今已翻譯成日、法、朝、越、英、俄等多種文字。

《孫子兵法》是如何傳入日本的

《孫子兵法》可謂中國古典軍事文化中的一顆璀璨明珠,在中國的軍事史上占有重要的地位。因此,不光歷代的軍事家、政治家、思想家對這本著作推崇至極,國外熱愛中國文化的軍事人才也對其有著執著的追隨。按照一般的看法,日本、朝鮮應當是最早得以研習、傳播這本著作的異國了,而對於《孫子兵法》進入日本的路線,學界卻發生過激烈的爭執。

唐朝開元年間,日本一名叫吉備真備的留學生結束了在華的學習生活,踏上了回鄉之路。據記載,他用大唐朝廷賞賜給他的金錢買了大量的書籍帶回國內,對日本的文化發展產生極大的作用。一本史書《續日

本記》便記載過，在他回國多年後，奈良王朝派人前往太宰府向吉備虛心學習《孫子・九地》、《諸葛亮八陣》等軍事知識。如果這本日本史書的敘述屬實的話，那麼便可以證明，在唐朝時候，是吉備真備循海路將《孫子兵法》帶回日本並廣為傳播的。

不過，唐朝時候吉備真備的這一功勞也許沒有那麼大，也就是說，吉備不一定是第一位將《孫子兵法》帶回東瀛的功臣。早在吉備真備學成回國前，日本的土地上便流傳有《孫子兵法》了。相傳有幾位從朝鮮半島的百濟國來的兵法家，在日本傳播中國兵法，甚至因為精通中國兵法而被授予了榮譽。因此，《孫子兵法》由朝鮮半島的人傳入日本也是有可能的。最具說服力的是，《日本書記》成書後，書中出現了「倏忽之間，出其不意」的句子，竟與《孫子兵法・計》篇中的「出其不意」和《虛實》篇的「趨其所不意」如此吻合，讓人不得不對這種說法也認真地進行考慮。

在這樣的爭論中，《孫子兵法》最先要嘛是直接渡海來到日本，要嘛是先經過朝鮮半島然後由那裏的人再傳播下去。不管《孫子兵法》最早走向世界的征途是沿著怎樣的路線，我們始終堅定地相信，這份中華文化的瑰寶，在向世界進軍的路上，依然蘊含豐富，充滿生命力。

知識連結

《孫子兵法》是中國古代流傳下來的最早且最著名的軍事著作，享有「兵學聖典」的美譽。全書共13篇，十分有系統地闡述了當時較為先進的軍事策略，每一篇目負責講述一類軍事策略。例如，《計》這一篇主要講廟算的內容，即出兵前在廟堂上比較敵我的各種條件，估算戰事勝負的可能性，並制訂作戰計畫，這一篇是全書的綱領；《虛實》講的是如何利用分散集結、包圍迂迴，造成預定會戰地點上的我強敵劣，最後取得以多勝少的效果；《九地》則講依據「主客」形勢和深入敵方的程度等劃分的九種作戰環境及相應的戰術要求。書中的語言敘述簡潔，

內容富有哲理，對後世影響深遠。

文官武將何時有了分工

說到文官武將，我們首先想到的就是唐太宗李世民的眾多文武人才。文官中的房玄齡、杜如晦、魏徵，武將中的李靖，都為唐朝的建立和發展立下了汗馬功勞。後來到了南宋，岳飛也曾擲地有聲地評論說，只有做到「文官不愛錢，武官不怕死」，才能做到重整河山。看來，在古人心目中，文官武將的職能是不一樣的。那麼，到底是從何時起，維護國家統治的官員們被分為文官和武官兩種了呢？

在西周以前，雖然已經有了一些專職軍事的官位，但另外的官員也要在戰時從事指揮工作，也就是說，這時候的官員是要求文武兼修的。在久遠的黃帝時期便設立有「司馬」這個官職從事軍事首領的指揮工作，到了夏朝又出現了司徒、司馬、司空等文武官職，商朝的「馬、亞、射、戍、衛」的概念更是將武官職能系統化。不過正如我們先前說過的，雖然文武官員的分工在這時有所設立，文官掌管日常行政，武官掌管日常軍政，但是到了戰爭來臨之時，卿、大夫等人也是要率兵出征的，甚至連君主也要親率部隊，尤其是在春秋時期，這樣的現象屢見不鮮。

到什麼時候才出現了文官負責統天下、武官負責打江山的局面呢？一般認為到了戰國時期文官武將才真正有了明顯的職能界限。此時，地主階級的力量不斷增強，君主為了防止卿、大夫等貴族力量利用軍權威脅統治，決定採取文武分治的方法，以相、將為百官之首。另外還有一個客觀的原因：隨著戰爭規模的擴大和軍隊數量的增加，軍事指揮逐漸發展為一門複雜的工作，從事此業的人才都要經過專門的學習和訓練，僅憑文人擁有的那些書本智慧是遠遠不夠的。從此，文官便僅在朝中討

論政事，武官則在外守護國土。

歷史上的文官武將雖然分工不同，卻共同維護著廣大疆土的穩定和繁榮。每一塊土地上，都凝結著文官們的智慧和武將們的力量。

知識連結

在中國古代君主統治之下，文官武將人才最為聚集的時候要數唐初了。那時最著名的便是唐太宗的凌煙閣24功臣，其中的人才既有文官又有武將，為大唐王朝貢獻血汗。排在位首的便是通博文史的長孫無忌，他為人謹慎，一直輔佐李世民，並參與發動玄武門之變，幫助李世民奪取帝位，建立了唐朝政權。他是唐朝建立過程中不能不提及的開國功臣，曾被封為齊國公，後徙趙國公。排在末位的秦叔寶則是位武將，以勇猛剽悍著稱。他參加了李世民的歷次征戰，每戰必先，常於萬軍之中取敵將首級。武德年間，參與玄武門之變，事後被封為左武衛大將軍。

騎兵出現在什麼朝代

在奔跑的駿馬上射箭或是在馬上手持利器的士兵，這種在陸軍當中騎馬執行任務的部隊，我們稱之為騎兵。《史記》有「楚騎來眾，漢王乃擇軍中可為騎將者」之語，看來騎兵在中國由來已久。中國是最早擁有騎兵的國家之一，那麼，中國的騎兵最早出現在什麼朝代呢？這還要從更早的步兵、車兵說起。

中國在春秋以前的作戰方式多為以車戰為主，步兵為輔的形式。兵車的數量多少成為軍事實力的象徵，基本沒有騎兵這一兵種。到春秋時期，步兵開始興起，在戰爭中的比重越來越大，作戰方式也發展為車步並重的形式。此時，各國的軍隊中開始出現少量的騎兵，與戰車步兵混編，僅是一種無足輕重的輔助力量。到了戰國時期，隨著戰爭規模的擴

大、戰術的多樣化及與北邊游牧民族進行戰爭的需要，騎兵終於成為一種獨立的兵種正式登上了戰爭舞臺。

戰國時期，騎兵這一兵種得到了各國的重視，各大國紛紛建立屬於自己的騎兵部隊，成為爭霸路上的重要籌碼。最先提出改革為騎兵策略的是趙國的趙武靈王，他針對本國傳統的車步兵在與靈活、快捷的胡人騎兵作戰時處於不利地位這一現象，也為了達到富國強兵的目的，在國內進行了「胡服騎射」的改革。這支騎兵部隊在趙國強大起來，趙國也因此大增了軍事實力，並成為戰國後期軍事上能與秦國抗衡的強國。

不光是騎兵的比例在軍隊中迅速上升，騎兵的裝備也在這段時期發展完備。戰國以及後來秦代的騎兵配有齊全的鞍韉，當時的騎兵主要武器為弓箭，作戰以騎射為主，少量使用青銅劍、戟作戰。這一時期兵法中也添加了對騎兵使用的論述。《孫臏兵法》就曾出現「險則多其騎」的說法。

看來，騎兵這一獨特的兵種是在戰國時期出現並發展壯大，後來逐漸得到廣泛應用的，對後世的軍事發展有著極其深遠的影響。

知識連結

歷史上提出用利用騎兵的高速衝擊力打閃擊戰的第一人，大概非秦末楚漢時期的西楚霸王項羽莫屬了。在騎兵還沒有配備馬鐙的時代，項羽就想到了十分先進的騎兵戰術，即先用騎兵突擊打亂敵軍陣腳，步兵緊跟騎兵的步伐殲滅被衝散的敵軍，這種步騎協同作戰的思想在當時是前所未有的，而且十分超前。正是由於項羽在與劉邦的戰爭中大規模使用騎兵給劉邦造成了多次慘烈的打擊，才使劉邦認識到騎兵的力量並下定決心組建騎兵部隊，還在戰術上模仿了項羽騎兵的一些策略。這也間接地為後世大漢王朝擁有強大的騎兵部隊提供了範本和經驗。

中國海軍是何時出現的

作為一個擁有漫長海岸線的歷史古國，中國的海軍編制其實由來已久，那麼，你知道中國的海軍最早出現在何時嗎？

春秋時期吳國的「舟師」，是中國乃至世界上最早的海軍。當時的吳國東臨大海，優越的地理條件造就了吳國先進發達的造船技術，冶鐵業和鐵工具的使用更是加速了吳國的造船能力和造艦技術的提高。吳國還因此被稱為「不可一日而廢舟楫之用」的國家。

除了這些客觀條件，一些主觀原因也推動著吳國海軍的誕生：當時，吳國、越國和齊國之間的戰爭異常頻繁而激烈，為了防禦敵國從水上進攻。一些近河傍海的諸侯國都非常重視舟師的建設，都有一支頗具規模的舟師，而其中吳國的舟師建立最早也最為強勁，《左傳》中就曾經有「楚子為舟師以略吳疆」的話。

舟師中運用先進的作戰手段，對舟師的運作也提出了十分複雜高級的要求。這時的舟師不僅要求其本身具有作戰的能力，而且還要求有協同作戰的能力；不僅有單一的船隊，而且有混合編組的船隊。舟師中還按照不同類型和不同用途進行整編，由各種戰船組成的舟師，就好像今天由各個艦隻組成的混合艦隊一樣。舟師中所用的武器以及配備的軍事人才，也都處於當時的先進水準。那時為了擴大疆域，爭奪霸業，吳楚、吳齊、吳越之間都曾發生過幾次水戰，是為中國最早的水戰和海戰。

吳國舟師不僅在與楚、齊等國的戰鬥中發揮過重要作用，還曾參與征服南海的活動，將珠崖、儋耳兩地收回。舟師甚至在吳國與南海諸國的貿易中也扮演著不可或缺的角色。看來，最早的中國海軍不僅實力雄厚，還功能強大，為後來的海軍發展奠定了堅實的基礎。

一本書讀懂中國歷史謎案

知識連結

中國古代海軍的水準在春秋時期之後仍然在不斷發展，到了隋唐時期，隨著經濟、科技水準的提高，以及國力的增強，中國古代海軍再次走向海洋，並達到一個全新的高峰。那時的造船水準更為先進，出現了一種叫做「海鶻」的戰艦，該艦「頭低尾高，前大後小，如鶻之狀。舷下左右置浮板，形如鶻翅翼，以助其船」，這種構造使得船隻雖遇風浪，不易傾覆，仍可繼續作戰，這種穩固性和抗沉性較強的江海兩用新型戰艦，是前所未有的。而且，隋唐戰艦武器配置有矛、弩、拋石機、鐵汁、火炬等齊全的設備，為戰鬥的進行提供良好的物質基礎。

姜太公是哪裡人

「姜太公釣魚——願者上鉤」這句歇後語幾乎無人不知，而這句話的主人公便是歷史上的著名人物：姜太公姜尚。姜太公在春秋時期是齊國的重要功臣，他是文王傾商、武王克殷的首席謀主和軍事指揮，是齊文化的創始人，更是中國古代一位影響深遠的韜略家、軍事家和政治家。歷代公認他為「百家宗師」。

於是，人們對姜太公的籍貫十分好奇，可是對於這個問題，歷史上卻冒出了眾多解答。例如冀州、河南汲縣、東海東呂鄉，都是歷代史學家們給出的答案。可是姜太公只有一個，不可能分身數個地方，那麼哪個才是姜太公的真實籍貫呢？

《孟子·離婁上》有云：「伯夷辟紂，居北海之濱，……太公辟紂，居東海之濱……二老者，天下之大老也。」《後漢書》中的記載則是：「太公呂望所出，今有東呂鄉。又釣於棘津，其浦今存。」《博物志》中有「海曲城有東呂鄉東呂里，太公望所出也」之語。司馬遷在《史記》中說的又是「東海上人」。那麼，「東海」、「海曲」和「東

呂鄉」到底是指哪裡呢？這三者是指的一個地方嗎？

在當代有關專家的考辨之下，謎底慢慢地被揭開。古代呂、莒本為一字。莒為周代國名，即為現在山東省莒縣。東呂鄉、東呂里在莒城東面，今屬山東省日照市；而西漢時期的「海曲」也是現在的日照；再看「東海」，當時是指山東東部的黃海之濱，不也是指如今的日照地區嗎？如此一來，對於「東海說」，雖然各種書籍記載的名稱有所差異，但最後都指向同一個地方，那就是山東日照。而且相比於其他的說法，「東海說」也就是「山東日照說」具有更為翔實的依據，因此似乎更有說服力。

值得一提的是，4000多年前的山東日照是亞洲最大的城市，姜太公出生並成長在這樣一個文化發達的地區，自然也合情合理。也許正是這樣一種文化的薰陶，造就了姜太公全智全能的智慧形象。

知識連結

姜太公的文治武略不僅造福周朝，還影響深遠。他的思想理論更是博大精深。著名的《六韜》就是記載姜太公軍事思想的傳世佳作。就連「兵聖」孫武及其飲譽中外的《孫子兵法》，雖堪稱兵法之集大成者，其中的軍事思想也不乏借鑒太公謀略之處，足見姜太公的軍事思想之神力。不僅如此，姜太公還提出了「敬其眾，合其親。敬其眾則合，合其親則喜，是謂仁義之紀」的仁義之道和「仁、義、忠、信、勇、謀」六守之理，不愧是一代思想大師。

蚩尤使用金屬兵器了嗎

在距今五千多年前，黃帝、炎帝和東夷的首領蚩尤打了一場著名的戰役：涿鹿之戰。在這場戰役中，蚩尤率領的隊伍不僅驍勇，而且他們

運用了先進的武器：金屬兵器。人們由此認為，是蚩尤最先發現金屬並發明了金屬兵器。在距今遙遠的炎黃時代，就有了先進的金屬武器，這真的可信嗎？

據說，蚩尤發現冶煉技術是在祭天卜民和燒製陶器時，發現葛盧山和雍狐山上的石頭熔化後有銅，於是命令其兼併的81個氏族採礦石與水砂，冶煉金屬製成戈、矛、劍、鎧等。這雖然只是個傳說，但也有許多史料證實了這個故事。《世木・作篇》中曾記載蚩尤「以金作兵器」。《山海經》、《管子》、《太平御覽》也有類似的說法，比如《太平御覽》中提到的「造冶者，蚩尤也」。就連很有說服力的《史記・五帝本紀》中也是這樣說的，看來蚩尤發明金屬兵器的傳說並不是空穴來風。

另外，還有一些史實能夠證實蚩尤的確使用過金屬兵器。一是蚩尤最先創制「五刑」，行刑時需要用銳利的金屬兵器。二是蚩尤與炎黃聯軍對峙，能與聯軍相持抗衡，令黃帝九戰九不勝，原因很可能是其武備精良、士兵勇猛，從側面又印證了金屬武器的存在。蚩尤雖然在涿鹿之戰中戰死了，但是對歷史的影響卻遠沒有結束。直至秦漢時期，大戰之前雙方祭祀的對象都是蚩尤，他被尊為「兵主」或「戰神」。《史記・封禪書》中也記載了祭祀蚩尤的壯觀場景，劉邦還在長安建造了蚩尤祠。從歷史記載來看，蚩尤雖是一個敗兵之首，但後人對他的敬奉祭祀，一直延續到千年之後。究其原因，恐怕與他鋼腸鐵骨的王者風範以及發明冶煉製造金屬兵器的偉大貢獻是分不開的。

雖然在那時金屬還未得到推廣使用，但金屬被蚩尤發現，並用於製造金屬武器的事情是確實存在的，蚩尤的這一功勞沒有人能夠否認。

知識連結

蚩尤不僅是金屬兵器的創造者，更重要的是他與黃帝、炎帝同為中華民族的三大始祖。你知道蚩尤是現今哪些民族的祖先嗎？據考證，蚩尤是苗族的祖先，那個時代叫做「九黎」、「南蠻」等，《國語・夢

語》中有云：「九黎，蚩尤之徒也。」此外，蚩尤還是其他一些南方少數民族的祖先，也是羌族的祖先。如今出現了一種更為令人驚奇的考證，那就是蚩尤更是漢族人的祖先，不禁令人驚嘆。可見，蚩尤在中華民族的形成過程中有至關重要的作用。

古代戰爭方陣出現在何時

中國古代戰爭中常常十分講究陣型，將步兵、騎兵、車兵等兵種按照一定次序進行排列。從而形成或大或小的方形陣勢。在作戰時，這些方陣更是變化多端，收縮自如，令我們這些後人感到驚奇和神祕。那麼，如此具有中華文化底蘊的戰爭方陣是從哪個時代開始運用，又是哪位豪傑發明出來的呢？

在炎黃時代，黃帝曾創制了一系列兵法，其中包括著名的「丘井之法」、「握奇陣」，這兩個名稱也許聽著比較陌生，但原理卻簡單易懂。所謂「丘井之法」，即設立八家為一井，十六井為一丘。後來發展為「握奇陣」就更加具體了，操作方法是將一支軍隊分為八個小方陣，四正四奇總為八陣，按井字形、環形配置。大將居中掌握，稱為「握奇」。這樣的安排方式使得部隊被分為八個區域，作戰時可以達到一方受敵，其他區域方便救援的效果。後來諸葛亮發明的八陣圖，據說也是根據黃帝的這種陣型繼承發展而產生的。

不過，「握奇陣」雖然在記載中被描述得非常神奇，運用自如，但這畢竟只是個理論成果。在炎黃時期有沒有被用於實戰還是個疑問。

倒是後來《孫臏兵法》中的記載，讓我們看到了真正得到運用的方陣形式。當時的排列方法是：由一些小方陣組成大方陣，並且安排時做到中間兵力少，四周兵力多，機動兵力安排在後的樣式。真正成熟的方陣需要充分的條件來支援，一方面金屬兵器要得到充分的運用，另一方

面還需要人們更加深刻地認識到戰爭的實質是力量的對抗。到了春秋時期，這兩方面條件都在逐步發展成熟，因此也應該是在此時，真正用於實戰的方陣才產生出來。加上春秋戰國那段混戰的歲月，更加有利於方陣的發展。

從「丘井之法」、「握奇陣」，一直到春秋時期的方陣，它們都是前後相繼，不斷發展的。即使是後來在春秋時出現的真正的方陣，也依然帶有早期黃帝的研究成果的身影。這一點毋庸置疑。

知識連結

說到中國古代的陣法，不能不提一個在小說中常常被描繪得出神入化的陣法，那就是諸葛亮的八陣圖。《三國志‧蜀志‧諸葛亮傳》載：「（亮）推演兵法作八陣圖。」《三國演義》中將諸葛亮的八卦陣描述得可謂神通廣大，屢試不爽。說諸葛孔明禦敵時以亂石堆成石陣，按遁甲分成休、生、傷、杜、景、死、驚、開八門，變化萬端，可擋十萬精兵。雖然不像《三國演義》中說的那麼神奇，但諸葛亮的八陣圖的確蘊含著豐富的黃老學派理論，並且影響深遠。

龐涓指揮過馬陵之戰嗎

馬陵之戰是戰國時期一場十分著名的戰爭，按照《史記》的記載，就在這場戰役中，龐涓失策死在孫臏手下。《史記》中具體的描述是這樣的：

西元前343年，魏趙兩國聯合攻打韓國，韓國便向齊國求救，齊威王於是派出田忌、孫臏兩人率軍攻打魏國。魏軍首領龐涓看到齊軍來襲，趕忙回頭打擊齊軍。此時，孫臏想出行軍灶之計，逐天減少軍營中灶的數量，龐涓看到還以為齊軍害怕了，於是只帶領一些騎兵前來追趕，行

軍至馬陵，看到樹上刻著的「龐涓死於此樹之下」的字樣，方知上當。這時埋伏在附近的齊軍一擁而上，借用當地險峻的地勢，將魏軍團團包圍。龐涓知大勢已去，於是自刎而死。

在《史記》的記載中，龐涓顯然是這個隊伍的總指揮，而且最終戰敗而死。既然《史記》中這麼記載，按理說可信度是很高的。但頗具戲劇性的是，在1972年山東臨沂銀雀山出土的《孫臏兵法》中卻冒出了與上述故事相矛盾的地方。那就是，早在馬陵之戰發生的11年前，齊魏之間另有一場戰役——桂陵之戰，也就是大家耳熟能詳的「圍魏救趙」。在這場戰役中，孫臏就運用障眼法，讓魏軍首領龐涓以為齊軍兵少人寡，滋生輕視之心，造成戰敗的後果，也使得自己被齊軍俘獲。這是孫臏自己的描寫，造假的可能性就更小了。然而接下來的問題就是：如果龐涓在11年前就被俘獲了，怎麼可能去指揮後來的馬陵之戰呢？如果11年前孫臏就使用了類似的策略，龐涓為什麼會再一次上當呢？

對比兩份史籍，似乎有太多疑點。這其中能不能找到一些合理的解釋呢？也許一種情況是，《史記》的作者司馬遷在記載這兩個戰役的時候有所混淆；另一種情況則是，在這11年間，龐涓可能因為國與國之間調和衝突等原因被釋放回國了。到底是什麼原因造成了如今的這一矛盾，看來還要等待進一步的考古發掘。

知識連結

孫臏與龐涓之間的關係並不是對峙兩軍的首領那麼簡單，他們早年便有一段難解的糾葛。孫臏與龐涓早年同為兵學家鬼谷子的門生，孫臏比龐涓稍年長，在才學能力方面也優於龐涓。後來，龐涓嫉妒於孫臏的才識，便借魏惠王之名邀請孫臏到魏國做客，卻說孫臏來遲，怠慢了魏王。私下對孫臏執行了臏刑，剔除了他的膝蓋骨，使孫臏喪失了行走能力。孫臏的原名雖然未被史籍記載，但他在經歷此事後改名孫臏，說明這一奇恥大辱對他的影響之深。

紙上談兵的趙括葬身何處

說起趙括，幾乎沒有人不知道發生在他身上的著名典故：紙上談兵。相傳趙括是趙國名將馬服君趙奢之子，自幼便飽讀兵書，講解起兵法來滔滔不絕，但卻不會活學活用。在秦趙對壘的長平之戰後期，趙括代替廉頗擔任趙軍主帥，結果卻因指揮失誤造成趙軍全軍覆沒，自己也難逃一死。

如此看來，趙括應當是葬身在長平之戰的發生地了。那麼事實是否果真如此呢？1951年4月20日，在高平縣釜山鄉老背坡村發現了一具胸部有兩處箭傷的男性骨骼和一把隨身佩劍。高平縣就是幾千年前長平之戰的發生地，如今當地還流傳著許多有關長平之戰的故事，連這裏的地名也與這場戰役息息相關。例如箭頭村、圍城村、參軍村等，發現屍骨的「老背坡」相傳就是因趙括中箭後被一個老頭背到坡上而得名。有如此吻合的歷史傳說和趙括中箭而死的記載，我們已經很難否認這具屍骨不是趙括的了。

不過依然有細心的人們提出了疑問：趙括死前是承襲了父親馬服君的爵位的，按照趙括的身分，隨身的佩劍上應當有「趙括」或者「馬服君」的銘文，可是這把佩劍上為何找不到任何線索呢？另外，趙括埋葬的地方沒有任何碑銘、墓誌等標誌性的記號，缺乏這些關鍵的標誌，能確定埋在此處的人就是趙括嗎？

透過查閱史書，及考慮當時的緊急狀況，我們大概可以這樣推斷：趙括在死前剛剛承襲爵位不久，按照戰國時期刻制銘文的慣例，王侯將相多是在政治上做出傑出貢獻，有了自己的封地和長期固定的官爵後才會著手鑄劍並刻上自己的名字，年輕的趙括顯然不具備這種條件。從這個角度上看，趙括基本上沒有資歷和時間為剛剛承襲的封號專門鑄劍。至於沒有墓碑等物，很大程度上是因為當時仍處於戰役進行階段，士兵們為了防止趙括葬地被秦軍發現破壞，不敢放有任何標誌，加上時間匆

忙、全軍覆沒等原因，趙括便不得已長眠在此。

敗軍的首領在千年後重見天日，而秦國的雄霸而起和趙國的紛紛擾擾卻永遠留存在泛黃的歷史紙張中了。

知識連結

長平之戰在戰國時期絕不是一場普通的戰役，對秦國、趙國都具有極其重要的影響。這場戰役，使得原本最有實力統一中原的趙國遭受了毀滅性的打擊，而秦國則經由這次戰役的勝利一躍而起，國力得到突飛猛進的增長，遠遠強於其他國家，從而加速了秦國統一天下的進程。不僅如此，長平之戰還是中國歷史上時間最早、規模最大的包圍殲滅戰。有一種說法甚至認為在戰役結束後，40萬趙軍慘遭坑殺。

長平之戰真的活埋了40萬趙軍嗎

作為中國歷史上時間最早、規模最大的包圍殲滅戰，長平之戰至今仍然讓人們難以忘懷，其中一個重要的原因就是這次戰役傷亡異常慘重，《史記》中甚至有秦軍坑殺了40萬趙軍的記載，著實令人痛心。

在古代漢語中，「坑殺」有活埋的意思，於是很多人都認為當年秦軍殘忍地活埋了40萬趙軍。如果嚴謹地考慮一下，40萬人是一個很龐大的數量，面對活埋的命運，他們怎麼可能毫無反抗地乖乖就範呢？我們不得不對《史記》原文再次進行考證了，而考證的重點，主要圍繞兩個關鍵字彙進行，一個是「坑殺」，另一個是「40萬」。

其實「坑殺」在古代不只是「活埋」一種解釋，還有暗中殺害、設計殺害或是大量殺害的意思。這兩種解釋，似乎每一種都比活埋更說得通。《東周列國志》中的說法證實了第一種猜測，當中記載道，秦軍假意答應接納趙國降軍，並編入秦軍編制和秦軍駐紮在一起，趙軍官兵還

以為能逃過一劫，都很高興，沒想到晚上休息時，秦軍突然發難將趙軍降卒悉數殺害，只放走了幾百個老弱病殘。這不就是「坑殺」嗎？在現代的考古發現當中，長平之戰遺址發現的許多屍骨上有遭到砍、射的痕跡，還有的僅有軀幹而無頭顱，有些保存著射進人的胯骨中的短箭頭，這些都可以說明這些趙國士兵都是被殺死後掩埋的，而不是活埋。

另外，趙軍在當時屢屢失敗的情況下，還能夠達到40萬這個龐大的數目嗎？在這裏，要嘛是司馬遷記載時稍稍誇張了一些，要嘛就是這40萬中還有其他的成分。回顧歷史，長平之戰是因秦趙兩國為爭奪上黨地區而起，而長平就在上黨，當時上黨的居民實際上是站在趙國一方的。由此看來，也不能否認被殺害的趙軍中混有大量的上黨百姓。

無論我們怎樣為這段歷史尋找更加合理的解釋，有一點是確鑿的，那就是，秦軍活埋趙軍40萬的機率很小很小。

知識連結

長平之戰，是中國歷史上最早、規模最大的包圍殲滅戰。這場戰爭發生於最有實力統一天下的秦趙兩國，西元前262年，秦昭王派大將白起攻打韓國，占領了野王城，切斷了韓國上黨郡和國都的聯繫。戰爭使趙國遭受了毀滅性的打擊，使秦國國力大幅度超越於同時代各國，極大地加速了秦國統一天下的進程。參戰人數趙軍45萬人，秦軍保守估計也在百萬以上。

春秋五霸是誰

春秋五霸的故事是春秋戰國時期留在我們腦海中最深刻的記憶，這些豪傑在動亂的時代都曾有一段屬於自己和國家的傳奇。春秋五霸這個概念，我們現在大多認為是齊桓公、晉文公、秦穆公、宋襄公、楚莊王

這五人，但是你知道嗎，這五個人能夠「當選」春秋五霸還真的經過了一番激烈的競爭呢。

對於五霸是誰，從古至今有許多種說法。除了齊桓公、晉文公是固定下來的人選，還有十餘人受到「提名」，包括著名的吳王夫差、闔閭，越王勾踐等人，還有昆吾、大彭、豕韋這些夏商時代的人物。他們入選五霸，皆有史書上的相關記載支援，還有他們的偉大歷史功績做支撐，使得五霸中剩餘三個席位的賦予更加具有懸念。後來，人們還是運用了一種比較科學的方法，終於確定了這五位英雄。

《左傳》中有這樣的記載，那就是在魯成公二年，齊晉交戰齊國敗績，於是齊派遣賓媚人前去晉國求和，賓媚人提醒晉國要以「四王」、「五霸」為榜樣，不要滅亡齊國，並得到了晉國的允諾。看來，早在魯成公二年，「五霸」就已經形成了，這說明後來崛起的吳越兩國國主不可能在此行列。同樣是《左傳》中為我們提供了一個重要的線索，齊桓公是中國的第一位霸主，「霸」一詞始於桓公。看來，夏商時期的英雄們也要退讓了。

經過反覆對證，終於確定了如今這五把交椅的主人：齊桓公、晉文公、秦穆公、宋襄公、楚莊王，他們個個為國家和歷史的發展做出了傑出的貢獻。雖然這樣透過時間的上下限來排除不合理人選的辦法多少有一些苛刻，但是在那個英雄輩出的年代，非要從眾多豪傑當中選出五個貨真價實的霸主來，還真的挺困難的。

知識連結

與「春秋五霸」的概念不同，「戰國七雄」指的不是五位國主，而是五個在戰國時期實力最強的諸侯國，它們分別是齊、楚、燕、韓、趙、魏、秦。七國爭雄的格局在戰國中期逐漸形成，初期魏國的實力是七國中最強的，燕國最為弱小，齊、趙、秦也實力不俗，楚國則雄踞江南。後來，秦國的經濟軍事實力迅速上升，開始不斷兼併其他國家，從

西元前230年至前221年，先後滅韓、趙、魏、楚、燕、齊，統一了天下，自此七國爭雄的局面結束。

千年古劍為何不朽

說起古劍，人們想到的一定是幾千年前九州故土上的刀光劍影，還有那些各懷絕技的英雄豪傑。劍寄託著古人的豪邁氣概，同時也承載著後人對前人的追思。不過，你可曾想像到，千年之前的古劍還能夠盡顯當年的本色呢？

一支考古隊在挖掘春秋時期的墓葬時，意外地發現了一把古劍，劍身上刻的字樣立刻引起了眾人的注意，「越王勾踐自作用劍」這一行古篆穿越了千年仍然散發著自信的光芒，展示著當年的霸氣。這把千年古劍在地下埋藏了2000多年，卻依舊寒光四射、鋒利堅韌，令人驚嘆。在科技相對落後的春秋時期，是什麼樣的鍛造技術造就了這樣的不朽古劍？

在後期的研究中，專家們在寶劍身上發現了一種物質，它就是金屬鉻，它被牢牢地鍍在古劍的身上，保護著它，使它經歷千年的風霜仍舊可以英氣逼人。不過，令專家們困惑的是，鉻這種金屬在自然界中存在的量很少，要想從岩石中提取出來是非常不容易的；況且鉻作為一種耐高溫的金屬，它的熔點在4000攝氏度左右，古代人又是用什麼樣的方法將其熔化並迅速鍍在劍上呢？

無獨有偶，在秦始皇陵的發掘過程中，也有一批這樣的不朽古劍現身。專家們發現，這些已經出土的青銅古劍，每一把都具有緻密的內部組織，光亮平滑的劍身，磨紋細膩的劍刃，整齊的紋理。經過科技人員的測試，這些古劍的劍身上竟然有一層0.001公分厚的鉻鹽化合物，要知道，鉻鹽處理的方法直到近代才被人發現並運用。千年前的高超技術，

不禁令後人驚呼神奇。更神奇的是，當人們將一尊重達150公斤的陶俑從一把被壓彎的古劍上挪開時，那又窄又薄的青銅劍，竟在一瞬間反彈平直，自然恢復成了原來的樣子，儼然我們現在的「形態記憶合金」！

一個又一個的神奇發現在帶給我們驚喜的同時，也帶給了我們無盡的困惑，是什麼原因使得千年以前的人就掌握了我們現在的新技術，是什麼原因使得「技術早熟」現象出現在中國的春秋戰國時期？看來，這些疑團要在日後的發現中慢慢來解答了。

知識連結

從考古學的證據來看，中國至遲在春秋晚期已掌握了冶鐵技術，並且是生鐵鑄件和塊煉鐵鍛件同時出現。戰國時期鋼鐵生產達到相當高的水準，出現以塊煉鐵為原料的滲碳鋼製品。冶煉技術已得到普遍推廣，其生產規模也大為擴大，鐵器已推廣到社會的各個方面。河北省石家莊市趙國遺址出土的鐵農具已占全部農具的65%。鐵製的兵器、工具和生活用具種類繁多，品質良好。

秦人鑄銅劍為何加長

秦始皇完成了中華的第一次大一統，秦朝是中國第一個統一的朝代，遙望秦朝這一重要的歷史轉捩點，似乎有太多的歷史之最，當這樣的成就反映到鑄造領域，我們不難發現秦劍乃是中國青銅劍鑄造的最後一個巔峰。

荊軻刺秦的故事大概無人不知，《史記》中對這段傳奇的描寫十分生動，同時引起了我們對其中一個細節的注意。當刺客荊軻手持匕首企圖攻擊秦王時，秦王一邊繞柱躲閃一邊拔劍反擊，拔了三次竟然沒有拔出來。司馬遷解釋說，那是因為秦王佩帶的劍太長了。

在秦始皇陵兵馬俑群中的一個重大發現證實了這一故事。考古學家們在俑坑中發現了一批長約98公分的柳葉狀長劍，這些長劍又細又尖，千年後仍不失鋒利，令人嘖嘖稱嘆。要知道，春秋戰國時期其他諸侯的寶劍僅有56公分長，如果往前追溯的話，劍的長度就更短了。這樣長的一批寶劍是如何鑄造而成的？秦人又為何要製造這一批長劍呢？

在鑄劍的過程中，劍身的品質優劣與熔煉時加入的金屬含量息息相關。在鑄造青銅劍的時候，如果向銅中加入的錫含量不夠，劍身就會太軟；如果加多了錫，劍身又會變硬變脆，因此鑄劍時加入錫的含量是很不好把握的。可喜的是，鑄劍工藝在秦國得到了很大發展，秦人在鑄劍時加入的銅錫配比恰到好處，使得鑄得的寶劍剛性和韌性兼備，攻擊性也大大提升了。

不僅鑄造技術的進步為劍的加長提供了客觀條件，秦人在不斷的戰鬥中也發現了長劍的優越之處，那就是長劍更有利於刺殺敵人，具有更大的殺傷力。這大概也是促使秦人不斷鑽研鑄造工藝的重要原因。

知識連結

在中國古代戰爭中，劍是一種十分重要的武器，古文中「短兵相接」的「短兵」指的就是劍。劍又被稱為「百兵之祖」，足見其重要地位。相傳創於軒轅之時，「帝採首山之銅鑄劍，以天文古字銘之」，但這只是個傳說。劍真正產生於商代，那時劍長僅有二、三十公分左右，到了春秋戰國時期青銅劍的鑄造達到巔峰。劍作為一種武器的衰落是在唐朝，那時戰場上人們多穿戴鎧甲，劍失去了攻擊力，逐漸發展為一種禮儀上的裝飾，代表地位、階級或富貴。

秦朝時就有現代化的軍事製造業嗎

秦國軍隊可謂戰國末期軍事實力最強的軍隊，到了秦朝其軍事力量更是不容小覷，在秦始皇陵中出土的數量巨大的兵器、車馬，以及著名的兵馬俑都在講述著那個年代秦軍的勇猛。

出土的秦朝兵器不僅數量眾多，而且不管是從材質上還是樣式上，在當時都應當是屬於先進行列的，例如箭頭都被設計並製作成具有三個流線型表面的形狀，寶劍的劍面也發展出現精確的棱面。由此可以推測在兵器製造過程中一定運用了不少高超的技術。要知道，如果只是幾件精美的兵器，是可以由零散的高級工匠製作出來的，可是如此龐大的隊伍中，人人都配有先進的武器，秦朝的兵器製造者又是如何完成這樣一個大項目的呢？

在觀察這些兵器的時候，一個奇怪的現象引起了專家們的注意，那就是這些兵器身上都刻有字樣並且多為人名，出現最多的就是「相邦呂不韋」，呂不韋又是誰呢？呂不韋是當時秦朝的丞相。在呂不韋自己編撰的《呂氏春秋》中曾記載有「物勒工名」，也就是說工匠在完成製造任務後要把自己的名字刻在器物之上。既然兵器上有那麼多的「呂不韋」字樣，看來他不僅要處理政事，還要負責擔當兵器製造的總管了。

不僅如此，兵器上的名字還洩露了更多的歷史往事。兵器製造光靠總管的監督是不可能順利進行的，還需要類似廠長、主任直至工人這樣的權責分工。在秦朝，總主管下設工師相當於廠長，再往下還有相當於主任的丞，最底層則是負責直接操作的工匠了。看來，一個兵器的製造管理過程要分為相邦、工師、丞、工匠四個等級，一旦發生問題，可以迅速經過兵器上記錄的人名找到負責者。

看來，秦朝迅速有效的兵器製造流程是建立於如此嚴謹的管理等級之上的，難怪當其他國家仍停留在零散鑄兵階段的時候，秦朝的兵器已經源源不斷地送往戰場了。

知識連結

《呂氏春秋》是秦國丞相呂不韋主編的一部古代類似百科全書的傳世巨著，有八覽、六論、十二紀，共20多萬言。呂不韋自己認為其中包括了天地萬物古往今來的事理，所以號稱《呂氏春秋》。《呂氏春秋》匯合了先秦各派學說，「兼儒墨，合名法」，故史稱「雜家」。呂不韋借門客之手撰寫《呂氏春秋》，雖主要靠借他人之光提高其形象，但在文化事業上確實是做了件大好事，功不可沒。

楚漢爭霸的決戰在何處

歷史上著名的楚漢之爭進行了5年之久，在劉邦的指導下，漢軍逐漸由弱變強，到了西元前203年，漢軍在戰鬥中不再受到楚軍的牽制；而項羽此時卻三面受敵、糧草不濟，處於絕對的劣勢。

終於在西元前202年，劉邦率軍向楚王進軍，雙方在垓下進行了慘烈的決戰，這次戰役以漢軍大獲全勝而告終，楚軍近10萬精銳部隊全軍覆沒。一度叱吒風雲的西楚霸王項羽，被迫走向了窮途末路，自刎於烏江，上演了「霸王別姬」的歷史悲劇。垓下之役是一次具有重要意義的戰役，它是楚漢戰爭的最後一次大決戰，更是劉漢王朝奠定霸業的關鍵一仗。

「垓下」是項羽的亡命之地，卻是劉邦的福地，那麼現在垓下這個地方又在哪裡呢？20世紀，歷史學者郭沫若先生曾在自己的著作《中國史稿》中推測，垓下很有可能是現在的安徽省靈壁縣南部、沱河北岸。這種說法具有充分的史料依據，例如《水經注‧淮水篇》記載：「洨水東南流，經洨縣故城北，縣有垓下聚。漢高祖破項羽所在也。」無獨有偶，唐代的《元和郡縣圖志‧河南道五》也有載言：「垓下聚，在縣西南五十四里，漢高祖圍項羽於垓下，大破之，即此地也。」看來，這種

說法由來已久，並得到了廣泛的認可。

不過要知道，垓下之圍發生以前很短時間內，劉邦和項羽還在一個叫做固陵的地方有過一次交鋒。在這場戰役中劉邦受項羽的追殺退守在固陵，堅壁不戰，直到獲得韓信、彭越等人的救援，才開始反擊項羽。在這麼短的戰役間隙中，雙方的軍隊都不可能進行長途的行軍，那麼垓下這個地方應當是在固陵附近的。固陵在今天的河南淮陽地區，如果垓下真的在安徽，這個移動距離未免太過遙遠了吧？

不光如此，安徽靈璧地形是一馬平川，且河道密集，攻守條件皆不相符合，根本不像是「堅壁不戰」的所在地。綜合這些原因，我們有理由相信真正的垓下不在安徽，而是在固陵附近，也就是今天的河南淮陽。

知識連結

對於項羽自刎烏江的原因，歷來也有很多種不同的說法。在最先的記載中，項羽是因為無顏面對江東父老而自刎，這種說法是由司馬遷提出的。因為距離楚漢之爭的時間最近，因此也比較有說服力。還有人說項羽自殺是為了早日結束戰爭，不再讓人民受苦，這樣的說法雖然將項羽刻畫得十分善良義氣，但由於缺乏必要的依據，加上與項羽本人好戰的性格不相符，很少被人提及。

漢高祖在白登之圍中是如何脫身的

在中國古代，中原統治與北方游牧民族的衝突始終存在，有時甚至會發生大規模的戰爭。秦漢時期，北方的匈奴是最主要的威脅力量，秦始皇派兵攻打匈奴之後的幾十年中，北方還處於比較平靜的狀態；但秦末中原發生了楚漢之爭，匈奴又趁機南下，企圖侵占中原土地了。

白登之圍就發生在漢初，那時的匈奴首領冒頓單于率兵南下，包圍了韓王信的封地馬邑。韓王信在當時沒有得到漢王朝的信任，因此漢王朝並未派兵援助。韓王信最終抵擋不了進攻，向冒頓單于投降，匈奴也從其口中知道了更多漢王朝的情況，繼續南下進攻，將晉陽團團包圍。漢高祖聽說後親臨晉陽，率兵與匈奴對峙，匈奴製造出隊伍裏都是老弱病殘的假像，假裝後退，漢高祖便帶兵追擊，沒想到在平城出現了大量的匈奴精兵，將漢高祖一直逼退到白登並包圍起來。

當時，白登內外的漢軍不能相互接應，情況十分危急。在這種局面下，漢高祖是使用了怎樣的方法得以成功脫身的呢？

據說當時陳平向漢高祖獻了一計，他派人將一幅美女的畫像暗中送往單于的后妃閼氏的住處，並對閼氏說這就是漢高祖即將獻給單于的美女。閼氏害怕自己會失寵，便趕緊對單于說，中原之土受到了神明的庇佑，即使匈奴攻下了它，也不可能占有它，提醒單于最好能夠對漢軍網開一面。單于聽從了妃子的勸告，果然放走了包圍圈中的漢軍，漢高祖也因此死裏逃生。

看來，漢高祖能夠從如此危險的境地中被解救出來，竟然是依靠了一張美女圖。這樣的結局不僅讓我們驚奇於古人隨機應變的智慧，也感慨萬分，假如沒有這張美女圖相助，漢王朝也不知會是什麼樣子了。

知識連結

白登之圍大概可以算是漢初漢軍與匈奴軍的第一次正面交鋒，這次戰鬥讓漢高祖看清了匈奴的軍事實力，在以後對待匈奴的態度上也不再像原來那樣強硬，而是聽從大臣劉敬的建議，挑選了一位宮女所生的女兒，稱作大公主，嫁給了匈奴單于，從此雙方的關係有所緩和。這樣的解決辦法叫做「和親」，是從漢初開始運用於處理民族關係的一種較好的選擇，在以後的各個朝代中也有過類似的「和親」政策。

漢武帝為汗血寶馬不惜發動戰爭

漢武帝在後人的印象中一直是一位具備雄才大略、文治武功的偉大皇帝，按理說他的任何決策都是出於國家利益的考慮，不過有一件事卻是例外，那就是漢武帝為了得到一匹優良的汗血寶馬不惜向異國大宛發動戰爭。這樣不符合武帝性格的歷史故事，你相信嗎？

事實上，馬這種動物在古代是非常受到重視的，自古便有「伯樂識千里馬」的典故，尤其是歷代君主，更是將擁有馬匹的數量和品質視作一種國家實力的象徵。《史記·大宛列傳》中有記載：「多善馬，馬汗血，其先天馬子也。」雖然根據我們現在的常識知道沒有可以飛上天的「天馬」，但大宛國的汗血寶馬在當時的確是很獨特和珍貴的。當時在漢朝與大宛的貿易來往中，有不少汗血寶馬在交易的範圍內，但真正的優良汗血寶馬卻一直被大宛人小心翼翼地保護著，外人並不知曉。

偏偏漢武帝是一位愛馬如命之人，當他得知大宛有這樣優良的汗血寶馬時，便忍不住派使者前去索要，卻沒想到遭到了大宛人的拒絕。想必大宛人覺得漢王朝離自己的地盤天遙路遠，武帝拿他們也沒辦法。不料漢武帝當下派李廣利率大軍前去征討，一支穿越沙漠的遠征軍出發了。

兩次討伐大宛之後，漢武帝終於如願以償，得到了自己嚮往已久的極品馬。但當時的大臣們以及後人卻對這樣的做法頗有微詞。武帝歷來識大局，為何為了一匹馬就這樣興師動眾呢？我們大概可以從當時的歷史背景中找到些許答案。一方面，當時搜集優良馬匹不僅僅是武帝的個人愛好，同時也是與匈奴作戰的當務之急，只有擁有了較高品質的馬匹，才有可能在與匈奴騎兵的對抗中不再身處劣勢；另一方面，大宛拒絕了大漢王朝的要求，只有強硬對待，才能夠彰顯漢王朝的強大實力，對其他鄰國也是一種震懾的辦法，頗有些殺雞儆猴的意味。

看來，漢武帝為了一匹汗血寶馬發動戰爭的事實是存在的，但如果

狹隘地認為這是為了滿足武帝的私心，就是一種誤解了。

知識連結

漢武帝一生的功勞不可計數：在政治方面他頒布了「推恩令」，加強了監察力度，加強了中央皇權；在經濟方面他將冶鐵、煮鹽都收歸官營，掌握了經濟命脈，推行重農政策，興修水利、發展屯田；軍事方面則加強了中央軍權，派遣衛青、霍去病出擊匈奴，派張騫出使西域，將疆土向西北進行了大面積擴張。在漢武帝統治時期，西漢達到了鼎盛。

諸葛亮究竟有沒有借過東風

在《三國演義》講述的故事裏，赤壁之戰前夕，孫劉兩家聯合抗曹，設計火燒曹兵，需要借助東南風的風勢。可是當時正是隆冬季節，成天北風呼嘯，寒風怒吼，不可能有東南風。諸葛亮便自告奮勇登上南屏山設壇祭風，終於從老天爺那裏借來了三天三夜的東南風，幫助周瑜大破曹操80萬水軍，從而奠定了三國鼎立的基礎。

在這樣的故事裏我們再一次領略了諸葛亮的神通廣大，可是這樣的傳奇故事在真實的歷史中並沒有記載，再加上所謂的設壇祭風帶有濃厚的玄學色彩，不禁讓人們懷疑這個故事的真實性。由於羅貫中在寫作《三國演義》的時候憑空添加了一些原本在三國時期不存在的情節，使得後人認為借東風一事也是子虛烏有，連魯迅也評論道，羅貫中「狀諸葛多智而近妖」。

可是要知道，如果沒有東風的幫助，赤壁之戰中孫劉兩軍又是怎樣勝利的呢？只有一種解釋能夠說得通。那就是借東風的史實是存在的，只是沒有運用設壇祭奠那種玄乎其玄的做法罷了。

諸葛亮不僅精通兵法、玄學，還對天氣的狀況頗有研究，他知道民

間有一句經典的諺語「冬至一陽生」，意思是冬季到了冬至的那一天，氣溫會由冷轉暖，此時溫度的變化很有可能會引起風向的變化，也就是說在這個時候，東南風是可能出現的。其實，當時連曹操也知道這個道理，在赤壁之戰發生的當晚，程昱提醒曹操小心提防東南風，曹操卻說：「冬至一陽生，來復之時，安得無東南風？何足為怪！」，看來並沒有把這個東南風當回事，才釀成了後來戰敗的悲劇。

如此說來，《三國演義》中雖將諸葛亮刻畫得過於神機妙算，但對於「借東風」這件事，還是的的確確按照歷史而講述的。

知識連結

有一種觀點認為，諸葛亮當年借東風的確是使用了玄學中的一些技巧，有人認為這種技巧是奇門遁甲之術。所謂奇門遁甲，包括數理奇門遁甲和法書奇門遁甲，後者迷信成分較重，諸葛亮當年運用的很有可能是前者。數理奇門遁甲主要是利用《周易》八卦、洛書九宮和六十甲子等天文曆法知識，將時間、空間、天、地、人結合在一起進行預測和選擇有利時間方位的一種方法，行兵打仗時，用以選擇天時、地利、人和的時機，幫助決策。但是也有反對觀點認為，假設諸葛亮真的精通於奇門遁甲，為何掐算不出失街亭的悲劇呢？這樣的爭論至今沒有找到合理的解釋。

諸葛亮斬馬謖僅僅是因為失街亭嗎

諸葛亮揮淚斬馬謖可謂《三國演義》中一段重要的情節。在小說當中，司馬懿率軍出關，馬謖主動請命出戰，守衛街亭。但是在守街亭的過程中，馬謖自恃有謀，不聽從下屬王平的勸告，導致蜀軍被魏軍圍困，直到諸葛亮使用了空城計，才為蜀軍解了圍。回到軍中，馬謖揮淚

向諸葛亮請罪，諸葛亮無奈也只能判處了他死刑，含著眼淚將他推出轅門外斬首。

這段描述成為後來眾多戲劇作品的重要素材，京劇中「失、空、斬」的傳統劇碼，就是來源於失街亭、空城計、斬馬謖的傳奇故事。這些劇碼本來是想要表達對諸葛亮公私分明、紀律嚴格的稱讚，不過仔細想想，戰場之上勝敗乃兵家常事，如果僅僅因為一場戰鬥的失敗就判處部將死刑，那諸葛亮運用軍法是不是也太過嚴厲了？會不會這其中還有什麼別的原因呢？

說起馬謖這個人，他在戰事開始之前就是一副頤指氣使的模樣，吹噓自己對兵法的熟悉；戰鬥打響後更是囂張，不僅驕傲輕敵，還不顧下屬建議，運用了極其危險的「置之死地而後生」的辦法，可見他是一個像趙括一般只會「紙上談兵」的庸才，這樣的人諸葛亮自然是不想長期留在軍中的。《三國志·蜀書·諸葛亮傳》記載：「馬謖舉動失宜，違亮節度，大意為所破。」馬謖不僅在作戰態度上有很大的問題，他還自作主張，違背主將諸葛亮的旨意，差一點把諸葛亮困在司馬懿手中，這一點也是諸葛亮所不能忍受的，一個調動不靈的將軍還要他何用？

更需要注意的一點是，馬謖並不像《三國演義》中描述的那樣大義凜然，而是在戰敗後選擇畏罪潛逃，這種行為使他罪加一等。不管是從戰前、戰中還是戰後馬謖的表現來看，讓他繼續從事軍事指揮都是很危險的，為了嚴明軍紀，也為了警誡他人，諸葛亮還是下達了死刑的命令。

知識連結

《三國演義》中描寫諸葛亮使用空城計的情節讓我們又學到了一個計謀：空城計。空城計是一種心理戰術，是在己方無力守城的時候故意暴露出城內的空虛，使敵方產生懷疑而不敢輕易上前，這種戰術具有極大的不確定性，只有充分掌握了敵方將領的性格才能夠使用。實際上，

諸葛亮沒有使用過空城計，是羅貫中將這個計謀強加在他身上的。但是空城計在春秋時期即有人應用，而且西漢著名大將李廣也曾用過此計，化險為夷。

諸葛亮出山前在哪裡躬耕

諸葛亮是三國時期傑出的政治家、軍事理論家。他的才識、謀略享譽古今，在歷代的小說和戲劇中更是被刻畫成神機妙算的偉大軍師。不僅他成名後的故事家喻戶曉，連他青年時期的事蹟也頗受關注。

諸葛亮向劉備上呈的〈前出師表〉中曾經清晰地表明了自己年輕時的身分：「臣本布衣，躬耕於南陽，苟全性命於亂世，不求聞達於諸侯。」說者無意，聽者有心，大概諸葛亮也沒想到，這簡簡單單的一句話卻引起了千百年來對他躬耕之地的不休爭論。

「躬耕於南陽」這句話本來已經說得夠明白了，南陽就是諸葛亮年輕時耕地的所在，可是偏偏有人考證說，古南陽非今南陽，諸葛亮真正的躬耕處是現在的襄陽。兩「陽」說並起，必然一真一假，到底哪個「陽」才是諸葛亮年輕時候的處所呢？

且看諸葛亮自己是怎麼說的。「苟全性命於亂世」就是諸葛亮在尋求一個能夠保全性命的地方，而只有遠離政治、軍事交鋒的中心，才有可能達到這個目的。當時的襄陽正是權力中心，諸侯劉表在此設置據點；而南陽卻與襄陽相去200多里，遠離紛擾，的確是一個「苟全性命」的好地方。再看「不求聞達於諸侯」，諸侯劉表此時就在襄陽，如果諸葛亮身處襄陽，還口口聲聲地說「不求聞達於諸侯」，豈不是太過虛偽了呢？這也完全不符合諸葛亮的性格特徵。

另外，當時的南陽雖然遠離政治軍事的中心，不受權力爭奪的叨擾，卻是一個經濟文化發達的好地方。住在這裏，諸葛亮不僅能夠生存

得較好，還能及時獲取外界資訊，避免落後於時代。恐怕也只有在這樣一個吃喝不愁、遠離紛爭、資訊通達的地方，諸葛亮才會想到「三分天下」的雄才大略吧。

南陽襄陽兩說雖然爭論多時，但只要嚴謹地考證諸葛亮自己的意願，還是能夠確定真實的答案，也就是說，諸葛亮躬耕於南陽確鑿無疑。

知識連結

紀念諸葛亮的處所數不勝數，其中最為重要的莫過於武侯祠了，武侯祠中最具影響力的當屬成都武侯祠。它是中國唯一的一座君臣合祀祠廟，由劉備、諸葛亮蜀漢君臣合祀祠宇及惠陵組成。成都武侯祠是紀念蜀漢丞相諸葛亮的主要名勝古蹟，也是成都市一個主要的旅遊景點。成都武侯祠是最大的三國遺跡博物館，最有名的要數文、書、刻號稱「三絕」的《蜀丞相諸葛武候祠堂碑》。另外，祠內的一幅對聯「三顧頻煩天下計，一番晤對古今情」也很知名，上聯引用杜甫的詩句，下聯則由董必武提對。

諸葛亮七擒孟獲是真是假

《三國演義》中精彩的「七擒孟獲」可以說是諸葛亮在為蜀國效命期間的一大豐功偉績。相傳在劉備病逝之後，蜀國的南方相繼發生了少數民族叛亂，諸葛亮親自率軍前往雲貴地區平定了叛亂，讓這裏實現了長時間的穩定局面。在南征的過程中，諸葛亮採取「攻心為上」的策略，七次擒獲少數民族首領孟獲，又七次放了他，終於感動了孟獲，停止了叛變行為。

在感嘆於諸葛亮善用妙計的同時，一個疑問慢慢浮出水面，孟獲再

怎麼說也是個少數民族首領，軍事才能應該說得過去，怎麼會被諸葛亮抓住七次呢？所謂的「七擒」，和孟獲名字裏的「獲」字，也太過巧合了吧？一查史料才發現，當時的第一手資料《三國志》以及諸葛亮的自述〈出師表〉中，都沒有記載過七擒孟獲的事情，那麼，所謂的諸葛亮「七擒孟獲」難道是虛構的嗎？

《滇元紀略》中曾經提到過七擒孟獲的7個地點，或許這些地點可以提供一些考證的線索，這7個地點分別是：白崖、鄧賧豪豬洞、佛光寨、治渠山、愛甸、怒江邊、怒江的躔蛇谷。經過專家的考證，這幾個地點幾乎覆蓋了如今雲南省的大部分地區。要知道，諸葛亮率軍從成都出發的時候是建興三年的春天，在當年的秋天就班師回朝了。除去從成都到雲南路途中的三、四個月，諸葛亮連走完這些地點都困難，又怎麼可能在每個地方都進行戰鬥呢？

綜合各方面原因可見，傳奇故事「七擒孟獲」其實並不存在，孟獲此人的真實性也有待考證。事實上，諸葛亮在當時對待少數民族的策略上比「七擒七縱」還要高明得多，他籠絡了少數民族的統治者們，注意保護他們的利益，達到了節省兵力和邊防穩定的雙重目的。

知識連結

現在的雲南昭通有一塊珍貴的「孟孝琚碑」。這塊清代出土的碑中記載著一個重要的資訊，那就是孟姓在兩漢時期是雲南最著名的兩個大姓之一。這樣的證據讓人們不禁想到也許孟獲這個人物是真實的。在許多唐宋的祭祀畫像中都有孟獲這個人的一席位置，在畫像中他被稱為「掃壇蠻王」。年代久遠的碑銘和畫像都彷彿在提醒人們孟獲的存在。

周瑜果真是被氣死的嗎

「雄姿英發，羽扇綸巾，談笑間，檣櫓灰飛煙滅」，這樣一個縱橫古今的描繪說的正是三國時期吳國著名大將周瑜，他在孫策死後全力輔佐孫權，成為東吳軍隊的年輕將帥。可惜天妒英才，周瑜在而立之年就死去了。

在《三國演義》中有「諸葛亮三氣周瑜」的段子，諸葛亮與周瑜三次鬥智，周瑜終因肚量狹小而被諸葛亮活活氣死，死後諸葛亮還前去弔唁。「既生瑜，何生亮」就是根據這個典故而流傳下來的。看過這個故事，在對諸葛亮的機智感到敬佩和對周瑜的心胸感到惋惜之餘，不禁有所質疑：周瑜再怎麼說也是出身名門，頗有教養，更別說他具有作為一位軍事將領所必備的眼光和謀略了，怎麼會那麼容易就被諸葛亮氣死了呢？當年孫策臨死時囑咐孫權的「外事不決問周瑜」之託，劉備說的「公瑾文武籌略，萬人之英，顧其器量廣大，恐不久為人臣耳」之語，都間接地表現出周瑜實際上是一位心胸寬廣，目光長遠的優秀將才，是不可能因為一時氣急就離開人世的。

事實上，根據正史的記載，周瑜是在36歲時得病而死的。歷數周瑜為吳國效命的歲歲年年，無一不是在操勞中度過，那時他政事、軍事都要過問管理，肯定會出現超負荷的工作狀態，對身體健康的影響也就在所難免了。早年周瑜曾受箭傷，波及脾臟，加上他日後忙於國事，並沒有認真地對身體內外傷進行調養，這大概也是他最後體力不支的重要原因。這些生活中的疏忽所帶來的惡性後果終於在他36歲時，在一團忙亂中爆發出來，使得這位「羽扇綸巾」的英雄英年早逝，著實令人可惜。

知識連結

正史中的周瑜可說是一個完美之人。先說德：他舉賢薦能可比鮑叔；折節為國可比藺相如；謙禮忠君無人能比；性度恢弘眾將誠服。再

說才：他弱冠征伐為東吳開國立下汗馬功勞；赤壁又力挽狂瀾立下頭功；後又親冒矢石為東吳開拓荊州。豐功偉績不去多提，單說當時人對他的評價。他的文武全才在時人眼中已是萬眾矚目。「英雋異才」、「王佐之才」、「年少有美才」、「文武韜略萬人之英」，這些就是時人對周瑜才智的評價，而且說這些話的都是當時第一流的人物。再說風度，周瑜是出名的儒將，是一個風雅超群的人物。最後說說他的朝氣，周瑜不僅具德、才、風度，他又獨具一種朝氣，一種銳意進取、自信、豪邁的英霸之氣。他的完美無缺可謂人如其名：如瑾似瑜。

淝水之戰緣何成為以少勝多的戰役

淝水之戰是中國古代四大以少勝多戰役中發生時間最晚的一場戰役，同時也是勝敗決定最為偶然的一場戰役。雖說古往今來每一場戰役的勝負都是有原因的，但卻沒有哪一場的勝利方如此得益於機會和運氣。

西晉的統治在腐朽沒落中黯然結束，中華大地跨入了紛煩複雜的南北朝。此時的北方主要受到強大的前秦控制，皇帝苻堅勵精圖治，放眼全國，頗有一番統一全國的志向；而由司馬睿建立的東晉則偏安東南一隅，與世無爭。到了383年，前秦皇帝苻堅彷彿是在回應「分久必合」的規律，不顧朝中大臣的反對，親率90萬大軍，毅然向東晉都城建康發動了攻擊；東晉則在謝安等主戰派的領導下，決定迎擊。

東晉軍隊東拼西湊，出戰時也不過10萬軍隊，與前秦90萬大軍這個數字相差懸殊。區區10萬軍隊，怎樣對付得了來自前秦的90萬剽悍軍隊呢？

事情是這樣的，在苻堅帶領軍隊到達淝水邊上之時，收到了東晉發來的戰書，要求前秦軍隊後退，等東晉軍隊渡江後再與前秦軍決一死

戰。這時苻堅表面上答應了退兵，暗中卻授意各路將軍，待東晉軍渡江時就趁其不備，來個突然襲擊。這個計畫本來天衣無縫，奈何前秦軍營中一直埋伏著一位高級間諜，他就是來自晉朝的俘虜朱序。正是他在前秦軍隊後退時大喊：「秦軍敗了！」使得軍心大亂，幾十萬秦軍紛紛潰逃，整個軍隊頓時喪失了戰鬥力，這場本來秦軍勝算極大的戰役就這樣在一片大亂中草草落幕了。

僅僅是「秦軍敗了」這一句話就能有如此大的作用嗎？其實早在戰役真正打響之前，朱序就已經開始在暗中發布謠言，擾亂軍心了；加上後退的真實目的並沒有傳達到每位戰士那裏。戰士們聽到這樣淒慘的呼號，難免亂作一團。苻堅萬萬沒有想到，自己善待俘虜的代價竟然是失去了一次統一全國的大好機會，以致這場戰役失敗後再也沒能重振雄風。而東晉這一方卻因為這樣的機緣巧合，白白撈到了一次戰果，又將自己的政權保留了200多年。

知識連結

淝水之戰不僅給後人留下了一個神奇的戰爭故事，還流傳下來幾個頗為著名的典故。「風聲鶴唳，草木皆兵」說的就是戰役開始之前，由於秦軍軍營內的各種謠言，造成將士們人心惶惶，連看到一草一木也以為埋伏有敵人。「東山再起」說的則是東晉名相謝安在前秦軍隊到來之前本來已經隱居多年，可是隨著國家出現嚴重的危機，謝安又被重新請出來做官，擔任這場戰役的主要領導。

唐使王玄策異域借兵橫掃印度

唐朝對外關係中，和印度的交流算是比較密切的，而且唐朝與印度的交往，多為友好的交流，很少有敵對的交鋒。但在這其中也有一些

不為人知的故事和人物，最為稱奇的還要數王玄策「一人滅一國」的故事。

王玄策在唐貞觀年間擔任出使印度的使節，給朝廷帶回大量的佛教法物，為中印文化交流做出了巨大的貢獻，這樣一位優秀的「大使」怎麼會參與戰爭呢？他又有什麼能耐攻下了一國呢？

西元647年，王玄策在唐太宗的派遣下再一次出使印度，順便拜訪吐蕃的松贊干布，瞭解文成公主的生活狀況。可是，與以往不同的是，這一次印度的政治形勢發生了重大變化，阿羅順那篡位成為新的國王，他聽說唐使要來，便派2000人馬在半路伏擊，王玄策一行完全沒有任何準備，除了王玄策和副使蔣師仁被扣押之外，餘部竟全部戰亡。

王玄策和蔣師仁成功逃脫後，一路騎馬來到尼泊爾，向尼泊爾借來7000騎兵。加上松贊干布支援的1200精銳騎兵，王玄策帶領著接近一萬人馬直奔印度。在北印度，王玄策用盡唐代攻城的各種手段，攻下茶博、羅城兩城，逼得阿羅順那逃回中印度。之後，王玄策又在中印度集結軍隊力量，活捉了阿羅順那，滅亡了中印度，又順勢攻打東印度，東印度驚恐中表示臣服於大唐。

王玄策回國後彙報了戰果，唐太宗大喜，頒布詔書封賞王玄策，授予他散朝大夫的名號。一位使節能夠在關鍵時刻挺身而出，為大唐帝國揚眉吐氣，的確值得敬佩。分析這場橫掃印度的戰役能夠取得勝利的原因，不僅僅有王玄策等人的英明決斷，還與大唐帝國在附屬國中的名望是分不開的。試想，如果大唐帝國的名望不高，尼泊爾、吐蕃又怎麼會伸出援手呢？

雖然這場戰爭的記錄已經塵封在書籍當中，但我們仍須記住這樣一位勇敢果斷的「大使」——王玄策。

知識連結

要說唐朝最著名的對外戰爭，要數新羅戰爭了。這場戰爭發生在西

元670～676年，是唐朝聯合新羅滅亡了百濟和高句麗之後，兩國為爭奪被滅亡的領土而展開的戰爭。在這場戰爭中，由於受到西南地區吐蕃局勢的影響，唐朝政府採取退守政策。最終兩國經過協商，以大同江為界劃分勢力範圍，唐朝開始對大同江以北的遼東地區的統治，同時，大同江以南也進入統一新羅時代，東北亞地區進入了和平穩定發展的階段。

中晚唐蜀兵為何不斷叛變

「安史之亂」發生之後，唐玄宗、唐僖宗先後遷往成都，這個西南地區的邊城一時成為了大唐皇室的避風港。雖然遠離了北方的安、史勢力，但這裏的形勢也很嚴峻，並沒有任何平安可言。據歷史記載，這裏的節度使帶領軍隊屢屢造反，有時甚至與南詔、吐蕃等少數民族政權裏應外合，一同削弱唐軍實力，在史書上留下了「唐蜀兵屢弱」的記載。

作為唐朝軍隊的一部分，蜀兵難道不應該與大部隊一起打退外族進攻，共度難關嗎？為什麼總是在關鍵時刻叛變呢？縱觀中國歷史，將士一般情況下都是忠誠國家的，只要朝廷重視他們愛護他們，這些勇士就會毫不猶豫地為國效力，為什麼偏偏蜀軍是個特例呢？

問題出在朝廷對蜀兵的態度上。唐朝政府歷來是比較提防蜀地軍事發展的，常常有意地削弱蜀地軍隊實力。在兵源上，發配到蜀地戍邊的民眾都是「成都頑民」，據說他們不能適應蜀地的山川地形，連徒步行進都會滿頭大汗，更不要提披甲上陣了。在待遇上，將士得到的俸祿極其微薄，發放的米糧常常在途中被蜀地官員克扣或者以次充好，引起將士的不滿。對於這些不滿情緒，朝廷不但不加以克制，反而睜一隻眼閉一隻眼，甚至採取置之不理的方式。

朝廷這樣對待蜀軍，無非是要達到弱地方強中央的局面，尤其是對於巴蜀這個多事之地。因此每當節度使組織軍隊造反的時候，多因為蜀

兵的「孱弱」而終告失敗。不過頗具諷刺意味的是，當唐朝面對南詔、吐蕃的進攻，只能派出蜀兵來抵擋，其結果可想而知，這些蜀兵不是紛紛潰逃，就是做了少數民族政權的內應，反過來一起攻打唐軍。這樣的安排也許是無法避免的悖論，但更能反映出中晚唐之所以「久衰不盛」的一些緣由。

知識連結

安史之亂絕不僅僅是唐朝一場地方叛亂那麼簡單，它是唐朝由盛轉衰的重要轉捩點，儘管這場動亂最終平息了，但它帶給唐王朝的影響依然是極其深遠的。安史之亂之中和之後所波及之地都經歷了巨大的浩劫，出現不可計數的流民；階級壓迫和統治階級的壓榨由於政府的無力監管而日益猖獗，社會問題愈發尖銳，人民起義此起彼伏；唐廷還失去了對周邊少數民族的控制，往日的民族大融合盛景一去不復返。

忽必烈為何遠征日本失敗

歷史上，元世祖忽必烈曾兩次遠征日本，都以失敗告終。曾經橫掃歐亞大陸戰無不勝的蒙古軍何以兩次敗給一個小小島國呢？

忽必烈第一次征日行動是在征服朝鮮半島之後進行的。第二次東征時南宋已經滅亡，這一次他能騰出手來發動更大規模的戰爭。如果僅考慮軍事實力，元朝登陸並侵占日本是沒有任何懸念的。只可惜天公不作美，元軍兩次東征都遭遇海上風暴，與勝利失之交臂，實在是人算不如天算啊！

忽必烈兩次敗給日本，可以說是基於各種複雜的原因，首先在「人和」方面，當時的元朝採取了民族歧視政策，將子民按照民族分為四個等級，漢人及南方一些少數民族處在等級的最底端，經常受到不公正的

一本書讀懂中國歷史謎案

待遇。於是，戰爭發生後，漢人及其他族人並無真心為元朝賣力，東征的時候，蒙、漢及其他族人很難達到團結一致。而且，以范漢文為首的指揮官貪生怕死，臨陣脫逃，導致群龍無首，部隊瓦解，也是犯了兵家的大忌。在武器裝備上，日本戰刀在當時世界上堪稱一流，元軍使用的則是品質稍差的鑌鐵刀，很多大刀對砍時刀刃發生捲曲。這些確實是東征日本的不利因素，但強大的元朝敗給日本，僅僅是因為這些嗎？

「天時不利」是東征流於失敗的又一個很重要的因素，兩次東征元軍都在海上遭遇了風暴，造成的損失極大，兩次東征中犧牲的戰士其實大部分是死於海上風暴。至於風暴對元軍艦隊破壞為什麼如此大，也是有原因的。當時造船業發達的中國江南和沿海地區還沒有完全被忽必烈征服，所以東征艦船是由技術較落後的其他族人負責營造的，導致船隻品質較差。同時，東征時元軍艦船多是河船，對海上風浪抵抗較弱，遭遇海上風暴時大多被摧毀，將士大部分葬身大海，導致元軍不戰自退。

不過當時的日本人認為颱風並不是偶然的，而是因為他們受到了神的庇護，由神吹來保護小島的，他們信奉這樣的風為「神風」。不管怎麼說，忽必烈東征日本失敗，的確在天氣因素上吃了大虧。

知識連結

元世祖忽必烈（1215～1294年），成吉思汗之孫，元帝國的締造者。他建立的元帝國，疆域空前遼闊，史載「北逾陰山，西極流沙，東盡遼左，南越海表」。事實上，全盛時期的元帝國，版圖之遼闊是史無前例的。它北邊包括今天的外蒙地區乃至俄羅斯的西伯利亞地區；西邊的直轄疆域，到現在新疆的羅布泊附近，另外還有察合台汗國、窩闊台汗國、伊利汗國和欽察汗國這四個藩屬國，它們的疆土加起來幾乎覆蓋中亞、西亞乃至東歐；東面瀕臨大海，包括朝鮮半島、琉球群島、臺灣島；南面一直到達南中國海。

努爾哈赤是中炮而死的嗎

努爾哈赤，中國歷史上最後一個君主王朝的奠基人。關於他的死因，史學界爭論不休，始終沒有定論。而爭論的焦點主要集中在他是被袁崇煥的炮火所傷，鬱悶而死，還是因為身患毒疽，不治身亡。

據史料記載，後金軍隊攻打寧遠城時，遭袁崇煥率領的明軍猛烈炮火的攻擊，後金軍隊嚴重受挫。寧遠城下，八旗官兵血肉橫飛，屍積如山。在攻城的第三日，後金軍隊便撤兵而去。

在威力極大的西洋火炮猛烈攻擊下，作為後金大軍統帥而親臨城下督戰的努爾哈赤有沒有受傷呢？對此，明朝和後金的史書中均無明確記載。資深澳門歷史研究者金國平和吳志良兩位先生在合寫的《澳門與入關前的滿清》一文中認為，由於對明軍使用的新式火器毫無心理準備，寧遠之戰中努爾哈赤受傷的可能性極大。

令人不解的是，清代官書提及努爾哈赤之死時，都說他是得病而死，至於得的是什麼病，則往往諱莫如深。

清史專家李鴻彬認為，努爾哈赤回到瀋陽以後，一則由於寧遠兵敗，赫赫有名的沙場老將敗在初歷戰陣的青年將領手中，精神上受到很大的創傷，整日心情鬱忿；二則因為年邁體衰，長期馳騁疆場，鞍馬勞頓，積勞成疾。同年7月中，努爾哈赤身患毒疽，並非炮傷，23日往清河湯泉療養。到了8月7日，他的病情突然加重。11日，便乘船順太子河而下，轉入渾河時，與前來迎接的太妃納喇氏相見後，行至離瀋陽40里的雞堡死去。

知識連結

努爾哈赤身為清朝的開拓者，不僅是一位軍事家，他在政治改革、思想轉變等方面的成就依然可圈可點。後人總結努爾哈赤的十個貢獻分別是：統一女真各部；統一東北地區；制定滿族文字；創建八旗制度；

促進滿族形成；建立後金政權；豐富軍事經驗；制定撫蒙政策；推進社會改革；決策遷都瀋陽。正是這些順應時代的決策，奠定了清朝前期強盛繁榮的局面，也播下了「康乾盛世」的種子。

「闖王」大軍是敗於鼠疫嗎

崇禎十七年，「闖王」李自成帶領百萬大軍浩浩蕩蕩地進軍京城，氣勢雄壯。可就在40多天後，李自成的部隊已經受到清軍和吳三桂部隊的聯手抗擊，僅剩3萬人在堅持抵抗。短短的一個多月時間，是什麼原因使得闖王的強大部隊人數銳減，竟然從百萬之眾減少到僅餘區區三萬士兵？

對於李自成在京城的戰敗，自然眾說紛紜。李自成部隊最先進入北京城後採取安民政策，後來卻開始大肆搜刮，收集財富，造成城內人心惶惶，由此李自成敗於失去民心的說法開始浮出水面。另外還有腐化墮落、驕傲自滿、財力不足等現象也逐漸引起人們的注意，並被歸結成失敗的原因。

上面的這些現象存在與否還是個問題，即使存在，也是些個別現象。因為李自成治軍嚴謹是眾人皆知的，要不然也不會有闖王軍隊僅憑幾十人仍堅持戰鬥的傳奇了。那麼，到底什麼因素直接導致了闖王的敗北？成為這支不可攻克的軍隊的剋星呢？

明朝末年京城地區流行鼠疫，這是一種死亡率極高、傳染性很強的疾病，尤其是對那些沒有免疫力的外地人最具殺傷力了。李自成率軍進入北京時，正值三月份天氣轉暖，大規模鼠疫開始爆發的時候，人數眾多的將士們日日集結在一起，難免會引起鼠疫在軍中的傳播。

文獻中曾有這樣的記載：「賊過處皆大疫。」這說明闖王的軍隊不僅是被傳染的群體，還在不知不覺中成為傳染源。大概這就是為何李自

成多次招募將士仍然不見戰鬥力提升的原因，凡是進入這個軍營的人都不可避免地罹患鼠疫。

看來，那些驕縱、腐化等說法並不是李自成最終兵敗的唯一原因，甚至僅占很小的比重，倒是這場奪命的鼠疫，斷送了李自成的稱霸前程，改換了歷史的軌跡。

知識連結

鼠疫是由鼠疫桿茵引起的傳染病，也叫做黑死病。主要表現為高熱、淋巴結腫痛、出血傾向、肺部特殊炎症等。人類歷史上曾發生三次鼠疫大流行，第一次發生在西元6世紀，從地中海地區傳入歐洲，死亡近1億人；第二次發生在14世紀，波及歐、亞、非；第三次是18世紀，傳播32個國家。14世紀鼠疫大流行時波及中國。

大英帝國也曾向清政府賠過款嗎

中國近代的歷史總是與割地、賠款等屈辱的詞語分不開，究其根源，與中國政治的腐朽和軍事等方面的落後有著密切的關係。不過你可知道，幾百年前，在清朝剛剛建立的時候，大英帝國還曾向清政府賠過款呢。

17世紀初，西方國家紛紛將自己的視線轉向中國這個充滿神祕色彩和致富機會的國度。在一本名叫《西方列強與澳門的關係》的書中曾經為我們講述過這樣的一件趣事。

17世紀，葡萄牙在遠東地區的貿易霸權逐漸喪失，葡萄牙的商船常常受到荷蘭船隻的劫持，為了不再受荷蘭人的欺負，葡萄牙人找到英國這個合作者，共同牽制荷蘭。英國這時也恰好需要葡萄牙的關係來打開中國市場，於是兩國政府一拍即合，簽訂了葡萄牙同意英商進出澳門進

行貿易的協議。

當英國的威德爾船隊來到澳門時，受到了當地葡萄牙商人的排擠，葡萄牙人向清政府報告說這些人是荷蘭人，企圖進行破壞活動；又想方設法阻止英商的貿易活動。在這種情況，英國船隊無地安身，只好繼續向北行進，來到廣州海域附近的虎門。這裏的官兵鳴炮警示，威德爾等人卻絲毫不為所動，反而發起挑釁，炮轟虎門炮臺。攻下炮臺後，又繼續向內河行進，一路燒殺搶掠，不僅侵犯了中國的主權，還犯下了滔天的罪行。

雖然廣州政府組織軍隊進行了猛烈地反擊，仍不能阻止他們的暴行肆虐。後來，威德爾等人意識到犯下這樣大的罪行，實在不好再與中國政府打交道，對自己今後的貿易沒有益處，於是只好請出葡萄牙人在其中周旋。

經過雙方的協商，英商最終在廣州與清政府簽訂條約，向清政府賠款2800兩白銀，這才了結了事端。據說這是中英之間就貿易問題的第一次正面交鋒，卻充滿了火藥味。雖然在我們現在看來這只是一樁趣事，但它卻拉開了中英近代貿易的序幕。

知識連結

中國自1840年鴉片戰爭之後，和眾多西方國家簽訂了許多條約，絕大多數都屬於不平等條約。《南京條約》的簽訂拉開了中國簽訂不平等條約的序幕，成為了不平等條約體系的奠基石。《南京條約》、《望廈條約》、《黃埔條約》三個文件初步建立了中國不平等條約的體系。這些條約中，清政府不僅割讓了領土，還將通商權、關稅權、領事裁判權拱手讓人。後來，隨著《天津條約》、《北京條約》的陸續簽訂，中國殖民地化的程度不斷加深，墮入喪權辱國的深淵。

明清時期出現過黑人傭兵嗎

傭兵自古至今都是一種較為奇怪的兵種，這些士兵不會像其他的軍人一樣為了國家、民族利益而戰，而是以打仗作為謀生的手段，成為一種獲取報酬的職業軍人。不過很少人會想到，在中國古代的明清時期，也有一定數量的傭兵存在，更令人驚奇的是，這些傭兵還是黑人呢。

明清時期，許多非洲的黑人或是來自馬來西亞等地的黑褐色人種，經常出現在中國境內。他們大多是被葡萄牙、荷蘭等殖民者帶來中國的，因此多在香港、澳門這些地區繁衍生息、艱難謀生。他們在當時其實是這些港口地區的重要組成部分，甚至在軍事戰鬥方面也備受重視。

說到黑人的戰鬥能力，明朝曾有過「此類善鬥」的記載。大概是黑人善鬥的特性被發掘了出來，澳門開始雇傭黑人作為職業軍人。到了清朝，工部右侍郎賽尚阿向朝廷奏陳澳門情況時就說過：「又有番哨三百餘人，皆以黑鬼奴為之，終年訓練，無間寒暑。」可見這些黑人戰士的訓練也是很嚴格的。

說起當時最有名的黑人軍隊，就要數鄭芝龍、鄭成功父子掌握在手的黑人軍隊了。那時由於黑人在澳門不能獲得公平的待遇，他們便逃跑投奔鄭氏軍隊，為鄭芝龍和鄭成功父子效命。這些黑人士兵多為基督徒，他們不僅作戰勇敢，而且忠誠於自己的主人，加上鄭芝龍對黑人士兵十分寬容理解，使得黑人士兵在鄭氏軍隊中能夠與其他人和平相處，並且為鄭氏集團做出了巨大的貢獻。在鄭成功收復臺灣的戰鬥中，有一定數量的黑人士兵加入。

不過，後來這些華人眼中的「黑人」慢慢淡出了歷史的視線，這些士兵中少數與當地人通婚，繼續繁衍下去；絕大多數還是在孤獨中終老了。

從澳門等地逃出來的黑人，有些進入了鄭氏軍隊效命，有些則選擇了另外一條道路，那就是為廣東地方政府服務。據記載，在1637年英國的威德爾艦隊在廣東內河進行勘測活動時，中國艦隊出面阻止，當時就使用了一些黑人作為通事，即翻譯。一本書叫做《方濟各會中國書簡彙編》，其中便記載了從澳門逃出來的黑人基督徒成了「廣東省軍隊總兵」的手下，而且多達200多名。

施琅是忠臣還是叛將

1661年鄭成功率領軍隊將荷蘭殖民者從臺灣島驅逐了出去，收復了臺灣。20多年後，也就是在1683年，施琅奉旨攻打臺灣，降服了在臺灣割據多年的鄭氏集團，使得臺灣納入了大清版圖，但歷史上對他的評價仍是有褒有貶，甚至有不少人說施琅是個叛將，這又是為何？

要客觀地看待施琅這個人，還要從他的早期經歷說起。

施琅從17歲起就在鄭芝龍手下做一名小軍官，後來歸鄉3年，在1643年重新加入鄭軍。順治六年，鄭成功等人舉起了反清復明的大旗，並力邀施琅入夥，於是施琅又一次投靠鄭氏集團。一開始鄭成功十分器重施琅，施琅也竭忠盡智，立下赫赫戰功。但是到了順治八年，鄭成功包庇了一位在施琅那裏犯了法的親兵，施琅與鄭成功二人反目成仇，鄭成功曾派人暗殺施琅未遂，不過卻殺掉了施琅的父兄，使得施琅對鄭成功徹底絕望，轉而投奔清廷。

因此，如果將施琅簡單地視為一位「叛將」，實在是不妥。畢竟，包庇罪犯以及後來殺掉施琅的父兄都是鄭成功的過失。如果不是鄭成功的辦事方式太過粗暴簡單，施琅也不會如此憤然離開。

施琅在為清廷服務期間，曾多次提出收復臺灣的想法，受到了康熙

皇帝的肯定。康熙二十二年，施琅率領2萬大軍和300多艘戰艦向澎湖發起了進攻，並在不久後攻下了臺灣島，鄭克塽等人投降清朝。這一戰使得臺灣納入清朝版圖，也實現了康熙皇帝「四海歸一」、「天下一統」的願望。

臺灣收復後，康熙帝認為這是一個彈丸之地，不必太過重視，這時還是施琅提出了臺灣地理位置的優越性，並提醒康熙，臺灣仍被荷蘭等國覬覦著，不可不防。康熙最終採納了施琅的建議，在臺灣設府，隸屬於福建省，加強了對臺灣的管理。

可見，不管是從收復臺灣還是從決定臺灣去留問題上，施琅都堅決地捍衛了清政府對臺灣的主權。對於清政府來說，施琅的確是一位忠臣，而他當年離開鄭氏集團的「叛將」身分，似乎也沒有那麼重要了。

知識連結

施琅在1864年2月上奏康熙的《恭陳臺灣棄留利害疏》中指出了臺灣戰略地位的重要性，臺灣「乃江、浙、閩、粵四省之左護」，「雖屬外島，實關四省之要害」。倘若放棄臺灣為「紅毛」（荷蘭人）占據，「乃種禍後來，沿海諸省，斷難晏然無虞」，「棄之必釀成大禍，留之誠永固邊圉」。

石達開為何出走

150多年前，在中國大地上曾有一位令清軍聞風喪膽的將軍「石敢當」，他就是太平天國的首義諸王中較為勇猛的一位——石達開。在永安建制封王之時，洪秀全將石達開封為「翼王」，有「羽翼天朝」的含義，足以看出洪秀全對石達開寄寓了的深切希望和深深的信任。

定都天京後，石達開一直輔佐東王楊秀清處理政事，對於其他諸

王的奢侈享樂行為，石達開向來是敬而遠之，潔身自好。後來他率軍西征，大敗湘軍，功勞卓著。實際上，表面太平繁榮的天朝中隱藏著眾多的問題，這些問題終於在1856年的「天京政變」中全部顯露出來。石達開本來企圖阻止這些無謂的爭鬥，不料他反對濫殺無辜的倡議被北王韋昌輝誤解，以為是在偏袒東王。面對北王的加害，石達開無奈開始了逃亡，自己的家人和部下則被北王勢力殘忍地殺害了。

「天京事變」結束後，洪秀全迫於朝中無人，又重新將石達開召回天京，主持政務。這一次，太平天國的各個首領本應該吸取教訓，再創輝煌，可是為什麼幾年後石達開又再次出走了呢？

石達開回到天京時，受到了天京軍民的熱烈歡迎，洪秀全也封他為「電師通軍主將義王」，任命他掌理政務。石達開不計前嫌，馬上開始了對太平天國的輔政。據記載，在他輔政的半年時間內，天朝不論是政治上還是軍事上都重新回到正軌，並有轉好的趨勢。可是就在天朝慢慢走出陰影的時候，洪秀全的目光又重新放在統治集團內部上，對於石達開極高的威望和赫赫戰功，他心中再次不安起來，往日楊秀清獨攬大權的情景又浮現在眼前。於是，洪秀全封自己的兩位兄長為王，授意他們在政務上進行干預，使得石達開受到了極大的牽制和排擠。

在不斷地排擠和架空形勢下，石達開可以選擇這樣幾條路，分別是退隱歸鄉、率軍遠征、取而代之、投奔清軍。石達開這樣的一位忠臣，絕對不會選擇叛變；退隱歸鄉的想法在那個衝突激烈的時刻也是行不通的。此時的石達開只有選擇率軍遠征，這樣既可以遠離朝中紛擾，保住性命，又可以為天朝另闢根據地，也算是一條出路了。

於是在1857年，石達開帶領一批隊伍離開了天京，奔赴安慶，從此再沒有回來。石達開的離開，不僅帶走了一大批天朝中的優秀軍事力量，也帶走了太平天國重振威風的最後一次機會。

　　太平天國運動是中國近代一次大規模的人民起義，波及範圍最大時覆蓋長江中下游數省。太平天國的建立者是洪秀全，他最初假借西方基督教義，將西方基督教義和中國儒家大同思想進行結合，吸引了大量民眾。太平天國不同於或者說先進於其他人民起義的地方在於它頒布了《天朝田畝制度》，首次提出了廢除舊土地所有制，成為太平天國解決生產與產品分配的政治綱領。到了太平天國後期，統治集團內部出現了一位「新新人類」，他就是洪仁玕。洪仁玕著有《資政新篇》，成為中國第一套具有發展資本主義意願的政治綱領。雖然這份綱領得到了洪秀全的高度贊成，但仍由於當時落後的時代局面而成為一紙空文。

洪秀全是自殺而死嗎

　　清同治三年四月二十七日（1864年6月1日），正值太平天國首都天京（今南京）在清軍圍攻下岌岌可危之際，太平天國首領洪秀全死於城內天王府，時年51歲。關於其死因，史學界說法不一，莫衷一是。

　　在20世紀60年代以前，大多數人認為洪秀全是自殺身亡。曾國藩刊刻的《李秀成自述》中記載，洪秀全是由於天京危急，日日煩躁，最終服毒自殺。但很多學者對洪秀全自殺一說表示懷疑。

　　20世紀60年代初，藏在曾國藩家中達一百多年的《湘鄉曾八本堂·李秀成親供手跡》正式影印發行，其中明確記述洪秀全是病死的。有學者指出，這一記述當是可靠的，因為曾國藩刊刻的《李秀成自述》，是經曾國藩篡改過的。

　　自從《李秀成親供手跡》發行後，大多數學者都確信洪秀全是病死的。

一本書讀懂中國歷史謎案

洪秀全雖然在晚年犯了一些錯誤，耽誤了太平天國的前程，但縱觀他的一生，他仍舊為太平天國做了巨大的貢獻，是一位特定時代造就的英雄。從1851年金田起義到1864年的天京陷落，洪秀全領導太平天國運動長達14年，將太平天國的勢力發展到18個省，攻占下的城市不少於600個，迅猛的發展狀態對清政府造成了沉重的打擊。《天朝田畝制度》的頒布，充分體現了當時農民對土地的強烈渴望，即使這個制度沒能廣泛應用，但對於他也算是功勞一樁。尤其是他在晚年贊成洪仁玕的《資政新篇》，更體現了他較之其他領導者的開明思想和開闊眼界。

清朝軍艦何以揚名美國內戰

說起清朝的軍事水準，在世界上是談不上先進的，清朝軍隊甚至還常常因為武器設備的落後而受到外國的欺侮。不過，在美國內戰的時候，有一艘名叫「大清」的軍艦卻屢次立功，揚名南北。這又是怎麼回事呢？難道真的是清朝製造出了先進的軍艦嗎？

這艘戰艦的曲折命運，還要從一對美國兄弟的經歷說起。1859年華爾兄弟來到上海謀生，當時正值太平天國的隊伍席捲江浙一帶，上海附近也亂成一片。華爾兄弟抓住這個機會，糾集一些流落在當地的菲律賓人和軍事流氓，組成一支洋槍隊。這支洋槍隊幫助清政府鎮壓太平軍，終於贏得了清政府的信任，華爾兄弟此時也發展為上海灘的軍火商。

聽到太平軍要擴充軍備，一路打到北京的消息，在上海的清官員頓時驚恐不已，華爾兄弟趁機提出了去美國購買軍艦的建議。他們一方面對清朝官員渲染太平軍士兵的勇猛、太平軍水師的可怕，使用低價策略，聲稱「40萬兩白銀就可以購買大兵輪一艘、小兵輪四艘」；另一方面則不斷向清朝官員表明忠心，承諾不會做任何有損清政府的事。

經過不懈的游說，華爾兄弟終於在離開上海時拿到了40萬兩白銀，後來還利用內戰導致造船廠生意應接不暇等一系列藉口要求追加資金，又騙取了上海方面匯來的60萬兩白銀。其實他們並沒有將這100萬兩白銀全部用於造船，而多是用於個人的揮霍，僅用了一小部分經費打造了幾艘比較劣質的軍艦，分別是「江蘇號」、「浙江號」和「大清號」。後來，中國國內問題迭起，清政府內部一團混亂，也就沒有人再來追究這筆鉅款了。

1863年時南北戰爭進入轉捩點，此時這三艘戰艦被北方軍收入麾下，開始為北方海軍服務。據說，這三支戰艦中「大清號」噸位最大，火炮最多，在戰爭中發揮了非常重要的作用，立下了赫赫戰功，成為當時的一支名艦，也永久地留存在美國的史冊中。

看來，所謂的「大清號」並不是大清國建造的，最後也沒有用於清朝的戰爭當中，而是在遙遠的美國發揮了作用，真可謂陰錯陽差。

知識連結

清朝末年許多清朝大臣意識到建設國家海軍的重要性，當時的洋務派代表李鴻章就是主張建設海軍的核心人物。在他的部署下，清朝海軍逐漸形成了北洋水師、南洋水師、福建水師三個重要力量，其中北洋水師是規模最大、裝備最好、戰鬥力最強的一支水師，曾經在當時的亞洲也是名列第一的海軍。但北洋水師在中日甲午戰爭中，因為清朝政府的腐敗與某些官員的盲目指揮和保守戰略，加之冒險作戰，導致北洋水師在海戰中失利，隨後全軍覆沒。南洋水師實力比北洋水師弱很多，曾經多次在反抗法國侵略者戰役中有過突出的貢獻，但因為清政府後來不夠重視這支艦隊的建設，1885年被法國海軍直接在石浦港消滅。三大水師中福建水師是實力最小的，而且一直沒有打過仗，最後被清政府解散，挪作他用。

第六章

塵封難解的名人謎案

　　當今天的我們再次回首中國王朝的興衰更替時，目睹多少「你方唱罷我登場」的輪番上演。他們有的頗具雄才大略，勵精圖治；有的生不逢時，懷才不遇；有的陰險狡詐，一心為私，遺臭萬年；有的心懷天下，捨己為公，流芳千古。

　　歷史就是一個萬花筒，一本永遠讀不完的書，在塵埃落定之時，人們將會學到許多許多⋯⋯

周穆王是否遊過西域

從張騫歷時數年出使西域的「鑿空」之旅，到絲綢之路上異國貨物伴著空杳駝鈴與漫天黃沙緩緩而至，再到玄奘艱辛卻執著向西的《大唐西域記》和後來妖魔鬼怪充斥取經道路的《西遊記》……中國人始終對西域有一種浪漫的情結。更早在西晉初年河南汲縣出土的「汲塚竹書」的《穆天子傳》中便有西周時期周穆王「得盜驪、綠耳之乘北絕流沙，西登崑崙，見西王母」漫遊西域的記載。

在西周這個人們還在使用青銅器，沒有先進交通工具的年代，周穆王真的向西而行穿越十九萬里的山水，去到「飛鳥之所解羽」的崑崙之丘，在瑤池之上和西王母作歌相和了嗎？

周穆王的西行之旅在一些先秦文獻裏是有記載的，如《列子·周穆王》中寫道：「穆王不恤國事，不樂臣妾，肆意遠遊。命駕八駿之乘……驅馳千里。」《國語·周語上》中說穆王曾征犬戎得白狼、白鹿。後來西漢司馬遷的《史記》有「穆王十七年，西巡狩，見西王母」等關於這方面的描寫。但這些記載中有的過於簡單，如《列子》、《國語》等；而《史記》所書則過於玄虛，一般不被人們作為信史。但是隨著《穆天子傳》這本對周穆王西遊事件有詳細記載的古書的出土，周穆王是否遊過西域這個問題開始被人們重視。最終周穆王是否遊過西域則歸結到《穆天子傳》的真偽上來。《穆天子傳》這本書，有著相當濃厚的玄幻色彩，人們一度將其當作神話小說看待。自出土以來就一直有人對其偽書身分做考證，更有外國學者認為穆天子指的是秦穆公而不是周穆王。但令人嘖嘖稱奇的是，經過學者的細心考察，發現書中記載的路徑、川澤、地方風俗都與事實相吻合，非有西遊經歷之人而莫能書。事到如今，已有許多人物、事件被證實了其真實性。然而，單憑無法判斷

真偽的《穆天子傳》依然不太可能推斷周穆王是否到過西域。史學界的爭論還在繼續，可能只有出現了更準確的文獻材料或考古發現，這個問題才能塵埃落定吧。

知識連結

狹義上的西域指是的玉門關、陽關以西，蔥嶺（如今的帕米爾高原）以東，巴爾喀什湖東、南及新疆廣大地區。而廣義的西域則是指凡是經由狹義西域所能到達的地區，包括亞洲中、西部，印度半島等地區。自古以來，東西方文明交匯於西域，碰撞出燦爛輝煌的火花，留下了瑰麗的藝術成就。

管仲為何被娼妓奉為保護神

管仲是春秋時期輔佐齊桓公成就霸業的著名政治家。後人評價，齊國成就霸業，齊桓公只是軀殼，管仲才是靈魂。孔子曾稱讚管仲的功勞說：「微管仲，吾其被髮左衽矣。」這個「春秋第一相」在得到人們尊重的同時，也被娼妓奉為保護神，這又是為什麼呢？

唐人白居易曾經寫詩「花非花，霧非霧，夜半來，天明去，來如春夢幾多時，去似朝雲無覓處」，據說是形容與官妓的露水情緣，宋朝官員酒宴叫上幾個官妓很是平常。中國的青樓文化源遠流長，而真正的官方經營娼妓業卻是由管仲開創的，該行業的正規化和公開化也是自管仲而起。

早在春秋戰國時期就出現了「私妓」，在《史記‧貨殖列傳》中記載：「趙女鄭姬，設形容，揳鳴琴，揄長袂，躡利屣，目挑心招，出不遠千里，不擇老少者，奔富厚也。」又有：「中山地薄人眾，猶有沙丘紂淫地餘民，民俗懁急，仰機利而食。丈夫相聚遊戲，悲歌慷慨，起

則相隨椎剽，休則掘塚作巧奸冶，多美物，為倡優，女子則鼓鳴瑟，跕
屣，游媚貴富，入後宮，遍諸侯。」

在管仲推行改革之前，「私妓」眾多，娼妓行業比較混亂，不利於
社會生活的正常進行。而在當時，娼妓行業是不可能根除的。為了將不
利降到最小化，管仲設置了「女閭」，也就是所謂的官方妓院。在加強
對這一行業的管理後，國家不但稅收增多，在一定程度上也緩和了社會
問題，作用顯著。春秋諸國紛紛效仿。娼妓這一弱勢群體，數千年來社
會地位一直低下。而在春秋管仲推行改革之後，後世統治者也讓該制度
處於合法地位，娼妓的人身與財產安全都得到一定的保障。娼妓因此感
謝管仲，將其奉為保護神，這一傳統一直傳到後世。

知識連結

柳永是著名的花間詞人，年少即混跡花街柳巷，寫下了大量的詞
作。他的詞風別致清新、個性鮮明，「凡有井水飲處，皆能歌柳詞」。
他一生不得志，宣稱「忍把浮名，換了淺斟低唱」，人稱「白衣卿
相」。柳永給教坊樂工和歌姬填了大量的詞，晚年窮困潦倒，死後由相
熟歌姬集資埋葬。每年清明節，歌妓都相約赴其墳地祭掃，並相沿成
習，稱之「吊柳七」或「吊柳會」。

伍子胥有沒有掘墓鞭屍

伍子胥本是春秋時期楚國人，受楚太子太傅費無忌陷害，父兄皆
被楚平王所殺。他逃楚奔吳，保得一命，後得吳王闔閭的重用，率軍伐
楚，攻破郢都，掘楚平王之墓並鞭屍三百。太史公的《史記》贊其：
「棄小義，雪大恥，名垂於後世，悲夫！伍子胥窘於江上，道乞食，志
豈嘗須臾忘郢邪？故隱忍就功名，非烈丈夫孰能致此哉？」可是，伍子

胥真的掘墓鞭屍了嗎？

春秋時期尚未完全「禮崩樂壞」，宋楚泓之戰中宋襄公曾有「君子不重傷，不擒二毛」的宣言。生活在春秋時期的孔子，尊崇禮樂，伍子胥引賊入室，鞭笞君王，在孔子看來無疑是罪大惡極的。如果伍子胥真的掘墓鞭屍，為何孔子對此事會一語不發？同時，按春秋筆法的慣例，會對忤逆君王的事件大書特書，可是《春秋》定公四年對吳兵入郢這件事的記載卻極其簡賅，僅僅只有5個字：「庚辰，吳入郢。」完全沒有對伍子胥鞭屍的描寫。再者，屈原曾經誇伍子胥：「吳信讒而弗味兮，子胥死而後憂。」對於忠於王室並「自投汨羅」以殉國的三閭大夫，怎麼可能大加褒揚一個掘墓鞭屍的逆臣呢？孔子的得意門生子貢也讚頌：「胥執忠信，死貴於生。」尤其值得注意的是，在《公羊傳》有伍子胥這樣一段話：「事君猶事父，虧君之義，復父之仇，臣不為也。」從這段話來看，伍子胥是重君臣大義的，不太可能為了「復父之仇」而「虧君之義」。

歷史在流傳中總是會或多或少地改變原來的樣子，在《呂氏春秋》中記載的是伍子胥「親射王宮，鞭荊平之墳三百」，而在《史記·伍子胥列傳》中則是「及吳兵入郢，伍子胥求昭王。既不得，乃掘楚平王墓，出其屍，鞭之三百，然後已」。《呂氏春秋》與《史記》兩書前後相差不過百餘年，但一個是鞭墳，一個是鞭屍，有如此出入，實在不能令人信服。不僅如此，在離伍子胥生活年代較近纂寫的史書，對著掘墓鞭屍的大事不提一字，實在讓人懷疑伍子胥掘墓鞭屍的真實性。

知識連結

《呂氏春秋》一書是由戰國末期秦國丞相呂不韋組織門下的食客所著，此書共分為12紀、8覽、6論、共12卷，116篇，20餘萬字，又名《呂覽》。相傳此書寫成後，呂不韋將其掛在咸陽城城門，宣稱有誰能改一字便賞千金。人們蜂擁而至，卻無人能改一個字。

秦始皇的生父之謎

秦始皇嬴政一統六國，成為中國歷史上第一位君臨天下、叱吒風雲的皇帝，在中國歷史上一直占據著重要的地位。但是，他的身世，卻是一個永恆之謎。

秦始皇是繼秦莊襄王（子楚）之位，以太子身分登上王位的。秦始皇之母趙姬，據說曾為呂不韋的愛姬，後獻於子楚，被封為王后。那麼，秦始皇到底是子楚的兒子，還是呂不韋的兒子，後人爭論不休。

《史記》載，呂不韋是戰國末期濮陽人，原先是一個大商人，但他不滿足擁有萬貫家私的地位和生活，而更熱衷於政治上的發展。於是，呂不韋來到了趙國的國都邯鄲，將正在趙國當人質的秦王之孫異人，想法過繼給正受寵幸的華陽夫人。不久，異人被立為嫡嗣，更名為子楚。而呂不韋則受命為子楚的「師傅」，擔負起輔導的重任。

一次，子楚到呂不韋家去飲酒，見到其寵姬趙姬，要求呂不韋以此美人相贈，呂奉其命獻之，但其時趙姬已懷身孕。

隨後，秦昭襄王、孝文王相繼去世，子楚堂而皇之地登上王位，呂不韋被封為丞相。趙姬生下嬴政，被封為王后。不料子楚僅在位三年就過世了，於是他的兒子嬴政就順理成章地繼承了王位，這就是後來的秦始皇。

呂不韋認為嬴政是自己的親生兒子，讓嬴政喊自己為「仲父」，自己則掌管全國政事，權傾朝野、一手遮天，呂不韋在邯鄲的祕計實現了。

似乎秦始皇是呂不韋之子已是事實，但是也有學者提出了不同的意見。他們認為：

其一，這個傳說僅見於《史記》，而《戰國策》卻沒有記載，沒有其他的旁證。

其二，《史記·呂不韋列傳》說，呂不韋得知趙姬有身孕後，才把

她獻給子楚，但是這樣嬴政一定會不及期而生，子楚對此不會不知道。可見，嬴政的生父應該是子楚，而非呂不韋。

其三，趙姬出身豪門，是「趙豪家女」，她怎麼能先做呂不韋之姬妾，再被獻做異人之妻呢？這樣，就不會存在趙姬肚子裏懷上呂不韋的孩子再嫁到異人那裏的故事了。

看來，秦始皇的身世之謎只有讓後人去猜測了。

知識連結

呂不韋，戰國末期人。年輕時來往於各國進行貨物貿易，他低價買進，高價賣出，積攢了大量的財富。於趙都邯鄲見到秦國王孫異人後，認為「奇貨可居」，開始投機政治，在異人身上花費了大量的財富與精力，甚至將自己的寵妾送給他。西元前249年，異人登上王位，呂不韋飛黃騰達，成為秦國丞相。異人死後，年少的嬴政即位，由呂不韋把持朝政。隨著嬴政年歲見長，王權與相權的衝突開始激化。後呂不韋由於受叛亂之事的牽連，職務被罷除，奉命舉家遷往蜀地，呂不韋畏罪飲鴆而死。

秦始皇為什麼不立皇后

秦始皇嬴政作為中國歷史上的第一個皇帝，從出生到駕崩，一生充滿了迷霧。這個歷史上引發諸多爭議的帝王，吞併六國坐擁後宮諸多佳麗，一生卻無真正的妻子相伴。在西安的秦始皇陵也只有一座高大孤獨的帝陵，並無皇后陵墓。是什麼原因讓這個千古第一帝成了真正的「孤家寡人」呢？

秦始皇統一全國後完善各種制度，包括了立皇帝的母親為皇太后，皇帝的妻子為皇后等後宮制度。《阿房宮賦》中曾這樣描述其後宮的女

子：「明星熒熒，開妝鏡也；綠雲擾擾，梳小鬟也。」「一肌一容，盡態極妍；縵麗遠視，而望幸焉。」雖有誇張，卻也並非空穴來風。統一全國後，秦始皇的後宮的確充滿了六國的佳麗。此外，嬴政在位時間並不短，他有充足的時間選擇一個女子「執掌後宮，母儀天下」。然而從13歲繼位到22歲親政再到50歲駕崩於巡遊路上，40多年時光均無后，看上去真是匪夷所思。

佛洛依德在其心理學著作中曾多次提到，一個人年少時期的遭遇對整個人的人生會產生極大影響。嬴政的母親在前任秦王死後不久，便與假宦官嫪毐私通。隨著嬴政年紀漸長，他們又欺騙嬴政，說太后宮裏風水不好，便搬到較遠的宮中，還有了兩個私生子。嬴政對此勃然大怒，親政後立即將謀反的嫪毐五馬分屍，誅其三族，還活活摔死了那兩個孩子。對於讓自己蒙羞的母親，嬴政將其趕出了咸陽，後來雖有悔過，但至死未讓其回咸陽。由怨母而產生的心理陰影，導致了秦始皇對女人的偏見，這也是其遲遲不立皇后的重要原因。在此影響下，秦始皇大張旗鼓鼓勵女子守節。而秦始皇後宮裏的女子，大多是六國滅亡後來到秦國的，並沒有得到嬴政的太多尊重，歷史上也沒有留下任何一個始皇後宮女子的姓名。

除此之外，作為專權獨斷、據說每天都要批閱公文的秦始皇，是不太可能希望有一個皇后作為自己的羈絆，而太后與群臣也不太可能敢勸這位強權的帝王立后。

知識連結

在中國古代的後宮，皇后是眾妃之首，相當於皇帝的正妻，而皇后也有著諸多別稱。如在漢朝，以椒和泥塗皇后的宮殿。取溫暖、芳香、多子、辟邪之意，皇后宮殿遂稱為椒房宮，後以椒房代稱皇后。古代皇后多居後宮正中央，因此也稱正宮或中宮。在《漢書‧元后傳》有「及王莽之興，由孝元后，歷漢四世，為天下母」，皇后又被尊稱為「天下

母」、「天地母」，取母儀天下之意。

秦始皇有沒有「坑儒」

秦始皇統一天下後，統一幣制，實行郡縣制，加強了中央集權的統治。繼而又採用李斯「焚書」的建議，將諸子百家著作和其他典籍，統統焚毀。

秦始皇「坑儒」是「焚書」的繼續，但坑殺的是方士還是儒生，在學術界一直存在分歧。

「坑方士」發生於始皇三十五年。侯生與盧生當初是秦始皇身邊的方士，他們長期為秦始皇求仙人和仙藥，卻始終沒有找到，因而心急如焚，忐忑不安。因懼怕秦國的刑法，二人悄悄出走。秦始皇聽說後十分惱怒，於是對所有在咸陽的方士進行審查訊問，希望找出逃跑的侯生與盧生。方士們為保全自己的性命，只得相互告發，秦始皇最後將圈定的460餘人，都在咸陽挖坑活埋。

因此有人說，秦始皇「坑儒」，實則上是「坑方士」。當然，不能說被殺的460餘人中沒有儒生，而全是方士，但是由其代表人物可推知，被殺的主體應該是方士。

但從秦始皇長子扶蘇的進諫「眾儒生都學習孔子的學說」來看，秦始皇又好像坑殺過儒生。

究竟秦始皇有沒有過「坑儒」之舉，這還有待於人們繼續探索。

知識連結

真正「焚書坑儒」的是西漢的漢武帝，漢武帝實行「獨尊儒術」的政策，儒家學派便憑藉政治力量，把諸子百家的學術思想，全部排除。但這樣做的後果是嚴重的，國人的想像力和靈性，逐漸地被這個單一而

保守的思想所鉗制，長達兩千餘年。漢以後的「儒家」們則持續地醜化秦朝，而吹捧漢朝。儒生的這些作為，遺害千年，這就是所謂的仁義道德的真面目。很明顯，中國最大的文字獄是漢朝的獨尊儒術。但是因為儒家在中國至今依然占主導地位，這個真相很少有人注意到。

秦始皇是不是兵馬俑的主人

1974年3月，考古工作者在陝西臨潼縣的秦始皇陵東側發現了大型兵馬俑。秦兵馬俑以其布局嚴整、結構奇特的壯觀景象，引起國內外學者、專家和旅遊者的高度重視和興趣。

一般學者均認為，這是秦始皇的隨葬俑，兵馬俑的主人就是秦始皇。如此氣勢磅礡的地下軍陣，也只有秦始皇這個千古一帝才配擁有。

但是，近年來學術界卻有人對此提出了異議，他們認為兵馬俑的武士大都身著軟袍，卻無護身鎧甲，不像是一支精銳的作戰部隊，說這是秦始皇統一天下浩蕩大軍的藝術再現，著實令人費解。

其次，兵馬俑排的是車戰陣勢，但史書記載，秦代已不流行車戰，取而代之的是步戰、騎戰；還有，秦國尚黑，秦國的衣服、旗幟等都用黑色，而俑坑裏的武士俑或穿大紅大綠戰袍，或著藍、白、紫等雜色長褲，如此違抗秦始皇所定之制，豈不又是令人費解之事？

根據這些令人費解的現象，有人提出，秦兵馬俑的主人是秦始皇的高祖母、秦昭襄王的生母宣太后。如果真是這樣的話，秦兵馬俑坑的營建年代應向前推半個世紀。

知識連結

秦始皇陵兵馬俑坑是秦始皇陵的陪葬坑，位於陵園東側1500公尺處。兵馬俑，是古代墓葬雕塑的一個類別。古代實行人殉，奴隸是奴隸

主生前的附屬品，奴隸主死後奴隸要為奴隸主陪葬，是殉葬品。兵馬俑即為塑成兵馬（戰車、戰馬、士兵）形狀的殉葬品。

吳廣是死在部下之手嗎

秦二世元年（西元前209年），爆發了中國歷史上的第一次大規模農民起義——大澤鄉起義，其領導人就是陳勝、吳廣。這場起義最終埋葬了秦王朝。

陳勝、吳廣率九百戍卒揭竿而起，很快匯成一股巨大的洪流，建立了張楚政權。不久，陳勝以吳廣為假王，率重兵進攻榮陽（今屬河南）。然而，正當起義深入發展時，吳廣卻被其部將田臧殺死，這一事件給起義軍造成了極大的損失。

吳廣為什麼會被殺？據《史記‧陳涉世家》載，吳廣領兵攻榮陽時，另一位起義軍將領周文率十萬義軍直搗咸陽，因孤軍深入，形勢極為不利。數月後，終因寡不敵眾，慘敗於澠池（今屬河南）。

這時，秦王朝組織數十萬軍隊，反擊義軍。田臧等人見周文戰敗，秦軍不久即至，榮陽遲遲未克，就準備分部分兵力牽制榮陽之敵，以大部分精兵迎擊秦軍。他們相互商議說：「今假王（吳廣）驕，不知兵權，不可與計，非誅之，事恐敗。」

於是假借陳勝之命殺了吳廣，獻其首級於陳勝，陳勝賜田臧楚令尹印，拜為上將。時為秦二世二年（西元前208年）。

然而，這段史實卻有諸多可疑之處，理由是：

第一，《史記‧陳涉世家》稱田臧說吳廣驕縱，諸將無法與其商議軍事，此話出於欲取代吳廣的田臧等人之口，其可靠性值得懷疑。

第二，《史記‧陳涉世家》有「吳廣素愛人，士卒多為用者」的記載。這裏稱吳廣能夠體恤部下，兵士都喜歡在他帳下效勞，對吳廣的評

價用了褒詞，可見吳廣的為人並不是如田臧所說的那般驕縱。

第三，《史記‧陳涉世家》中僅載陳勝為王後驕傲、武斷的行為，對吳廣的驕縱隻字未提，怎能憑田臧的一面之詞妄下定論？

在上述疑問的基礎上，人們展開了深入的探討。一說認為，田臧和吳廣在軍事行動上存有分歧，無法統一。面對強大的秦軍，田臧不得已殺吳廣，以求預定的軍事行動能順利實施。其後，田臧取得陳勝任命，分兵留守滎陽，親率主力迎擊秦將章邯所率秦軍於敖倉，結果兵敗而死。

一說認為，吳廣之死與陳勝有關。陳勝為王后，任用親信，妄殺故人，苛察臣屬，使諸將士離心，與吳廣的關係也不如初起事時那麼融洽、默契。可以推測，田臧殺吳廣得到了陳勝的默許，否則又何須將吳廣首級獻給陳王。

還有一說認為，秦末群雄蜂起。田臧是個懷有個人野心的人，不甘久處吳廣之下，又苦於無法超越他，因此說吳廣驕縱，或許只是除去吳廣以取而代之的藉口。

吳廣被殺的原因，沒有更多的史料來確定某一說。但一位起義軍的領袖，沒有死在殺敵的戰場上，而倒在部屬的刀下，個中原因，終究還是值得探究的。

知識連結

秦二世元年（西元前209）七月，朝廷徵發閭左屯戍漁陽，陳勝、吳廣為屯長。他們行至大澤鄉（今安徽宿縣東南），為大雨所阻，不能按期到達。按照秦法，過期要殺頭。陳勝、吳廣便發動戍卒起義，提出「大楚興，陳勝王」的口號。陳勝自立為將軍，以吳廣為都尉，用已被賜死的秦始皇長子扶蘇和楚將項燕的名義號召群眾反秦。這就是史上的陳勝吳廣起義。

徐福東渡確有其事嗎

徐福是秦始皇時期的一位方士，專門從事求仙、煉丹一類的活動。西元前210年，徐福奉秦始皇之命，率「童男童女三千人」和「百工」，攜帶「五穀子種」，乘船泛海東渡，成為迄今有史記載的東渡第一人。徐福從此一去不返，他的下落也成為一個歷史之謎。

很多人認為，徐福東渡是去了日本，也有人說他是去了臺灣，甚至有人說徐福是去了海南、呂宋、美洲等。但在日本，徐福被尊為農耕神、蠶桑神和醫藥神。紀念徐福的祭祀活動在日本也歷千年而不衰，現在日本還有諸多徐福遺跡。

對此，有一些學者，特別是一些日本學者表示懷疑，他們認為徐福東渡只是一個傳說，甚至懷疑歷史上並沒有徐福這個人，認為在日本的遺跡是後人偽造的。在《史記》裏，司馬遷把徐福記為「齊人」。20世紀80年代，發現徐福的故里在江蘇省贛榆縣，在徐福村，考古專家還找到了有關徐福東渡日本的大量史實。

當然，要對這一懸案作出最後定論，還有待考古學家進一步的研究。

知識連結

蓬萊、瀛洲、方丈是三座有名的仙山。在《山海經》中，這三座仙山景色飄渺迷人，上有仙藥，且有仙人居住其間。古詩詞中也有很多涉及這些仙山的，如李白的「海客談瀛洲，煙濤微茫信難求」，白居易的「忽聞海上有仙山，山在虛無縹緲間。樓閣玲瓏五雲起，其中綽約多仙子」，李商隱的「蓬山此去無多路，青鳥殷勤為探看」……給後人留下美好瑰麗的想像。

蒙恬第一個造出了毛筆嗎

作為文房四寶之一的毛筆，據說是蒙恬發明的。據《史記》中記載：「秦始皇命太子扶蘇與蒙恬築長城以禦北方匈奴，蒙恬取山中之兔毛以造筆。」《詞源》上也記載：「恬始作筆，以枯木為管，鹿毛為柱，羊毛為被。」作為一個武將，蒙恬又怎麼會成為造筆的祖師爺呢？真的是蒙恬第一個造出了毛筆嗎？

據說當年蒙恬駐守邊疆，常常要向秦始皇彙報軍情，那時候還得用刀筆將字一個一個刻到竹簡上，十分的麻煩。蒙恬曾嘗試著用碎布蘸上顏色，也能寫出字來，但是字跡比較潦草，筆劃不工整。後來蒙恬打獵時看見兔子尾巴在地上拖出長長一條血跡，就嘗試著用兔毛來造筆。但剛造出的筆由於兔毛油性大，效果並不好。蒙恬隨手就把那支筆丟到門前的小水坑裏。多天過後，又想起了這支筆，此時兔毛被水浸得發白，拿起來一試，比以前好寫多了。原來是那小水坑裏水質呈鹼性，析出了兔毛的油脂，書寫起來十分的流暢。毛筆於是就這樣被蒙恬造出來了。

可是，現代的考古發現表明，早在五、六千年前的仰紹文化時代，人們便已經在彩陶上大膽地繪出神祕的圖案，線條流暢。根據推測，只有用毛筆一類的柔軟工具才能畫出這樣線條感極強的圖案。目前無法得知是什麼樣的繪畫工具，但可以肯定的是這種工具已經具備了毛筆的特徵。周朝的青銅器上所鑄的文字，根據字形判斷，也像柔軟筆尖寫出來的痕跡。20世紀50年代，在湖南長沙郊外的左家公山戰國時代楚墓中出土了一大批古毛筆，這些毛筆被稱為「長沙筆」，筆管由細竹所製，兔毛夾於管端，用漆固定，管長18.5公分，毛長2.5公分，製作十分精美。據考證這些筆比蒙恬發明的筆出現時間更早，是迄今為止中國出土的最古老的筆。

這樣看來，蒙恬其實並不是第一個造出筆的人。可能與蔡倫造紙一樣，蒙恬對前人的造筆技術進行了改進與推廣。雖然不是造出毛筆的第

一人，但蒙恬對毛筆的普及與書寫技術的進步都有巨大的推動作用，後人就尊其為造筆的祖師爺。

知識連結

蒙恬是秦始皇時期的著名將領，與其弟蒙毅俱受到秦始皇的信任與重用。蒙恬曾率領30萬大軍痛擊匈奴，收回了河套一帶。後來奉命修建東起遼東西到隴西，連接秦、趙、燕舊長城的萬里長城。始皇三十七年，受政治鬥爭的波及，被迫自殺。司馬遷為此在《史記》中嘆道：「蒙氏秦將，內史忠賢。長城首築，萬里安邊。」後人尊蒙恬為「中華第一勇士」。

董卓因何未登上皇位

董卓字仲穎，陝西臨洮人，出身東漢末年的地方豪傑家庭。性格粗野放任，與羌人關係密切。年輕時鎮壓邊疆少數民族，屯兵於涼州。在漢靈帝「十常侍之亂」中受大將軍何進之召進京。趁著民亂四起、皇室衰微，控制了中央的政權，官至太師、郿侯，甚至能隨意更換皇帝。他性格殘暴、激起眾怒，最終被自己的親信所殺。董卓在當時有權勢也有兵力，卻為何不像西漢末年的王莽一樣登上皇位呢？

無疑董卓是覬覦皇位的。他在自己的封地修建與長安城牆規模相當的塢堡，號稱「萬歲塢」，過往官員無論官職大小都得下馬磕頭，無疑讓董卓過了一把皇帝癮。然而，東漢末年的情況比較複雜，可謂「天下大亂，群雄競起」。董卓雖然控制了中央的權力，但地方上的豪強紛紛發展自己的勢力，並不是只有他一人做大。比如說世家出身的袁紹，曾經得罪過董卓，卻因為身後有勢力，董卓也不敢有太多動作。不僅如此，董卓的肆意妄為讓他成為了眾矢之的，西元190年，不少地方勢力組

織聯軍攻打董卓，將董卓從洛陽逼出，逃到了長安。之後反抗董卓的鬥爭就一直沒有停過。在這樣的情況下，他沒有時間更沒有精力去考慮皇位的事。董卓用恐怖手段管理朝政，對有不同意見的官員格殺勿論。一次官員宴會上，他命人將俘虜砍斷手腳、挖出眼睛表演給文武百官看，眾人嚇得面無顏色，他卻開懷大笑。在朝廷恐怖的氣氛下，官員們如履薄冰、戰戰兢兢，又恨又懼。史書記載，曾有武官拜見董卓時身藏短刀，趁董卓不備時抽出刀來刺殺，遺憾的是並沒有成功，朝中官員俱恨事之不成。《三國演義》中司徒王允用貂蟬反間呂布和董卓這事雖屬藝術創作，但董卓與自己的親信呂布的確有心結。連自己的親信都不能信任了，董卓真可謂眾叛親離。民間百姓更是對董卓恨之入骨，百姓中有「千里草，何青青；十日卜，不得生」的歌謠。「千里草」就是「董」字，「十日卜」就是「卓」字，合起來就是詛咒他早死。董卓死後，長安百姓無不歡呼雀躍。董卓的倒行逆施讓人們群起攻之，又怎會與皇位有緣呢？

知識連結

王莽，字巨君。漢元帝皇后王政君之姪，幼時父兄去世。為人富有野心，善偽裝，宣揚儒家禮樂教化。曾殺了殺死家奴的親生兒子，獲得輿論的好評。先為東漢平帝時的輔政大臣，後篡位，建立「新」朝。政令百出，推行不合實際的改革，國家情況更加嚴峻，民亂四起。後被亂軍所殺，在位15年。

劉備真的是漢朝皇室後裔嗎

劉備字玄德，在東漢末年亂世之際，他率領手下經過不斷的戰爭和兼併，勢力逐漸壯大，建立了蜀漢，與東吳、曹魏三分天下，呈鼎足之

勢。也許是一部《三國演義》的緣故，劉備劉皇叔對中國人來說並不陌生，關於劉備的俗語也特別多，如三顧茅廬、髀肉復生等。據《三國演義》記載，劉備出生皇室，「孝景皇帝生十四子。第七子乃中山靖王劉勝。勝生陸城亭侯劉貞。貞生沛侯劉昂。昂生……惠生東郡范令劉雄。雄生劉弘。弘不仕。劉備乃劉弘之子也」。一大串關係理下來，劉備的祖先竟然是皇室。那麼，劉備真如《三國演義》記載是漢朝皇室的後裔嗎？

　　《三國演義》是一本小說，記錄的東西很多都是虛構的。如司徒王允用貂蟬設美人計離間呂布和董卓，諸葛亮作法借東風等，都是經過了一定的藝術加工的，作者明顯偏向蜀漢陣營。中國自古便有血統論，也為了使劉備稱帝更加名正言順，《三國演義》的作者可能對此有些言過其實。據史書記載，中山王劉勝生活不加節制，好飲酒，光是兒子就有120多個，要考證起來著實有些困難。元朝史學家胡三省認為劉備「自祖父以上，世系不可考」。劉備所居住的涿縣，在當時的確有一部分住地是被削去侯位的劉貞的後代所居住，但還有一些則與此無關。

　　在西晉陳壽編著的《三國志》中記載：「先主姓劉，諱備，字玄德，涿郡涿縣人，漢景帝子中山靖王勝之後也。勝子貞，元狩六年封涿縣陸城亭侯。坐酎金失侯，因家焉。先主祖雄，父弘，世仕州郡。雄舉孝廉，官至東郡范令。」陳壽認為劉備是劉貞一支的。然而，在三國人魚豢寫的《典略》中說劉備是臨邑侯的後人，而臨邑侯是常山憲王劉舜之後，劉舜與劉勝同為景帝之子，後代屬於不同支系。魚豢和劉備是同時代的人，而《三國志》的著者陳壽也在蜀漢當過官，兩人說法有出入說明即便當時人對劉備的具體身世也是不太清楚的，但綜合兩人的說法，劉備應該是漢朝皇室的後裔。

知識連結

　　《三國演義》是中國第一部長篇章回體小說，由元末明初的羅貫中

綜合史料以及民間傳說寫就。該書以三國時代的政治鬥爭、軍事風雲為背景，塑造了一大批叱吒風雲的英雄人物，情節跌宕起伏，讀起來身臨其境、痛快淋漓，是中國古代文學四大名著之一。

諸葛亮為何娶醜女為妻

諸葛亮，字孔明，蜀漢丞相，封為「武侯」，是忠臣良相的典範。據《三國志‧諸葛亮傳》記載，諸葛亮「逸群之才，英霸之器，容貌甚偉，身高八尺，猶如松柏」，足見其氣度不俗。在《念奴嬌‧赤壁懷古》中蘇軾也曾描寫其「羽扇綸巾，談笑間檣櫓灰飛煙滅」的意態風流。為什麼事業有成、相貌不差的諸葛亮不像江東的周瑜娶了江東有名的美女小喬，而是娶了一位「瘦黑矮小，一頭黃髮」的女子為妻呢？

據《三國志‧諸葛亮傳》裴松之注所引《襄陽記》記載：「黃承彥者，高爽開列，為沔南名士。謂孔明曰：『聞君擇婦，身有醜女，黃頭黑色，而才堪匹配。』孔明許，即載送之。時人以為笑樂，鄉里為之諺曰：『莫作孔明擇婦，正得阿承醜女』。」有人說是因為黃承彥的女兒上知天文、下通地理，更擅長機械製造，傳說中的木牛流馬便是諸葛亮在她的幫助下造好的。諸葛亮折服於其才學，娶之為妻。如今在襄樊一帶，還可以聽見不少關於諸葛亮和黃氏的動人故事。這可能是原因之一，但更為重要的是，諸葛亮出身卑微、幼年喪父，年幼時便四處遷徙，空有一身才華卻無處施展。而諸葛亮不希望自己在鄉間籍籍無名地過一輩子，他為自己的姐姐弟弟都選擇了體面的婚姻。《周禮》中是這樣說的：「婚姻，合兩姓之好也。」對古人來說，婚姻不是愛情的結晶，而是利益的附屬品。一段好的婚姻，可以使自己以及家族的關係網更加完善，地位更加穩固，對家族與個人的發展都是極為有利的。而對於諸葛亮，黃氏無疑是合適的。黃承彥是名士，在當地有一定的聲望，

加之黃妻蔡氏與劉表的後妻是姐妹關係。娶了黃家的女兒，就相當於擁有了一把打開更大空間的鑰匙，便於結識更多的人，施展自己的才華。古人講究「賢妻美妾」，娶妻考慮更多的是是否賢慧通達、明曉事理，倒是不大關心妻子的美醜。

知識連結

古代娶親主要經過六個步驟。第一步是「納采」，男方欲與女方結親，便請媒妁前往女方家提親，得到應允後，便向女家納「采擇之禮」。第二步是「問名」，即男方家派媒妁去女方家問女方的姓名以及生辰八字。第三步是「納吉」，即男方將問名、合八字的吉兆告訴女方，並送禮表示要訂婚的禮儀。第四步，「納徵」，即男方送聘禮給女方。第五步，「請期」，即男方告訴女方婚禮選定的日子。第六步便是「親迎」了，新郎親自迎娶新娘回家。

諸葛亮是否造出了木牛流馬

《三國演義》中有諸葛亮製造木牛、流馬運糧伐魏的故事，情節離奇。有很多人認為這是羅貫中虛構的情節。但史書《三國志》和《諸葛亮集》記載，諸葛亮確實製造過木牛、流馬。只不過木牛、流馬在宋元二朝就開始被神話，到了明人羅貫中筆下，就更加神乎其神了。

因為《三國志》和《諸葛亮集》上沒有木牛、流馬的圖樣，也沒有傳至今日的實物，這使得它的真面目更加神祕莫測。現在對於木牛、流馬有三種說法。

第一種說法認為木牛、流馬是新穎的自動機械，南朝的祖沖之曾模仿諸葛亮的木牛、流馬，製作了運器。

第二種說法認為木牛是獨輪車，流馬是四輪車。因為《三國志》中

說木牛和流馬是兩種運輸工具。

第三種說法認為木牛、流馬是一物，是經諸葛亮改進的普通獨輪推車或四輪車。根據是成都羊子山2號漢墓出土的「駢車」畫像磚，這個畫像磚右下角有人推獨輪小車的形象。

由於資料少，木牛、流馬是何物。至今仍爭論不休。

知識連結

諸葛亮用木牛流馬運送糧草，幫助蜀國解決了兵員不足的問題，打破了敵人對給養線的封鎖，將蜀軍急需的糧草準時送到，為蜀國穩定政權、平定騷亂立下了赫赫戰功。而木牛流馬還與諸葛亮的夫人黃氏有很大關係。黃氏是東漢末年沔名士黃承彥的獨生女兒，熟讀經史，多才多藝，是少有的奇女子。她發明創造的木狗、木虎、木人，曾使諸葛亮驚羨不已，連連稱奇。諸葛亮正是藉由對黃氏發明創造的學習，才有了木牛流馬的發明。

諸葛亮有沒有寫過〈後出師表〉

「出師一表真名世，千載誰堪伯仲間」，諸葛亮的〈出師表〉一直是古文中的名篇。一般認為，諸葛亮第一次北伐之前，寫過《前出師表》，上疏後主劉禪。第一次北伐失敗後，「二出祁山」，寫了〈後出師表〉。〈後出師表〉中表示要「鞠躬盡瘁，死而後已」，凸顯了一個老臣的忠肝赤膽，可惜卻「出師未捷身先死，長使英雄淚滿襟」。但是，〈後出師表〉真的是諸葛亮寫的嗎？

〈後出師表〉出自於張儼的《默記》，而在陳壽的《三國志》中並沒有記載。張儼與諸葛亮同時代並比諸葛亮活得稍微久一些，他對諸葛亮的人生比較熟悉，同時又「博聞多識」，能接觸許多平常人不能接觸

的資料。陳壽沒有在《三國志》中錄入〈後出師表〉，可能是生活在西晉的他，不敢冒司馬氏之諱，將罵司馬氏為魏賊的〈後出師表〉錄入。但是，要說〈後出師表〉是諸葛亮寫的也有很大的疑點。首先是〈後出師表〉裏記錄的史實就有些不正確的。比如說在〈後出師表〉中說趙雲與70多名戰將已經戰死，可是在《三國志‧趙雲傳》和《雲別傳》中卻明確記載趙雲雖在第一次北伐中失利，但並未大敗，更不知戰死從何說起。此外，〈後出師表〉與《前出師表》的語氣與流露出來的心態感覺差異很大，不像一個人寫的。諸葛亮對劉禪後主一向是以苦口婆心的勸誡為主，言辭委婉恭敬。而〈後出師表〉開頭一句便是「先帝慮漢，賊不兩立，王業不偏安，故託臣以討賊也。以先帝之明，量臣之才，故知臣伐賊，才弱敵強也。然不伐賊，王業亦亡。惟坐而待亡，孰與伐之？是故託臣而弗疑也」，口氣生硬，也不像一個臣子對皇帝說的話。不僅如此，〈後出師表〉中表現了一種對現實的懷疑與鬱悶惆悵的情緒，完全不像《前出師表》中表現的「漢室之興，可指日而待」的信心。有人分析，張儼雖然能接觸許多常人難以接觸到的資料，但是他並不是一個專業出身的史學家，對於原始資料的識別和甄選，不是太擅長。〈後出師表〉可能是別人偽作而張儼沒有識別出來，誤錄入《默記》的。諸葛亮究竟有沒有寫過〈後出師表〉，至今看來，還是一個疑團。

知識連結

諸葛亮才智過人，對人生也有精闢的見解，至今還留下了不少警醒世人的名言，如「夫君子之行，靜以修身，儉以養德，非淡泊無以明志，非寧靜無以致遠」；「不愛尺璧而重愛寸陰，時難遭而易失也」；「貴而不驕，勝而不悖，賢而能下，剛而能忍」；「欲思其利，必慮其害，欲思其成，必慮其敗」等，都蘊含著人生的大智慧。

「麵筋」是孫權的發明嗎

「千古江山，英雄無覓，孫仲謀處。」孫權字仲謀，三國時期吳國的開國君主。他文武雙全，年少便有大志，能統帥人數眾多的軍隊。他生來容貌非常，相傳是碧眼紫髯，黃龍下凡。繼父親、兄長死後，掌管東吳。他臨危受命，穩固了江東的局勢，於赤壁之戰中大膽任用年輕將領周瑜，形成三分天下之勢。就連對手曹操也感嘆說：「生子當如孫仲謀。」這樣一個掌管江東大局、大權在握的人物又怎麼會和麵筋有關係呢？

麵筋是江南一帶有名的小吃，被洗去澱粉後，或油炸，或烹煮，味道鮮美。中國的飲食文化博大精深，就連這小小的麵筋都有諸多的民間傳說。相傳漢獻帝建安十三年，曹操大軍大舉南下，進攻江東。為了迎戰，孫權特意派穩重踏實的老臣黃蓋運送糧草。隊伍沿長江而上，來到夏口境內時天色已晚，便停下休息。不料卻有小股敵軍潛入搶劫糧草，敵軍數量並不多，很快就被打退了，黃蓋押送糧草繼續前行。時處梅雨季節，連日下雨後終於放晴，卻聞到糧車裏散發出陣陣酸臭。檢查後才發現，原來當日敵軍潛入時劃破了不少糧車的遮蓋，雨水滲入，麵粉已經成團變味。黃蓋不由得暗自叫苦，報告了孫權。孫權細心看了麵粉，發覺洗去澱粉後異味去除，照樣可以食用，而且美味無比。孫權認為這美食韌如牛筋，又是麵粉做的，就為之取名麵筋，民間傳說中麵筋就這樣被孫權陰差陽錯地發明出來了。赤壁之戰後，孫權用麵筋犒勞士兵，每逢節宴，也用麵筋款待群臣。

當然這只是個民間傳說，簡單的一道飲食有著動人的故事，在享受食物的色香味時也能博得會心一笑。至於麵筋到底是不是孫權發明的這就無法確定了。據明朝黃正一的《食物紺珠》記載麵筋為南朝梁武帝所創製。小小麵筋背後藏著那麼多故事，看來也是中國飲食文化的一部分吧。

知識連結

中國作為一個飲食大國，美食眾多，也有著許多名人和美食的傳說。比如說端午節吃粽子是為了紀念愛國詩人屈原；拘醬酒被漢武帝定為御酒後身價百倍；宋將宗澤將百姓送來的眾多豬肉風乾醃製發明了火腿；元世祖忽必烈當年率兵打仗趕時間於是研製出了薄薄的涮羊肉；慈禧太后喜歡吃王致和的臭豆腐⋯⋯眾多故事著實是妙趣橫生。

劉禹錫有沒有陋室

劉禹錫，字夢得，唐朝著名詩人，他的詩賦被後人廣為傳誦。劉禹錫提倡改革，是王叔文政治革新集團的核心人物之一，也因此屢遭貶謫。但他為人豁達，像《秋詞》中「自古逢秋悲寂寥，我言秋日勝春朝。晴空一鶴排雲上，便引詩情到碧霄。」一掃前人悲秋的小我情懷；「玄都觀裏桃千樹，盡是劉郎去後栽」戲謔朝中新貴；「沉舟側畔千帆過，病樹前頭萬木春」一語道破事物的新陳代謝，榮枯發展。

眾人比較熟悉的是他的《陋室銘》，全文以「山不在高，有仙則名；水不在深，有龍則靈」開篇，洋溢著豁達樂觀的情懷，激勵了不少後輩讀書人。劉禹錫在賦中稱自己的陋室是「苔痕上階綠，草色入簾青。談笑有鴻儒，往來無白丁。可以調素琴，閱金經」。那麼，劉禹錫作為一個官員，真的淪落到了住長著青苔、野草的陋室嗎？

據史書記載，王叔文的「二王八司馬」集團改革失敗後受到排擠，劉禹錫被貶朗州司馬，遷連州刺史及安徽和州刺史。雖說是貶官，其實說的難聽點就是流放。唐朝時南方的經濟還沒有發展，朗州、連州、安徽和州都是多瘴氣毒獸的蠻夷之地，劉禹錫曾用「巴山楚水淒涼地」來形容自己為官的地方。當年韓愈就因「一封朝奏九重天」而「夕貶潮州路八千」，只好無奈地對自己的侄孫韓湘嘆息「好收吾骨瘴江邊」。可

見當時南方居住條件之差與人們對瘴地的恐懼之深。劉禹錫到了和州後，按唐時規定本應住衙門內的三間廂房，但負責接應安排的地方官不知是出於權高之人落難之後的幸災樂禍還是其他心理，竟將他安排到了城外江邊的三間小房子居住。劉禹錫心態達觀，寫下了「面對大江觀白帆，身在和州思爭辯」的對聯，貼在門口。地方官看了不高興，就讓劉禹錫遷到房屋面積更小的德勝河邊。此地風景秀麗，劉禹錫心中欣喜，又寫下「楊柳青青江水平，聞郎江上唱歌聲」。地方官看了更加不悅，索性將劉禹錫遷到城中一間只能放一床一桌一椅的破舊小房中居住。劉禹錫便為此寫下了《陋室銘》。一間破爛不堪的普通小屋也為此出名，當年的地方官怕是沒有想到。「無絲竹之亂耳，無案牘之勞形，南陽諸葛廬，西蜀子雲亭。孔子曰：『何陋之有？』」時至今日，我們還為劉禹錫的那份豁達與樂觀感嘆。

知識連結

二王八司馬，二王，指的是王叔文、王伾兩人。八司馬指的是改革失敗後被貶到偏遠地區做司馬的八個人，分別是：柳宗元，永州司馬；劉禹錫，郎州司馬；韋執誼，崖州司馬；韓泰，虔州司馬；韓曄，饒州司馬；陳諫，台州司馬；凌准，連州司馬；程異，郴州司馬。

李唐皇室是漢族還是胡族

唐朝是中國歷史上一個比較強盛的王朝。然而，唐代李氏皇族的先人，究竟是漢族還是胡族，歷來說法不一，莫衷一是。

有人認定李唐之先祖並非漢族。因為唐高祖李淵曾自稱自己為西涼武昭王李暠後裔，但唐僧人法琳曾當著李世民的面予以駁斥，稱李氏是鮮卑拓跋達闍的後裔，自稱隴西大族李氏之後，實屬假冒。顯然，法琳

如果沒有確鑿的證據，絕不敢口出狂言。

其次，《隋唐嘉話》說，單雄信曾呼李世民之弟李元吉為「胡兒」；《舊唐書》也說，李淵曾孫滕王李涉長得很像胡人。可見，李氏血統中的確有胡族基因。

第三，《新唐書·宗室世系表》記載，李淵祖父李虎有兄名「起頭」，有弟名「乞豆」，李起頭之子名「達摩」，而李氏在北魏時的先祖叫李初古拔。由此看出，李氏當出自胡族。

第四，李氏家族往往與胡姓通婚，如高祖的皇后為竇氏，太宗的皇后為長孫氏等，可證李氏絕非漢族。

然而，也有人對此持有異議，認為李唐是確確實實的漢族。現代史學大師陳寅恪在《李唐氏族之推測後記》中稱李唐先祖本為漢族，可能是趙郡李氏遷到柏仁（即柏人縣，治所在今河北隆堯西南堯山鎮）的破落戶，也可能是鄰邑廣阿（治所在今河北隆堯東）的李氏。

因為不是高門望族，所以李氏家風逐漸沾染上了胡俗，名字像胡名也就不奇怪了。李氏一族至西魏時才真正顯貴起來，李淵祖父李虎入關後，東西分立局面已定，遂改趙郡之姓望為隴西，繼而又假稱是西涼的嫡裔。如此看來，李氏血統本未與外族混雜，若僅就男系而論，則純粹是漢族人。

現代唐史研究者胡如雷在《李世民傳》一書中認為，民族是一個歷史社會範疇，而不是一個種族生理範疇，既然李氏家族在長期的民族同化過程中已經漢化了，即使他們在唐代還保留某些胡族的習俗和遺風，也應視之為漢人。

知識連結

《步輦圖》是中國十大傳世名畫之一，是唐朝著名畫家閻立本所繪。該畫取材於吐蕃首領松贊干布派大臣祿東贊向唐朝求親，迎娶文成公主入藏的事。畫面上唐太宗風度翩翩、端肅平和、身材高大，端坐於

步輦上；祿東贊態度謙和沉穩；旁邊的宮女神態、動作不一。這幅畫線條流暢、視覺效果佳，是難得的珍品，現藏於故宮博物院。

唐玄宗為何被奉為「梨園領袖」

「梨園」是古代對戲曲班子的別稱，如今人們習稱戲曲界為梨園界或梨園行。讀者朋友可能不知道的是，唐玄宗一直被奉為「梨園領袖」。

唐玄宗即位後清除了一大批宮廷朋黨殘餘，任用賢能之士，勵精圖治，開創了唐朝鼎盛時期政治清明的「開元之治」。如今人們更熟悉的是唐玄宗與楊貴妃的愛情故事，白居易《長恨歌》中「上窮碧落下黃泉，兩處茫茫皆不見」、「天長地久有時盡，此恨綿綿無絕期」的淒哀悲情給人留下深刻的印象。那為何唐玄宗被奉為「梨園領袖」呢？

唐玄宗是一位個人藝術素養高的皇帝，他精於多種樂器，如琵琶、橫笛等，尤其是羯鼓的演奏技藝最為高超。唐玄宗也對羯鼓最為偏愛，據說有一次他聽樂人彈琴，還沒聽完就下令停止演奏，喝退彈琴之人，命內官帶擅長羯鼓的汝南王上殿為他演奏，以除晦氣。唐玄宗一生中參與了許多優秀音樂作品的創作，如《聖壽樂》、《小破陣樂》、《光聖樂》、《文成樂》、《凌波曲》、《紫雲回》等。現已失傳的被譽為音樂舞蹈史上不朽明珠的《霓裳羽衣曲》也傳說是唐玄宗所作。據《新唐書‧禮樂志》記載：「玄宗既知音律，又酷愛法曲，選坐部伎子弟三百，教於梨園。聲有誤者，帝必覺而正之，號皇帝梨園弟子。宮女數百，也為梨園弟子，居宜春北院。梨園法部，更置小部音聲三十餘人。」由此說來，「梨園」這個詞與唐玄宗有著密切的關係。梨園本是長安的一個地名，由於唐玄宗選擇在此處教演藝人，就與戲曲藝術結合在一起。歷史記載，天寶初年，喜愛音樂舞蹈的唐玄宗在原來隸屬太平

寺的倡優雜技人才中，挑選出優秀樂工數百人，在蔡苑的梨園進行專門訓練。當時著名的音樂家馬仙期、李龜年、賀懷智等人都在梨園。此外，梨園中還集中了一大批亞洲各國和少數民族地區的音樂世家，大家相互切磋，促進了唐朝音樂的發展。就這樣，在有著高超音樂素養的唐玄宗的支援下，「梨園」得到了迅速的發展，後世「梨園」因此而來，唐玄宗也因此被奉為「梨園領袖」。

知識連結

《霓裳羽衣曲》相傳為唐玄宗所做，曲調優美，構思精巧，是唐曲中的經典之作。白居易曾經讚賞：「千歌萬舞不可教，就中最愛霓裳舞。」大臣張說在《華清宮》中寫道：「天闕沉沉夜未央，碧雲仙曲舞霓裳；一聲玉笛向空盡，月滿驪山宮漏長。」可以想像舞曲之美。在安史之亂中，《霓裳羽衣曲》失傳。南唐時期，同樣愛好音樂的南唐後主李煜和大周后將該曲大部分補全，但南唐破國之際，該曲被李煜下令毀掉。

李白是李陵之後嗎

李白是唐朝有名的詩人，他的詩風浪漫，本人也具有傳奇色彩，關於李白的身世有著許多的疑團。李白有詠李陵之作《雜曲歌辭・千里恩》：「李陵沒胡沙，蘇武還漢家。迢迢五原關，朔雪亂邊花。一去隔絕域，思歸但長嗟。鴻雁向西北，飛書報天涯。」那麼，這個唐朝的謫仙詩人真的是漢將李陵的後代嗎？

關於李白的身世，後世所有為他立傳著書所依據的最原始的材料來源只有兩個，一是李白的族叔宜州當塗縣令李陽冰的《草堂集序》，李陽冰雖與李白是叔侄關係，但兩人年齡相差不大，關係親密。李白後來

便是死在當塗。二是宣歙池等州觀察使范傳正為李白所作的墓誌銘《唐左拾遺翰林學士李公新墓碑並序》。可是這兩處記載卻語焉不詳，甚至相互矛盾，實在讓人不解。

根據這兩個記載，可以確定的是，李白祖上是因為犯罪，逃到了西域的碎葉城，後來到了李白父親這一代「潛回廣漢」。是什麼罪名讓後代只能「潛回」呢？據《新唐書‧文藝傳》中記載，李白先世「隋末多難」，「其先隋末以罪遷西域」，隋文帝曾經擬罪名，枉殺李賢、李穆孫以及曾孫輩32人後將剩餘的男女老少作為罪人「戍邊屯田」。而李賢這個人，根據《北周李賢墓誌銘》中記載：「公諱賢，本姓李，漢將陵之後也。」這樣推來，可以推出李白是李陵的24世孫。李陵當年兵敗後投降匈奴，漢武帝震怒，將李陵在中原的妻兒老小全部殺光。李陵才說出自己本來是假降，但全家殺光的血海深仇使李陵不願再回到中原，於是在西域定居下來了。

但著名歷史學家陳寅恪先生在《李太白氏族之疑問》中說：「一元非漢姓之家，忽來從西域，自稱其先世於隋末由中國謫居於西突厥舊疆之內，實為一必不可能之事」，「則其人之本為西域胡人，絕無疑義矣」。李白是「絕嗣之家，難求譜諜」，在隋末的時候家譜在戰亂中亡佚了，而李白自己也很少提到自己的身世，以上關於李白是李陵之後的說法也只是人們的一個大膽猜想。

知識連結

李白，字太白，號「青蓮居士」。他的詩歌想像豐富，瑰麗浪漫，飄逸灑脫，與裴旻的劍舞、張旭的草書為並稱為「三絕」。李白一生，幾乎大部分時間都是在漫遊中度過，生性豪放不羈。杜甫讚其曰：「筆落驚風雨，詩成泣鬼神。」被後人稱為「詩仙」。

「八賢王」的原型是誰

在楊家將的故事中，經常會出現一位正氣凜然、仗義執言的八賢王，他詼諧、機智，周旋於皇帝、奸臣、楊家將之間，往往在最關鍵的時刻助楊家將一臂之力，在當時朝中，他似乎是一位舉足輕重的人物。

楊家將的故事是根據一定歷史原型創作的，這位八賢王也不會是憑空捏造的，但他的原型是誰呢？

從八賢王的名字趙德芳來看，他的原型應是宋太祖的第四子。《宋史‧宗室傳》記載，宋太祖有四個兒子，第四子趙德芳被封為秦王，任山南西道節度使、同平章事等重要職務，太平興國六年（西元981年）病亡，死時僅23歲。他在世的時候，楊家將中老令公楊繼業還活著，六郎楊延昭也未任邊關統帥，因此這個趙德芳與楊家將並無關係。

有人認為，八賢王應是宋太祖的皇位繼承人趙德昭（趙德芳之兄）。他聰明英武，喜怒不形於色，深得太祖信任，曾「賜金鐧一柄，如不法之屬得專誅戮」。

宋太祖傳位給皇弟太宗，趙德昭失去了當天子的機會，太宗雖然封他為武功郡王，但仍對其充滿戒心。後來，趙德昭深知在猜忌心極重的太宗手下絕不會得到善終，於是自刎而死。

人們對這位失去皇位又死於非命的皇子十分同情，就讓他化為公正無私、一忠二孝，有上殿不參、下殿不辭、上打昏君、下打讒臣特權的八賢王，幫助楊家將對付那些危害朝政的權臣。但是，趙德昭從未被封為八賢王，怎麼會平白無故地與八賢王沾邊？

因此，又有人認為，八賢王之稱得之於太宗第八子趙元伊。當時的人稱他為「八大王」。雖然，這八大王的作為與八賢王的故事相距甚遠，但他的事蹟影響、豐富了八賢王的傳說，還是有可能的。

總之，「八賢王」在歷史上找不到一個完全與之對應、吻合的人物。他是由宋初宗室的一些逸聞，加上人民群眾的感情傾向，經過劇作

家的藝術加工，融合而成的人物。

知識連結

宋太祖傳位給皇弟太宗，太宗內心對這位頗有韜略的侄子存有戒心。尤其是太平興國四年（西元979年）出征幽州時，一天夜間，一件偶發的事情使軍營中驚擾不安，軍士到處尋找太宗卻不知其蹤影，有人提出立德昭為帝。太宗得知，更為不滿。回朝後，當德昭提醒他論功行賞時，他以充滿懷疑、忌恨的口吻說：「待汝自為之，賞未晚也！」德昭聞言，退而自刎，因為他深知在猜忌心極重的太宗手下絕不會得到善終。

宋徽宗的繪畫成就有多高

宋徽宗名趙佶，是北宋第八個皇帝，荒廢政事，喜好藝術創作，有極高的藝術素養，後亡國被俘，死於金國。傳說元代脫脫撰《宋史》的《徽宗記》時，不由擲筆嘆曰：「宋徽宗諸事皆能，獨不能為君耳！」宋徽宗酷愛繪畫，其中極愛畫花鳥。他為了發展大宋繪畫事業，特地擴充了畫院，給畫家極為優厚的條件。那麼，這位「玩物喪志」最終失去國家的君王的繪畫成就究竟有多高呢？

宋徽宗的傳世作品較多，有《臘梅山禽圖》、《五色鸚鵡圖》、《芙蓉錦雞圖》、《紅蓼白鵝圖》、《池塘秋晚圖》、《柳鴉蘆雁圖》、《瑞鶴圖》、《溪山秋色圖》、《聽琴圖》、《文會圖》、《雪山歸棹圖》等。據說他畫鳥雀，常以生漆點睛，小豆一般凸出紙面，眼神靈動、栩栩如生。宋徽宗畫筆下的花，能根據不同的時節有著不同的形態，可謂觀察入微。趙佶曾寫《筠莊縱鶴圖》：「或戲上林，或飲太液，翔風躍龍之形，擎露舞風之態，引吭唳天，以極其思，刷羽清泉，

以致其潔，並立而不爭，獨行而不倚，閒暇之格，清迥之姿，寓於縑素之上，各極其妙。」生動傳神地刻畫了鶴的神態與風姿。

後世傳聞，當年宋徽宗召畫師來畫孔雀。不多時畫師們便畫好了，呈給宋徽宗看，宋徽宗不滿意，又畫了幾次，宋徽宗還是不滿意，眾畫師百思不得其解。徽宗解釋道：「孔雀登高，必先舉左腿。」眾畫師方才大悟，感嘆皇帝觀察之仔細。宋徽宗還將畫作升官作為科舉的一種方式，每年以詩詞命題考試，如「山中藏古寺」、「踏花歸去馬蹄香」等。曾流傳下許多創意佳話，沒有高度繪畫素養之人是不可能有此修為的。專家評價，徽宗能以嚴謹的創作態度，細緻地把握繪畫對象的特點，以別致的筆調勾畫出事物的神韻，達到了高度成熟的藝術境界。可以說，宋徽宗雖不是一位合格的皇帝，卻是一名高明的畫家。

知識連結

皇帝也是常人，有著自己的愛好。漢武帝愛好文學，讀到司馬相如的賦時曾經讚不絕口；唐太宗好馬，在他的陵墓就有六匹石馬雕像，號稱「昭陵六駿」；南唐後主李煜喜好賦詞，至今亦有許多妙詞傳世；明熹宗朱由校喜歡做木匠活，據說他的手藝相當不錯，一般的能工巧匠都比不上他。

一代改革家王安石的墓地今何在

王安石，字介甫，號半山，被封為荊國公，北宋著名的改革家，亦是唐宋八大家之一。王安石於改革失敗後退居江寧（今江蘇南京），眼見新法不斷被廢，抑鬱而終。時至今日，王安石的老對手司馬光的墓受到後人祭拜，規模不斷擴大，一躍成為著名的旅遊景點，吸引著中外遊人，而王安石的墓地卻幾經變更，所在之地人們知之甚少，幾百年來學

術界一直爭論不休。那麼，王安石的墓地如今究竟在何處呢？

　　據《景定建康志》稱，王安石死後葬在南京鍾山的半山寺後。我們都知道，在王安石退隱之後，一直住在南京鍾山的半山園，死後葬在鍾山，也是比較符合情理的。王安石生前官居宰相，封荊國公，死後諡號「文」，配享神宗廟庭，士大夫一直都有祭拜荊公墓的習俗。直到後來保守黨人上臺，一心打擊革新派，甚至編纂奸黨名單打擊異己，王安石開始受到猛烈的攻擊。北宋末期，朝廷停止了給王安石墓地的配給，荊公墓越發受到冷遇。到了明朝，臨川知縣在刻印王安石文集序言中寫「公墓不知所在」，原本在鍾山的墓地似乎不見了。

　　近些年來，眾多專家學者不斷努力，走訪了眾多據說是王安石後人所在的村落，似乎找到了一些蛛絲馬跡。在王氏後人掌握的《王氏四修宗譜》中有這樣一段記載：「敕葬鍾山，遷靈谷峰東後月塘。」說的是王安石的墓於明朝時就從鍾山遷到了靈穀峰東後月塘，也就是王氏的家族墓地。專家對此雖存疑惑，但王氏的後人認為王安石的墳墓遷往家族墓地是很正常的，自古以來就有的傳統習慣，並且在王氏的族譜中有這樣一段話：「王安石墓可召其子孫遷葬，仍賜墓額。」而令人詫異的是，族譜中記載的家族墓地，現在已經被開墾成了田地，沒有半點墳墓的痕跡，這又是為什麼呢？在《上池族譜》中可以找到答案：「徐氏洗荊公山，塚墓殆盡，……公曰『前朝宰相祖塚，當代宰相伐之』。」這樣看來這片家族墓地是在明代時被當時的禮部尚書徐氏毀掉了，當然也包括王安石的墓地。現在王安石的墓地究竟在何處，也很難說清了。

知識連結

　　王安石不僅是一名政治家，也是一名詩人。他的詩歌，以五絕與七絕最為出色。《寒廳詩話》認為「王半山備眾體，精絕句」，《艇齋詩話》贊「荊公絕句妙天下」。像《春夜》中的「春色惱人眠不得，月移花影上欄杆」；《泊船瓜洲》中的「春風又綠江南岸，明月何時照我

還？」；《登飛來峰》中的「不畏浮雲遮望眼，只緣身在最高層」；《梅花》中的「遙知不是雪，為有暗香來」等都是難得的佳句。

包公為什麼有兩座墓

包拯，字希仁，盧州合肥人，被後世奉為清官的代表。在貪官汙吏橫行的古代被百姓稱為包青天，意為包拯不懼強權，為百姓做主，撐起一片青天。古代京師便有「關節不到，有閻羅包老」之語。包拯病逝於北宋嘉祐七年（1062年），但讓人百思不得其解的是不僅在安徽省合肥市東效大興鄉雙圩村的黃泥坎發現了包拯的墓，河南省在鞏縣西南有名的宋陵也有包公的墳墓。那為什麼包公有兩座墳墓呢？

世人熟知的是河北鞏縣宋真宗陵旁邊的包公墓，這個墓有著很高的墓碑和封土。就在合肥的墓被發現之前，人們一直都以為這個墓是真正的包公墓。這個墓最早見於明朝的縣誌，可見最晚這個墓可以追溯到明朝。後人發掘此墓時，發現從墓地表層向下挖3公尺都是「生土」。生土是未經人類擾亂過的原生土壤，亦稱「死土」，質地比較緊密，不含人類活動遺存。可見包公在鞏縣的墳墓只是一個「疑塚」。為什麼在鞏縣會有這樣一個「疑塚」呢？這又是什麼時候修建的呢？這些我們到現在都不得而知。可以確定的是，在合肥的包公墓是真的。這個包公真正的安息處，於1973年被偶然發現後由考古工作者進行發掘。在發掘過程中，有不少令人驚訝的發現，年代久遠的楠木棺材依然保存完好呈現純粹的咖啡色，楠木棺材下方整齊地排放著幾個大鉤……墓誌蓋與墓誌銘的出土，更是可以篤定這就是包公的安息之地。不僅如此，在史書上也能找到相關記載，在《大明一統志》寫道，包公墓在「（盧州）府城東十八里」。《盧州府志》也稱「參政包孝肅公拯墓，在縣東十五里」。在這個地方，伴著包公墓的是其原配董氏及其一部分子孫兒女的墓。如

今合肥的包孝肅公墓園，是後人重新為包公安排的安息之地，已將黃泥坎的骸骨遷來，滿園蒼柏，青翠幽靜，讓後人追思。就這樣，合肥與鞏縣的墓，一南一北，遙相呼應，這裏面的更多祕密，還要後人去探索。

知識連結

包拯，出生於北宋咸平二年，與文學家歐陽修屬於同時代。他出生官僚家庭，為人正直，歐陽修曾經批評他「素少學問」。這裏的「素少學問」不是指他沒有內涵，而是指他過於認真、不通人情世故，也反映出包拯的剛直不阿。包拯為官多有政績，受到百姓的好評，民間流傳諸多關於他的故事傳奇。

為什麼稱寇準為「蠟燭少爺」

寇準是北宋有名的政治家，他做過宰相，是經歷過太宗、真宗、仁宗的三朝元老。在遼國大舉進攻北宋之際，寇準力主抵抗。支持宋真宗親征，獲得了戰爭的勝利，簽訂「澶淵之盟」，維持了後世上百年的和平。寇準為人嚴肅，一次寇準受召回京師，當時患腳病的宋太宗為顯親昵，便先讓寇準看了自己患病的腳，然後半埋怨的說：「你怎麼來得那麼遲啊。」按理說寇準此時也應該講一番憂心皇帝等推心置腹的親近話，他卻照實說：「臣非召不得至京師。」把一心想拉近關係的太宗噎了個半死。這樣一個嚴肅耿直的大臣為何會有「蠟燭少爺」這樣一個有趣的稱呼呢？

寇準字平仲，出身望族，其遠祖蘇忿在西周周武王時代任司寇，功勞顯著，深得武王器重，遂以官職「寇」為姓。寇準就是出生在這樣一個家庭，他的父親、祖父都極有才華。受家庭環境的薰陶，寇準自幼就極愛讀書，不僅白天刻苦地研讀書本，連晚上的時間也不放過。古時夜

晚讀書極為不便，得點蠟燭燒油燈以照明。一些家中貧寒的讀書人無錢買燈燭，夜間無法讀書，就有了鑿壁偷光、囊螢映雪的典故。寇準每晚點著蠟燭看書，母親半夜醒來，看見兒子的影子倒映在書房的窗戶上，就知道孩子還在讀書，不由得心疼，勸寇準早些休息。寇準嘴上應著，過會兒又去看書了。寇準的母親沒有辦法，就每天只給寇準一支蠟燭，蠟燭燃燒完了，兒子就沒辦法看書，可以好好休息了。寇準當然不滿意母親的安排，可母親又不願意多給自己蠟燭。沒辦法，寇準只好私底下找家中的僕人要蠟燭。僕人見他態度和藹、口吻也客氣，就都把蠟燭給他。母親並不知道這回事，以為兒子每日就一根蠟燭，也不太管兒子的就寢時間了。這樣下去，寇準一直都在找僕人要蠟燭晚上點了看書。僕人們都覺得少爺老是向他們要蠟燭很奇怪，時間一長才發現原來少爺是弄蠟燭來看書，於是都很樂意把蠟燭給寇準，寇準也因此有了一個外號，叫「蠟燭少爺」。就是這位愛看書的「蠟燭少爺」，因為才華出眾，19歲便被宋太宗選拔為官員，最終名垂青史。

知識連結

司寇這一官職始於西周，與司馬、司空、司士、司徒並稱五官，負責掌管刑獄、糾察等事。春秋時各國也多設這一官職，是後世刑部尚書的別稱。司寇後來還作為姓氏流傳，也有把司寇拆開來作為姓氏的，分別為「司」和「寇」兩個單姓。

劉伯溫兵法絕學是怎麼失傳的

劉伯溫，又名劉基，明朝初年的開國功臣。朱元璋曾經稱劉伯溫：「吾之子房也。」劉伯溫自幼愛好讀書，才華橫溢，當時人們點評江左名士時將劉伯溫排名第一，認為他可以與諸葛孔明相提並論，日後必成

大器。元末大亂，劉伯溫選擇了輔佐朱元璋，成為了朱元璋的軍師。在幫助朱元璋爭奪天下的過程中，劉伯溫運籌帷幄、用兵如神，為創立大明王朝立下了汗馬功勞。相傳劉伯溫將自己畢生心血寫成了《百戰奇謀》一書，但卻無人繼承其傳奇般的兵法絕學，這又是為什麼呢？

明朝洪武八年，劉伯溫病入膏肓。死前劉伯溫認為自己的兩個兒子資質平凡，不能繼承自己的《百戰奇謀》，如今皇帝又多疑好殺，將《百戰奇謀》交給皇帝並無好處，於是便一把火燒掉了這本書。明太祖朱元璋後期的確殘忍好殺，「狡兔死，走狗烹；飛鳥盡，良弓藏」，太祖無情地殺害了不少大臣，甚至是自己小時候的玩伴、一塊打天下的功臣。太子朱標為人溫和，勸自己的父王不要如此濫殺。朱元璋卻把一根荊棘扔在地上，叫太子撿起來。長滿刺的荊棘撿起來當然扎手，朱元璋便說：「我這是幫你把荊棘上的刺拔下來。」劉伯溫死後，朱元璋立即派宰相胡惟庸前去弔唁，目的卻是尋找那本《百戰奇謀》。劉氏兄弟據實上告，兵法已經燒掉了，只留有劉伯溫送給皇帝的一封信和另外一部著作《郁離子》。朱元璋順手把《郁離子》扔到一邊，打開信，劉伯溫在信中說，如今天下已定，害怕兵法落到奸邪之人手中，再起兵戈，於是燒毀。朱元璋並不甘心，後來又趁著為劉伯溫修墓地的機會將劉家翻了個遍，仍然沒有找到這本書。故事並沒有完，數百年後李自成攻入皇宮，發現了那本《郁離子》，細心翻閱，發現頁內有頁，原來《百戰奇謀》藏在《郁離子》中！但是，李自成並沒有當多少天皇帝就被迫離開了京城，之後戰敗被殺，那本夾有《百戰奇謀》的《郁離子》也不知所蹤，再也沒有現世。有「天國文臣第一，渡江策士無雙」之稱的劉伯溫的兵法絕學便如此失傳了。

知識連結

《郁離子》既是書名，也是作者的自稱。當時人的解釋是：「離為火，文明之象，用之其文郁郁然，為盛世文明之治。」全書分上下兩

卷，共182條。內容繁雜，無所不包，常常是每涉及一件事，講一個道理。內容有個人、家庭、社會、國家、思想、倫理、神仙鬼怪等，天馬行空，闡述了劉基對這些事物的看法，是其代表作之一。

王充真是不孝之子嗎

王充，字仲任，會稽上虞人。他所著的《論衡》一書是古代不朽的著作，被奉為「疾虛妄古之實論，譏世俗漢之異書」。然而，在清代學者眼中，王充「自譽而毀其先，非人也」，認為王充是一個不折不扣的不孝之人，都拒絕校注他的《論衡》。那麼，王充真的是不孝之子嗎？

王充自謂自己出生於「孤門細族」，其實王充的祖上還是比較風光的。他的先祖在秦朝分化為兩姓，一為「王」，一為「孫」，很有可能是王孫之後。在漢代，王充祖上得封會稽陽亭侯，享食邑地租，雖地位不是太高，但可以說是家道殷實。一場突變後，王充祖上被貶為平民，只能在會稽就近居住，男耕女織，自食其力。王家人對此怨氣十足，動盪的年頭就做些殺人越貨的事，與當地的豪強大戶發生糾紛也是常有的。王充那一支就曾經多次遷移他鄉以避禍。到了王充出生的時候，已經是「貧無一畝庇身」，「賤無斗石之秩」。王充在《論衡》中詳細地記敘了這件事：「世祖勇任氣，卒咸不挨於人。歲凶，橫道傷殺，怨仇眾多。會世擾亂，恐為怨仇所擒，祖父汎舉家擔載，就安會稽，留錢唐縣，以買販為事。生子二人，長曰蒙，少曰誦。誦即充父。祖世任氣，至蒙、誦滋甚，故蒙、誦在錢唐，勇勢凌人。末復與豪家丁伯等結怨，故舉家徙處上虞。」把先祖的事情都記錄得清清楚楚，沒有絲毫避諱。在今人看來這是很正常的，但在古代，講究的是「臣為君諱、子為父諱」，否則就是不孝。鄭樵《通志‧總序》中就有「房玄齡董史冊，故房彥謙擅美名；虞世南預修書，故虞荔、虞寄有嘉傳」的記載。在封建

社會，即使不小心寫到自己長輩的名字都要以通假字代替。王充把自己祖上的陋事寫的清清楚楚，可謂大不孝了。更讓古人詬病的是王充的「揚己抑祖」，是因為他在《自紀篇》中寫自己的情況「父未嘗笞，母未嘗非，閭里未嘗讓」，「得官不欣，失位不恨。處逸樂而欲不放，居貧苦而志不倦」……與自己的先祖形成鮮明對比。氣得清人錢大昕在《十駕齋養新錄》罵道：「益自居於聖賢而訾毀其親，可謂有文無行，名教之罪人也。」今天看來，王充只不過是將先祖的情況真實的記錄下來，可以說他有一點自誇，但也不能就因此說他是不孝之子。

知識連結

《論衡》是一部古代哲學文獻，反對董仲舒的天人感應說，承認客觀事物是不以人的主觀意志為轉移的。作者認為世界是由物質構成的，鬼神並不存在。由於這本書不符合儒家的思想，所以一直被統治階級攻擊，被稱為「疾虛妄古之實論，譏世俗漢之異書」。

范仲淹求學時為何要讓佳餚發黴

范仲淹，字希文，號文正，是北宋的名臣。他在《岳陽樓記》中的「先天下之憂而憂，後天下之樂而樂」，成為千古傳頌的名句。這樣的成就與年少時刻苦求學的經歷是分不開的，相傳范仲淹在求學的時候曾經讓佳餚發黴，這又是怎麼回事呢？

范仲淹的父親在他出生一年後便去世了，范仲淹的母親謝氏孤苦無依，只能抱著還是嬰兒的范仲淹改嫁到山東淄州長山縣一戶姓朱的人家中，到了朱家後，范仲淹取名朱說。他自小喜歡讀書，於附近長白山上的醴泉寺寄讀。寺中生活簡單，范仲淹常常就是每日煮一大碗粥，放涼後劃成四塊，分早中晚三次食用。隨著年歲見長，范仲淹越發覺得這寺

中的書籍不能滿足自己，又在一個偶然的機會下知道自己不是朱家的孩子，自己的生父已經死了，而自己只是拖油瓶而已。羞憤之下，范仲淹含著眼淚告別了母親，外出求學。23歲的范仲淹來到睢陽應天府書院，這裏藏書豐富，教師學識淵博，他覺得自己如魚得水，一心投入學習中。一日宋真宗路經當地，他的同學都勸他一起去睹天子龍顏，范仲淹卻說，將來再見也不遲。

平時范仲淹生活清苦，求學認真，逐漸獲得了同學們的尊重，他在睢陽應天府書院時還保持著醴泉寺的習慣，每日以粥為食。范仲淹的一個同學，是南京研守，也就是南京最高長官的兒子，感於范仲淹的刻苦與清貧，把這件事告訴了自己的父親。南京留守深受感動，吩咐自己的兒子給范仲淹送去美食。范仲淹卻一口也沒有吃，只放在那兒讓佳餚發黴。同學深覺奇怪，這是范仲淹平時都難以吃到的，為何要棄之不顧呢？范仲淹這才解釋說：「平時吃慣了粥，怕自己吃了這美味佳餚，日後便吃不下平淡的粥了。」同學和南京留守知道了都更加佩服這個有志氣的少年了。昔日孔子徒弟顏回身居陋巷，「一簞食，一瓢飲」，安於清貧，怕也是范仲淹的榜樣吧。俗話說「吃得苦中苦，方為人上人」，正是范仲淹這種刻苦精神，使他成為「有史以來天地間第一流人物」。（朱熹語）

知識連結

大中祥符七年（1014年）秋和八年（1015年）春，范仲淹透過科舉考試，中榜成為進士。在崇政殿參加殿試時，他第一次看見年近五旬的真宗皇帝。後來還榮赴了御賜的宴席。二月的汴京（今開封市），春花滿目，進士們坐跨駿馬，在鼓樂聲中遊街：「長白一寒儒，名登二紀餘。」他吟著這樣的詩句，想到自己已經二十七歲，比起旁邊的滕宗諒等人，年紀顯得大了許多。此後，他把母親接到身邊贍養，並正式恢復了范姓，改名仲淹，字希文。從此開始了近四十年的政治生涯。

明孝宗皇帝竟只有一個老婆

自古帝王妻妾成群，後宮佳麗如雲，大概連名字皇帝都難以記全，選擇起來也麻煩，於是便有了晉武帝乘羊車選擇臨幸之處，唐朝皇帝射風流箭，清朝皇帝翻綠頭牌……就算顛沛流離如末代皇帝溥儀者也有一后多妃。黃宗羲曾經寫《原君》批判皇帝的多妻制度「離散天下之子女，以奉我一人之淫樂」，但是，古代也有君主只有一個老婆。

明朝孝宗朱祐樘，是明憲宗朱見深的兒子。明憲宗寵愛貴妃萬氏，萬氏相貌並不美麗，還比自己的皇帝丈夫大了十七歲，而且性格暴戾，可是皇帝卻一直迷戀這位萬氏。年輕時萬氏曾經生過一個皇子，後來夭折，因此萬氏傷心欲絕，把怒火發到其他妃子身上，不允許其他妃子生下孩子。朱見深無意間臨幸了宮女紀氏，紀氏偷偷生下了小皇子朱祐樘。迫於萬貴妃的淫威，朱祐樘一直在宮中的安樂堂被偷偷養了六年，直到一次偶然的機會朱見深才知道這個兒子的存在。此時朱見深的孩子大多為萬貴妃所迫害，子嗣缺乏，立即立了朱祐樘為太子，並得到周密的保護，萬氏欲加以迫害而不得。萬貴妃死後，朱見深不久也死去，朱祐樘即位，是為明孝宗。因為童年的這段經歷，使明孝宗極為厭惡嬪妃之間的後宮爭鬥，這是明孝宗一生只有一個老婆的重要原因。

此外，朱祐樘性格溫和，自小就受到了良好的教育。他的老師，都是學識淵博之人，在宮中，身邊服侍的老太監覃吉也常常為他口述朱熹的《四書章句》，幫助他修身養性。同時，明孝宗與張皇后的夫妻生活十分融洽。皇后張氏出身書香門第，性格活潑，兩人興趣相投，「時張后愛最篤，同上起居，如民間伉儷然」。他們生下的孩子朱厚照面容清秀、活潑可愛，「粹質比冰玉，神采煥發」。嬌妻愛子，家庭生活十分幸福。遺憾的是，明孝宗只活到了36歲便死去。孝宗剛即位時，對選妃之事，曾以服喪之由推託，認為選妃不必操之過急，有大臣奏疏：「六宮之制，固所當備。而三年之憂，豈容頓忘。今山陵未畢，諒陰猶新，

一本書讀懂中國歷史謎案

奈何遽有此事？」後來明孝宗也用這個藉口多次拒絕選妃。就這樣，明孝宗自18歲大婚，到36歲亡故，一生都只有張皇后一個妻子相伴。

知識連結

明孝宗朱祐樘是明朝的第九個皇帝，又稱弘治皇帝。他在位18年，是明朝中葉唯一一個比較勵精圖治的皇帝。明孝宗在位期間，一直勤於政事，任用了徐溥、劉建、李東陽、謝遷、王恕、馬文升等一批賢臣，抑制宦官的勢力。明孝宗對臣下比較寬容大度，生活上也比較簡樸。他在位期間，社會比較安定，史稱「弘治中興」。

年羹堯為何被雍正賜死

年羹堯，字亮工，號雙峰。他的妹妹年氏是四皇子胤禛的側福晉，也是後來的年貴妃。年羹堯自幼讀書，長大後又身處沙場，參與過平定準噶爾部叛亂的戰役，還親自指揮平定過青海的叛亂，為雍正所器重，可以說是皇帝的心腹。為了表示對這位大臣的寵幸，雍正不斷為年羹堯加官進爵，在生活上也極為關心，時常給與珍奇異物的賞賜。一次給年羹堯賞賜荔枝，為了保證荔枝的鮮美，雍正下詔必須6日內將荔枝從京師送抵西安。這樣一位寵臣，最後又怎麼會被雍正賜死了呢？

康熙末年，由於康熙在繼承人問題上廢立不定，造成「九子奪嫡」的局面。胤禛在這場爭奪皇位的鬥爭中，脫穎而出，獲得了最終的勝利。有人認為在這場鬥爭中年羹堯發揮了很大的作用，他駐守四川，壓制了原本可以奪嫡的十四皇子。胤禛登上皇位後，「狡兔死，走狗烹；飛鳥盡，良弓藏」，先給知道「矯詔奪位」的年羹堯莫大的恩寵，使其放鬆警惕，再將其一軍，殺之以除後患。這樣的解釋帶有一定的猜想，也沒有肯定的證據。但值得一提的是，年羹堯得寵後，確實十分驕傲自

得，做了許多超出自己本分的事情。他自視甚高，大部分官員都沒被他放入眼裏，發給總督、將軍的文書，本屬平行公文，卻擅稱「令諭」，完全是上級對下級的態度。對於下級官員，贈給物品時，「令北向叩頭謝恩」，根本沒有給別人面子。甚至是朝廷派來本應禮待的御前侍衛，他也只是把人家當普通奴僕看待。一些狡譎的官員看年羹堯風頭正勁，紛紛示好，年羹堯便收取了人家不少好處，收賄受賄達數百萬錢。除此之外，年羹堯還大力排斥異己，培植自己的勢力集團。甚至在皇帝面前也不加收斂，「御前箕坐，無人臣禮」，舉止失儀。自古伴君如伴虎，年羹堯越是炙手可熱、如日中天就越是意味著他的危險。他的驕傲自滿、目中無人，犯了做臣子的大忌，終於使雍正不能繼續容忍，便把他殺了。

知識連結

年羹堯的妹妹年貴妃，名雨芳，比較得雍正的寵愛。於雍正三年在家族即將覆滅之際病卒，死後數月兄長年羹堯就被雍正治罪而死。據《清史稿》記載：「敦肅皇貴妃，年氏，巡撫遐齡女。事世宗潛邸，為側福晉。雍正元年封貴妃，三年十一月，妃病篤，進皇貴妃。並諭妃病如不起，禮儀視皇貴妃例行。妃薨逾月，妃兄羹堯得罪死。諡曰敦肅皇貴妃。乾隆初，從葬泰陵。子三：福宜、福惠、福沛，皆殤。女一，亦殤。」

雍正是被呂四娘刺死的嗎

1735年8月23日清晨，雍正帝突然暴死在圓明園離宮中。關於雍正的死因，至今也是一個謎。

據《起居注冊》中說道：1735年8月21日，雍正仍沒有任何異常情況

出現，照樣和往常一樣辦公。22日，雍正突感身體不適，其子寶親王、和親王終日守在身旁，午後7時至9時雍正病情加重。23日1時，由大學士宣讀朱筆諭旨，將帝位傳於寶親王。

但是，在民間流傳得最廣的卻是，雍正是被呂四娘刺死的。呂四娘，呂留良的孫女，雍正六年（1728年），呂留良因文字獄被處死，其子呂葆中、呂毅中也被斬決，其親人也被嚴加處置，孫輩發配極遠的邊塞為奴。後來，呂四娘逃出，以宮女身分混入皇宮侍奉皇上，伺機行刺，最終成功。

但有人認為這個傳說純屬謠言，首先他們認為，呂四娘不可能混進皇宮。其次，一個女子根本不可能穿過晝夜的巡邏和森嚴的戒備，輕易地就進入寢宮，刺殺皇帝。

另有人認為，雍正可能是服丹藥中毒而亡。這是從宮中檔案等資料中推出的結論。因為雍正生前，在宮中曾蓄養了一些僧道異能之士，而在他死後第三天，也就是8月25日，嗣主乾隆忽然下了驅逐煉丹道士出宮的諭旨。

各種不一的說法，使得雍正帝的死因顯得更加神祕莫測。

知識連結

歷史上不少帝王都迷戀修仙煉丹。秦始皇不僅在國內求仙還在海外問藥；漢武帝晚節不保，迷戀煉丹，受方士蒙蔽，荒廢國事；據《舊唐書》記載，唐玄宗是吃了古印度國方士的丹藥死去的；自穆宗後，唐朝皇帝大多都煉丹藥，因吃丹藥而死的也不在少數；宋太祖曾召高人詢問長生之法；明朝皇帝仁宗、憲宗、孝宗、世宗、光宗5位皇帝服藥身亡。

乾隆是海寧陳氏之後嗎

　　乾隆皇帝，全名愛新覺羅・弘曆，在清人編纂的《清實錄》中記載，乾隆實際上是浙江海寧陳閣老之子。金庸先生是浙江人，從小就聽鄉里流傳這個故事，後來也把這個故事寫進《書劍恩仇錄》裏。傳言當年雍正還是皇子的時候，與在京為官的江寧陳世倌交好。兩家的夫人都同時懷孕，當時雍正子息不多，這在皇位爭奪中是極為不利的。後來胤禛的夫人生下了一個女兒，而陳家生的是兒子。胤禛就想辦法把這兩個孩子掉了包，陳家也不敢聲張，陳家的兒子就是後來的乾隆皇帝。那麼，乾隆真的是海寧陳氏之後嗎？

　　其實上，這個故事是後人編造的。首先，在弘曆出生之前，胤禛就有了已滿8歲的孩子弘時，而且在弘曆出生三個月後，又一個男孩弘晝出生。雍親王胤禛完全沒有必要偷偷摸摸去抱養一個外人的孩子。況且若真有此事，知道的人也不會少，精明的雍親王怎麼會為此留下把柄呢？如今看來，在還有其他繼承人的情況下，把皇位傳給一個與自己毫無關係的人也實在是匪夷所思。而海寧陳家說有乾隆親自書寫的「愛日堂」、「春暉堂」兩塊牌匾，事實上根本就不是乾隆寫的，而是乾隆的祖父康熙所賜。不僅如此，皇家剛生下孩子，都會口頭上報給皇上，然後再由宗人府寫摺子奏報，預備皇上為皇孫取名；若雍親王府當時已按時辰報生的是女兒，過幾天又改為男孩豈不是讓人生疑。有人在《皇事見聞錄》中稱：「以雍正之英明，豈能任後宮以女易男？」一針見血。傳聞被換到陳家的女兒長大後嫁給了朝廷重臣蔣溥，她居住的樓稱為「公主樓」，然而當地熟悉歷史的人甚至蔣氏後人都不知道家鄉有座公主樓。時至今日，人們已經確定乾隆為浙江陳氏之後純屬無稽之談。

知識連結

　　蔣溥，字質甫，江蘇常熟人，大學士蔣廷錫之子。於雍正七年授進

士，任內閣學士等職。乾隆年間，做過湖南巡撫，鎮壓苗民起義。曾上疏言：「永順及永綏、乾州、鳳凰諸處民貪暴之習未除，城步、綏寧尤多狡惡。臣整飭武備，漸知守法。」諭曰：「馭苗以不擾為要，次則使知兵威不敢犯。此奏得之。」乾隆二十六年，蔣溥病卒。

同治皇帝是死於梅毒嗎

　　同治帝載淳是咸豐與慈禧的兒子，6歲即位，18歲親政，19歲便死於宮中。民間一直流傳同治帝死於梅毒，不少歷史學家也一直為此爭論不休。這個年輕帝王真的是死於梅毒嗎？

　　同治皇帝的主治醫生是當年太醫院的御醫李立德。據李立德後人說，李曾經說過同治死於梅毒的具體情況。當年李立德進入養心殿切脈之後，就發覺這是梅毒之症，為了慎重起見，李立德還連同另一位有名的外科御醫進行會診，得出了相同的結論。兩人忖度慈禧太后跋扈，這病症既治不好，說出來也有礙天家顏面，不如裝糊塗，於是把同治按得了天花來治。後來同治得了梅毒的事不知怎的鬧得滿城皆知，慈禧太后想把李立德殺了以掩蓋真相，後幸得一名親王幫助，離開了宮廷。但因為同治梅毒潰爛後，惡臭無比，李立德需每日為他清洗敷藥，治療期間鼻子受到強烈刺激，之後都喪失了嗅覺。

　　但是從現代醫學的角度，梅毒必須得了5年以上才致死。在同治帝的老師翁同龢寫的《翁同龢日記》中，同治帝是得了天花，導致毒熱內陷，最終「走馬牙疳」而死的。具體的病情記載，如「花極稠密」，「頭面皆漓漿飽滿」，的確像是天花的症狀。同治帝患病後，翁同龢關心皇帝的情況，每日都向御醫打聽病情與用藥，並且記在《翁同龢日記》裏，以他的人格品行不可能也不必要作假。有人指出，是皇帝得了天花後，御醫只敢下溫藥，不敢下有效但藥效較強烈的藥，生怕傷及龍

體，這才導致皇帝的病一直好不了，拖延治療的時機而死。但可疑的是，從《翁同龢日記》日記中的記載來看，確實有些症狀與梅毒相類似，御醫對病情的回答也十分模糊而語意不明。翁同龢會不會出於君臣名分、天家尊嚴，不能明說呢？甚至在《翁同龢日記》中也對皇帝在寵臣和內監的伴隨下常常去尋花問柳、微服私訪的情況也有記載。左步青主編的《清代皇帝傳略》載，一次皇帝與恭親王奕訢的兒子外出微服後被奕訢發現。

因為宮廷中有太多隱諱的事，又缺乏可靠資料。同治帝的死因，至今無法給出定論。

知識連結

翁同龢，字叔平，號松禪，江蘇常熟人。他自幼聰敏好學，於咸豐六年考中狀元。後來為官做到了宰相，當過同治、光緒兩朝帝師。後遭李鴻章、剛毅、榮祿排擠，晚年景況不佳。死前賦詩「六十年中事，傷心到蓋棺。不將兩行淚，輕向汝曹彈。」《翁同龢日記》起自咸豐八年迄於光緒三十年，記述了這一時期很多重要的歷史事件與作者的看法，內容豐富，被稱為晚清四大日記之一。

為何光緒要稱慈禧為「親爸爸」

光緒元年正月二十日，大清國5歲的小皇帝愛新覺羅·載湉即位，背後垂簾聽政的是慈禧太后，陰暗沉悶的太和殿和背後那雙眼睛彷彿預兆著他一生不幸的開始。和歷史上大多數皇帝一樣，這位光緒帝死後也有一個長得讓人頭皮發麻的諡號：德宗同天崇運大中至正經文緯武仁孝睿智端儉寬勤景皇帝。一個「孝」字，真是對他一直生活在慈禧淫威下可笑的形容。每回光緒向慈禧請安時都會說：「親爸爸吉祥。」滿人其實

並沒有這習慣，那為什麼光緒要稱慈禧為親爸爸呢？

光緒與慈禧的關係比較複雜，他並不是慈禧親生的。他的父親是醇親王，母親是葉赫那拉氏，慈禧的胞妹。所以光緒既是慈禧的內姪也是她的外甥。1861年11月2日發動北京政變後，慈禧憑藉同治帝生母的身分登上了政治舞臺，開始長達30多年的垂簾聽政。之後同治帝在19歲時年紀輕輕便早死，死後無嗣。慈禧為了不讓大權旁落，繼續自己的垂簾聽政，選擇了年幼的載湉作為傀儡。

慈禧勢力穩固，是實際上的統治者，她一向為所欲為，愛顯示自己的權威與尊貴。自古以來男尊女卑，慈禧也明白這個道理，為了提高自己的身價，慈禧要求別人都稱她為老佛爺。一個佛字不夠，再加一個顯示對男性尊稱的爺。既然慈禧喜歡別人用男性稱呼稱她，光緒用爸爸這個詞來喚慈禧也算是投其所好。一個「親」字更是欲蓋彌彰。慈禧曾經大言不慚地告訴大家：「光緒皇帝的親生父親是醇王，他的母親是我的妹妹。我妹妹的兒子，就跟我親生的一樣。」慈禧要光緒叫她「親爸爸」也算是良苦用心。「親」字明顯透著血緣的絲絲暖意，這是給外人看的，說明自己與皇帝關係不一般。「爸爸」則象徵著男性的權威與力量，自古以來「父為子綱」，父權的力量始終強大，這個稱謂很大程度上是為了提醒光緒，她就相當於光緒的父親，無論長到多大，只要她活著，光緒就得聽她的。

知識連結

慈禧太后，全名葉赫那拉，名杏貞。又稱「西太后」、「那拉太后」、「老佛爺」，死後諡號為「孝欽慈禧端佑康頤昭豫莊誠壽恭欽獻崇熙配天興聖顯皇后」。慈禧垂簾聽政多年，是1861年到1908年間清朝的實際統治者。她熱衷權勢，為人殘忍，曾說過「今日令吾不歡者，吾亦將令彼終生不歡」。面對列強侵華，只希望保住自己的統治，「量中華之物力，結與國之歡心」，體現對待列強的諂媚嘴臉。1908年病逝，

死後陵墓被軍閥孫殿英所掘，屍體受辱，不得善終。

光緒為何英年早逝

　　光緒帝在正當盛年時卻突然死去，巧合的是，他的死與慈禧的死僅相差一天。由於沒有確鑿的證據證明他的死因，因此，關於光緒帝的死就出現了種種不一的猜測。

　　在官方文件中說的是光緒帝患重病而死。《清德宗實錄》、《清史稿》、《光緒朝樂華錄》均指出，光緒帝由於受慈禧的牽制，自己沒有實權，因此感到極度憂鬱，而且在慈禧的控制下經常挨餓，以致久病體虛，於光緒三十四年（1908年）病入膏肓，最後駕崩。但官方檔畢竟有為清宮遮掩某些事實的嫌疑，故不具有較高的可信度。

　　另一種說法認為是慈禧謀害了光緒帝，他們認為光緒雖然長期被囚，保皇黨卻極力支持他。慈禧在身體健康、能執政時，百般折磨光緒；晚年，她力不從心了，便想法害死了光緒。

　　德齡的《清宮二年記》等書中，則明確地指出正是慈禧命李蓮英下毒害死了光緒。甚至還有人說光緒帝實則是死於飢餓。

　　究竟這些說法哪一種屬實，讓人難以取捨。

知識連結

光緒生平：

同治十年（1871年）生於北京宣武門外太平湖畔醇王府槐蔭堂，為醇賢親王奕譞次子。

同治十三年（1875年1月25日），同治帝病逝後以醇親王長子身分入宮為帝，其時年僅4歲，成為滿清入關後的第九位皇帝。

光緒二十一年（1895年），甲午中日戰爭爆發，主戰。

光緒二十四年（1898年），主持戊戌變法。同年，慈禧等發動政變，將其囚於瀛台。

光緒二十六年（1900年），八國聯軍侵華，主和。同年8月15日被慈禧要脅，「逃」往西安。

光緒三十四年十月二十一日（1908年11月14日）酉時二刻三分駕崩於瀛台涵元殿內，時年38歲。

曾國藩因何得名「曾剃頭」

曾國藩出生書香門第，以文官入仕，死後諡號「文正」。他學術造詣極深，文風雄偉瑰麗、深宏駿邁。有《求闕齋文集》、《詩集》、《讀書錄》、《日記》等多本著作傳世。就是這樣一名儒生似的人物，為何會與「曾剃頭」這樣粗野而市井的外號連上呢？

咸豐二年，太平天國的浪潮席捲了大半個中國。由於清朝的八旗子弟不學無術，在鬥雞走狗之中喪失了當年入關的銳利，太平天國的起義愈演愈烈。清政府為了保住大清江山，屢次頒發獎勵團練的命令，希望地方的武裝可以阻止太平天國的浪潮。咸豐三年，曾國藩利用在湖南一帶複雜的人際關係，建立了一支地方團練，隊伍大多由山農和書生組成，稱為湘軍。曾國藩雖然以前沒有帶領軍隊的經驗，但他以史為鑒、以戰爭為師，「吾輩帶兵勇，如父兄帶子弟一般」，很快便將湘軍整合成一支軍紀嚴明，雷厲風行的軍隊。在太平天國的浩大聲勢下，湖南的情形並不穩定，不少農民有暴動的傾向。

為了防止農民起義，曾國藩以鐵腕手段進行壓制。「輕則治以家刑，重則置之死地」，據說凡是被抓住審判的，很少能生還。長沙建立湘軍之初，局勢並不穩定。有賣米的奸商乘機囤積居奇，13個打劫米商的義士將奸商的米發給饑民，受到百姓的感激。後來這13個人被曾國藩

抓住，本來按大清律令，只要鞭打幾下然後遊街就行了，曾國藩卻認為這是民亂的初始，毫不手軟地把人給殺了。百姓噤若寒蟬，「曾剃頭」自此得名，意為殺人像剃頭一樣。之後曾國藩殘酷鎮壓太平天國起義，用刑苛酷，殺人如切菜砍瓜，史載「派知州一人，照磨一人承審匪類，解到重則立決，輕則斃之杖下，又輕則鞭之千百。……案至即時訊供，即時正法，亦無所期待遷延」，與太平天國軍事戰爭中，曾國藩鼓勵劫掠財物，不吝嗇給勇敢者封官賞爵，再加上湖南山農大多彪悍好戰，湘軍留下兇悍的名聲，曾國藩「曾剃頭」的名聲也更加響亮。

知識連結

湘軍，也稱作湘勇，由曾國藩所創建，是湖南的地方軍隊。曾國藩以「呼吸相顧，痛癢相關，赴火同行，蹈湯同往，勝則舉杯酒以讓功，敗則出死力以相救」為建軍標準，嚴格訓練湘軍，成為鎮壓太平天國的主力，挽救了風雨飄搖的清王朝。湘軍「吃得苦，霸得蠻，捨得死」，在之後的多次戰爭中都取得了勝利。在湘軍的基礎上，曾國藩發展出了安徽地區的軍隊，稱之為淮軍，淮軍首領李鴻章也是由曾國藩一手提拔起來的。

第七章

撲朔迷離的紅顏之謎

　　造物主既然創造了男人和女人，即使男人主宰著政治和社會，人類的歷史也永遠不會只是由男人書寫。蘇妲己、西施、楊貴妃為何會背負「紅顏禍水」的惡名？劉邦的呂后、李世民的長孫皇后、朱元璋的馬皇后究竟是何等女中豪傑，能夠在槍林彈雨的後宮政治鬥爭中奪得勝利？李師師、陳圓圓、董鄂妃、珍妃到底如何度過跌宕坎坷的一生？

　　在男權政治的籠罩下，這些仕女到底是「紅顏禍水」還是「紅顏薄命」？作為弱勢群體的她們，怎樣應對來自政治和社會的強大壓迫，求生存、謀發展？透過厚重的歷史，人們試圖聽到她們真實的聲音。

發明養蠶繅絲的是誰

當人們穿著華麗的絲綢,享受著「絲國」的榮耀時,有誰問過這絲綢的來歷嗎?其實,關於養蠶繅絲技術的發明有段神祕的傳說。

相傳,黃帝打敗蚩尤後,被推舉為部落聯盟首領。這時,休養生息、繁衍族群已經取代戰爭,成為主要任務。黃帝親自負責種五穀、造工具的任務,命嫘祖負責百姓的衣著。這時的衣物是皮毛製品,還不是麻製品。嫘祖聰明能幹,不負眾望。在她的操持下,部族人穿上了合適的衣服、鞋帽,她卻因為過度勞累而病倒了。

生病期間,侍女們見她吃不下飯菜,於是上山去採摘新鮮的野果。她們採回一種小白果,但是卻咬不動,有人建議她們拿去煮。她們覺得有理,於是開始煮這種小白果,邊煮邊用木棍攪拌。就在攪拌的那一刻,奇蹟發生了,小白果魔幻般地變成了一縷縷的白絲。其實她們帶回的正是白色的蠶繭,卻誤以為是野果子。這時,生性聰慧的嫘祖發現了它們的用途,於是請求黃帝保護那片桑林。從此他們開始養育蠶種,種植桑樹,並開始了繅絲的探索歷程。

我們的祖先早在幾千年前就發明了養蠶繅絲技術,因此誰也沒法證實確切的發明者,我們所能看到的只是傳說。我們不妨這樣解釋,古代人民在勞動過程中發明了這一技術,而嫘祖是古代勞動人民的代表,寄託著人民的美好願望。

知識連結

中國是世界上最早發明養蠶產絲的國家,在很長的一段時間裏保持著絲綢的壟斷地位。古代,絲綢在西方國家是非常珍貴的奢侈品,西方貴族都以穿絲綢衣服為貴。由於西方對絲綢的需求,產生了絲綢之路。

古代絲綢之路從西安出發，經西域到達中亞、西亞，遠達歐洲。絲綢之路，對東西方的經濟文化等的交流有著重要作用。西方國家對絲綢印象深刻，絲綢因此成為中國的標誌之一。希臘人甚至稱中國為「絲國」。

喜是中國第一位女「間諜」嗎

在中國的歷史上，有人指出喜（又名末喜、妹喜）是中國的第一位女「間諜」。

明代鍾惺的《夏商演義》中說，喜是有施國中最美的美人，有施國在與夏朝軍隊的戰鬥中被打敗，因此，有施國便將喜送給夏朝國君桀，希望她能替國人復仇。

喜來到夏宮後，很快就博得了夏桀的寵愛，桀對喜言聽計從，致使朝綱不振，民怨沸騰。與此同時，商國也派了一個大「間諜」伊尹來到了夏宮。

伊尹本是商王湯的一名廚師，但他非常有才能，因此商湯派他去夏桀處做間諜。為了不引起夏桀的懷疑，商湯設苦肉計，親自追射伊尹，以示伊尹有罪逃亡。果然，伊尹很快取得了夏桀的信任。

喜知道伊尹的意圖後，就與伊尹互相配合，刺探夏的機密，在時機成熟後，又讓伊尹傳播謠言說：夏桀曾做了這樣一個夢，夢見西方和東方都出現了一個太陽，兩個太陽搏鬥，東方的太陽戰勝了西方的太陽。

當時迷信的人聽了這話都相信是上天要滅夏，於是，位於夏東邊的商趁勢打敗了夏，奪取了中原。

可惜的是，在夏滅亡以後，喜卻連同夏桀一道被流放到了南巢。

知識連結

喜，有施氏，又名末喜，妹喜；夏朝第十七位君主桀的王后。妹喜

為商滅亡夏做出了重要貢獻，但卻沒有受到賞賜，反而連同夏桀一道被流放到南巢。這可能是妹喜過於妖豔，湯怕自己受不住誘惑而走夏桀的老路的原因吧。

誰是中國第一個女將軍

提起中國的女將軍，一般人都不會陌生，因為「木蘭從軍」、「穆桂英掛帥」的故事早已是家喻戶曉了。那麼，花木蘭是中國歷史上第一位女將軍嗎？花木蘭生活的年代最早的說法也就是北魏，這還遠算不上很早的年代。另外，花木蘭是樂府詩《木蘭詞》中的人物，作為一個文學作品形象，花木蘭在現實生活中是否存在還不得而知，很可能只是當時北方愛國女性的抽象提煉。所以，基本可以排除花木蘭是中國第一位女將軍的可能。而我們熟知的「穆桂英掛帥」是戲曲和小說中的故事，歷史上是不存在的。那麼誰是中國第一個女將軍呢？

1976年，考古工作者在現在的河南安陽西郊小屯村北，發掘出完整的婦好墓。在發掘出來的甲骨卜辭中，記載著一個女將軍率軍出征的事蹟。婦好，是商王武丁的王妃，「好」是名，「婦」是親屬稱謂。她的廟號稱「辛」，因此又稱「后母辛」，或「母辛」。據說她是武丁60多個妻子中的三個法定妻子之一。所謂「法定」大概是明媒正娶的意思吧。

她的文化水準很高，武丁非常賞識她的才幹，因此她在外地受封，擔負著守衛疆土、帶兵打仗的重任。她帶兵最多的一次竟達13000人，這也是我們迄今所見的商代對外戰爭用兵最多的一次。據說，在一次對巴力的戰爭中，她還帶兵打出中國有史記載最早的伏擊戰。因此她無愧於將軍的稱號，確實是「巾幗不讓鬚眉」的女將軍！

婦好是商朝人，年代比較久遠，但是在她之前會不會還有更早的女

將軍呢，我們不得而知，至少從史料中還沒有找到。因此，迄今為止，有史可考的第一個女將軍非婦好莫屬了。

知識連結

婦好墓坐落於河南安陽西郊小屯村北，1976年，由考古工作者發掘出來。婦好墓是1928年殷墟發掘以來發現的唯一一座保存完整的商代王室成員墓葬。該墓南北長5.6公尺，東西寬4公尺，深7.5公尺。墓上建有被甲骨卜辭稱為「母辛宗」的享堂。墓內有人殉16個，狗殉6隻。出土的隨葬品達1928件，包括銅器、玉石器、骨牙器等，還有貝6800餘枚。這些隨葬品，都是珍貴的歷史文物，反映了當時的文化藝術成就，對研究當時的社會生活情況也有重要作用。其中有兩件婦好大銅鉞，大銅鉞象徵婦好生前烜赫的軍權。

蘇妲己為何背千古罵名

商朝的滅亡讓蘇妲己背上了亡國禍水的罵名。在《封神榜》中，蘇妲己被認為是千年狐狸精所化，蠱惑紂王，荒淫誤國。然而，《封神榜》畢竟是一部神話小說，對於妲己的評論也不足為信。一個弱女子，真的可以把偌大的商王朝整垮嗎？商王朝滅亡的真實原因是什麼呢？如果不是蘇妲己的責任，那麼蘇妲己的罵名是拜誰所「賜」呢？

談到商朝的滅亡，我們繞不開商朝最後一代國王商紂。紂王是商代第三十二代國王子辛，也稱「帝辛」。歷史上，帝辛是一個很有才幹的人，博文廣見，思維敏捷，身材高大，臂力過人。他即位時，國力強盛，曾發兵東夷，把疆土開拓到東南一帶，開發了長江流域。

紂王晚年，有兩個敵人：東方的東夷人和西部日益強大的周方國。周文王曾在山西黎城與紂王打過一仗，結果被紂王打敗。黎城戰後，周

武王韜光養晦，積蓄力量。與此同時，紂王發動了對東夷的戰爭，一直打到長江流域，大獲全勝。這場對東夷的戰爭也拖住了商朝軍隊的主力，武王乘機發奇兵，發起牧野之戰。當時牧野作戰的商朝軍隊是臨時武裝起來的奴隸和囚徒，這些軍隊很快倒戈嘩變，分崩離析，紂王自焚而死，商朝滅亡。

商朝的滅亡在很大程度上是軍事戰略上的失誤，導致周朝有機可乘。而所謂的「妲己誤國」，是站不住腳的。紂王晚年確實是沉迷聲色犬馬，但說他對妲己言聽計從還談不上。商朝時，戰爭、祭祀等重大事情，都要向神問卜方才決定，因此妲己對政治的影響力其實是微弱的。妲己受寵引起後宮嬪妃的紛爭，這些嬪妃是有氏族背景的，這可能會導致小諸侯國的離心。妲己的罪過應該超不過這些的，那麼她為何背上了這千古罵名呢？

商朝西邊的周早就有圖商的心思，但是想對付強大的商朝在當時還很困難。因此，在軍事進攻之外，周國的君臣們對商展開了宣傳攻勢，著力醜化紂王和妲己，以此來離間商朝君臣。醜化妲己只是政治手段罷了，是為武王伐紂做輿論準備的。由此可見，妲己的種種罪過大部分是周朝的醜化宣傳出來的。說妲己亡商，實在是冤枉了這個小女子。

知識連結

中國歷史上，從來不乏為王朝滅亡背黑鍋的女子，從夏朝的龍涎就已經開始了所謂「紅顏禍水」的「傳說」，然後是流傳最廣的商朝妲己和周朝的褒姒。褒姒因為周幽王「烽火戲諸侯」時忍不住笑出聲，便被後代文人扣上了禍水紅顏的帽子。戰國時，吳王夫差接受了越國贈送的西施，於是西施成了致使吳國滅亡的罪人，豈不可笑。南朝陳後主攜寵妃張麗華和孔貴妃藏於景陽宮井，終為隋兵抓獲，於是這兩位紅顏便不幸被記在了歷史的恥辱柱上。「衝冠一怒為紅顏」，明朝的陳圓圓更是「紅顏禍水」的代名詞……在男權政治的時代，多少女性成了政治的犧

牲品啊！「紅顏禍水」不真，「紅顏薄命」才是真！

歷史上西施是否確有其人

「窈窕精神緩，悠然體態閑。笑擁丹唇臉，皓齒出其間。」這句優美的詩句正是明代開國皇帝朱元璋在《越女》一詩中對西施的讚美之辭，描繪出千古美女西施的自然之美。

關於西施，民間流傳的是這樣一個美麗的故事。戰國時期，越王勾踐為雪國恥，想要打敗吳國，在大臣的建議下使用美人計。奉命尋找美女的范蠡挑中了民間的西施送往吳國，吳王夫差收下這個禮物並寵愛有加。而西施與范蠡在之前的接觸中已經產生了深厚的感情，吳國滅亡後，西施與范蠡泛舟江湖，過著幸福的生活。

這一故事雖然令人感動，但卻沒有歷史依據，翻遍記載春秋戰國歷史比較嚴肅的史書，如《左傳》、《國語》、《史記》這些著作，我們都沒有尋見西施的蹤影，《國語・越語上》雖然提到越國向吳國貢獻美人的事，但也沒提西施的名字，這個「美人」會是西施嗎？莫非歷史上真的沒有西施這個人，難道西施的故事是後人的演繹？

其實不然，西施雖然沒有在《國語》、《史記》等書中出現，但這不等於歷史上沒有西施這個人，先秦諸子著作中就曾多次提到西施。《墨子・親士篇》說：「是故比干之殪，其抗也。孟賁之殺，其勇也。西施之沉，其美也。吳起之裂，其事也。」這是最早提到西施名字的史料記載。其中的比干、孟賁、吳起三人都在《史記》中多次出現，以此為證，西施也當確有其人。況且墨子生活的時代距吳越爭霸時間最近，因而他所說的西施應當是存在無疑的。此外，在《莊子》、《孟子》、《荀子》、《韓非子》、《管子》等書中也出現過西施的名字，《莊子》中著名的「東施效顰」的故事更是家喻戶曉。

應該說歷史上確有西施這人，雖然沒有得到史家的重視：老百姓卻非常喜愛這個美麗的女子，同情她的遭遇，於是關於她的故事代代相傳之後，變得越發神奇和唯美了。

知識連結

古代四大美女，一種說法是「沉魚落雁，閉月羞花」，分別指西施、昭君、貂蟬、楊玉環。沉魚的傳說，就是西施浣紗的故事。落雁的傳說，是昭君出塞時，行於大漠途中，感嘆自身命運，在馬上彈《出塞曲》，正巧天邊有大雁飛過，聽到曲調的幽怨哀傷，愁腸寸斷，紛紛落地。閉月是講貂蟬在花園中拜月時，月亮見了她的容貌自愧不如，於是藏於烏雲之後。羞花是講楊貴妃在花園賞花時，用手去撫摸花的時候，花瓣收縮，宮女見了，說她比花還漂亮，連花都羞得抬不起頭來。這就是「沉魚落雁，閉月羞花」的傳說。四大美女還有「笑褒姒，病西施，狠妲己，醉楊妃」的說法，即：褒姒、西施、蘇妲己、楊玉環。

西施魂歸何處

西施名列中國「四大美女」之首，是春秋末期越國的一名浣紗女，有沉魚落雁之貌。正因為她的美以及她在吳宮中的謀劃，使她成為吳國和越國鬥爭的主角，吳王夫差對她寵幸有加。後來，隨著吳國滅亡，這位美貌女子在歷史上就銷聲匿跡了，她究竟魂歸何處呢？

一些古代著作均認為西施最終被越王裝進皮袋沉到江裏。東漢趙曄所撰《吳越春秋》說：「吳亡後，越浮西施於江，隨鴟夷以終。」這裏的「浮」即是「沉」的意思，「鴟夷」指皮袋。《墨子·親士》篇也載：「西施之沈，其美也。」「沈」即「沉」。

但是，後人又有西施和范蠡偕隱西湖的美滿姻緣的故事。范蠡是當

時越國的大夫，幫助越王勾踐刻苦圖強，滅亡吳國，因深知越王勾踐為人「可以共患難，不可以共安樂」，於是隱姓埋名出走，和西施一起終老山林了。

不過，《史記》中《越王勾踐世家》與《貨殖列傳》都提到范蠡出走，卻沒有提起西施，西施是被沉於水，還是跟隨范蠡歸隱於西湖，或者還有其他結局，就仍是一個謎了。

知識連結

《東周列國志》，原名《新列國志》，它是明人馮夢龍在前人著作《列國志傳》的基礎上改編而成的一部歷史演義。《東周列國志》取材於《戰國策》、《左傳》、《國語》、《史記》四部史書，記述了從西周末年（西元前789年）至秦統一六國（西元前221年）中500多年間的歷史故事。作者透過生動的故事告訴我們：道義即民心，講道義、任賢能是國家興盛的根本。這種「得民心者得天下」的思想具有人本主義的端倪，在當時很有進步意義。

陳阿嬌為何被廢

光武五年，漢宮裏發生的「巫蠱」案，撞碎了陳皇后「金屋藏嬌」的幻夢。漢武帝命酷吏張湯調查此案。元光五年，劉徹以「巫蠱」罪名將陳后幽禁於長門宮內。「君不見咫尺長門閉阿嬌，人生失意無南北」，這句話表現了陳皇后被廢之後幽居長門的失意與悲涼。一代皇后陳阿嬌被廢，果真是因為一時糊塗牽扯到「巫蠱」之案中嗎？

陳氏是長公主的女兒，武帝即位後被立為皇后，但卻始終無生育。武帝喜新厭舊，寵幸平陽公主進獻的女奴衛子夫。加上陳皇后不懂得自保，恃貴而驕，所以武帝廢掉陳皇后是遲早的事，「巫蠱」案很可能只

是藉口。「巫蠱」，是一件說不清、道不明的事，受了栽贓誣陷根本無法自辯，因此很難說明是真是假，難以服人。那麼，隱藏在「巫蠱」後面真正的原因是什麼呢？

在漢朝的整個過程中，外戚一直有舉足輕重的地位。對於漢武帝來講，漢初諸呂亂政的景象還歷歷在目。漢武帝本人也深深受到外戚勢力的影響和左右。劉徹能夠奪得帝位全仰賴於姑母館陶公主、堂邑侯及外戚竇氏家族勢力的全力支持，漢武帝的地位才有驚無險地保住了。但是，漢武帝親政之後，長公主的勢力成為皇權的極大威脅。漢武帝迫不及待地要削弱陳家勢力，獨掌大權，這是符合邏輯的。陳皇后被廢，表面的罪名是「巫蠱」，而真正原因很可能是漢武帝為了「防患外戚」採取的手段。

從武帝之後的所作所為看出，他對外戚的防範一直都沒有放鬆。廢掉陳氏後，他開始對抗外戚王太后、舅舅田蚡和竇氏家族；後期，他則在衛子夫、衛青家族集團，霍去病集團，李夫人、李廣利家族之間平衡協調勢力，防止外戚專權。晚期的「立子殺母」，直接賜死昭帝的生母，則是為了避免外戚對下一代皇帝的干擾。

從武帝整個在位期間來看，他對外戚勢力均以遏制為主，因此把廢陳皇后作為打擊陳家勢力的手段是很有可能的。然而，歷史悠悠幾千載，關於武帝廢后的種種動機的猜測還得不到證實，也許他正是出於多方面的考慮才廢后的。

知識連結

「巫蠱」之術，從秦漢時期開始出現，源於遠古的信仰民俗，用以加害仇敵。內容包括詛咒、射偶人和毒蠱等。具體方法是，用桐木製作小偶人，在小偶人上寫上被詛咒者的名字、生辰八字等。對其施加魔法和詛咒後，將它們埋放到被詛咒者的住處或旁邊。漢代的法律和唐代的法律都明令禁止過「巫蠱」之術。因為「巫蠱」之術操作簡便，說不清

道不明，被懷疑者無法自辯，因此成為栽贓陷害的絕好手段。縱觀中國數千年的歷史，多少后妃、重臣、皇子和公主冤死在這兩個字上。漢武帝時期，陳皇后和衛子夫都是栽在「巫蠱」之案中的。

衛子夫有如史書記載的「賢慧」嗎

據史書記載，漢武帝的衛皇后出身卑賤，以謙遜、賢慧著稱，對衛家子弟管教很嚴。據說，她曾經含淚向武帝說明弟弟衛青的四個兒子不成器，勸武帝削奪衛氏子弟的封賞。這樣看來，她確實是很賢慧的。衛子夫果真如史書所記載的那樣「賢慧」嗎？

武帝征和二年，江充製造「巫蠱」案誣陷衛太子，衛子夫為自保，乘漢武帝不在長安之機，與太子劉據策劃發動兵變奪取皇位。這場兵變雖然說是從誅殺奸臣江充開始，但卻不能抹殺它反叛的事實。更為嚴重的是，衛子夫母子為擴充兵源，竟放出監獄囚徒，還打開武庫，發放兵器武裝這些囚犯，以此來對抗政府軍。誅殺江充後，太子的軍隊與丞相劉屈氂的軍隊在京城長安血戰5日，長安民眾無所適從，長安城裏數萬士民家破人亡。叛亂平定之後，還牽連很多人被害。衛子夫本人死後，被稱為「戾后」，葬於長安城南的桐柏亭附近。

因為「巫蠱」，陳皇后被廢，衛子夫才得以爬上皇后之位，然而，也是因為「巫蠱」，她只能自盡了結生命，落了個身敗名裂的下場。可謂成也「巫蠱」敗也「巫蠱」。事實上，衛子夫可算是中國歷史上第一個謀劃和實施軍事叛亂的皇后。作為妻子，她謀害丈夫；作為皇后，她反叛皇帝、顛覆國家。在這點上，後世女皇帝武則天也自嘆弗如：武則天好歹也是等到丈夫李治死後才開始篡位行動；並且當時也沒有牽連到平民大眾。衛子夫發動政變，行叛逆之實，哪裡可以稱為「賢」呢？可是，她為什麼會在史書上留下那麼好的名聲呢？

衛子夫的幸運在於曾孫劉詢落網逃脫。當時，太子兵敗後，孫子劉詢尚在繈褓之中，因此倖免於難。漢昭帝早逝，沒有子嗣，於是劉詢被迎進宮成為漢宣帝。漢宣帝為證明自己繼承皇位的合法性，竭力給曾祖母洗刷罪名、加以美名，並追諡她為「思皇后」，並建「思后園」。如果沒有漢宣帝，恐怕很難有史書上賢慧的衛后了，也許現在展現在我們面前的就是可怕的「戾后」了。

知識連結

西元前91年，武帝征和二年，寵臣江充謊說宮中有蠱氣，導致武帝生病。漢武帝劉徹命令江充與按道侯韓說等入宮追查，江充因為與太子劉據有過節，於是藉機陷害太子，說是太子詛咒皇上。太子得知後很害怕，聽從少傅石德的建議，發動兵變，捕殺江充等人。漢武帝命丞相帶兵進擊太子軍。雙方在長安激戰5天，太子兵敗逃亡，被迫自殺。後來「巫蠱」冤案真相慢慢清楚，劉徹認為太子受人陷害，於是族滅江充全家。這是「巫蠱」事件中最嚴重的一次，前後牽連達數萬人，史稱「巫蠱之亂」。

卓文君巧計挽救了婚姻屬實嗎

西漢卓文君和司馬相如的愛情故事流傳千古，為歷代癡男怨女所津津樂道。傳說兩人婚姻曾經出現過危機，但是聰明的卓文君巧計挽回了丈夫的心，成為千古佳話。那麼，這樣一個唯美的傳說是否屬實呢？

卓文君，臨邛大富商卓王孫的女兒，相傳有才有貌。司馬相如當時只是個窮書生，但很有才華。兩人互相傾慕，一見鍾情，但遭到卓王孫的堅決反對。卓文君不顧父親的阻撓，毅然與司馬相如私奔。私奔後在當壚賣酒為生，生活很艱難，但是兩人感情很好。

後來，司馬相如因《上林賦》得到漢武帝的賞識，被召入朝為官，官場得意的他開始產生棄妻納妾之意。卓文君得知後，寫下《白頭吟》相送。詩中寫道，「聞君有二意，故來相決絕。願得一人心，終老不相負。」表達了文君對愛情的執著和堅貞之情。司馬相如的回信只有十三個字：「一、二、三、四、五、六、七、八、九、十、百、千、萬。」十三個字中缺少億，寓意為「無意」。卓文君看後，滿懷悲痛寫下數字詩《怨郎詩》。司馬相如看後，驚嘆妻子的才華，聯想到過去的患難生活，畢竟是「糟糠之妻不可棄」，於是打消了納妾的念頭。

整個故事充滿了濃厚的傳奇色彩，但史書上對兩人的記載是很少的。《史記·司馬相如列傳》中確實有「雪夜私奔」、「當壚賣酒」的典故，但卻沒有關於兩人婚姻破裂和卓文君挽救婚姻的記載。據《西京雜記》載：「……相如將聘茂陵人之女為妾，卓文君作《白頭吟》以自絕，相如乃止。」從《西京雜記》中來看，卓文君挽救婚姻並不是用數字詩。數字詩在很多方面都與元曲相似，有人懷疑它的作者是元朝或之後的人而非卓文君，因此數字詩很可能是後人加上去的。

雖然有史記載卓文君作《白頭吟》挽救破裂的婚姻，但《西京雜記》是雜史，歷代多稱為偽書，多不足信。因此卓文君作詩挽救婚姻的傳說是否真實依然只能是個謎。

知識連結

傳說中卓文君寫下的《怨郎詩》如下：一別之後，二地相懸。只說三四月，誰知五六年。七弦琴無心彈，八行字無可傳，九連環從中折斷，十里長亭望眼欲穿。百思念，千繫念，萬般無奈把郎怨。萬語千言說不完，百無聊賴十依欄。九重九登高看孤雁，八月仲秋月圓人不圓。七月半秉燭燒香問蒼天，六月伏天人人搖扇我心寒。五月石榴似火紅，偏遇陣陣冷雨澆花端。四月枇杷未黃，我欲對鏡心意亂。忽匆匆，三月桃花隨水轉，飄零零，二月風箏線兒斷。噫，郎呀郎，巴不得下一世你

為女來我做男。整首詩非常巧妙地借用數字表達了主人公愛恨交加的強烈情感，是難得的佳作。

出塞和親的第一人是誰

在中華大地上，昭君出塞的典故千古流傳，世人皆知。在出塞和親的眾人之中，昭君無疑是最著名的一個，那麼她是不是出塞和親的第一人呢？

昭君出塞是發生在漢元帝時候的事情，竟寧元年（西元前33年），漢元帝把宮女王昭君賜嫁給匈奴單于呼韓邪。事實上，漢朝在漢武帝時就有與周邊少數民族和親的歷史。《漢書‧西域傳》記載，漢武帝為了聯合烏孫抗擊匈奴，於元封六年（西元前105年）封劉細君為公主，下嫁烏孫國王昆莫。這樣看來，細君公主出塞比昭君出塞早了70多年。所以，昭君不是出塞和親第一人。

劉細君，西漢江都王劉建的女兒，史稱「江都公主」。西元前119年，張騫第一次出使西域回來後，向武帝建議聯合烏孫攻擊匈奴。經過多方遊說，西域烏孫國王終於遣使到長安，向漢武帝提出聯姻的要求，表示永結友好。武帝同意聯姻，決定由江都公主劉細君出塞。《漢書‧西域傳》記載，細君公主出嫁時，漢武帝「賜乘輿服御物，為備官屬侍御數百人，贈送其盛」。

細君公主到達烏孫後，由於語言不通，風俗不同，思念家鄉而作《悲愁歌》。歌曰「吾家嫁我兮天一方，遠託異國兮烏孫王。穹廬為室兮旃為牆，以肉為食兮酪為漿。居常土思兮心內傷，願為黃鶴兮歸故鄉。」由此可見，細君公主遠嫁烏孫，是歷史事實。

史書記載，從西元前192年至西元前152年，西漢先後七次送宗室女嫁給外邦，但都沒有留下和親女子的名字。因此，劉細君作為中國歷史

一本書讀懂中國歷史謎案

記載的第一位「有名有姓」的和親公主，可算是出塞和親第一人了。

知識連結

細君公主不僅在出塞和親中功績卓著，而且是一代才女。她被稱為古代詩壇上突破「詩言志」樊籬的第一人。作品《悲愁歌》為後世傳誦，被稱作歷史上的第一首邊塞詩。這首詩被收入《漢書》，後來又收入《漢詩》，稱為「絕調」。不僅如此，劉細君精通音樂，據說還是樂器琵琶的發明人。晉人傅玄《琵琶賦·序》、唐人段安節的《樂府雜錄》中都明確指出，烏孫公主始造琵琶。由此看來，細君公主的歷史貢獻是多方面的。

王昭君因何出塞

昭君出塞的故事流傳千古，文人墨客多讚賞她主動和親的美好品質。「昭君自有千秋在，胡漢和親識見高」，就是後世文人讚頌昭君出塞的詩句。歷史上王昭君真是自願出塞的嗎？

最早記載昭君自願出塞的是《後漢書·南匈奴傳》：「昭君入宮數歲，不得見御，積悲怨，乃請掖庭令求行，呼韓邪臨辭大會，帝召五女以示之。昭君豐容靚飾，光明漢宮，顧影裴回，竦動左右。帝見大驚，意欲留之，而難於失信，遂與匈奴。」有人根據這段史料，認為昭君因為在後宮受冷落而生怨憤，同時也看到出塞「和親」是一個利國利己的機會，就挺身而出，慷慨應召，自願和親。但是在當時人眼裏，出塞遠嫁是件很不幸的事情。當年劉邦為了與匈奴和親，打算把魯元公主遠嫁匈奴，呂后聽說後日夜哭泣，堅決反對。那麼，昭君真的就與別人不同，自願奔赴匈奴嗎？

《西京雜記》記載，漢元帝好色，但是後宮佳麗太多不能個個都臨

幸。於是令畫師為後宮嬪妃畫像，他則根據畫像挑選臨幸的對象。由於王昭君剛直不阿，拒絕賄賂畫師毛延壽，所以被畫得很醜。這一陷害造成了昭君的悲慘結局：漢元帝不僅沒有寵幸她，而且把她遠嫁到匈奴。這樣看來，昭君出塞是受小人陷害的，多少也是不大情願的。

據史書記載，漢宣帝、漢元帝都不是貪色之人。《西京雜記》很可能是虛構了畫師毛延壽這段故事。昭君出塞時，漢元帝已是疾病纏身的垂危之人，在昭君出塞後不久就死了，大概不會出現《後漢書》中的「意欲留之」這種事。這樣看來，《後漢書》中的記載似乎不太符合歷史事實。那麼昭君出塞到底是因為什麼原因呢？

《漢書》中沒有記載昭君自請出塞，只記載了漢元帝把昭君「賜」給呼韓邪單于。兩相比較，《漢書》比《後漢書》早了300多年，《後漢書》記載昭君的說法，其可信程度自然不如《漢書》。因此，昭君出塞不大可能是自願請行，很可能只是奉命而為。

知識連結

《西京雜記》是一部記載西漢佚事傳聞的筆記體小說，其中「西京」即西漢都城長安。《西京雜記》原有兩卷，首次出現在《隋書‧經籍志》史部舊事類，到宋朝人陳振孫的《直齋書錄題解》開始著錄有六卷本。現行的《西京雜誌》也是六卷，共100餘則，兩萬多字。其中不乏人們喜聞樂道的經典故事，如宮女王嬙不肯賄賂畫工致遠嫁匈奴，卓文君與司馬相如出奔，「鑿壁借光」，鄧通得蜀山鑄錢、司馬遷之死等。但是，這本書所述之事多怪誕不經，因此歷朝歷代很多人都認為是偽書，懷疑是雜抄漢魏六朝佚史寫成的。

班昭是《漢書》的作者嗎

中國第一部紀傳體斷代史——《漢書》的作者，一般都被認為是東漢時期的班固。事實上，班固一個人並沒有完成《漢書》的全部編寫工作，《漢書》的作者還有其他人。

實際上，《漢書》有四位主要的作者，不像《史記》是由司馬遷一個人完成的。班固和司馬遷都是繼承父親遺志編寫史書。然而，班固的父親班彪生前已為《史記》寫了《後傳》，一共65篇。《漢書》就是在《後傳》的基礎上完成的。因為班彪已完成了65篇，因此班彪是《漢書》作者之一當之無愧。

班固躊躇滿志之時，天降橫禍，有人告他私修國史，被捕入獄。幸虧弟弟班超多方營救，加上明帝賞識他的才華，於是索性將他留在朝廷作史官。這樣，一代史學巨才得以施展才華。後來，班固因事入獄。他死的時候，《漢書》並沒有完成，還有八篇表和一篇《天文志》沒有寫。

這時候出現了一位身分特別的作者，那就是班固的妹妹班昭。班固死後，漢和帝命班固的妹妹班昭繼承哥哥事業。班昭，字惠班，她有什麼特別呢？班昭是個了不起的人物，不僅是東漢的文學家，還是中國第一個女歷史學家，是「二十四史」當中絕無僅有的女作者。事實上，班昭在班固活著的時候就參與了全書的纂寫工作。班固死後，班昭繼承遺志，獨立完成了第七表《百官公卿表》，但班昭總是謙遜地冠上她哥哥班固的名字。所以，後人並不知道她對《漢書》的成書功不可沒。

當時與班昭一起完成《漢書》還有馬續，他為《漢書》補上了《天文志》。《漢書》經過四人前仆後繼、不懈努力，終於成書面世，實在值得欣慰。這樣說來，《漢書》的作者不是班固一人，而是四個人，並且其中還有一位紅顏作者——班昭。

班昭，東漢文學家、史學家、政治家。「東觀續史，賦頌並嫻」，這是後人讚頌班昭續修《漢書》之功和擅長文采的話。除了續寫《漢書》外，她還寫有賦、頌、銘、誄、哀辭、書、論等16篇文章。她所作的《東征賦》一篇，被昭明太子蕭統編入《文選》。她寫的《女戒》，當時京城世家爭相傳抄，不久便風行全國，可見她文采非常。班昭博學多才、品德優良，鄧皇太后尊她為老師。太后臨朝稱制後，班昭開始參與政事，所以她也是個不折不扣的女政治家。班昭死後，鄧太后為她素服舉哀，表達了對這位才女的尊崇與愛戴。

貂蟬是怎樣一個人

貂蟬是中國古代「四大美女」之一，素有「閉月」之稱。《三國演義》說她善歌舞，色伎俱佳。本為司徒王允家中歌伎，後王允先將貂蟬許給董卓義子呂布，未及迎娶又獻於太師董卓，挑起董、呂兩人的心結。使董、呂彼此恨之入骨，終於反目成仇，最後呂布殺董卓，夷其三族。

由於三國故事家喻戶曉，故貂蟬是王允家中的歌伎這一說法流傳甚廣。

另有說法認為貂蟬是董卓婢女。據《後漢書‧呂布傳》載，董卓很是信任呂布，但呂布卻趁機與董卓侍婢兩情相許，但又唯恐董卓識破，由此生出很多衝突。因此人們認為使董、呂反目的貂蟬，實際上是董卓的婢女。

還有人認為，貂蟬是呂布部將秦宜祿之妻。《三國志‧關羽傳》注引《蜀記》載，曹操與劉備圍呂布於下邳，關羽向曹操請求幫助，呂布派部將秦宜祿外出求救，城破之後，請把秦之妻賜我為妻。曹操答允

了。後關羽又多次提及此事，使曹操產生好奇心，城破後，搶奪了秦宜祿之妻。

元代雜劇中也有這段劇情，但將貂蟬與秦宜祿之妻合二為一了。

總之，貂蟬的故事，或出於小說，或出於戲劇，文人的渲染與演繹使她越來越不可捉摸。由於這些故事或多或少與史實有關，真真假假，更為難辨，以致歷史上的貂蟬究竟是怎樣一個人，就成為難解的懸案了。

知識連結

貂蟬與西施、楊貴妃、王昭君為中國古代四大美女。傳說貂蟬降生人世，三年間當地桃杏花開即凋；貂蟬午夜拜月，月裏嫦娥自愧不如，匆匆隱入雲中；貂蟬身姿俏美，細耳碧環，行時風擺楊柳，靜時文雅有餘，貂蟬之美，蔚為大觀。

唯一讓曹操流淚的強女人是誰

「治世之能臣，亂世之奸雄」，這是許劭對曹操的評價。應該說，作為一個文韜武略、英明神武的政治家，是不會輕易為女人拋灑眼淚的。但是，傳言曹操曾為一個女人而流淚了。

東漢末年，首都洛陽有一位名氣很大的歌女，名叫來鶯兒。董卓的亂軍燒毀了洛陽城，來鶯兒失去生計。後來，張繡的謀士賈羽在洛陽城中找到了孤苦無依而又姿容絕色的來鶯兒，獻給曹操作為隨軍藝妓。

然而好景不長，來鶯兒不久與曹操的一名叫王圖的侍衛發生感情，兩人經常祕密約會。曹操忙於軍務，一直沒有發覺。有一次，在進軍新野時，曹操派王圖帶領一組人馬，深入敵境，窺探劉備、劉表的虛實，以及囤糧的處所。王圖感覺此行凶多吉少，便向來鶯兒辭行，兩個人依

依不捨，竟忘記了出發的時間。按照軍法，王圖貽誤軍情是要被處死的。來鶯兒得到要處死王圖的消息後，立即向曹操懇請赦免他，並把自己和侍衛的私情和盤托出。

曹操當然是很惱火，來鶯兒竟然背著自己愛別人。而且如果赦免王圖，軍威就蕩然無存，以後怎麼服眾。來鶯兒立即表示，願意代替愛人去死。曹操同意她代情人一死，但必須在一個月內訓練出一個小型歌舞班，來代替她自己。一個月後，來鶯兒完成了任務，但曹操捨不得她去死，有意挽留她。但是來鶯兒態度堅決，決心赴死。她向曹操拜了幾拜，便從容奔赴刑場。望著來鶯兒遠去的背影，曹操竟潸然流下眼淚……

如果這個感人的故事是真的，來鶯兒大概算是唯一讓曹操流淚的女人了吧！史上記載了曹操有15個妻妾：劉夫人、丁夫人、卞氏、環夫人、杜夫人、秦夫人、尹夫人、王昭儀、孫姬、李姬、宋姬、劉姬、周姬、趙姬和陳妾。人們認為其中的陳妾就是來鶯兒。但是，史書上曹操的15個妻妾中有事蹟記錄的只有丁夫人、卞氏、杜夫人和尹夫人。所以，即使來鶯兒是陳妾，史上也沒有關於這段故事的記載。

知識連結

魏武帝曹操（西元155～220年），字孟德，小名阿瞞，人稱「曹阿瞞」。世人稱他為「治世之能臣，亂世之奸雄」。曹操生前並未稱帝，兒子曹丕稱帝後，尊曹操為「武皇帝」。他消滅了當時眾多割據勢力，統一了中國北方大部分區域，奠定了曹魏立國的基礎。他不僅是政治家，還是傑出的詩人。藝術風格上，他的詩以感情深摯、氣韻沉雄取勝，是「建安風骨」的代表。代表作有《薤露行》、《蒿里行》、《苦寒行》、《步出夏門行》等。除此之外，他還在散文、書法、音樂等方面都有很深的造詣，曹操確實是個文武全才。

是賈南風斷送了西晉王朝嗎

自古有「紅顏禍水」的說法，這話到了西晉惠帝司馬衷的皇后那裏，似乎應該改成「醜女誤國」了。歷史上的賈后究竟是怎樣一個人，她真的就斷送了短暫的西晉王朝嗎？

西晉惠帝的皇后叫賈南風，是歷史上鼎鼎有名的醜女。根據《晉書·惠賈皇后傳》記載，賈南風生得「醜而短黑」、「眉後有疵」，而且性格暴躁，妒忌心重，殘酷冷血，曾親手殺過人。這樣一個既難看又沒有人品的女人，卻在錯綜複雜的西晉王朝穩坐宮廷長達30多年，擅權弄政，把一個西晉王朝翻了個底朝天。

按理說，這樣的女人是不可能成為皇后的。但是，賈南風之父是西晉的開國元勳賈充，這是她能夠與皇太子聯姻的主要原因。晉武帝在世時，雖多次想廢掉這個太子妃，但始終沒有動手，也是因為顧忌賈充的權勢。晉武帝死後，晉惠帝繼位，這位奇醜無比的賈南風順理成章成為皇后。

由於惠帝司馬衷是弱智，賈后很快把持朝政，儼然一個代理皇帝。為了牢牢掌握朝政大權，她首先借汝南王司馬亮和楚王司馬瑋之手，誅殺了太傅楊駿，滅了楊氏家族，廢楊太后為庶人，將其迫害致死。誅殺楊駿之後，賈后又矯詔使楚王瑋殺死太宰、汝南王亮和開國元勳太保衛瓘，奪得朝政大權。達到目的後，她又以「擅殺」罪名，除掉了楚王司馬瑋。至此，賈后大權獨攬，滿朝遍布她的親信黨羽。

當她殺掉太子之後，終於激起了宗室諸王的反抗。梁王司馬肜、趙王司馬倫等率兵入宮，廢賈南風為庶人，誅殺了賈南風的黨羽。賈南風被殺之後，西晉諸王為爭奪皇位就爆發了有名的「八王之亂」。八王之亂歷經十多年，晉王朝國力急劇下降，西北的少數民族趁虛而入，偌大的晉王朝迅速走向衰亡。

這一切都與這個「醜而短黑」的賈南風干政有直接關係。賈南風

為了保住自己的權力，濫殺無辜，朝廷上下人心惶惶，中央力量大大削弱。不僅如此，她的擅政，又導致了「八王之亂」的爆發。西晉王朝的滅亡有著多方面的原因，而醜后賈南風無疑是罪魁禍首！

知識連結

「八王之亂」，是西晉時統治集團內部為爭奪皇位而進行的戰亂，歷時16年（西元291～306年）之久。戰亂參與者主要有汝南王司馬亮、楚王司馬瑋、趙王司馬倫、齊王司馬冏、長沙王司馬乂、成都王司馬穎、河間王司馬顒、東海王司馬越等八王，因此稱為「八王之亂」。西元291年，因為賈后擅政，廢太子激起義憤，統領禁軍的趙王聯合齊王一同率軍入宮，殺死賈后。西元301年，趙王廢掉惠帝，自立為皇帝。諸王不服，競相起兵爭奪，直到西元306年，東海王毒殺惠帝，立晉懷帝司馬熾，「八王之亂」才告結束。「八王之亂」中，參戰諸王多相繼敗亡，人民生靈塗炭，社會經濟嚴重破壞，西晉統治逐漸走向崩潰邊緣。

花木蘭代父從軍確有其事嗎

「唧唧複唧唧，木蘭當戶織」，木蘭從軍的故事幾乎所有人都耳熟能詳。相傳，花木蘭是北魏人，姓花，名木蘭，父親花弧是一個後備役軍官。因為父親年邁，花木蘭男扮女裝，代父從軍，但是建功立業後棄官回鄉。木蘭從軍的傳奇故事的廣泛傳播得益於一首叫《木蘭詞》的民歌，但是民歌中的英勇女性在歷史上真的存在嗎？她真的像民歌裏描繪的那樣從征12年，放棄尚書郎的官職回歸鄉里嗎？

《木蘭詞》是一首北方樂府民歌，民歌大多反映了當時的社會生活和風土人情。而且北方女性的豪邁剽悍也是有根據的，北魏時的李波小妹英勇善戰，因而民間流傳著《李波小妹歌》。可見，木蘭詞中的故事

是有一定生活依據的。

　　然而我們對於花木蘭的姓氏、籍貫、年代至今還沒有明確的結論。這就奇怪了，如果情節發展真的像木蘭詞中所描述的那樣，那麼，為什麼一個戰功赫赫，可以官授尚書郎的女將軍卻在史書上隻字未提呢？

　　對此我們不妨做出這樣的推論，文人為歌頌北方英勇女性，在木蘭詞中提高了花木蘭的功績。也就是說，歷史上代父從軍的女性是存在的，而花木蘭僅僅是一個形象代表，而不是一個具體的人物。我們所熟知的木蘭從軍的故事只是一個文學典型，反映當時北方民風彪悍、婦女尚武的一種社會現實。

知識連結

　　樂府詩，是出現在漢魏六朝時期一種能夠配樂演唱的詩體。「樂府」周代是官署名稱，負責制譜度曲，採集詩歌民謠。這些詩歌民謠一方面供朝廷演唱之用，一方面供統治者考察民情之用。漢朝時，采詩獲得大發展，成為一項重要的政治任務，「樂府」在蕭梁時候，從官署的名稱轉變為詩體。北宋郭茂倩編的《樂府詩集》是最完備的一部樂府歌辭總集，其中的民歌，分為南歌和北歌兩大部分。《木蘭詞》和《孔雀東南飛》是民歌中的名篇，並稱為「樂府雙璧」。

獨孤皇后與隋文帝並稱為「二聖」

　　隋文帝的獨孤皇后，是北周大司馬、河內公獨孤信的女兒，名字叫獨孤伽羅。歷史上，她與文帝被稱作「二聖」。作為一個皇后，其地位竟然與皇上等量齊觀，這是什麼原因呢？

　　史書記載，獨孤皇后「家世貴盛而能謙恭，雅好讀書，言事多與隋主意合」。可見，獨孤皇后不僅出身名門望族，而且知書達理、見解不

凡，很有政治才幹。北周時，楊堅害怕被皇帝誅殺，長年帶兵在外。留居京城的獨孤伽羅在各派勢力之間周旋，拉攏了一大批王公大臣，建立了盤根錯節的關係。因此，每次楊堅遇險，朝廷中總有人幫助他，直到他廢周建隋。獨孤皇后對於隋朝的建立可以說功不可沒，因此她的地位也特別高。

獨孤皇后不僅聰明能幹，而且公正廉明，不徇私情。史載，大都督崔長仁是獨孤皇后的表親，犯了法本來應該被處死。隋文帝念他是皇后親戚，想免去他的死罪。皇后聽後正色道：「國家大事，按律處之，怎麼能枉國法而顧私情呢？」於是崔長仁被依法處死。這種大義滅親的舉動，一時被傳為佳話。還有一次，幽州總管將一匣價值800萬的明珠獻給獨孤皇后，她嚴詞拒絕，並要把明珠賞賜給前線將士。獨孤皇后這種大公無私、愛恨分明、通情達理的行為，使滿朝文武為之折服。

除此之外，獨孤皇后與皇帝的感情一直都維持得非常好，史書記載，兩夫妻「同返宴寢，相顧欣然」。隋文帝每次上朝，她總是跟他坐同一輛車過去。她待在後閣裏，派宦官一旁監督皇帝為政得失，可謂關懷備至了。退朝後，兩人再一起返回寢宮。於是，宮中稱他們為「二聖」。

獨孤皇后之所以能夠與隋文帝並稱「二聖」，從很大程度來說是靠她自己的才能和品德贏來的。

知識連結

歷史上的魏晉南北朝時期，是中國的大分裂時期，直到隋文帝時才結束。楊堅於西元581年迫使北周靜帝禪位，自立為帝，定國號大隋，改元開皇。隋朝建立以後，隋文帝便準備攻打南邊的陳國，以統一中國。開皇八年（西元588年），隋文帝渡江滅陳。4個月之後，晉王楊廣，也就是後來的隋煬帝，帶兵攻入陳國都城建康，陳朝滅亡。至此，南北分裂局勢結束，隋朝統一全國，開創了中國歷史上繼秦漢之後的第二個大

一統時期。

隋文帝為什麼會害怕獨孤皇后

隋文帝楊堅，在歷史上算是少有的有為君主，他不僅建立隋朝，而且統一了中國，結束了南北朝的分裂局面。而這位武功卓著的一代帝王卻以懼內著稱於世，是個地地道道的「妻管炎」。

據稱，隋朝建立後，獨孤皇后打理後宮，不允許年輕女子隨意親近皇帝。她不許文帝寵幸小妾，一次文帝寵幸一個名叫尉遲氏的美女，獨孤皇后知道後很是惱怒，把他寵愛的美女給殺了。文帝一氣之下，騎馬離家出走，並感嘆：「吾貴為天子，不得自由！」那麼，隋文帝為什麼會害怕獨孤皇后？在那個男權時代，一個貴為天子的男人，為什麼還會感染「妻管炎」呢？

魏晉南北朝時期，少數民族政權中婦女地位相對較高。隋文帝楊堅和獨孤皇后在隋之前生活在北周，北周是少數民族政權。進入隋朝後，在五胡內遷這種大背景下，中原漢人對女子的束縛漸漸放鬆，女性大有主事之勢。這種現象到隋唐時期，依然非常明顯。當時除了獨孤皇后之外，唐代的武則天、太平公主、上官婉兒，都能體現出這樣的時代特點。

而且，獨孤皇后可並非普通女人。史書上講，獨孤皇后「家世貴盛而能謙恭」。獨孤皇后不僅娘家很有勢力，而且本人在隋朝建立過程中對丈夫多有幫助，甚至幾次救了楊堅的命，是有名的「賢內助」。同時，她又非常公正廉潔，滿朝大臣都很信服。但是，她妒心很強，見不得丈夫寵愛別的女人。對於這樣一位皇后，史書載，文帝「甚寵憚之」，就是既愛且怕的那種。

時勢造英雄，時勢也造出了不少獨孤皇后這樣的悍妻。看來，隋文

帝是「成也時勢，敗也時勢」，真可以說是贏了江山，輸了美人。

知識連結

中國歷史上怕老婆的皇帝，隋文帝並不是唯一一個。東晉宰相謝安，面對前秦千軍萬馬安之若素，在淝水之戰中以少勝多打敗前秦。然而，較之隋文帝，他怕老婆是有過之而無不及的。據說，謝安曾經想納妾，也嘗嘗左擁右抱的滋味，他夫人堅決反對。當時，謝安的族人子姪都來說情，她也毫不退讓。謝安無奈，納妾之事以後也不敢再提。不僅如此，家中舉辦宴席時歌女演唱奏樂，夫人也只讓謝安看一下子，然後掛上帷幕只讓他在後面聽。這樣看來，謝安的夫人可比獨孤皇后厲害得多啊！歷史上記載的「妻管炎」還有很多，比如桓溫、房玄齡、李治、李顯等，可謂帝王將相無所不及。

長孫皇后如何用典故救養馬人

歷史上，李世民的長孫皇后以賢慧著稱。長孫皇后出身於顯赫家族，哥哥是三朝元老長孫無忌。然而，她從來不恃權弄政，相反非常仁慈寬厚，對「貞觀之治」也貢獻頗大。相傳她曾引用典故搭救過一位養馬人，這又是怎麼回事呢？

唐太宗李世民喜歡駿馬，曾經得到一匹駿馬，非常喜歡，於是就單獨養在宮中。可是有一天這匹馬卻無病暴死。唐太宗得知後，非常生氣，要殺掉養馬的宮女。

長孫皇后得知後趕來，對李世民講了齊景公的故事：當年齊景公也是因馬死而要殺人，晏子當場大罵養馬人該死，歷數他三條罪狀：你養馬卻讓馬死去，這是第一條死罪；君主因此殺你，導致百姓對君主不滿，這是第二條死罪；讓諸侯知道齊景公因為馬死而殺人肯定會看輕齊

一本書讀懂中國歷史謎案

國，這是第三條死罪。其實，晏子是在勸諫齊景公要講仁義，不可隨便殺人。

李世民聽後，立刻懂得長孫皇后是藉典故勸他施行仁德。他明白自己不該因馬殺人，草菅人命，於是就當場把養馬的宮女放了，並對賢相房玄齡稱讚長孫皇后見識非凡。

這個故事表現出了長孫皇后的機智聰敏、仁慈寬厚。然而歷史上是否真有其事很難說，很可能只是民間傳說。但這樣的傳說，表達了後人對這位皇后的愛戴之情。

知識連結

長孫皇后，是唐太宗李世民的妻子。她的祖先為北魏拓跋氏，是鮮卑族人。她的父親是隋朝的將軍，母親高氏也是王公之後。因此，她的出身是非常高貴的。長孫皇后在李世民登基之後被封為皇后。這位皇后非常賢德，史書上稱「仁孝儉素，好讀書」。她死時只有36歲，史載她希望送終從儉，在臨死時向太宗請求因山而葬，不起墳，不用棺槨，陪葬品也只有一些木瓦器具。長孫皇后以賢德著稱於世，並為以後歷朝歷代所推崇。她死後被葬於昭陵，尊號為「文德順聖皇后」。

上官婉兒為何不記武則天滅族之仇

上官婉兒是唐朝有名的才女子，她的一生非常不平凡。唐高宗時期，上官婉兒一家被武則天抄沒，後來卻成為武則天的心腹女官，權傾一時。上官婉兒難道不對武則天懷有滅族之恨嗎？

上官婉兒是唐高宗宰相上官儀的孫女。上官儀因替高宗起草廢武則天的詔書，被武后所殺，上官婉兒隨母鄭氏被收入後宮為婢女。當時上官婉兒還在繈褓之中。到她14歲時，由於才氣過人，武后免去她奴婢

的身分，讓她掌管宮廷詔命，相當於皇帝的祕書。上官婉兒對武則天精心伺奉，曲意迎合，後來又替武則天處理百司奏表，參決政務，權勢日盛。事實上，上官婉兒開始並不甘心侍奉自己的仇人。

據說，當年武后聽說婉兒有才氣，召她來面試時，小婉兒一揮而就，寫了一首七言詩。其文辭精美，但詩的字裏行間透出對武則天的憤恨之情。這時的武則天是殺害家人的仇人，害得她和母親淪落為奴，這使得她對武則天的感情是單純的憤恨。

但當武則天將她從困境中解救出來，委以重任，權利不斷變大時，她對這個女人就懷有憎恨、感激、敬仰等百般感情。因此她的態度也慢慢緩和了下來，不久她就成了武則天最信任的貼身女官。武后討厭批閱表奏，起草詔命，便把這些事都給婉兒處理。朝廷大臣們也競相奔走在她門下。從此，上官婉兒對武則天由仇視慢慢轉為擁護。到中宗李顯即位，上官婉兒更是被委以重任，中宗傾慕婉兒的才貌，將婉兒冊封為婕妤，封其母鄭氏為韝國夫人。後來，上官婉兒死於宮廷政變。

縱觀上官婉兒一生，她雖然曾一度享受榮華和權力，但始終處於仰人鼻息的境地，有種「寄人籬下」的感覺。她為了在宮廷鬥爭中保全自己，不得不對皇上、皇后、公主曲意逢迎，其中包括她的仇人武則天。因此，她不是不記武則天的滅族之仇，而更是無可奈何，因為她自己就寄身在仇人門下，命懸一線。在武則天手下，她是「為人魚肉」，不能記仇。即使如此小心翼翼，她最後還是成為皇權鬥爭的犧牲品，因此她更像是「有心殺賊，無力回天」吧！

知識連結

上官婉兒（西元664～710年），唐中宗昭儀。武則天時期擔任女官，頗有政治才華，是武則天的心腹，權勢很大，後人稱她為「巾幗首相」。武則天死後，太平公主的勢力越來越大，於是婉兒轉而依附太平公主。西元710年，臨淄王李隆基發動政變。婉兒與韋后都被殺，成了宮

廷鬥爭的犧牲品。她不僅有政治才華,她還是唐代有名的女詩人。《全唐詩》中收集她的詩作有30多篇。「執秤秤天下,懷書書漢秦」,是對她一生的真實寫照。

楊貴妃為何沒能成為皇后

楊貴妃,名玉環,字太真,唐玄宗的妃子,中國古代四大美女之一。雖然唐玄宗「三千寵愛在一身」,她卻始終沒有被封為皇后,這是什麼原因呢?

楊玉環從開元二十四年(西元736年)被唐玄宗納為妃子,到天寶十五年(西元756年)在馬嵬坡死去,推算起來,楊玉環做唐玄宗妃子的時間長達20年。按理說,玄宗要想策立楊玉環為皇后有充裕的時間,而且當時皇后之位一直空著。那麼,玄宗為什麼不把皇后之位送給自己最寵愛的人呢?

其實,楊玉環本來是玄宗的兒媳。她曾是玄宗的兒子壽王李瑁的王妃。但是,唐玄宗見到楊玉環後,貪戀她的美色,於是很不厚道地從兒子手中搶過來。搶奪兒媳婦,顯然是不光彩的事情,李隆基對於楊貴妃曾是自己兒媳婦顯然有所顧忌,而且皇后是要「母儀天下」的,立楊貴妃為后多少有點「名不正,言不順」。而且,如果封楊玉環為皇后,很可能將壽王李瑁心中壓抑的怒氣激發出來,似乎也不太好。

有人猜測,李隆基跟楊玉環的結合,主要是文藝興趣的相投,並沒有要她「母儀天下」的想法。歷史上,李隆基是個十分熱心的文藝愛好者,據說霓裳羽衣舞就是他創作的。李隆基之所以寵愛楊玉環,因為他們有相同的文藝愛好和相當的文藝造詣,文藝上互為知音。

事實上,唐玄宗不能封楊貴妃為皇后,還因為楊貴妃一直沒有為玄宗生兒子。而且從當時的政治形勢來看,楊貴妃得寵後,她的兄妹親戚

也隨著發達，哥哥楊國忠甚至官至丞相。楊家勢力已經發展為一股強大的政治力量，如果再封她為皇后，必將打破權力的平衡局面，對維護穩定局勢很不利。

唐玄宗不立楊貴妃為後的具體原因我們不清楚，只能推測。唐玄宗可能是綜合各方面考慮，認為立貴妃為皇后實在是存在風險，得不償失。而且，從當時的情況來看，楊貴妃雖然沒有皇后之名，卻已超過皇后之實，也沒有必要為了一個名號去冒風險。

知識連結

貴妃，是皇帝妃嬪封號的一種，在後宮的地位僅次於皇后、皇貴妃。渤海稱國王的妻子為貴妃，就是相當於皇后的意思。貴妃的稱號最開始設立於南朝宋孝武帝劉駿時期。貴妃的封號一直沿用到清朝，但在各朝的地位尊卑有些不同。唐宋時期，貴妃是僅次於皇后的封號，貴妃、淑妃、德妃、賢妃並稱為四夫人。爵位為正一品。到清代，後宮品級加了皇貴妃一級，於是貴妃成為後宮的第三等封號。在諸多貴妃之中，當屬唐玄宗的楊貴妃最出名，而且幾乎成了她的專稱了。

貴為太后，為何自殘斷臂

「每一個成功的男人背後都有一個偉大的女人」，這句話用在遼太祖耶律阿保機身上再合適不過了。遼朝創立者遼太祖阿保機的妻子叫述律平，做為遼朝的開國皇后，以「簡重果斷，有雄略」著稱。雖然貴為太后，卻在遼太祖阿保機入葬時，自斷右臂。

述律平，在阿保機建立遼朝的過程中立下汗馬功勞，不僅親自帶兵打過仗，而且慧眼識才，政治上幫助丈夫網羅很多人才。阿保機稱汗後，群臣尊她為「地皇后」。應該說她是有權有勢，名利雙收了，她還

有什麼理由做出自斷右臂的自殘行為呢？

　　事實上，在阿保機病逝後，遼朝政局形勢變得複雜起來。西元926年，遼太祖征伐渤海國歸來時，不幸中途病逝。當時，身為皇太子的耶律倍還在東丹國為王，阿保機次子耶律德光則忙於在各地平定叛亂。於是，隨軍而行的述律平擔負起穩定局勢的重任。當時，聽到太祖駕崩的消息後，契丹內部的一些漢族官員開始離心動搖，有些甚至已經叛逃到中原的後唐。不僅如此，契丹貴族也有人試圖挑戰述律平的權威，各派勢力蠢蠢欲動。

　　為了擺脫困境，排除異己，述律平藉為太祖殉葬為名，殺死不少試圖反對自己的大臣。但是，她的做法也導致了大臣們的反感與疑惑，為了服眾，緊急關頭，她毅然自斷右臂，隨棺而葬，作為自己獻給阿保機的殉葬品。大臣們被她的做法震驚了，沒有人再敢不服。此時的她又在醞釀一個驚人的計謀。她趁機改立皇帝，廢太子耶律倍，改立耶律德光。

　　由此可見，貴為皇后的述律平是一個很理性的女強人。她可不是自虐狂，自斷右臂不是自殘，而是出自於她的政治目的。

知識連結

　　斷臂太后述律平（西元879～953年），回鶻族，小字月理朵。她14歲時嫁給了契丹族的耶律阿保機。阿保機建立契丹國，封她為「應天大明地皇后」。西元924年，阿保機帶兵攻擊党項時，述律皇后曾經率軍打敗偷襲敵軍，威震八方。阿保機逝世後，述律平支援次子耶律德光繼承皇位，皇太子耶律倍逃到中原的後唐。耶律德光去世後，耶律倍的兒子耶律阮自立為帝。述律太后想讓自己最疼愛的幼子耶律李胡繼承皇位，打算親自率軍討伐孫子耶律阮，後經貴族勸阻才作罷。耶律阮後來找藉口將太后述律平軟禁。英武一世的述律太后於西元953年病逝，死後與耶律阿保機合葬於祖陵。

李清照晚年曾改嫁他人嗎

宋代才女李清照，無疑是中國古代最負盛名的女詞人。似乎天妒英才，上天給了她一個破碎的家庭。與自己伉儷情深的丈夫趙明誠死後，她的生活從此淒涼冷落，孤苦伶仃。傳言李清照晚年曾改嫁他人，這會是真的嗎？如果是真的，她改嫁後的生活是不是美滿呢？

根據《上內翰綦公啟》和《建炎以來繫年要錄》的記載，趙明誠死後，李清照一個人顛沛流離，生活困苦不堪，於是在媒婆巧舌如簧之下，嫁給了一個叫張汝舟的人。她滿以為從此能過上幸福安定的生活，卻發現這不過是黃粱一夢。這個張汝舟其實是一個市儈，根本不懂得珍惜李清照的才華。他為了早點得到李清照的字畫、器物等，想方設法虐待李清照，希望她盡早死去。李清照的幻夢破碎了，她要擺脫這個無恥小人。可是在當時，離婚對於女人來說簡直是侈談。為了增加離婚的勝算，她同時檢舉了張汝舟的違法行為。但是，宋代的法律規定，妻子檢舉丈夫，即使是真實的，妻子也要坐兩年牢。此時的李清照已經豁出去了，她迫切需要擺脫這個婚姻的牢籠。幸虧上天開眼，她的事被時任翰林學士的親戚綦崇禮聽說了，他很同情李清照，讓她離了婚，並免除了刑罰。據說，《上內翰綦公啟》就是李清照寫給綦崇禮的感謝信。

關於清照改嫁，其中也有很多疑點。首先，《上內翰纂公啟》始見於趙彥衛的《雲麓漫鈔》。《雲麓漫鈔》是在李清照死後多年出現的一本筆記類的著作，它的真實性很難保證。因此《上內翰纂公啟》是否出自李清照之手不能確定。其次，在《建炎以來繫年要錄》中關於張汝舟違法被檢舉的記載中，先說因李氏檢舉而被定罪，卻在後面又加上一句：「李氏，格非女，能為歌辭，自號易安居士。」這樣寫顯然不合行文規律。有人懷疑，後面的話是當時有人為攻擊李清照而加上去的。這樣看來，李清照改嫁一事又似乎是誤傳。

支持李清照晚年改嫁說法的人與否認李清照晚年改嫁的人都各執一

端，「公說公有理婆說婆有理」，但是都論據不足，因此李清照有沒有改嫁尚不能下斷言。但無論如何，這都不影響李清照在中國文學史上的崇高地位和我們對她的敬仰之情。

知識連結

李清照和丈夫趙明誠對金石書畫有著共同的愛好，據稱《金石錄》實際是夫婦二人的合著。《金石錄》一書，著錄他們所見到的從上古三代至隋唐五代以來，鐘鼎彝器的銘文款識和碑銘墓誌等石刻文字，是中國最早的金石目錄和研究專著之一。全書共30卷，目錄10卷、辨證20卷、跋102篇，考訂精核，評論獨具卓識。《金石錄》是一本傾注了李清照夫婦畢生心血的巨著。李清照在《金石錄後序》中，介紹了他們夫婦收集、整理金石文物的經過和《金石錄》的內容與成書過程，回憶了婚後34年間的憂患得失，婉轉曲折，表達了對丈夫真摯而深沉的感情。

李師師最終的歸宿在哪裡

李師師，是北宋末年的名妓，因為與宋徽宗的特殊關係，成為家喻戶曉的一代風塵女子。李師師，色藝雙全，不僅貌美如仙，而且琴棋書畫樣樣精通。宋徽宗一見傾心，將她帶入宮中，封為妃子。但是，傾國傾城的李師師在「靖康之變」後就下落不明了。那麼，李師師最終的歸宿在哪裡呢？

《李師師外傳》記載，金朝國主聽說李師師風華絕代，靖康之變後，命主帥尋找李師師下落。李師師很有氣節，不願侍奉金主，於是吞簪自殺。這種說法，小說筆法很濃，似乎不太可靠。

有人宣稱李師師在京都陷落後被俘，被迫嫁給一個病殘的金兵為妻，終此殘生。清人丁躍亢《續金瓶梅》等書都贊成這種說法。事實

上，當金兵進逼京師時，宋徽宗禪位給太子欽宗。在徽宗禪位後不久，李師師就被逐出皇宮，當時還在京都陷落之前。金軍主帥根據張邦昌提供的後宮名單來索取婦女，名單裏應該並沒有李師師的名字。所以，李師師被金軍掠走是不太可能的，前面兩種說法都不足為信。

李師師被逐出皇宮後不久又被抄家，成了一貧如洗的平民女子。後來李師師當了女道士，南渡後隱匿於江浙一帶，最後終老民間。但是，也有好多說法都認為她南遷後還是重操舊業。《青泥蓮花記》、張邦基《墨莊漫錄》、清初陳忱《水滸後傳》等書中稱李師師被籍沒家產以後，流落江南，重操舊業。至於流落地點則說法不一，有的說是江浙地帶，有的說是湖湘地區。

關於李師師的結局，比較統一的說法是被抄家後南渡，但是更詳細的歸宿則眾說紛紜，並且各種說法臆測和訛傳的成分很多。因此，李師師的最終歸宿，恐怕永遠是個難解之謎了。

知識連結

據說中國歷史上有十大名妓，分別是：南齊蘇小小、唐朝薛濤、宋朝李師師、梁紅玉、明末清初的陳圓圓、柳如是、董小宛、李香君、清末民初的賽金花、民國時期的小鳳仙。另一種說法是：綠珠、蘇小小、李師師、柳如是、董小宛、陳圓圓、顧媚、李香君、賽金花、小風仙。

史上唯一一位妓女出身的女將軍

要說中國歷史上的女將軍，很多人都有所耳聞。像婦好，花木蘭，穆桂英⋯⋯先不說是否真實存在，至少還能數上幾個。但是妓女出身的將軍，恐怕只有一人了。

宋朝抗金女英雄梁紅玉，史書上稱梁氏，並未提及她的名字。「紅

玉」的名字是野史或文學作品加上去的。她出身在武將世家，祖父和父親都是宋朝將軍。祖父和父親在平定方臘起義時戰敗獲罪被殺，因此家道中落，梁氏淪為京口營妓。所謂營妓，就是官妓，類似於慰安婦吧！

雖然她出身營妓，但是她從小受父兄影響，練就一身好武藝。後來結識了名將韓世忠，兩人一見傾心，韓世忠為她贖身，並納為妾。苗傅等人叛亂時，她一夜疾馳幾百里出城助韓世忠平反，立下大功。之後，梁氏經常隨丈夫出征抗金，威震敵膽的黃天蕩戰役就是梁氏與韓世忠共同指揮的。她生前還獨立帶領軍隊與韓世忠並肩作戰，多次打敗金軍。這位一代巾幗最後戰死在抗金的沙場上，終年33歲。

終梁氏一生，淪落風塵因為戰爭，揚名立萬也是因為戰爭，最後還在沙場馬革裹屍，這位女子似乎註定了與戰爭結緣。雖然出身營妓，戰場上卻是「巾幗不讓鬚眉」，她無愧將軍稱號。中國歷史上暫時還找不出第二個這樣出身的女將軍了。所以，我們相信，梁紅玉是有史以來唯一一位妓女出身的女將軍。

知識連結

所謂「官妓」，就是古代侍奉官員的妓女。中國最早的官營妓院，是由春秋時齊國宰相管仲於西元前7世紀中期開設的。據古籍記載，當時官府開設經營的目的一是為了收稅；二是為了緩和社會下層平民的性需求。因為上層階級蓄養了大量美女，造成了社會上男女性別比例失調。官妓發展到漢武帝時，分立出一種營妓制度。官妓的文化素養高於一般的婦女，因此往往傾慕文人雅士。因為文人雅士懂得欣賞他們的藝技，而且溫文爾雅又善於憐香惜玉。但是，官妓的地位是非常卑下的，因而她們沒有人身自由，生活在社會最底層，命運十分悲慘。因而她們嚮往被贖身，過正常人的自由生活。

馬皇后如何用妙計救劉伯溫

　　明朝建立後，曾經對劉伯溫言聽計從的朱元璋態度大變，經常因小事刁難跟自己出生入死的謀士劉伯溫。傳說，朱元璋曾經要殺劉伯溫，馬皇后巧施妙計解救劉伯溫於囹圄之中。歷史上神機妙算的劉伯溫真的被馬皇后所救嗎？

　　馬皇后，是朱元璋的結髮妻子。歷史記載，在戰爭年代她出生入死，幫助丈夫打天下。朱元璋建立明朝後，嗜殺多疑，馬皇后仁慈善良，常常諫勸，挽救了不少大臣們的性命。朱元璋稱讚她「家有賢妻，猶國之良相」。那麼，就馬皇后的品德和威信而言，她施計挽救忠臣劉伯溫的性命是很可能的。

　　據說，朱元璋猜忌劉伯溫，想置他於死地，於是和宰相胡惟庸密謀，讓胡惟庸借探望劉伯溫之機將他毒死。可惜「隔牆有耳」，馬皇后在屏風後偷聽到了他們的對話。馬皇后寬厚仁慈，擔心劉伯溫無辜被殺，於是叫太監送給劉伯溫一盒禮物。盒子裏只有一枚棗，一顆桃。聰明的劉伯溫看到後，立即明白了馬皇后送禮之意：勸他「早（棗）逃（桃）」。劉伯溫得知皇上要殺自己，於是稱病逃脫回鄉，在家鄉「裝死」逃過了劫難。

　　這是民間傳說，其實歷史上並沒有朱元璋派遣胡惟庸去毒殺劉伯溫的事。明朝建立時，劉伯溫備受朱元璋冷落，論功行賞時只受封了一個誠意伯，俸祿也比同爵位的人少。因此，劉伯溫死前在朝廷已經幾乎沒有影響力了，而且已是風燭殘年，不管是對於朱元璋還是對於胡惟庸，根本沒有謀殺的必要。他們兩個人都沒有殺人動機。

　　不僅如此，朱元璋大肆誅殺功臣是在胡惟庸案之後。胡惟庸案開始於洪武十三年（1380年），而劉伯溫死的時候是洪武八年（1375年），中間隔了好長一段時間。由此可見，朱元璋誅殺功臣宿將是在劉伯溫死後五、六年的事了。劉伯溫生前並沒有處在那樣的政治風氣當中，朱元

璋謀害他的可能性不大。

既然朱元璋沒有密謀殺害劉伯溫的必要，自然也就沒有所謂的馬皇后妙計救劉伯溫的事了。馬皇后妙計救劉伯溫，很可能只是民間傳說。這些傳說表現了人們對她仁慈寬厚的認可。

知識連結

關於劉伯溫的死，還有說法稱，他死於明初派系鬥爭。明朝建立後，朝廷內部大臣以地域分成兩派，開始了新的爭鬥。一派是以李善長為代表的淮西派，這一派人多勢眾，主要成員有李善長、郭興、郭英、湯和、周德興等人。另一派是以劉伯溫、楊憲為代表的浙東派。當初，劉伯溫處死了李善長的親信李彬，結怨於李善長。後來，李善長推薦的胡惟庸上臺，成為淮西派新的代表，深受朱元璋的寵信。至此淮西派對浙東派形成壓倒性優勢，據說胡惟庸假借探望劉伯溫的名義送藥給他，下毒害死了他。當然這只是一種說法，不一定是歷史真相。

朱元璋孫女因何遠葬都江堰

2005年，考古人員在都江堰市發現一座古墓。整個古墓面積約一個籃球場大小，墓室在地面下約3公尺處，墓門有兩公尺多高，兩扇石門還可以開合。長方形墓室面積大約80平方公尺，墓室四壁和頂部底部都是石質的。那麼，這座墓室是誰的呢？

考古人員在墓內發掘出了陶俑、金銀銅飾品、玉佩、玉珠、瑪瑙珠飾等上百件隨葬品，以及木建築構件和各種陶瓷器殘片。墓室內的兩方墓誌，分別是「大明故順慶郡主壙志」和「大明故宗人府儀賓中奉盧鼎壙志」，紀年為「永樂十九年十月廿日」。

經過考證，墓誌中提到的順慶郡主是朱元璋的孫女，明代蜀王朱椿

的第十個女兒。這個墓室則是屬於順慶郡主和她的駙馬盧鼎的。但是事實上，蜀王的家人一般葬在成都東郊一帶的地方，順慶郡主為何遠葬都江堰呢？

順慶在今南充市，南充市在成都西邊，都江堰在成都東邊。既然這樣，那麼為什麼順慶郡主卻要安排葬在都江堰，而不是更近的成都呢？至今，考古人員還迷惑不解，也許只是因為郡主夫婦看中那塊地方的風水。朱元璋孫女遠葬都江堰著實是個難解之謎。

知識連結

明蜀王陵位於四川省成都市正覺山山麓及青龍埂等地，以僖王陵為中心散布10餘座明代蜀府諸王及王妃墓葬，形成了著名王陵墓葬群勝跡。僖王陵是一座規模宏大、裝飾華麗的地下宮殿。明蜀王陵是明代藩王蜀王的家族陵墓群。明蜀王陵包括僖王陵、僖王趙妃墓、僖王繼妃墓、黔江悼懷王墓、懷王墓、惠王陵、昭王陵、成王陵、成王次妃墓、半邊墳郡王墓等10座陵墓，又稱「十陵」。明蜀王陵的發現，對於瞭解明代藩王陵寢制度以及建築、雕刻藝術等方面，都有重要的參考意義。

陳圓圓魂歸何方

「衝冠一怒為紅顏」，講的是吳三桂為了愛妾陳圓圓而投降清朝的傳說。陳圓圓，本姓邢，名沅，字畹芬，為蘇州名妓，後被明將吳三桂納為妾。李自成攻陷北京後，陳圓圓被李的手下擄走。據說，駐守山海關的吳三桂為此「衝冠一怒」，投降清朝。這樣一代紅顏又落了個怎樣的結局呢？

據說，李自成敗退北京後，陳圓圓又回到了吳三桂身邊。吳三桂受封為平西王後，陳圓圓隨他到了雲南，後來做了女道士。1673年，吳三

桂起兵叛清，聯合靖南王、平南王發動「三藩之亂」，不久病死。陳圓圓得知死訊後，自沉蓮花池殉情，結束了自己的生命。

關於陳圓圓晚年當女道士、自沉蓮花池的記載多出自稗官野史、小說作品，多係傳說。據考證，陳圓圓並沒有做女道士，而是一直待在吳三桂身邊。吳三桂起兵死後，陳圓圓和吳三桂兒子吳啟華由吳的愛將馬寶護送到貴州，兩人隱姓埋名，躲藏起來。據說現在貴州省岑鞏縣馬家寨就住著吳三桂的後代，馬家寨的取名正是為了紀念大恩人馬寶。

在吳三桂後人的指引下，人們還在那兒發現了陳圓圓的墓葬。碑上刻著「故先妣吳門聶氏之墓位席。孝男：吳啟華。媳：塗氏。孝孫男：仕龍、仕傑。楊氏。曾孫：大經、大純……皇清雍正六年歲次戊申仲冬月吉日立。」因為害怕滅族，因此墓文用隱語來表示身分。由於蘇州古稱吳門，「吳門」二字暗指陳圓圓是蘇州人。整塊碑文都是繁體字，只有一個簡化的「聶」字。據說，「聶」是吳家為隱蔽身分造的。因為陳圓圓本姓邢，後來改姓陳。邢有右耳，陳有左耳，「雙耳」代表邢和陳，一個字表達兩個姓的意思。據說「故先妣吳門聶氏之墓位席」連起來的暗語正好是「明蘇州氏陳圓圓王妃之墓」。這似乎隱含了這墓葬正是陳圓圓的墓葬。

關於陳圓圓魂歸何處，眾說紛紜，似乎都沒有足夠的證據證明自己的說法。因此，恐怕還要留給後人更多的探索吧！

知識連結

「秦淮八豔」，指明末清初在南京秦淮河畔留下淒婉愛情故事的八位才藝名妓，又稱「金陵八豔」。秦淮八豔的事蹟，最早出現在餘懷的《板橋雜記》中。《板橋雜記》分別寫了顧橫波、董小宛、卞玉京、李香君、寇白門、馬湘蘭等6人，後人加入柳如是、陳圓圓而稱為「八豔」。另外一種說法則將馬湘蘭換成鄭妥娘。《順治與鄂妃》一書中記載的「八豔」由李十娘、龔之路、黃豔秋三人代替馬湘蘭、寇白門、卞

玉京。「秦淮八豔」不僅才貌雙全，更令人敬服的是都具有崇高的民族氣節。

孝莊太后是否為蒙族第一美女

松錦戰役失敗，明軍統帥洪承疇被清軍俘獲。傳說，洪承疇起初「只知有明，不知有清」，寧死不降，決定絕食殉國。後來皇太極使用美人計，讓洪承疇想起家中的嬌妻美妾，求死之心立刻動搖，於是投降清朝。據說，這位美女就是後來的孝莊皇太后，當時叫「莊妃」。孝莊太后，是皇太極的蒙古族妃子。據稱，孝莊皇太后是「蒙族第一美女」，這會是真的嗎？

孝莊皇太后在她所在的蒙古部落長得很漂亮應該不假，但說她是「蒙族第一美女」，是不是言過其實了呢？據正史記載，她的姐姐海蘭珠長得比她還漂亮。皇太極先娶的是妹妹布木布泰，後娶姐姐海蘭珠，皇太極也說姐姐長得比妹妹漂亮。而且，皇太極最寵幸的也不是布木布泰，而是她姐姐海蘭珠。可見，她在蒙古也稱不上是一號美女了，更何況偌大的蒙族呢？

她之所以被稱作「莊妃」，是因為晚年相貌端莊，即所謂有氣質，這可能是一般人比不了的。這樣看來，莊妃只是個比較有氣質的美女，而不是「蒙族第一美女」。那麼，後人為什麼要稱她是「蒙族第一美女」呢？

皇太極死後，她成為清朝政壇上舉足輕重的人物。她歷經五朝四帝，全力輔佐了順治帝、康熙帝，為維護清朝初期政局的穩定，促進清朝的強盛，有關鍵的作用。正是由於她卓越的歷史功績，她贏得後人的尊重和讚頌。「蒙族第一美女」的稱號雖然是溢美之詞，卻恰恰表達了人們對這位太后的愛戴和敬仰。

知識連結

　　孝莊太后（1613～1688年），蒙古族人，原名布木布泰，皇太極妃子。史載，她小時候，「無他無好，而獨嗜圖史」，這使她具備了良好的政治素養。皇太極死時沒有指定繼承人，清廷內部出現了最高領導權的紛爭。孝莊太后積極籠絡各方勢力，使僵持不下的皇子豪格和睿親王多爾袞兩派勢力接受了折中方案：以孝莊太后兒子福臨為皇帝，由濟爾哈朗、多爾袞輔政。孝莊皇太后扶6歲兒子福臨登基，初步展現了她的政治才華。之後，孝莊太后積極輔佐順治皇帝、康熙皇帝，歷經五朝四帝，為清朝的建立和初期政局的穩定立下汗馬功勞，被尊稱為「清朝國母」。

董鄂妃究竟是何人

　　董鄂妃，是順治皇帝的寵妃，早逝，追封為「孝獻皇后」。傳說，順治帝因為愛妃早逝，悲痛欲絕而逃到五臺山出家。那麼，這樣一個受寵的董鄂妃到底是何許人也？

　　據《清史稿・后妃傳》記載，董鄂妃是內大臣鄂碩的女兒，在順治十三年，即1656年，入宮侍奉順治帝。但清朝當時的規定是，報選秀女之後才能入宮侍奉。而報選秀女的年齡是13～16歲，當時董鄂妃已是18歲了，不可能藉由報選秀女入宮接近順治。如果她父親隱瞞不報，是要受到處罰的。所以，人們猜測她不是大臣鄂碩的女兒，而是被大臣獻進宮裏的名妓董小宛。

　　董小宛名白，號青蓮，「秦淮八豔」之一。她後來嫁給「明末四公子」之一的冒襄。她的身世記錄在冒襄的《影梅庵憶語》。據記載，小宛出生於1624年，而順治帝生於1637年。推算起來，小宛比順治帝大了13歲。小宛死時是在1651年，當時順治帝剛剛14歲，還沒有到大婚的

年齡，不可能娶董小宛為妃。而且，書中記載，董小宛終其一生也沒到過北方，最後是在江蘇如皋的家中死去的。所以，董鄂妃不可能是董小宛。

既然董鄂妃也不是董小宛，那會是誰呢？人們傳言，董鄂妃原來是襄親王的妃子，後來被順治帝奪去納入宮中。《湯若望傳》記載了順治帝愛上一個滿藉軍人的妻子，並從軍人手中搶過來，軍人怨憤而死。人們推測，這個軍人就是襄親王，他夫人就是後來的董鄂妃。這一說法多係傳說，證據不多，難以令人信服。因此。董鄂妃究竟是什麼身世至今沒有定論。

知識連結

董鄂妃紅顏早逝，癡情皇帝福臨傷心欲絕。為了表達皇帝對愛妃沉痛的熱愛，他不僅追封她為皇后，而且舉辦了喪禮。董鄂氏的梓宮移到景山後，福臨為她舉辦了大規模的水陸道場，有108名僧人誦經。而當時抬董鄂氏梓宮的都是滿洲八旗二、三品大臣。這在清代皇帝的喪事中都沒有出現過，實在令人驚嘆。清朝當時規定，平時皇帝用朱筆批奏章，遇有國喪連續改用藍筆27天。董鄂妃死後，福臨用藍筆批奏章的時間竟然長達4個月之久。福臨還命人撰寫《董鄂氏傳》、編著《董鄂氏語錄》，並親自撰寫《孝獻皇后行狀》，他想透過這些來彰顯董鄂氏的嘉言懿行。

香妃的傳奇

香妃是民間流傳的關於清朝乾隆皇帝風流韻事中的一個傳奇人物。乾隆皇帝鍾情於她的美色，要納她為妃，便百般討好她。但她誓死不從，最後自縊而死。乾隆皇帝惋惜之下將她厚殮，以妃禮送回新疆安

葬。

　　據說香妃美麗異常，身上還有一種天生的香氣。但是，誰是香妃？一般有兩種觀點，一個認為香妃就是容妃，還有人認為和碩公主與香妃長得很像，但一般公認的觀點是，香妃就是文獻記載中的容妃。

　　後經考證，事實上，容妃就是香妃，她原是新疆伊斯蘭教上層和卓家族的後裔。乾隆二十三年（1758年），和卓家族的一支——霍集占煽動他的哥哥博羅尼都背叛清廷。兄弟倆稱大、小和卓，香妃的叔叔額色尹及兄長圖爾都率部配合清軍平叛。

　　乾隆二十五年（1760年），叛亂平定，香妃隨圖爾都進京入宮並被封為「和貴人」，在宮中的身分列為主位，受到乾隆帝的寵愛。乾隆三十三年（1768年），香妃由嬪晉升為妃，稱為容妃。乾隆五十三年（1788年），香妃病逝，以妃禮入葬，葬於河北遵化清東陵。她是信仰伊斯蘭教的，因而在棺木上特地刻上了《古蘭經》的經文。據考證，乾隆有后妃36人，只有香妃一名回妃。

　　看來香妃的實際情況與民間傳說有著不小的出入。

知識連結

　　香妃墓，坐落於新疆自治區喀什市東郊，是一座典型的伊斯蘭式風格的建築群，是新疆自治區有名的旅遊景點。它始建於1640年前後，占地約2公頃。據說裏面葬著一個家族的五代人，共72名成員。墓葬中的阿派克霍加是第二代長子。他繼承了父親的傳教事業，是喀什伊斯蘭教「依禪派」著名大師，而且曾經奪得葉爾羌王朝的政權。由於他的名望、勢力都超過他的父親，所以後人以他的名字把這座陵墓稱為「阿派克霍加墓」。傳說乾隆的香妃死後也被安葬在這裏，於是人們又稱它為「香妃墓」。

慈禧太后為何又稱「老佛爺」

　　無論是在電視劇中還是在歷史小說中，我們時常會遇到慈禧太后被稱為「老佛爺」？歷史上真的存在這種稱謂嗎？如果存在，那麼慈禧太后為何又叫「老佛爺」呢？

　　從正史來看，慈禧太后確實是有「老佛爺」的特稱。但「老佛爺」卻不是從她才開始出現的稱呼。事實上，清代的皇帝都可以被稱作「老佛爺」。「老佛爺」是對皇帝的特稱，也是專稱，一般人是不能用的。這就好比，宋代皇帝被稱作「官家」，明代皇帝被稱為「老爺」。那麼，為什麼清代皇帝的特稱是「老佛爺」呢？

　　清朝皇帝是滿人，滿人的祖先是女真族。女真族首領的特稱是「滿柱」。滿柱是佛號「曼珠」的轉音，意思是「佛爺」、「吉祥」之類。到了清朝建立之後，「滿柱」被翻譯為「佛爺」。「老佛爺」實際上是清朝皇帝沿用女真族首領的特稱。由此看來，慈禧太后似乎還不夠資格稱為「佛爺」，但是她卻是當時清廷的實際統治者，她不稱「老佛爺」，還沒有第二個人敢稱「老佛爺」。慈禧太后稱「老佛爺」，也體現了她試圖把自己比做皇帝，是別有用心的。

　　慈禧太后被稱為「老佛爺」，據說是太監李蓮英叫出名的。同治皇帝駕崩，光緒帝即位。此時慈禧想再次垂簾聽政，卻遭到一些大臣的反對。李蓮英摸透了主子的心思。於是趁太后到大雄寶殿之際，當著眾位文武大臣的面，稱呼慈禧為「老佛爺」，並請求主子再次垂簾。文武大臣趕緊也跟著稱呼慈禧為「老佛爺」，慈禧太后於是達到了垂簾聽政的目的。之後，這個稱呼很快傳遍京城，於是「老佛爺」成了慈禧太后的專稱。

知識連結

　　慈禧是咸豐帝的妃子，同治帝生母，光緒帝養母。1861年7月，咸豐

一本書讀懂中國歷史謎案

病死在承德，她與恭親王奕訢一起發動「辛酉政變」，設計殺害輔政大臣怡親王載垣、鄭親王端華、協辦大學士尚書肅順等人。從此以後，她掌握了清廷大權，成為中國的實際統治者。對內，她剿滅太平天國運動、扼殺戊戌維新運動、鎮壓義和團運動。對外，她奉行「量中華之物力，結與國之歡心」的賣國政策，受到後人的唾罵。1908年11月15日，慈禧病死，終年73歲，葬於河北遵化定東陵。

慈禧太后遺體為何三次入棺

　　「今日令吾不歡者，吾亦將令彼終生不歡」，這是慈禧太后的名言。從這句話可以看出，這位統治中國近半個世紀的太后，是一個報復心極強的人。她生前有著炙手可熱的權勢，沒有人敢忤逆她的旨意。然而，就在慈禧太后死後不到80年的時間裏，她的遺體卻三次入棺，這本是違背皇室喪儀的舉動，但是為什麼會這樣呢？

　　1908年11月15日，清朝最高統治者慈禧太后逝世。慈禧太后死後，被葬入河北遵化的菩陀峪定東陵地宮。這是她的第一次入棺。這次入棺，她帶走了不計其數的珍寶器具，極盡奢華。當時的陵墓真可謂一個金碧輝煌的寶庫！

　　慈禧太后萬萬沒想到，正是這些金銀財寶給她自己帶來了恥辱的災難，因為躺在棺墓中的她再也沒有令人「終生不歡」的能力了。慈禧太后死後20年，即1928年，軍閥孫殿英藉剿匪之名，帶領其部下盜掘了乾隆帝的裕陵和慈禧陵，掠走隨葬的全部金銀珍寶。為了掠奪慈禧太后的棺槨裏面盛滿的金銀珠寶，慈禧太后的棺槨被撬開，慈禧的遺體被拋在了棺材外面。溥儀得知後，趕緊派人去東陵安排慈禧遺體重新下葬。他們把遺體重新抬回棺槨之時，慈禧的遺體已經在棺材外面暴露了40多天，身上都長了白毛。這就是慈禧太后遺體第二次入棺，這一次簡直窘

迫之極。

第三次入棺是在1984年，當時清東陵文物保管所要對慈禧陵進行清理。這一次非常慎重，國家文物局派來專家與保管所組成了慈禧陵清理小組。1月5日，慈禧棺蓋再次被打開，小組成員將慈禧遺體抬出棺外，並往棺內灑了防腐消毒藥。之後，小組成員將遺體再次入棺，一切保留第二次入棺的樣子。

這就是慈禧太后遺體三次入棺的前前後後，至今慈禧遺體還安然躺在棺槨內。但是經過了盜墓賊的洗劫後，慈禧太后陵墓再也沒有第一次入棺時的那種豪奢了！

知識連結

位於河北遵化的慈禧陵，就如慈禧生前所居的宮殿一樣豪華、奢侈。慈禧陵的豪華程度在清朝皇后陵寢中居於首位，甚至超過了某些帝陵。慈禧生前先後向金井中放了六批珍寶。死後隨葬品之奢華也令人瞠目結舌，嘆為觀止。據當時人估計，不算私人的奉獻，皇家隨葬品入賬的，就有價值5000萬兩白銀。慈禧棺中的珠寶玉器不僅數量極多，而且種類多樣，人稱「珠寶玉器大全」。1928年6月，慈禧陵被河南軍閥孫殿英帶兵盜竊。為取出慈禧口中所含的夜明珠，慈禧太后的嘴被撬開，牙也被撬掉了。

賽金花有功於「和議」嗎

「救生靈於塗炭，救國家於沉淪，不得已色相犧牲，其功可歌，其德可頌；乏負廓之田園，乏立錐之廬舍，到如此窮愁病死，無兒來哭，無女來啼。」這是寫給亂世名妓賽金花的挽聯。挽聯的前一部分，正是描寫了她在「庚子事變」之後幫助清廷達成辛丑和議的故事。那麼，一

個風塵女子真的有功於和議嗎？

賽金花，清代名妓，初名趙彩雲，幼年被賣到蘇州為妓，後來被前科狀元洪鈞納為妾。洪鈞奉旨去俄羅斯帝國、德意志帝國、奧匈帝國、荷蘭四國做公使，彩雲陪同他行走歐洲四國。據說，她在歐洲期間，結識了後來的八國聯軍統帥瓦德西，兩人還產生一段戀情。

1900年，八國聯軍攻陷北京時，她在北京「八大胡同」之一的石頭胡同做妓女。當時，石頭胡同正好歸德國軍隊管轄，精通德語的賽金花透過德國士兵見到了當年的戀人瓦德西，一時成為德國司令部的座上客。憑藉與聯軍統帥瓦德西的特殊關係，她勸瓦德西整肅軍紀，制止了聯軍士兵對京城百姓的侵擾。辛丑談判時，八國聯軍和議的條件很苛刻。當時因為德國駐華公使克林德被義和團所殺，所以他們揚言要讓「光緒賠罪，慈禧抵命」作為和議的先決條件。清廷非常為難，議和大臣李鴻章無計可施，只好讓慶親王請賽金花出面斡旋。於是，賽金花再一次對瓦德西施加影響，動之以情，曉之以理，終於成功地說服他們撤銷了「慈禧抵命」的不合理要求，接受清廷為克林德豎立牌坊以示道歉的建議。在她的斡旋下，辛丑和議成功簽訂，八國聯軍退兵。賽金花因此被人稱為「議和大臣賽二爺」。

事實上，關於賽金花參與議和史書上無據可查，很可能只是民間傳說而已。而且，瓦德西出生於1832年，當時已經68歲了，不大可能和賽金花產生感情糾葛，至少不會對賽金花言聽計從。但是從當時多數人的記錄中看到，當賽金花乘車與歐洲人招搖過市時，並沒有引起普通人的反感，反而「議和大臣賽二爺」倒是傳遍京城。同時，學者還在瓦德西衛兵的日記裏找到一些瓦德西與賽金花交往的細節。因此，傳說可能也具有一定的真實性，但卻很難判定賽金花是否真對議和產生過作用。

知識連結

賽金花一生的傳奇經歷使她成為當時文人青睞的對象。「清末四大

譴責小說」之一的《孽海花》，就是以賽金花為原型的。清末著名小說家吳趼人在《二十年目睹之怪現狀》中將她列入海上名妓中的「後二怪物」。另一部清末小說《九尾龜》裏甚至還講述了她為辛丑和議斡旋的故事。樊增祥以賽金花與瓦德西這段緋聞戀情為主軸寫作長篇詩歌《前後彩雲曲》。著名詩人劉半農和學生商鴻逵合作，親自採訪賽金花本人，寫成《賽金花本事》一書，暢銷一時。

第八章

盛世華章的神祕寶藏

　　古語有云，天下之勢，分久必合，合久必分。古往今來，王侯將相，英雄強盜，巨賈富商，土匪山賊，都為著自己心中大大小小的目標而拚搏奮鬥。他們中的許多人成功了，名利雙收，不僅創下一番功業，也聚集了巨額財富。

　　然而，盛極必衰，他們失敗之後，這些巨額的財富何去何從，總是成為關注的焦點。一個人藏下的東西，一千個人也找不到。正是如此，當後人試圖尋著那些蛛絲馬跡，順藤摸瓜去尋寶之時，總以為自己找到了答案，最後往往都是空手而回。

　　從古國的遺址到千年古寺的地宮，從大漠深處到海底沉船，從神祕古屋到民間歌謠，寶藏似乎到處都有，仔細一看，卻毫無頭緒，掘地三尺也無從得知……也許，這就是神祕寶藏的迷人之處。

古蜀國金沙遺址的神祕文物與懸案

　　2001年2月，在成都西郊蘇坡鄉金沙村，竟然出現了一個與三星堆遺址驚人相似的文化遺存！考古人員在遺址中發現的各類玉石器、青銅器、石料等1000餘件文物，與三星堆遺址有著千絲萬縷的關連。大家都知道，四川廣漢三星堆文化遺址至今仍有許多難以解開的謎團，那麼，這個突然出現的金沙遺址是否能破解3000年前的一些古蜀謎團呢？

　　如今，金沙遺址已出土了1000餘件珍貴文物，包括金器、玉器、銅器、石器、象牙器和數量眾多的象牙、陶器等。其中最具典型意義和代表性的是「四鳥繞日金飾」，即「太陽神鳥」。它的出現，印證了一個流傳已久的傳說：

　　很久以前，古蜀國有一個金沙部落，人們安居樂業，過著幸福的生活。可是有一天，太陽突然不見了，整個金沙一片黑暗。人們心急如焚，就請四大長老去尋找太陽。他們好不容易才把太陽從一個邪惡的大巫師手中救了出來，為了不讓太陽再受到傷害，就化作四隻美麗的太陽神鳥，時時刻刻保護著太陽。金沙人為了紀念四大長老，就雕刻了一個「太陽神鳥」的金箔。

　　今天的考古學家分析，「太陽神鳥」中間旋轉的火球代表著太陽，古蜀先民認為太陽具有使萬物復甦的超自然力量，於是崇拜太陽。不只是金沙，整個古蜀文化都狂熱地崇拜著太陽，如三星堆祭祀坑出土的青銅神樹、太陽形青銅器等。

　　考古學家認為，太陽神鳥並不是孤立存在的，在古代，太陽被認為是陽性，月亮被認為是陰性。充滿活力的太陽神鳥顯然代表了陽性，然而，什麼才是對應著太陽神鳥的陰性的象徵呢？

　　隨後，考古學家共發現了8個蛙形金箔。從造型和特徵看，應該是青

蛙或蟾蜍。然而，當時蛙形金飾似乎並沒有得到太多關注。直到有人將蟾蜍與月亮聯繫在一起，人們才發現其中的玄機，由此也解開了三星堆遺址的一個謎團。原來，在中國古代神話中，這些傳說無一例外地把月亮與某種生命相互連結。比如《淮南子》中說，「月中有蟾蜍」，蟾蜍夜間活動與月亮活動規律相似等。

而在三星堆遺址中發現了一件石蟾蜍。當時人們還疑惑不已，現在可以說，中原地區關於蟾蜍和月亮的傳說流傳到了古蜀金沙，蛙形金箔正是代表了古蜀人對月亮的崇拜。古蜀人已經掌握了豐富的天文知識，他們用近乎奇怪的方式表達著他們對於月亮和太陽的崇拜與狂熱。

在三星堆、金沙兩處遺址中，考古學家都發現了大批象牙，一個遺址出土這麼多象牙，這是全世界絕無僅有的。問題是，這麼多象牙是從哪裡來的呢？現在，人們從金沙遺址中找到了答案。

金沙遺址出土的象牙，經鑒定為亞洲象，今天的亞洲象主要分布在印度、孟加拉等南亞和東南亞地區，但我們都知道，自古以來「蜀道之難，難於上青天」，如果這些象牙從南亞、東南亞運過來，交通產生的障礙是致命的。所以很多人推測，這些大象很可能就生長在3000年前溫暖濕潤的成都平原。

金沙遺址出土的數千件珍寶，雖然解決了古蜀文明的一些疑團，但是，為什麼這種文明會突然神祕消失？金沙遺址與三星堆遺址有什麼關係？我們期待著答案。

知識連結

「金沙遺址」是在沉睡了3000年之後被發掘出來的，遺址所清理出的珍貴文物多達千餘件，包括：金器30餘件、玉器和銅器各400餘件、石器170件、象牙器40餘件，出土象牙總重量近一噸，此外還有大量的陶器出土。

金沙遺址擁有多少古蜀珍寶

　　大家都知道，四川廣漢三星堆遺址出土的文物中，最吸引人目光的無疑就是那些金杖、金面具等金器和玉器。金沙遺址同樣也出土了眾多的金器和玉器，出土金器30多件，玉器1400多件，這是金沙遺址出土文物中最具獨特風格和自身鮮明特色的。

　　在金器中，考古學家一下子就注意到了金面具。據考證，此面具為當時金沙人祭祀所用面具，戴於面部，視為神靈。面具造型為人面，五官齊全，但也有差異。金面具的出土充分表現了古金沙人對黃金的崇拜，並證明了此地是古金沙人舉行重大祭祀活動的場所。

　　那麼，為什麼金沙人對金面具情有獨鍾呢？有人認為，面具象徵神靈，當時金沙主持祭祀的人要戴上金面具，從而具有了與神靈相互溝通的能力，負責神界與人之間的溝通和對話，進行各種法事。

　　遺址還出土玉器1400餘件，有玉琮、玉璧、玉璋、玉戈、玉矛、玉斧、玉鑿、玉斤、玉鐲、玉環、玉牌形飾、玉掛飾、玉珠及玉料等。這些玉器十分精美，並且種類繁多，比三星堆遺址出土的玉器有過之而無不及。其中數量極多的圭形玉鑿和玉牌形飾頗具特色；大量玉璋雕刻細膩，紋飾豐富，有的紋飾上還飾有朱砂。一件件玉器，色澤如初，玉質溫潤，細膩如膚。更令人驚嘆的是玉器的刻紋細緻，幾何圖形規整。

　　在這些玉器中，有24個玉琮。其中最重的一件達3918克，它高約22公分，顏色為翡翠綠，雕刻極其精細，表面有細若髮絲的微雕花紋和一人形圖案，堪稱一絕。在古人眼中，玉琮被認為是溝通天地、人和神的神物，為什麼呢？原來，玉琮中間上下相通的孔有「貫通天地神人」的含義，在原始宗教活動中一直被用為法器。

　　這些厚重不凡的玉琮的出土，還使得金沙文明與遠在東南的浙江良渚文化連在一起。為什麼這麼說呢？

　　考古學家證實，玉琮是遙遠的浙江餘杭良渚文明的產物。良渚玉器

達到了中國史前文化最高峰，它的數量之眾多、雕琢之精湛，在同時期中國乃至世界獨占鰲頭。良渚衰落後，這些玉器四處流散。可以肯定的是，這件玉琮輾轉流落到古蜀金沙，金沙人把它視為國寶，用於重大的祭祀場合。人們還在這件玉琮上發現了40個人面，這些人面與良渚文化晚期典型的簡化人面紋十分相似，所以，更大膽的假設是，古蜀人就是良渚文明的一支！

金沙遺址的現世，及其出土的數千件珍貴金器、玉器、青銅器、象牙器等，給世人帶了巨大的驚喜，更給世人留下了越來越多的謎團……

知識連結

三星堆出土的金面具為目前中國發現的同時期形體最大、保存最為完整的金面具。它寬20公分，高11公分，厚0.04公分，重46克。金面具展示的形象是方形面孔、額平齊，有長刀形凸起眉和大立眼，高挺的鼻子呈三角形，有寬闊的口形和長方形耳朵，耳垂上有一圓孔。金面具應是古蜀時期的神祇面具，距今已有3000年的歷史了。

鐵山寺為何保管著黃巾軍的藏寶圖

鐵山寺位於江蘇盱眙縣，始建於東漢末年，乃是有文獻記載的漢族佛教徒第一人——嚴佛調所建，他也是中國翻譯佛典的第一人。在當時他也是聲名遠播，不少人慕名去鐵山寺求教，而其中就有太平道的首領——張角。正是這一次拜訪，使得鐵山寺和一個祕密寶藏結下不解之緣，令後人難解其中奧祕。

1000多年來，鐵山寺附近一直流傳著一個藏寶傳說：黃巾軍領袖張角將戰爭中所得財物派人藏在了崇山峻嶺間的鐵山寺，還將一張藏寶圖委託嚴佛調保管。

話還得從張角說起，東漢末年，天災連年，民不聊生，張角遂以宗教救世為己任，大量吸收徒眾，創立了太平道，以推翻東漢王朝、建立太平社會為目標。教眾到處散布「蒼天已死，黃天當立，歲在甲子，天下大吉」，起義軍勢力不斷擴大，從貪官汙吏和地主那裏收羅了大量的金銀珠寶、玉石瑪瑙，數量甚為可觀。於是張角決定將財物先找一個妥善的地方保管起來，為日後做個準備。幾番思量，他想到了前不久拜會過的鐵山寺住持嚴佛調。

事不宜遲，張角就派人開始在鐵山寺附近一處密林中修建藏寶暗道，埋下了價值連城的寶物於地下，並繪製了藏寶圖，連同一封信交給嚴佛調，說道：「現在形勢動盪，遂下決心，將金銀藏於貴寺山林之中，將寶圖託於大師保管。日後張角若能主持天下，當取出寶物，充實國庫；若張角戰死沙場，一敗塗地，望大師將寶物取出，救濟百姓，取之於民，自應還之於民。」

最後，領袖張角不幸病死。原先負責藏寶的張副將想私吞寶藏，就把藏寶圖從嚴佛調那裏騙了過來，不料，剛到密林，就下起狂風暴雨，他被一個奇異的驚天炸雷擊中了，藏寶圖也化成了灰燼，後人再也無法按圖索驥。

儘管後來還有許多人來此尋寶，這些人中甚至還有當年參與埋寶的工匠、士兵的後裔，但他們也是無功而返。

到民國初年，土匪橫行，在官匪激戰中，寺廟最終毀於戰火。2001年，政府主持的鐵山寺修復工程整整持續了5年，可即便這樣大興土木，也依舊沒有發現寶藏的影子。鐵山寺寶藏也許終成千古之謎。

知識連結

東漢末年，社會危機日益深重，廣大人民與豪強地主及東漢朝廷的衝突激化。張角以傳道和治病為名，在農民中宣揚教義，進行祕密活動，創立了太平道。10餘年間，徒眾達10萬，遍布青、徐、幽、冀、

荊、揚、兗、豫八州，分為36方，大方萬餘人，小方六、七千人，成為有組織的全國性起義軍。他們以頭戴黃巾為標誌，史稱黃巾起義。在黃巾軍的打擊下，腐朽的東漢王朝已名存實亡。

法門寺地宮為何埋藏無數寶藏

法門寺位於陝西省扶風縣城北10公里處的法門鎮，始建於東漢末年桓靈年間，距今約有1700多年歷史。

1981年8月24日夜晚，佇立在法門寺中的唐建佛塔，因年久失修和雨水侵襲，遭到了嚴重的毀壞，而剩下的西南一邊雖然出現傾斜，卻仍然神奇地矗立著。鑑於佛塔倒塌的情況十分罕見，相關部門決定修復佛塔，但是，後來才發現這個方案執行起來困難重重。最後，只得決定把塔拆除重建。然而誰也不會想到，一個埋藏了近2000年的寶庫竟由此重見天日。

1987年4月3日，考古人員無意間在挖掘出的浮土中發現了一塊白玉石板，由此，法門寺地宮逐漸揭開了它的千年面紗，向世人展現它的榮光和輝煌。考古隊員在地宮中一道又一道的石門後面，發現了無數神奇的珍寶……

在這些奇珍異寶中，有兩個鎏金銀質圓球，叫「香囊」，在球內的小碗中裝上香料，點燃後香氣就從鏤空的紋飾中溢出。當年，為了防止香料流出，工匠們在內部裝了兩個平衡環，圓球滾動時，內外平衡環也隨之滾動而香碗的重心卻不動。這種平衡裝置，與現代運用於航海、航空的陀螺儀原理完全相同。一個長1.96公尺的雙環12輪鎏金銀錫杖，一共用去了62兩黃金、58兩白銀，製作極其精美，在全世界的佛教法器中都是獨一無二的，被稱為「世界錫杖之王」。在一個白藤箱中發現的絲綢服裝中，人們驚訝地發現有5件蹙金繡竟被完整地保留了下來。在顯微鏡

下可以看到，這5件蹙金繡的金線是用黃金拉成的，它們平均只有0.01公分，最細的地方僅有0.006公分，就是現代的高科技也很難達到這樣的工藝水準。正是這些鑲嵌在織物中的金線，讓人們在1000多年後還能一睹唐代絲綢的真容。

而最令人欣慰的發現無疑是祕色瓷。它是青瓷中的頂級之作，燒製工藝非常複雜，在當時比金銀還貴重。由於燒製工藝早已失傳，現代人從未見過真正的祕色瓷，法門寺地宮出土的這些祕色瓷器，才揭開了這個千古之謎，也讓今人有幸見識到當年只有皇帝才可享用的瓷器。可以說，法門寺地宮文物種類之繁、數量之多、品質之優、製作之精、等級之高、保存之完好，在國內外都是非常罕見的。

塵封千年的法門寺地宮，為何會有這麼多寶藏？原來，唐代諸帝篤信佛法，先後有高宗、武后、中宗、肅宗、德宗、憲宗、懿宗和僖宗八位皇帝供養佛指舍利，每次都聲勢浩大，轟動朝野。西元874年，唐僖宗下令法門寺地宮封門，一座聚集了唐代供佛的奇珍異寶和燦爛文化的寶庫就沉埋地下了。

知識連結

為何2000多件寶物歷經千年，卻能保存得完好無損呢？原來在1939年，一個名叫朱自橋的將軍和一群修塔工人，在重修陝西扶風法門寺塔的時候，意外地發現了這座唐代地宮和裏面的稀世珍寶。當時日寇侵華，中國處於內憂外患，戰火紛飛的時期。為了保護國寶，發現者歷經考驗，將地宮的祕密隱藏了起來。「文革」期間，紅衛兵又欲挖地開塔，法門寺的良卿法師以自焚的形式勸阻了這一行為，他用自己的生命保護了塔下的珍寶。這批國寶能夠完好無損地重返人間，是幾代人共同努力的結果。

雷峰塔地宮藏有佛寶嗎

雷峰塔是由吳越國王錢俶為祈求國泰民安而於北宋太平興國二年（西元977年）所建，因塔建於西湖南岸夕照山的雷峰之上而得名。它曾是西湖的標誌性景點，舊時雷峰塔與北山的保俶塔，一南一北，隔湖相對，呈現出「一湖映雙塔，南北相對峙」的美景。

但好景不長，雷峰塔不僅幾經戰亂摧殘，到民國時期，因盛傳雷峰塔磚有避邪作用，盜挖塔磚的人眾多。1924年9月25日下午1時40分，雷峰塔終因塔磚盜挖過多而轟然倒塌。

自隋唐以後，中國的佛塔一般都修築地宮，用以供奉佛祖舍利及法器，如此說來，雷峰塔地宮內應該也會珍藏著當時吳越國的國寶、佛寶。但由於雷峰塔倒塌時間較長，加之地理環境特殊，在挖掘了3個多月，人們近乎絕望的時候，才發現了地宮入口的巨石。

種種跡象顯示，地宮沒有被盜過。因此，這個塵封千年的地宮現在是第一次被打開，人們都期待著一睹地宮真容。

整個地宮長、寬、高均接近一公尺，中央赫然放著鐵製舍利函。鐵函與牆壁間卡著一尊銅佛像，周圍有大量錢幣。考古人員還發掘出一座精美的青銅佛像，高約60～70公分，共有兩個底座。底座上有一條龍，龍上有一蓮花寶座。經過18個小時的連續鏖戰，陸陸續續發掘出了銅鏡、銅質如意雲紋飾品、青銅蓮花座佛像、玉器、瑪瑙、琉璃等近60件各類珍貴文物，還有近千枚「開元通寶」錢幣，這個狹小的地宮內竟然藏有如此之多的精美文物，數量之多，令人稱奇。

現在，人們將目光聚焦到了鐵函身上。有專家認為，雷峰塔下藏有佛祖的「髮舍利」（又稱「佛螺髻髮」）是有文獻記載的，而從唐代以後對舍利的存放方法來推測，鐵函中會有銅函，銅函內有金棺銀槨，裏面應該有一小玻璃瓶，裏面裝舍利子，文物會相當豐富。這使得人們充滿期待。

3月15日，雷峰塔地宮考古隊的專家們共同打開了這個神祕的鐵函，只見一座精美的四角銀色鎏金塔奪目而入。鎏金塔是鎏金銀質，塔高35公分，底座為方形，邊長為12.6公分，這樣保存完好的金塗塔在中國十分罕見，代表了吳越國的最高水準。透過塔四周的鏤空部分可以看到塔內藏有佛螺髻髮的金質容器。

雷峰塔地宮的發掘影響到了整個佛教界和考古界，新的雷峰塔也已經建成並重新矗立在了西湖岸邊，那座珍貴的鎏金塔也得以陳列其中。

知識連結

雷峰塔實在是時運不濟，命途多舛。在元朝的時候，它還是「千尺浮圖兀倚空」的雄壯姿態，到明朝時即遭到了大破壞。嘉靖年間，倭寇侵入杭州，放了一把火，把雷峰塔的塔簷、平座、欄杆、塔頂全部燒光，只留下了磚體塔身。明崇禎時的一張西湖古畫中，雷峰塔已是塔頂殘毀。在這以後，由於迷信，一些無知的人常常從塔磚上磨取粉末、挖取磚塊，用來治病或安胎，甚至把磚塊說成是無病不治的靈丹妙藥。還有人從塔內挖尋經卷，企圖發財。到1924年8月，塔腳已被挖空，加上其他的破壞原因，這一古塔全部崩塌。

項羽金鑼符號到底是什麼

他力能扛鼎，武功蓋世，巨鹿一戰；他雄霸天下，垓下之戰，則是他的英雄末路。他的出現，為中國的歷史掀起了一場風雲，寫下了一段神話。西楚霸王項羽在群雄並起的秦朝末年獨樹一幟，成為千古無數仁人志士敬仰的一代英雄。

《史記·項羽本紀》記載了一件不為人注意的事：當年的項羽與叔父項梁因犯命案在吳中隱居，相傳他們曾在浙江紹興項里村一帶住過。

後來，他們招兵買馬，當地村民出力甚多，為了報答村民，項羽在起兵前夜命人在山上埋下12面金鑼，並在草灣山上鑿下了字，如果誰能認得此字，便能找到那價值不菲的12面金鑼。

一晃2000年已過，人們在草灣山的山腰發現了一塊不規則的五邊形石頭，上面刻著的印記，深7～8公分，寬約5公分，所刻的筆劃方方正正，由橫、豎兩種筆劃結構組成了一個類似文字的圖案，字元樣式古樸，不似篆史，也不似金文，誰也不認得這是什麼。

有人說，這就是藏寶圖，可是，如何破解？破解了它就能找到2000年前項羽藏下的12面金鑼嗎？

曾有人根據字的形狀概括成幾句話——「廟前廟後三角田頭三眼橋頭三岔路口有12面金銅鑼」。那麼這個位址具體在哪兒呢？有村民認為寶藏所在地在項里村村口的一口枯井下。他認為，「廟前廟後」，指的是寶藏在項羽廟的前後；「三角田頭」是在項羽廟不遠的地方有一個三角的田地；「三眼橋頭」的位置，他在村附近找遍了，也沒有發現。一次偶然的機會，他聽項里村的老者說，村頭小河的項羽廟附近有一座3個橋洞的小橋，後來修路拆掉一個洞，於是，「三眼橋頭」這句話也迎刃而解了——它就是現在項王廟旁邊的只有兩個橋洞的小石板橋，橋下是清澈見底的小河流。所說的「三岔路口」更好找，就是石板橋附近的一個三岔路，但他一直沒有動手挖寶，無可證實。

民間對於那張藏寶圖的解釋還有許多，有人也懷疑這不是一張完整的圖，在山上還有另外一張或者幾張，這圖裏暗含著的玄機依然無法解開。但傳說仍在繼續，村民們也相信，這個神祕的寶藏終會重現人間。

知識連結

有歷史地理學家提出，《史記》中提到的「會稽」指的並不是紹興的會稽山，而是「會稽郡」，這個郡主要包括今天的江蘇南部和浙江大部分。紹興項里村附近的會稽山並不是《史記》上所稱的會稽山，項羽

並沒有到過紹興的項里村。當時項羽跟隨其叔父項梁避難的「吳中」，是指今天的江蘇蘇州一帶，因此，他們不可能去過浙江項里村那個偏僻的小山村。

武夷山懸棺隱藏著什麼祕密

巍巍武夷山，屹立在東南沿海，其方圓百里，溪谷環繞，有「奇秀甲於東南」的美譽。它那鬼斧神工般削出的筆直懸崖石壁上，竟然有不少年代久遠、飽經風雨的棺木凌空懸置著，這不禁讓人大為吃驚：它們是被誰懸掛在這幾乎無人能立足的懸崖峭壁上的？又是什麼原因讓他們選擇這種方式來葬置故去的親人？這其中隱藏著怎樣的奧祕呢？

這一現象，曾經令一代又一代人絞盡腦汁，也一直沒有解開。

懸棺葬是一種古老的喪葬形式。葬址一般選擇在臨江面水的高崖絕壁上，棺木被放置在距離水面數十至數百公尺的天然或人工開鑿的洞穴中，有些則是直接放在懸空的木樁上面。武夷山九曲溪兩岸的峭壁上，至今仍存有懸棺遺跡十餘處。

當地的人們世代流傳著這樣的傳說：遠古時期，有個名叫武夷的人在此篳路藍縷，日夜辛勞，終於開創出一塊安居樂業的秀麗田園，令天上的眾仙也為之動容，就封他為「武夷君」，武夷君臨終前囑咐子孫，死後將遺體放入靈槎，以讓其渡過天上的銀河。所謂靈槎，即迄今藏於武夷山岩壁石隙間的船棺。子孫遵其遺囑，又在他生前居住的小藏峰東面岩壁的罅隙裏，架上木板，置靈槎於木板上，讓其能夠飛遊。此事一傳十，十傳百，許多想修道成仙的人紛紛到此修行，紛紛仿效，以求死後渡河登仙。如今，武夷山周圍還有許多叫做「仙遊岩」、「升日峰」、「飛仙台」、「升真洞」的地方，據說就是因為這個原因。

當然，傳說歸傳說。眾所周知，喪葬行為是在「靈魂不滅」的原始

宗教觀念影響下產生的。這種葬俗應是近水民族生活的反映。正因地上的河流難於渡過，河流就被認為是冥界與人世之間的分界線。古人希望故去的親人能夠順利渡過河流，以船為棺，可以把亡魂送過河去，所以造船技術被移植到喪葬風俗中，是意在促成並加快生死兩界的分隔，創造一種純觀念的各有所奔的情境，以求生者與死者各自相安。

那麼，這些放置船棺的洞穴，上到峰頂，下至崖谷，都至少有數十公尺之遙，而所處的峭壁大多豐上斂下，而今人們根本就無法攀援，武夷族先人是用什麼方法將船棺放進岩洞之中的呢？可惜這個謎至今仍未解開。

知識連結

有人根據明代的記載，提出可能是從岩頂將棺木懸吊垂下至洞穴後，將棺移入的。但三、四千年前人類還未發明使用輥護等機械。船棺僅長就近5公尺，形體巨大，難以控制，有的岩石突出，會將船棺撞毀，何況有的山峰本身就無法攀登。

是否可能架棧道將船棺移入呢？武夷山雖自古就有許多飛閣棧道的記載，但架設棧道的工程量浩大，且武夷懸崖多是單獨成峰，突兀峭拔，無緩坡可供架設。

也有人提出可能使用提升式的方法。曾有人嘗試過用這種方法吊裝船棺，卻也不得不使用機械，甚至還使用了潤滑油，才終於完成這個試驗。依當時的技術條件，在複雜的峰岩洞穴中，僅用繩子牽拽，是無法完成船棺安置的。總之，眾說紛紜，卻未能有一個令人信服的答案。

成都商業街船棺遺址有什麼寶藏

成都市商業街大型船棺合葬墓的發現，以其重要的歷史、文化、

科學和藝術價值，成為巴蜀青銅文化中不可或缺、璀璨絢麗的一頁，那麼，在這個遺址中，人們發現了什麼樣的寶藏呢？

據考古學家分析，從整個墓葬的規模和建築樣式來看，這不是普通的墓葬。整個墓室占地兩畝，在地面建築的中央，還有一根須兩人才能合抱的木柱，是社柱，還是神樹？

商業街船棺葬規模宏大，普通船棺的長度都在3至4公尺之間，最長的達18.8公尺；墓中葬有男有女，年齡最大的約40歲，最小的僅7歲，其中有的是殉人。現在普遍認為，這個合葬墓應該是貴族墓室或者王族宗廟。

回顧歷史，誰最早在成都建都？當然是開明氏。開明氏子孫八代都在四川郫縣建都，到9世開明帝的時候遷都成都治理蜀國。現在商業街的位置是成都的中心，船棺墓偌大的王族陣勢，正好應證了歷史。專家還指出，墓的方向正好是東北—西南向，符合蜀人尚西的習俗。據此，他們還推斷出，當時蜀國的都城、民居、宮殿的坐向都應該在北和西。

在這樣一個大規模的貴族、王族合葬墓中，究竟埋藏了多少價值連城的殉葬品呢？

當船棺打開後，巨大的棺室讓目擊者連連驚嘆。經考古人員測量，棺室內長4.2公尺，寬1.1公尺，中間掏空，儼然一艘巨大的獨木舟。經過清理，僅從一個船棺中就出土了上百件銅器、漆器、陶器和木器。現在看來，棺尾處陪葬的主要是陶器，大量陪葬品主要集中在棺首。其中，船棺內發現的三耳黑陶豆是一種專為陪葬做的器物，在四川地區屬首次發現，這種帶有楚文化特徵的文物，表明當時四川已與湖北、湖南等地有了文化交流。

更讓人驚嘆的是船棺內出土的幾件木胎和竹胎漆器。漆器是有顯赫身分的貴族才能用得起的高檔用品，其價值可媲美青銅器甚至金器。此次船棺中出現的大量精美漆器令人嘆為觀止，其價值無法估計。為什麼當時的貴族會以漆器作為殉葬品呢？戰國時代，蜀已經以富饒而聞名於

世，後人記載這裏有「桑、漆、麻之饒」。其中的漆，講的就是漆器。司馬遷在《史記》中說，當時大城市裏，如果有「木器髤（上漆）者千枚」或者「漆千斗」，那麼財產「亦比上乘之家」。可見，擁有漆器也是當時財富地位的象徵。後人在提到此時多說蜀地「人多工巧，綾錦雕鏤之妙，殆侔於上國」。商業街船棺葬中的漆器，均為木胎漆器，紋飾有龍紋、變形鳥、捲雲紋等，有的上邊還有刻畫符號，相當精美。

由於種種原因，成都船棺合葬墓中的許多寶藏還無法完全發掘出來公諸於世，但可以相信，不久的未來，人們將從這些寶藏中發現更多的祕密。

知識連結

漆器是古代人們日常生活中應用十分廣泛的物品：由於漆有耐酸、耐鹼、耐熱、防腐等特性，因此很早就被人們利用。在中國，從新石器時代起就認識了漆的性能並用以製器。歷經商周直至明清，中國的漆器工藝不斷發展，達到了相當高的水準。唐代的金銀平脫，宋代的一色漆器，元代的雕漆，明代的百寶嵌，清代的脫胎漆器等，都是各具代表性的珍貴名品。漆器工藝是中華文化寶庫中的瑰寶。

「死亡之海」中會埋藏珍寶嗎

茫茫無邊的塔克拉瑪干沙漠位於南新疆塔里木盆地，四面為高山環繞，充滿了奇幻和神祕的色彩。然而，你可知道，它有個令人不寒而慄的外號——死亡之海。

烈日炎炎、熱浪騰騰、流沙滾滾、駱駝哀號，這恐怕是死亡之海留給所有人的第一印象了。從古至今，無數試圖穿越塔克拉瑪干沙漠的人，無一不是九死一生。

但在當地的語言中，「塔克拉瑪干」的意思竟然是「埋有寶藏的地方」。因為人們堅信，在這片廣袤的荒漠之海中，埋藏著先輩們留下的無盡的珍寶和財富。難道在這片沙海之下，真的有寶藏嗎？

1900年1月，英國人斯坦因從當地一位嚮導那裏看到了兩塊寫有字跡的木板，他驚訝地發現，它們竟然是用一種早已消失了的古代文字——佉盧文書寫的。他大喜過望，順著線索，找到了塔克拉瑪干沙漠中的尼雅綠洲，發現了一座神祕的古城遺址——精絕國，由此，世界才知道在荒漠的沙海之中，竟然也曾經存在過燦爛輝煌的文化。在精絕國遺址中，不僅發現了梵文雅語書寫的一段段佛經、漢文木簡，還有陶器、銅鏡、金耳飾、銅戒指、銅印、銅鏃、帶扣、鐵器、玻璃、貝器、水晶珠飾、木器、漆器殘片和各類織物，更有趣的還有捕鼠夾、靴熨斗、弓箭、木盾、紅柳木筆、六弦琴，餐具等，連當時身臨其境的斯坦因也不敢相信這會是真的。僅在一天裏，斯坦因就獲得了幾百片木版文書，超過了以前人們所知的這類文書的總和，簡直是天大的收穫。

1900年3月初，瑞典探險家斯文・赫定探險隊在塔克拉瑪干沙漠中尋找行蹤不定的羅布泊時，又意外地發現了一座古城，這就是令無數人心馳神往的樓蘭古國。隨後，考古學家在此發掘出的文物價值之大震驚世界，有石斧、木器、陶器、銅器、玻璃製品、古錢幣等，文物品種極其繁多。其中以晉代手抄《戰國策》最為珍貴。這份手抄字紙，僅僅比蔡倫發明紙晚一、二百年，比歐洲人最古的字紙要早六、七百年。而最重要的是，城中出土的各種文字書寫的文書、簡牘（被稱作羅布泊文書），成為解開許多消失民族的文化的關鍵鑰匙。

1980年，新疆考古學家穆舜英在沙漠中發掘出一具女性乾屍，這就是「樓蘭美女」，是迄今為止新疆出土古屍最早的一具，距今約有3800年的歷史。

2000年3月，新疆考古隊在塔克拉瑪干沙漠中一個乾涸的河床裏發現了一具獨木舟棺材，當時人們怎麼也沒想到，眼前這個殘棺，竟是出自

漢晉的稀世國寶——樓蘭彩棺！彩棺通體以黃、橘紅、褐、綠等色彩彩繪，繪有銅錢、花卉紋樣，並以斜線分格。整個彩棺雖經近2000年的歲月，卻如新的一般。彩棺兩端繪有東方文明中代表日、月的「朱雀」、「玄武」。這具彩棺集合了東西方兩大文明因素，成為極具價值的文物。

現在，還有許多考古隊餐風露宿，不避風雨，在茫茫沙海中艱苦奮戰，尋找著那無數傳說中的遙遠古國文化。那麼，在這片浩瀚無邊的沙漠中，究竟還能找到多少美好的寶藏？千年前留下的謎題，等待著我們的解答。

知識連結

塔克拉瑪干沙漠，酷暑最高溫度可達攝氏67.2度，晝夜溫差達攝氏40度以上；平均年降水不超過100毫米，最低只有45毫米，而平均蒸發量高達2500～3400毫米；全年有三分之一是風沙日，大風風速每秒達300公尺。氣候極其惡劣。

塔克拉瑪干沙漠充滿了奇幻和神祕的色彩，特別是被深埋於沙海中的絲路遺址、遠古城池、地下石油及多種金屬礦藏。這一切都被籠罩在神奇的迷霧之中，有待於人們去探尋。

金陵大報恩寺的寶物流落何處

中世紀世界七大奇觀之一——金陵大報恩寺，雖擁有顯赫的「身世」，擁有雍容華貴的氣質，但建成之後，確實屢經劫難。嘉靖四十五年（1566年）遭雷火襲擊，天王殿、大殿、觀音殿、畫廊140餘間焚為灰燼；萬曆二十八年（1600年）塔心木腐朽，塔頂傾斜，僧人洪恩募銀數千兩使之得以重修。

天災如此，人禍則更可怕。1842年8月29日，中國在鴉片戰爭中戰敗，《南京條約》簽訂，英軍侵入南京，開始瘋狂地剝取塔身的琉璃瓷磚，大量盜取塔內供奉的金佛，最後他們帶著掠奪的文物揚長而去。大報恩寺塔遭此重創，失去了往昔的風采。後來，它在太平天國與清軍的戰爭中被摧毀，而原本藏在大報恩寺的寶物也慢慢流失。

1958年，南京出土了很多五彩琉璃構件。考古人員找到了3座殘窯，發現了一批五彩琉璃構件，它們不但多為寶塔部件，而且龍紋、佛教式樣兼而有之。這些構件，後來被復原成一件琉璃拱門，光是這個復原的拱門，就已經令世人讚嘆不已了，九級五色琉璃塔該是如何奪目更是難以想像！

此外，西元988年，南京一位名叫可政的和尚在終南山紫閣寺修行時，無意間發現了玄奘的頂骨舍利、金缽以及一些衣物，於是將之千里迢迢地送回南京，並把它供奉在天禧寺裏，而天禧寺也就是後來的大報恩寺。玄奘的頂骨舍利也就成為大報恩寺的鎮寺之寶了。

在混亂的時代，這一至尊佛寶歷經磨難。1942年11月初，侵華日軍在大報恩寺三藏殿遺址挖地基時挖出一個石函，石函上刻有文字，記載玄奘頂骨輾轉來寧遷葬的經過，同時，他們還發現了玄奘法師的頂骨舍利，儘管日軍嚴密封鎖消息，但是各種傳言仍然不脛而走，日軍迫於輿論，將玄奘頂骨、一座金佛像、納骨小龕以及玉飾、古錢若干交出。

由於玄奘大師的名聲顯著，消息傳出後，各地均想迎請供奉，使得靈骨舍利一分再分。如今，玄奘舍利分別保存在南京玄奘寺、南京靈谷寺、成都文殊院、西安大慈恩寺、臺北玄奘寺、新竹玄奘大學、日本琦玉縣慈恩寺、日本餘良三藏院、印度那爛陀寺等9處。相對而言，南京九華山玄奘寺的那份舍利，自1943年封存以後，就一直留在三藏塔下，沒有被動過，應該是最為完整的。

想不到在大報恩寺壯麗的外觀背後，還埋藏著這樣一段曲折的故事，世間之大，無奇不有，令人感慨萬分，亦難以遙想當年的金陵大報

恩寺該是何其神祕的奇蹟！

知識連結

玄奘，世稱三藏法師，俗稱唐僧。唐代佛教學者、旅行家，與鳩摩羅什、真諦並稱為中國佛教三大翻譯家，唯識宗的創始者之一。本姓陳，名褘。出家後遍訪佛教名師，因感各派學說分歧，難得定論，便決心至天竺學習佛教。唐太宗貞觀三年（西元629年，一說貞觀元年），從涼州出玉門關西行，歷經艱難抵達天竺，在那裏學習佛經佛法，貞觀十九年（西元645年）回到長安，並開始組織譯經，共譯出經、論75部。

福建沿海碗礁為何被稱為海底瓷都

2005年6月的一天，福建平潭縣漁民在捕撈海魚時，卻突然撈上了一網奇怪的東西，好奇的人們洗去海泥一看，竟是一些精美古樸的瓷碗！他們當時怎麼也沒想到，就是這個意外的發現解開了福建沿海碗礁的寶藏之謎。

海底有寶的消息不脛而走，研究人員仔細鑒定後發現，這些瓷器竟然是清代前期景德鎮的青花瓷器。技術人員帶儀器在現場檢測後發現，水下10餘公尺處有一艘沉船，從各種特徵分析，這竟是一艘清朝康熙年間運送瓷器的船隻！專家們立刻意識到：這是一次前所未有的重大考古發現。

因當地漁民經常網到各種瓷碗，這片礁石海域得名「碗礁」。碗礁位於福建省平潭縣東北約20公里的東海海域，「碗礁一號」沉船即發現於此。

原來，這塊碗礁海域撈起瓷碗已經不是稀奇事了。據當地漁民口口相傳的故事，數百年前，這裏商船往來絡繹不絕，由於暗礁眾多、海流

變化莫測，一些商船沉沒於此。後來，漁民們捕魚時，漁網裏經常會有大大小小的瓷碗被打撈上來。這些瓷碗就被帶回做了家用。

由於此地暗礁遍布，風浪又大，水下考古隊員的作業遇到了很大的麻煩。經初步發掘，隊員們發掘出碗、碟、杯、桶盆、將軍罐、小葫蘆瓶、花觚、高足杯、平頂罐、香爐等數十個品項，共有16000件五彩瓷和青花瓷器，器型約90多種。出水的瓷器花紋精美，構造獨特，許多具有歐洲風格花紋的文物令人嘆為觀止。但後面的發現令所有人都始料莫及。

9月19日，隊員在清理船周圍淤泥中的散落文物時，發現了幾摞完好無損、繪有花朵植物圖案的花口青花大瓷盤，顯然維持著300多年前裝船時的原始姿態。這就是著名的「克拉克瓷」。

什麼是「克拉克」瓷呢？青花瓷器常在器物表面繪一朵花瓣型，在花瓣裏面又畫上各種紋樣，就好像開著窗戶一樣，所以就把這種裝飾手法叫做「開光」。在16世紀後期，這種樣式的瓷器已經大量傳到了歐洲，在一次拍賣這批瓷器的時候，因為當時人們不知道這批瓷器叫什麼，所以就依當時葡萄牙人運載這批瓷器的船隻「克拉克」船，把這類瓷器叫做「克拉克」瓷。

在所有出水的文物中，有一件器物讓考古人員大感意外。這是一件出色的仿宋代哥窯瓷器。哥窯為宋代五大名窯之一，在清代景德鎮，無論官窯、民窯都曾精心仿燒哥窯等宋代名窯瓷器，而且工藝之高超，讓人難辨真偽。雖是一個仿製品，但在今天卻不失為一件珍奇的文物。

專家稱，這個沉船遺址只是碗礁無數沉船中的一個，其他的沉船還在進一步探測中。真是難以想像，單是一艘船出土的珍貴文物已經讓世人驚奇不已了，而整個碗礁附近海域不知還有多少尚未揭開面紗的神祕沉船和巨大珍寶，難怪碗礁被稱為「海底瓷都」！

知識連結

福建海域有13.6萬平方公里，海岸線3324公里，地處東海和南海的交通要衝。福建在宋元時期就有發達的海上交通，海上航線四通八達，泉州、福州曾作為重要的海港聞名世界，當時泉州城內也是外國人遍地。如今，在泉州等地還有許多阿拉伯商人的遺跡和後裔。

「碗礁一號」寶藏的身世之謎

從唐代開始，東南沿海就發展起比較發達的的海上交通，成為海上絲綢之路的東方起點站，無數商船從這裏出發，走上絲路，將絲綢、茶葉、瓷器等運往歐洲。那些海底沉船也給今人留下了許多謎團。

「碗礁一號」的打撈結果令世人大吃一驚，專家確認沉船上的大多瓷器都是清代康熙中期江西景德鎮民窯的青花瓷器。而這艘船是清朝康熙年間運送瓷器出口的商船。

從沉船上打撈出水的瓷器，種類非常多，從大多數瓷器的胎質、釉色以及裝飾看，都相當精美。目前出水的大多數瓷器都光潔如新，流失的部分瓷器如果放到市場上，買主甚至最初可能都不敢相信是康熙年間的東西，因為看起來太新了。但是令考古人員倍感驚奇的是，船上竟然沒有一件景德鎮以外的瓷器，看來，這是一艘實實在在的「景德鎮瓷器專號」。

那麼，這些瓷器當時為什麼如此受西方市場的歡迎呢？據介紹，出水的瓷器有的做工精細，有的相對粗糙。精細的瓷器可能是銷往歐洲的，因為當時歐洲貴族將中國的瓷器作為炫耀的奢侈品。而更多的瓷器可能是銷往不同地區，可以推測是早期的外銷瓷。沉船中還出水了一些筒花觚、高足杯，均按照歐洲習慣，加有蓋子，甚至還有一隻精巧的歐式的餐桌小花瓶。

但其中有不少瓷器還留下了難解之謎：例如為什麼一個瓷器上會有當時少有的少數民族打獵圖案，為什麼一個瓷盤上會出現簡化字「雙龍」？

從船上的一些遺物推測，這艘沉船可能是從景德鎮出發，沿水路至長江並出海，在前往福州、泉州或廣州的途中沉沒；但也有人提出，它的目的地是澎湖列島，據史料記載，當時澎湖列島通常有西班牙商船負責轉運中國內地運出的大宗貨物；而另一種說法則稱，這是一艘中距離的遠洋船，準備到達越南等地，去給前往歐洲的大船送貨，因為越南海域也發現了中國沉船。

對於中國陶瓷考古來說，這是再好不過的發現。但是，人們不禁疑問：這艘滿載著中國景德鎮精品、將要運往西方世界銷售的商船，到底碰到了什麼樣的艱險而不幸遇難呢？

首先，這片碗礁海域，古今變化不大，往來的航船依然絡繹不絕。每當退潮時，這一帶暗礁很多，所以「碗礁一號」很可能是遇到風暴後偏離了航線，觸礁沉沒。也有另外一種可能，當時這艘商船遇到了沿海猖獗的海盜，導致船體沉沒。

沒想到，300年的時光，卻沒有消磨去這艘古船耀眼的光芒，留給人們的是無盡的想像。

知識連結

青花瓷器的出現在中國陶瓷史上具有劃時代的意義。青花瓷又稱白地青花瓷器，英文名blue and white porce1ain，它是用含氧化鈷的鈷礦為原料，在陶瓷坯體上描繪紋飾，再罩上一層透明釉，經高溫還原焰一次燒成。目前發現最早的青花瓷是唐代的，到元代發展逐漸成熟，明代時青花瓷成為了主流。到了清代康熙年間，景德鎮青花瓷器的燒製達到了爐火純青的地步，代表了中國製瓷工藝的歷史最高水準。

象山古沉船寶藏何時重見天日

象山，位於浙江中部沿海的縣城，因其西部的山峰像一頭正在飲水的大象而得名。如今，它又因為一個偶然的發現而再次成為人們關注的焦點。

象山縣的漁民們似乎十分幸運，好多漁民都稱有發現古沉船的經歷，也有很多漁民還打撈到大量宋元明時期的青瓷和生活物品。考古學家敏感地意識到：象山附近海域有「寶」！

而初步的水下發掘證實了這一猜測，在象山縣賢庠鎮附近，竟發現了以瓷器為主的各類文物2162件，這些瓷器有唐、北宋越窯青瓷，宋、元龍泉窯瓷，以及福建南宋、元青白瓷等。雖然這些數量已經很多，但考古專家的看法卻讓所有人咋舌：根據以往的歷史記載分析，這一帶沉船不少，水下還有更多的文物。根據《象山交通志》明確記載，光緒九年（1883年）十一月，華輪懷遠號在北漁山島附近失事。光緒十六年（1896年）5月，德輪揚子號在北漁山島附近沉沒。民國二十年（1931年）三月，法輪長江號在北漁山附近失事沉沒。同年4月，華輪華陽號在南漁山西北擱淺，英輪普瑞太那輪救起船員旅客。而結合漁民們描述的情況和大致地點，人們發現，這與文獻上的記載驚人地相似！

象山海域為何有這麼多沉船呢？原來，象山自古以來都位於國際主航道上。而這裏多變、惡劣的海洋氣候使一個古沉船群在這裏形成，也就是說，象山海域埋藏著大量的寶藏！

現在，文物和考古等有關部門正在籌畫著儘快建起一個打撈平臺，讓象山海域的寶藏早日出水，以做為正在籌建的象山博物館的「鎮館之寶」。而打撈的第一艘沉船將被命名為「東海一號」，和此前在南海海域打撈出來的「南海一號」相對應。

沉睡在海底的這些古代商船，做為「海上絲綢之路」繁榮的象徵，不僅給「海上絲綢之路」申請成為世界文化遺產增加了新的光彩，也無

疑給許多人留下了深深的期待：象山海域的古沉船寶藏到底包含了多少祕密？「東海一號」何時出現？

知識連結

海上絲綢之路的開闢，使中國當時的對外貿易興盛一時，差點就進入了海洋時代。中國生產的絲綢、陶瓷、香料、茶葉與西方的毛織品、象牙成為這條絲路上的大宗商品。但由於時代的變遷，海上絲綢之路自1842年鴉片戰爭開始後就走到了盡頭，留給後人的則是一個又一個謎團。鄭和下西洋使中國和世界各國的「海上絲綢之路」得到了更為徹底的貫通，也是證明歷史上存在海上絲綢之路的重要依據之一。

南澳島上深藏著南宋王室寶藏嗎

1276年，蒙軍攻入南宋都城臨安，5歲的小皇帝宋恭帝投降。他的兩位兄弟益王趙昰和廣王趙昺一路南逃，九死一生，流亡到了位於廣東省和福建省交界的南澳島，他們在澳前村東面修建行宮住下，太子樓便是當時的行宮之一。後來，元軍追擊，他們眼見走投無路，就將剩下的大量財寶埋在了南澳島的一個祕密之地，並在附近的石壁上刻下文字，方便日後尋找。但誰曾想，南宋君臣最終難逃厄運，而寶藏之謎卻留給了後人。

傳說中的藏寶地就在離太子樓幾十公尺遠的一堆巨石中，這樣看來，要想獲取巨石中的寶藏，必須要破解那石壁上的文字。

由於年代久遠，石壁剝蝕嚴重，現在巨石上總共留下了35個文字，字跡殘缺不全，幾乎難以分辨。民間傳說如果有人能將石壁上的文字譯出，並解釋其意義，石壁就會自動開啟，裏面所藏金銀珠寶也就歸他所有。時至今日，石壁上的文字依舊歷經風雨，但巨額寶藏卻不見任何蹤

影。

在南澳及周邊地區，一個關於「沉東京，浮南澳」的傳說流傳了好幾個世紀，婦孺皆知。相傳，在南澳以東的海面上原來有一個島，島上曾經有一座名為「東京」的城市。不知什麼時候，這個島沉入了海底。與此同時，另一個島則浮出了海面，這就是今天的南澳。關於沉東京，有學者認為，東京城是南宋末年小皇帝逃亡時在這裏修建的行宮。在南宋皇帝的逃亡路線圖上，我們看到小皇帝確實曾經到過這一帶。

也許「沉東京，浮南澳」這句話的流傳只是對宋朝的一種紀念。石壁上的神祕文字，是否能像阿里巴巴的「芝麻開門」一樣，引領我們打開寶藏的大門呢？專家學者對這段摩崖石刻作出了種種猜測。有人認為，石刻是明末清初鄭成功反清復明的檄文。也有其他人認為，該石刻的文字既不是詩也不是文，只不過是讖緯之言、扶乩之語。

雖然專家學者對摩崖石刻的真正意義眾說紛紜，但今天的南澳人卻更願意相信這就是打開寶藏的祕訣。

知識連結

據史書《南澳志》記載，趙昺當年曾經在南澳島居住了15天。這條記錄可信嗎？不久前，當地旅遊部門在島上意外地發現了一個古建築遺址。如果眼前這個遺址是小皇帝居住過的太子樓的話，這就與民間的傳說不謀而合。在太子樓遺址附近的海邊，人們發現了一口古井，這口古井有何蹊蹺呢？原來，據《南澳志》記載，趙昺命人在島上挖了三口井，以取用淡水。現在，這口井雖然與海水近在咫尺，卻依然能湧出甘甜的淡水，這無疑與史料所載相符。種種考古跡象顯示，南澳島一帶正是當年逃亡的南宋小皇帝曾經活動的地方。

南澳島是否埋藏著海盜的寶藏

南澳島雖小，卻經常被許多真真假假的傳說渲染成一個充滿未解之謎的地方。南宋末代皇家寶藏之謎尚未解開，緊接著，南澳島又捲入了另一個謎團的爭論。

原來，南澳島上流傳著另一個尋寶的謎語：「水漲淹不著，水涸淹三尺，箭三枝，銀三碟，金十八壇。」據說誰破解了這謎語，就可以找到明朝大海盜吳平的寶藏。

明朝屬行海禁，嚴禁商民出洋貿易，否則將被視為海盜。吳平就是其中的大頭目之一。他自立山頭發展上萬人，組建了著名的吳平海盜集團，主要活躍於閩粵沿海一帶，劫掠了大批的金銀珠寶。到了嘉靖年間，著名將領戚繼光、俞大猷等先後率兵圍剿吳平集團，吳平走投無路，先是逃到了南澳，後來終於在閩廣水師的合力包圍下兵敗如山倒，其本人亦不知生死，下落不明。然而，據民間傳說，當年吳平自知朝廷會發兵圍剿，自己堅持不了太久，就將十多年來掠奪的財寶即18壇金子埋藏在南澳島上。

那麼，這18大罐金子埋藏在哪裡？這就要解開上面那個謎語方才知曉了，可是解開謎語的線索在哪卻無從知曉，尋寶好像進入了困境。當地居民介紹，幾年前曾經有人在獵嶼島上挖過寶。那麼吳平的寶藏會不會就藏在獵嶼島上呢？獵嶼島就在吳平寨的對面，是外海進入深澳灣的天然屏障。若干年前，有個盜寶者認為藏寶地點在獵嶼島的山頂上，不料，卻發現了一處珍貴的文物遺跡——建造於明朝的銃城炮臺。

在南澳島的深澳鎮，有一個吳平寨村，便是以海盜吳平名字命名的村落。那麼，寶藏會不會就在寨中呢？從情理推斷，將寶藏藏在寨中，也易於守護。但生活在這裏的漁民告訴我們，今天的吳平寨早已不是當年的寨子了。當年他們蓋新房的時候，曾經看到過一些殘存的圍牆和石基廢墟，但從來沒有發現過任何寶藏的蹤跡。

那富可敵國的寶藏到底有沒有，能不能找到，恐怕已經無從考證，倒是關於寶藏的未解之謎，給美麗的海島平添了幾許神祕的色彩。

知識連結

明朝海盜王：

方國珍：浙江台州人，1348年，方國珍在海上起兵，轉戰浙蘇，20年間占領浙東三郡，勢力橫行海上。他搶劫糧運，在推翻元朝的武裝行動中發揮了重要作用。

王直：徽州歙縣人，長期從事海外走私貿易，他既是海商集團首領，又是海盜魁首。王直依仗強大實力，攻滅多股海盜，千里海疆悉歸王直控制。王直靖海有功，多次上疏請求朝廷開放海上通商貿易，被拒絕，反遭官府水師圍攻。王直後來被朝廷斬殺。

鄭芝龍：鄭成功的父親，自稱「海上大王」。早年背井離鄉闖世界；繼而當海盜，兼營海商，亦商亦盜；最後由盜而官，亦商亦官。當海盜時擁有千艘艦船與10萬部眾，入仕明王朝後控制各種海船萬艘，能號集大海船3000艘，可稱為世界史上第一個船王。

揭祕西沙群島「華光礁1號」

這裏擁有熱帶風情的島嶼風光，古稱「七洲洋」，大大小小的珊瑚島嶼群漂浮在三萬平方公里的海域上，美麗而純淨。這裏就是南中國海域中的四大群島之一——「千里長沙」西沙群島。

800多年前，正值南宋中期的繁盛時代，一艘從福建地區駛出的滿載陶瓷、絲綢、香料的中國商船在西沙群島附近藉著北風向東南亞行駛，卻突遇風暴，葬身海底。

800年後的1996年，南海漁民捕魚時發現了這艘船的遺骸。這一發現

引起了巨大轟動，考古學界對它的定位是：中國目前發現的航行最遠的中國古代沉船！

不料，它剛一出現，就被許多利慾薰心的不法分子盜走了許多瓷器，損失慘重。不久，官方立即展開行動，正式對深埋海底的「華光礁1號」沉船遺址展開考古和發掘工作。

經過長達55天的努力發掘，共計潛水時間30萬分鐘，總算有了喜人的成果。作為古代「海上絲綢之路」上的一艘商船，「華光礁1號」的真實身分是什麼呢？從出水的文物看，絕大部分是青白瓷器，從產地上看均來自福建閩南一帶的民間窯場，在船體底部發現的瓷器多為品質普通、廉價的福建粗瓷，而造型優美、胎質細膩的江西景德鎮湖田窯、福建龍泉窯的瓷器多存放於船體上部，一位經驗豐富的水下考古學家稱，從瓷器的品質和組合看，這是一艘沒有機械動力、僅靠人力和風帆航行的普通商船。

儘管此次發掘是中國水下考古有史以來，籌備最好、實施最嚴謹的一次水下考古發掘，但是「華光礁1號」依然留下許多謎團：面對這個被海水浸泡了800年的沉船遺骸，人們已經無法瞭解它的許多細節，比如造船工藝、航海技術、航海路線等。此外，這艘南宋的遠洋商船是為什麼而沉沒，更是無從得知了。

但值得欣慰的是，經過考古工作者在沉船遺址上的辛勤努力，許多珍貴的國寶文物重新回到了人們的視線中，給海上絲綢之路這條古老而神祕的路線又寫上了完美的一筆。

知識連結

自漢代以來，「海上絲綢之路」航道屢有變化，但海南島始終是航線的必經之路。西漢以來，沿海上絲綢之路乘船來華貿易的古波斯人因在海南修整，補給物品和淡水，或遇颱風避難滯留，以及其他原因，在海南留下了伊斯蘭文化的足跡。清代以來，海南文化在與國外文化思潮

的撞擊和融合過程中，逐步吸收以南洋文化為主的外來文化，形成了富有開放性和相容性的中國熱帶海島文化的獨特形態。

南海海底真的沉寶無數嗎

15世紀，地理大發現與新航路的開闢使人類進入了海洋時代，中國的「海上絲綢之路」也因此而日益繁榮，東西方的商船往來絡繹不絕。但是，由於當時的船隻還很脆弱，稍稍遇險就會發生船毀人亡的事故，據統計，當時幾乎每30個小時就有一艘船葬身大海。19世紀初，因遇上海盜和風暴而沉沒的貨船比例仍高達四成。

可想而知，在中國的南海海域底部，會沉睡著多少當時的商船。據保守估計，在中國的茫茫海域下至少有2000～3000艘古船，其中以宋元船居多。沉船中還有一些英國東印度公司和瑞典等國的外國沉船。這些船滿載著中國的陶瓷、絲綢、金銀珠寶，以及當時中東、非洲等地的珍寶，其數量簡直無法想像。

對中國考古學者來說，這些海底藏品是解讀歷史的密碼，中國的航海史、海外貿易史、港口史、造船史、移民史、科技文化交流史等各方面的問題，都可能因為它們而有重大的發現。

20世紀80年代，一個名叫邁克‧哈徹的英國職業海上打撈者在荷蘭東印度公司檔案館裏瞭解到，1752年，一艘名為「歌德馬爾森」號的中國商船，滿載著瓷器和黃金，在香港西南海域的海面觸礁沉沒。而後，哈徹就依照各種線索找到了「歌德馬爾森」號殘骸，打撈到青花瓷器23.9萬件，每塊重達45公斤的金錠125塊。哈徹因此賺到了2000多萬美元。

從此，「南海沉寶無數」的消息也不脛而走，一批又一批的國際尋寶人來到這裏，盜撈中國的水下寶藏。

比利時文物投機商與印尼政府展開合作，從世界各地請來了潛水夫

和撈寶專家，購買了數艘裝備先進的撈寶船，在南海海底發現了一艘很大的商船，這是10世紀的中國商船。他們撈起了近25萬件珍寶！有塊麗大方的精雕銅鏡，以優美阿拉伯文寫著「真主」的鑄具，還有曾統治古埃及的法密德王朝的七彩玻璃器皿，其藝術、考古、經濟價值都非常驚人。另外還有14000串珍珠、4000塊寶石，其中包括400塊最名貴的紅寶石、400塊藍寶石和2200塊石榴石。面對這成千上萬件古色古香的瓷器、銅鏡、彩色玻璃器皿，簡直令人目眩！研究認為，這肯定是一艘出海為君主採購寶物的商船，因此25萬件文物中才會有許來自世界各地的精品。

據專家估計，這麼大數量的珍寶光靠歐洲的文物市場在幾年內都無法全部消化，拍賣行很可能要在全世界尋找買家。

真是難以置信，在本就充滿激烈爭奪的南海海域，如今又展開了一場海底文物的爭奪賽！這些無數的珍寶只能無言地等待被破壞寧靜的一天。

知識連結

海上絲綢之路是古代中國與外國貿易和文化交往的海上通道，該路主要以南海為中心，起點主要是泉州、廣州。海上絲綢之路形成於秦漢時期，發展於三國隋朝時期，繁榮於唐宋時期，轉變於明清時期，是已知最為古老的海上航線。海上通道在隋唐時運送的大宗貨物主要是絲綢，所以大家都把這條連接東西方的海道叫作「海上絲綢之路」。

南海巨大的寶藏為何無法保護

1989年，蘇富比拍賣行，一件中國元代青花瓷罐竟然拍出了數千萬美元的天價。在巨大商業利益的誘惑下，越來越多的國際古董商、海

盜等不遠萬里進入中國南海海域，趁著中國對這片海域的控制力量還很弱，大肆打撈沉沒在這裏數千年、數百年的沉船。20世紀80年代以來，各路強盜、商人，利用各種手段在南海海域搜索水下珍寶、文物。

而一些無力打撈本國領海水下文物的東南亞國家，如菲律賓、印尼、越南等國，也試圖與西方的打撈公司合作，向它們頒發許可證，之後與它們分享利潤。但是，這些西方公司卻不會安分地在那些海域打撈，它們經常趁此良機，祕密進入中國南海海域盜撈水下文物。

走私、拍賣……經過一條條隱蔽的商業通道，中國海域內的珍寶流失量不計其數。

據菲律賓媒體披露，1997～2002年，美國人格雷科先後在南海發現了16艘沉船，撈起了約23萬件古董。格雷科的花園裏赫然立著幾個兩人多高的巨型花瓶；一大堆精美的瓷碗、陶碟被隨意擺在地上，整個家就是一座小型古董博物館！發達的網路讓格雷科輕易繞過公開拍賣文物的法律障礙，將古董賣給了私人收藏家。

更加令人無法想像的是，這些文物販子為了賺取更多的利潤，只關心珍寶，而船體和眾多遇難者的遺骸則被打撈隊員丟得到處都是，利慾薰心的他們竟然經常將打撈的半數珍寶毀壞，只留下一小部分拿去拍賣，這樣物以稀為貴，無疑大大抬高了拍賣的價格。不知有多少國寶成為了這樣的犧牲品。

許多古船文物還遭到當地漁民的哄搶，而有組織、有規模地盜取這些水下文物更是防不勝防。盜撈海底文物的「銷售」甚至已經形成了一個非常通暢的管道和市場。

知識連結

大陸棚：是大陸向海洋的自然延伸，通常被認為是陸地的一部分。由於大陸棚資源豐富，《聯合國海洋法公約》對沿海國的大陸棚進行了具體規定，各國情況不同。

專屬經濟區：指從測算領海基線量起200海浬、在領海之外並鄰接領海的一個區域。這一區域內沿海國對其自然資源享有主權權利和其他管轄權。

三峽航道無數沉船留下了多少寶藏

瞿塘峽的雄偉，巫峽的秀麗，西陵峽的險峻，這裏重岩疊嶂，峭壁對峙；這裏江水洶湧奔騰，驚濤拍岸。三峽，就是這樣一段山水壯麗的大峽谷。

然而，在這壯麗、磅礴的背後，三峽也有它另外的一面：由於險灘重重，落差很大，千百年來在三峽航道上也沉船無數，留下幾多故事。

在這些沉沒的船隻中，有很多都裝載著珍貴的財物，它們隨著沉船一起長淹水底，日積月累，竟成為一筆驚人的寶藏。

三峽中，西陵峽最長，這裏航道曲折、怪石林立，水流至此突然變得處處都是急流、險灘。西陵峽有「三灘」——泄灘、青灘、崆嶺灘，還有「四峽」——燈影峽、黃牛峽、牛肝馬肺峽和兵書寶劍峽。在長江航線上，流傳著這樣幾句話：「西陵峽中行節稠，灘灘都是鬼見愁」、「蜀道青天不可上，橫飛白練三千丈」、「十丈懸流萬堆雪，驚天如看廣陵濤」，亦可見千百年來，人類與這條艱險的航道是如何艱難地抗爭著。

1900年12月，英國商人李克梅爾斯為進入中國西部市場而購置的瑞生號在向重慶進發的航程中，經過瞿塘峽的崆嶺江段時，因其航道狹窄，江心橫臥巨灘、亂石，本來平靜的航行頓時險象環生，不到十幾分鐘，船底就觸上了暗礁，湍急的江水不停地湧進，船上無數的武器裝備和金銀財物沉入江底，從此不見天日。

1946年，四川民生航運公司「民熙」號由於裝的人和貨太多，在青

灘遇難傾覆，貨物大部分沉在了江底，損失的財產不計其數。據史料記載，「民熙」號主要載有部分國民黨軍官的大宗財物，其中不乏有珠寶等昂貴物品，而軍官家屬隨身攜帶的金銀細軟更無法計算。據當年在這一帶當船工的老人們回憶，在青灘沉沒的還有1949年以前，不少裝載大量在中國偷盜、掠取的金銀珠寶、珍稀文物的外國商船，而這些寶物自然也隨著船的沉沒永遠留在了江底。

據統計，除瑞生號、民熙號外，從1900年到1949年的50年間，中外商輪曾在三峽航道觸礁沉沒的還有慶餘、巴江、皮托謙、民憲等10多艘。尤其是抗戰時期，上海、南京失守，武漢告急，一些富甲一方的官僚舉家遷徙，航運途中，在宜昌至重慶段，或被敵機炸沉，或在險灘觸礁沉沒的輪船和200噸大型木船有10餘艘。後來，那些隨船下沉的財寶卻不時浮出水面。

單是近代以來，長江三峽航道的沉船已經難計其數，真是難以想像這數千年來，江底沉埋了多少令人嘆為觀止的寶藏。然而，限於技術、資金條件的欠缺和自然環境的險惡，這些寶藏只能繼續留在此地，等待後人的開發。

知識連結

長江三峽西起重慶市的奉節縣，東至湖北省的宜昌市，全長205公里。自西向東主要有三個大的峽谷地段：瞿塘峽、巫峽和西陵峽。三峽兩岸高山對峙，崖壁陡峭，最窄處不足百公尺。三峽是由於這一地區地殼不斷上升，長江水強烈下沉而形成的。瞿塘峽山勢雄峻，上懸下陡，如斧削而成；巫峽幽深奇秀，兩岸峰巒挺秀，峽中九曲回腸；西陵峽灘多水急，其中的泄灘、青灘、崆嶺灘，為著名的三大險灘。

李闖王神祕寶藏何處尋

「迎闖王，不納糧」，這句流傳數百年的歌謠，深刻反映出當時民眾對李自成的支持和擁護，亦成為李闖王傳奇生平的最大亮點。入京後的李自成集團志得意滿，在勝利的果實面前迷失，最終兵敗如山倒，李闖王本人亦下落不明。

李自成敗退出京城的時候，曾經將國庫中的金銀財寶掠奪一空，意圖用這些財寶作為東山再起的資本。李自成派其部將野拂動用了九艘大船才把這些寶藏祕密地運到了天門山（在湖南省張家界市區以南10公里處）。但是，李自成義軍最終土崩瓦解，眼見東山再起無望，野拂就將這些寶藏分散埋藏在了天門山上幾個隱祕的地點。

數百年來，不知有多少人進山尋寶，但是都空手而歸。這些財寶究竟被藏在哪裡，成了難解之謎。

2001年10月，在張家界汪家寨村的觀音山中，探出了一個朝天石洞——封門洞。洞內珠寶、金銀難以計數，埋藏著價值數千萬的元明時期文物，難道這就是傳說中的野拂寶藏？很有可能。封門洞雖看似年月已久，但裏面的文物經鑒定是元明時期的宮廷飾物，可見建洞時間不會早於元明，而與李自成藏寶天門山的傳說不謀而合。這些寶藏為這個謎題加上了一個重重的驚嘆號。

與此同時，在湖南莽山林區，數百年來，也一直流傳著一個有關寶藏的神祕傳說，相傳李自成帶著「九驢十八擔」的金銀珠寶歸宿到了莽山。這個誘人的傳說又使不少人一頭栽進了這個尋寶的旅程，有的甚至付出了生命的代價。但他們是否找到了埋藏這批寶藏的確切地點呢？

史籍記載，李自成的部隊確實到過莽山。一個村民順著當年的路線

發現了名叫「皇藏岩」的山洞，在洞口的一個平臺處，留有一層防潮的三合土沙層。很顯然，這裏應該有人活動過。但經過仔細發掘後，結果卻完全出乎人們的意料——除了一些銅錢外，沒有別的寶藏。

就在尋寶陷入絕境的時候，突然有了一個新的發現，在與莽山相距近80里外的白沙圩鄉，村民們找到了一塊刻有李闖王之墓的石碑。這就更加證明了李自成的歸宿是在莽山。

在新線索的幫助下，終於又有了驚喜的發現。人們在路邊的山坡上發現了一堵人為壘砌的石牆，仔細觀察可以發現，這並非一項簡單的工程。難道傳說中的寶藏就埋在這石牆的裏面？如果不是寶藏的埋藏地點，那麼在這深山老林、人跡罕至的地方又為什麼要興建一個如此浩大工程呢？經過考證，在距離這石牆不到一公里的地方，原本有一個巨大的山洞，名叫溶家洞。岩洞非常大，據說可以藏一萬多人。當地村民一直盛傳，被清軍連續追殺而窮途末路的李自成就曾躲進洞中。但由於山體遭受雷擊，溶家洞的洞口被掩埋。為了探尋李自成那巨額的寶藏，很多人先後投入溶家洞的發掘。但至今仍沒有人找到傳說中的寶藏。

一代英雄李自成傳說中的寶藏究竟藏於何處？人們反覆探尋著各種蛛絲馬跡，試圖揭開最終的謎底……

知識連結

李自成（1606～1645年）出生於陝西米脂李繼遷寨，是明朝末年一位著名的起義軍領袖。據說李自成進北京後，從宮中搜出內帑「銀三千七百萬錠，金一千萬錠」。但是此種說法可信度並不高。據估算，1390～1486年，中國白銀總產量只有3000萬錠上下。

海鴿 文化出版圖書有限公司
Seadove Publishing Company Ltd.

作者	劉元
美術構成	騾賴耙工作室
封面設計	九角文化設計
發行人	羅清維
企畫執行	林義傑、張緯倫
責任行政	陳淑貞

出版	海鴿文化出版圖書有限公司
出版登記	行政院新聞局局版北市業字第780號
發行部	台北市信義區林口街54-4號1樓
電話	02-27273008
傳真	02-27270603
e‐mail	seadove.book@msa.hinet.net

總經銷	創智文化有限公司
住址	新北市土城區忠承路89號6樓
電話	02-22683489
傳真	02-22696560
網址	www.booknews.com.tw

香港總經銷	和平圖書有限公司
住址	香港柴灣嘉業街12號百樂門大廈17樓
電話	（852）2804-6687
傳真	（852）2804-6409

CVS總代理	美璟文化有限公司
電話	02-27239968 e‐mail：net@uth.com.tw

出版日期	2024年02月01日 二版一刷

定價	450元
郵政劃撥	18989626戶名：海鴿文化出版圖書有限公司

國家圖書館出版品預行編目資料

一本書讀懂中國歷史謎案／劉元著--
二版，--臺北市 ： 海鴿文化，2024.02
面 ； 公分. －－（古學今用；169）
ISBN 978-986-392-513-2（平裝）

1. 中國史 2. 野史

610.4　　　　　　　　　　　113000064

古學今用 169

一本書讀懂 Chinese Culture & Knowledge
中國歷史謎案